BAKER
COMMENTARY ON THE OLD TESTAMENT
WISDOM AND PSALMS 8

|베이커 지혜 문헌 · 시편 주석 시리즈 8|

지혜신학 개론

트렘퍼 롱맨 3세 지음
유창걸 옮김

CLC

기독교문서선교회(Christian Literature Center: 약칭 CLC)는 1941년 영국 콜체스터에서 켄 아담스에 의해 시작되었으며 국제 본부는 미국의 필라델피아에 있습니다.
국제 CLC는 59개 나라에서 180개의 본부를 두고, 약 650여 명의 선교사들이 이동도서차량 40대를 이용하여 문서 보급에 힘쓰고 있으며 이메일 주문을 통해 130여 국으로 책을 공급하고 있습니다.
한국 CLC는 청교도적 복음주의 신학과 신앙서적을 출판하는 문서선교 기관으로서, 한 영혼이라도 구원되길 소망하면서 주님이 오시는 그날까지 최선을 다할 것입니다.

The Fear of the Lord Is Wisdom

Written by
Tremper Longman III

Translated by
Chang-Keol Yoo

Copyright @ 2017 by Tremper Longman III
Originally published in English under the title
The Fear of the Lord Is Wisdom
by Baker Academic,
a division of Baker Publishing Group,
Grand Rapids, Michigan, 49516, U.S.A.

All rights reserved.

Korean Edition
Copyright © 2020 by Christian Literature Center
Seoul, Korea.

추천사 1

김 희 석 박사
총신대학교 신학대학원 구약학 교수

트렘퍼 롱맨 3세의 『지혜신학 개론』이 번역되어 출간된 것을 매우 기쁘게 생각한다. 롱맨 박사는 나의 잠언 박사논문 외부 심사자였으며, 베이커 출판사 '지혜 문헌·시편 주석 시리즈'(BCOTWP, CLC 출간 중)의 『잠언 주석』, NICOT 주석 시리즈의 『전도서 주석』 등을 저술한 지혜 문헌의 대가이다. 기독교문서선교회(CLC)에서 이 주석 시리즈에 편입시켜 출간하게 된 본서에서 롱맨은 구약성경 지혜의 신학적 의미를 본문 중심으로 풀어가면서 구약 지혜 문헌 영역에서의 최근 논쟁들 안에서 자신의 주장을 설득력 있게 논증하고 있다.

나는 이 책이 한국 독자들이 지혜 문헌을 더 잘 이해할 수 있도록 도와주는 몇 가지 측면이 있다고 생각한다.

첫째, 이 책은 성경이 가르치는 지혜가 단순히 성공을 위한 기술 정도의 실용적 개념을 넘어서서 신학적인 측면을 포괄하고 있다는 점을 분명히 하고 있다. 특별히 잠언에서 지혜의 신학적 개념을 소개하는 부분은 매우 뛰어나다. 전도서 및 욥기에 대한 롱맨의 설명도 독자들에게 도움이 될 것이다. 이처럼 롱맨은 잠언, 전도서, 욥기를 차례로 살피면서 이스라엘의 지혜가 단순히 실용적인 가치뿐 아니라 신학적인 측면을 가지고 있음을 충분히 논증하고 있다.

둘째, 롱맨은 구약성경의 지혜 요소들이 소위 지혜 문헌뿐 아니라 구약성경의 다른 부분들에도 등장한다는 점을 고찰한다. 신명기, 시편, 선지서, 아가 등을 언급하는데, 이 책들에 나타나는 지혜의 내용이 지혜 문헌의 지혜 개념과 완전히 같지는 않지만 지혜와 연관된 가르침을 베푼다고 주장한다. 또한, 고대 근동의 지혜자였던 요셉 및 다니엘을 살펴보고, 아담과 솔로몬의 예를 통해 지혜를 잃어버린 예들을 찾아보고 있다.

이러한 롱맨의 기본적인 주장은 옳다. 성경에서 지혜는 잠언, 욥기, 전도서 등의 지혜 문헌에만 국한되지는 않는다. 나는 지혜가 구약성경이 가르치는 언약 백성의 세계관적 표현이라고 해석하기에, 롱맨의 주장이 설득력이 있다고 본다. 다만 조금 더 깊은 수준의 논증을 펼쳐주었으면 좋겠다 싶기는 하다. 그러나 이 책은 지혜에 대한 개념들을 개괄적인 수준에서 살펴보고 있기에, 롱맨의 주장들이 한국의 독자들에게 지혜에 대한 보다 깊은 배움의 기회들을 제공할 것이라고 생각한다.

셋째, 롱맨은 그간 널리 주장되었던 지혜에 대한 주장들(구약성경의 지혜가 보편적이며 구속역사가 아닌 창조 사건과 관련이 있으며 고대 근동 지혜 문헌과 관련된 넓은 의미에서 해석되어야 한다는 주장들)에 대하여 반박한다. 구약 지혜 문헌이 구속사와 명확히 구별되는 창조신학을 전개하거나 고대 근동의 지혜 사상을 그냥 받아들인 것이 아니라, 이스라엘의 언약의 하나님을 경외하는 '여호와 경외 사상'을 지혜의 핵심과 기초로 제시하고 있다는 사실을 강조해야 한다고 주장한다.

고대 근동 지혜 문헌 및 구약성경의 구속역사 부분과 구약 지혜 사상을 통전적으로 비교할 때 우리가 붙잡아야 할 구약적 지혜의 기초적 원리가 바로 '여호와 경외' 사상이라는 점을 충분히 논증하고 있다. 나는 구약의 지혜는 구속사 즉 언약신학의 세계관적 모델이라고 보는데, 롱맨은 이런 측면에서 나의 견해와 유사한 견해를 피력하고 있다.

넷째, 롱맨은 기타 지혜와 관련된 여러 이슈들(보응신학, 직업으로서의 지혜자 학교, 지혜와 성)을 논한 후에, 중간기 문헌 및 신약성경의 지혜까지 탐구한다. 궁극적으로 구약의 지혜를 이루시는 참된 현자이신 예수 그리스도에 대해 논하고, 이어서 21세기의 우리가 어떻게 지혜로운 삶을 살 수 있는가에 대한 함의까지 나아간다.

전반적으로, 이 책은 구약의 지혜에 대한 중급 이상의 교과서라고 할 수 있다. 단순히 욥기, 잠언, 전도서의 내용을 소개하는 데서 그치지 않고 더 깊은 논의를 펼친 것이다. 구약의 지혜를 설명할 때 다루어야 할 이슈들을 모두 다루면서도 복음주의적이고 보수적인 시각을 견지하고 있다. 이런 의미에서 구약의 지혜에 관심이 있는 한국의 독자들에게 큰 도움이 될 것이다.

물론 롱맨 자신의 독특한 견해들(예를 들어 잠언의 지혜가 단순한 의인화가 아니라 여호와를 가리킨다고 보는 해석, 전도서의 전체 틀에 대한 견해 등등)도 존재하며, 전통적인 보수적 시각에서는 받아들이기 어려운 부분들(예를 들어 전도서의 저자가 솔로몬이 아니라는 견해 등)도 있다.

그러나 큰 틀에서 보자면, 롱맨의 주장은 구약의 지혜서가 고대 근동의 영향을 받은 아류 지혜 문헌이 아니며, 창조신학으로만 단정 지을 수 없고 언약사상 즉 구속신학과 연결을 시켜야 하며, 그 중심에는 이스라엘의 언약의 하나님이신 여호와를 경외하는 사상이 기초가 되고 있고 이 모든 지혜의 논증들은 예수 그리스도를 향하고 있음을 주장한다는 점에서 보수적이라고 할 수 있다.

유창걸 박사의 노고로 번역된 귀한 작품이 많은 독자에게 읽혀 지혜에 대한 배움이 깊어지는 계기를 제공하게 되기를 기대한다.

추천사 2

이 성 혜 박사
백석대학교 구약학 교수

성경에서 말하는 지혜를 어떻게 이해할 것인가?
이 책에서 트렘퍼 롱맨 3세는 지혜의 핵심이 담긴 잠언, 전도서, 욥기만 아니라 구약성경의 다른 곳과 신약에서까지 나타나는 지혜를 쉽게 이해할 수 있는 통찰력을 제공한다.
우리가 지혜서로 대표되는 잠언, 전도서, 욥기를 이해하기 어려운 이유가 있다. 그것은 잠언이 단지 짧은 교훈이 지속적으로 반복하여 나타나기 때문만이 아니다. 전도서의 인생의 헛됨과 인생의 의미를 찾는 노력 앞에 펼쳐지는 도덕적 모순의 삶을 지혜로 함께 엮어내기도 쉽지만은 않다. 욥기에서 욥과 친구들이 왜 그렇게 기나긴 대화를 하는지를 이해하기 어려움도 대화의 분량 때문만은 아니다. 지혜를 담고 있는 성경 본문들이 외치는 메시지가 통일된 목소리로 울려나는데 그것이 무엇인지를 우리의 귀가 담아내지 못하기 때문이다.
저자는 지혜가 담긴 본문들을 연결하여 '지혜신학'(wisdom theology)이라는 메가폰을 통해 『지혜신학 개론』이라는 메시지로 우리의 귀에 들려주고 있다. 저자는 지혜가 담긴 본문들을 단순히 지식적으로 이해하는 것으로만 만족하지 않는다. 이 책을 통해 저자는 우리가 지혜의 메시지를 눈으로 읽고, 맘에 새기고 삶으로 살아내도록 도전하고 있다.

이 책의 저자인 트렘퍼 롱맨 3세는 성경의 최종 형태를 하나님의 계시로 받아들이며 해석하고, 성경을 '교회의 성경'으로 믿고 해석하여 영향력을 끼치는 복음주의 구약학자이다. 그는 이 책에서 구약의 지혜 문헌들을 정경해석 방법을 통해 이스라엘의 지혜 문헌들을 지혜신학으로 이해할 수 있는 길을 제시하고 있다. 그의 연구방법은 지혜를 장르로 구분하는 학자들의 견해를 넘어 지혜의 개념에 대한 공시적(synchronical) 접근으로 본문들을 탐구하는 것이다.

저자는 이스라엘의 지혜의 본질은 세속적이고 보편적인 교훈을 담고 있다고 보는 일반적인 지혜에 대한 이해를 넘어, 삶의 원리를 제공하는 실용적인 교훈을 주는 그 이상의 신학적 메시지를 담고 있다고 본다. 지혜의 핵심은 하나님을 경외하는 것이 진정한 지혜를 경험하는 것임을 말한다. 저자는 지혜의 핵심이 담긴 잠언, 전도서, 욥기를 정면으로 마주하여 '지혜의 본질이 무엇인가'라는 질문으로 본문과 대화하고 있다.

이 책을 통해 독자들이 얻을 수 있는 가장 큰 유익은 저자와 함께 구약, 신약을 포함하여 지혜가 보화처럼 담겨있는 성경 본문들을 통해 지혜가 무엇인지를 알아가는 것이다. 수많은 성경학자의 논리, 의견과 주장들을 알아감도 의미가 있을 것이다. 그러나 여호와를 경외함을 가르치는 지혜의 말씀들 자체가, 마치 다이아몬드가 형형색색 빛들을 뿜어내는 것과 같이, 하나님의 지혜를 만나게 하는 기쁨과는 비길 수 없을 것이다.

또한, '지혜서들이 어떻게 구속사, 언약, 율법과 연결되고 선지자와 제사장 전통과 상관성이 있을까?'라는 질문을 가진 독자라면 평신도, 신학생, 목회자를 막론하고 누구든 이 책을 통해 통찰력을 얻게 될 것이다. 특히 부록에 담긴 '21세기에서 지혜'는 우리가 속한 21세기 사회 속에서 하나님의 백성으로 어떻게 살아갈 수 있을지를 명료하고 상세한 길들을 제시해 주고 있다.

이 책은 지혜의 말씀에 대한 해석, 지혜 신학의 통일성과 통찰력, 실제적 삶에 대한 길 안내, 모두 담겨있는 종합선물 세트 같다. 독자들은 이 책을 통해 지혜서를 이해할 때 더 이상 어렵고 힘들고 고민스러운 것이 아니라 지혜를 알아감의 기쁨을 경험하게 될 것이다. 그리고 21세기의 다양한 이념과 가치가 기준을 만드는 세상 속에서 여호와 경외함의 지혜로 삶을 살아갈 용기를 얻게 될 것이다. 그러므로 진정한 지혜와 동행하기 원하는 모든 믿음의 사람들에게 이 책을 진심으로 추천하는 바이다.

추천사 3

마크 보다(Mark J Boda) 박사
맥매스터신학교(McMaster Divinity College) 교수

롱맨은 다시 한번 구약성경의 풍성함을 오늘의 독자들이 이해할 수 있게 만들어 주었다. 구약성경의 지혜 전통과 관련된 핵심 본문을 해석한 후에 그는 우리로 이런 텍스트를 역사적이고 정경적인 문맥 속에서 아주 조심스럽게 신학적으로 읽도록 준비시켜주는 핵심적인 특징들을 강조한다.

피터 엔즈(Peter Enns) 박사
이스턴대학교(Eastern University) 교수

롱맨은 지혜를 통시적이고 신학적으로 다루어 포괄적으로 이해할 수 있게 만들었다. 이 주제에 대한 그의 폭넓은 경험은 지혜에 대한 근본적인 성경적인 개념에 흥미 있는 교육적이고 신학적인 공헌을 했다. 나는 이 책을 열렬히 추천하며 나의 가르치는 자료로 사용할 것이다.

스테판 B. 레이드(Stephen B. Reid) 박사
바이올라대학교(Baylor University) 교수

롱맨은 혁신적인 연구를 분명하고 이해하기 쉬운 글로 제공한다. 롱맨은 지혜 전통의 기초들을 다루었지만 또한 포스트모던 시대 속에서 지혜서를 읽는 상황을 다룬다. 이 책은 학부생들과 신학대학원생들 그리고 학자들을 위한 탁월한 안내서이다.

윌 키네스(Will Kynes) 박사
휘트워스대학교(Whitworth University) 교수

롱맨은 이스라엘의 지혜에 대한 끈덕진 가정들에 도전하며 지혜 문학 장르에 대한 엄격한 개념의 제약들을 제거하는 지혜신학의 개론을 제공한다. 롱맨은 지혜를 히브리어 성경을 가로지르며 고대 근동과 제2 성전 시대와 신약성경을 통과하여 21세기에 이르는 개념으로 탐구한다.

롱맨의 탐구는 성경의 지혜에 대한 일반적인 묘사들에 반대하는 의견들을 넘어선다. 롱맨은 지혜는 실용적이고, 신학적이고, 보편적이고, 이스라엘에게 독특하며, 또한 창조신학과 구속역사 및 언약신학에 연결된다고 주장한다. 이 책이 일으킨 근본적인 신학적인 질문들에 대한 분명하고 이해하기 쉬운 논의는 또한 독자들로 성경의 지혜를 고대와 오늘날 연관된 것으로 고려하도록 격려한다.

스테판 B. 챔프먼(Stephen B. Champman) 박사
듀크대학교(Duke university) 교수

이스라엘의 지혜는 세속적이고 경험적이며 이방의 수입품으로 잘못 이해되어 왔으며 하나님의 말씀이기보다는 삶의 도전에 대한 인간의 반응으로 오해받아 왔다. 지혜의 종교적인 뿌리와 계시적인 성격을 보여주는 새로운 연구에 기초하여 롱맨은 이스라엘 지혜 전통의 신학적인 전통을 능숙하게 탐구한다. 그 결과 학생들과 일반 그리스도인 독자들을 위한 훌륭한 개론서를 만들어 냈으며 롱맨이 지혜서 강의에 오래도록 헌신해 온 그의 경력의 정점에 꼭 맞는 훌륭한 개론서를 만들어 냈다.

이 책은 외경과 사해 문서들, 그리고 신약성경까지 논의의 범위를 확대하여 그 범위에 있어서 포괄적이다. 이 책은 교회와 21세기 사회에 중요하게 공헌할 이스라엘 지혜의 잠재력에 대한 사려 깊은 반성을 포함한다.

까롤 M. 카민스키(Carol M. Kaminski) 박사
고든콘웰신학교(Gordon-Conwell Theological Seminay) 교수

능숙한 기품으로 롱맨은 구약성경의 지혜의 주제를 항해해 나간다. 지혜는 구약성경의 구속-역사적인 내러티브와 독립되어 있지 않고 그것에 본래적인 것임을 롱맨은 이 책에서 설득력 있고 주석적으로 풍부하게 주장한다. 지혜에 대한 좀 더 통일성 있는 신학과 정경에서의 위치를 찾는 사람은 누구든지 이 통찰력 넘치는 새롭고 탁월한 지혜에 대한 해설서를 읽어야만 한다.

존 골딩게이(John Goldingay) 박사
풀러신학교(Fuller Theological Seminary) 교수

롱맨은 유행에 휩쓸리지 않으며 단지 새롭다는 이유로 새로운 생각을 무시하지도 않는다. 롱맨은 관심을 가지고 그것들을 보며 냉정한 태도를 유지한다. 그렇기 때문에 롱맨은 이스라엘의 지혜로운 남자와 여인들이 감사할 것이며 그도 또한 그들에게 감사할 그런 종류의 사람이다.

이 책은 구약성경 안에 '구별되지만 불협화음이 아닌 소리'와 그 소리의 신학적인 메시지에 대한 균형 잡히고 유익한 지혜신학 개론서이다.

감사의 말

트렘퍼 롱맨 3세 박사
웨스트몬트대학교 성경학 교수

구약성경의 지혜에 대한 나의 관심은 1970년대에 예일대학교에서 연구하는 동안 시작되었다. 할로 교수(Prof. W. W. Hallo)의 지도로 박사논문을 쓰면서 아카드의 소설적인 자서전들의 장르를 연구하고 규정하고 있을 때 나는 자서전들이 지혜 훈계로 끝이 나는 자서전들을 발견하게 되었다.

내가 이 책 제9장에서 설명할 것이지만 이 아카드 저작들은 전도서와 형식에 있어서 비슷했다. 나는 곧 전도서 주석을 쓰도록 제안받았다. 그리고 20여 년간 잠언, 욥기, 아가, 그리고 시편에 대한 주석도 썼다. 이 모든 것이 이런저런 방식으로 구약성경에서의 지혜의 개념을 더 잘 이해하는 데 도움을 주었다.

기독론적(christological)인 혹은 그리스도를 목표로 하는(christotelic) 해석을 하고 그런 해석을 지지하는 학자가 되었기 때문에 구약성경 안에서 분리된 배경 속에 있는 지혜에 대한 나의 관심은 나로 하여금 신약성경의 지혜도 연구하도록 이끌었다. 더욱이 성직자/목사에게 도움이 되는 방식으로 이 책을 저술하려고 시도했기 때문에 나는 또한 고대 성경의 지혜 사이의 관계를 숙고했다. 왜냐하면, 그것이 오늘날 지혜를 제공하기 때문이다(부록 1).

나는 베이커출판사(Baker Academic)에 감사하고 싶다. 특히 이 책을 저술하도록 기회와 용기를 준 짐 키네이(Jim Kinney)에게 감사하고 싶다. 이 책은 성경 지혜에 관한 수년간 연구의 종합이다. 나는 짐과 수년간 일해왔다. 나는 그를 단지 나의 편집자가 아니라 가까운 친구로 생각한다. 그는 나로 이 책을 저술하도록 격려했을 뿐만 아니라 저작 모든 과정을 통하여 나를 지도했다.

나는 또한 이 책의 편집을 위하여 훌륭한 작업을 한 데 대하여 웰스 터너(Wells Turner)와 그의 팀에 감사하고 싶다. 나는 또한 학부 수준뿐만 아니라 대학원 수준에서 지혜 문헌(wisdom literature)을 가르쳤던 셀 수 없이 많은 학생에게 감사하며 칭찬한다. 1981년에 내가 가르쳤던 첫 번째 강의는 시편과 지혜에 관한 것이었는데, 다가오는(원서 출판 기준-역주) 2017년 학기에 그 강의를 다시 할 것이다. 자연히 다음 학기에 내가 가르칠 강의는 상당히 다를 것이고 1981년에 내가 했던 강의보다 더 많은 지식을 제공하기를 소망한다.

나는 여러 해 동안의 커다란 내조에 대하여 내 아내 엘리스(Alice)에게 감사하고 싶다. 그녀는 자기 삶 속에서 지혜가 무엇인지를 요약한다. 우리는 우리 세 아들과 그들의 아내들 그리고 또한 네 명의 손녀들에게 감사한다. 나는 이미 이전의 저서들을 우리의 아들 트렘퍼 4세(Tremper IV)의 딸들인 먼저 태어난 우리의 손녀들 가브리엘(Gabrielle)과 미아(Mia)에게 헌정했다.

그렇게 나는 이 책을 또한 우리의 새로운 두 손녀 에머슨 포스터 롱맨(Emerseon Forster Longman, 티모시와 카리[Timothy and Kari]의 딸)과 아바 라에 롱맨(Ava Rae Longman, 앤드류와 티파니[Andew and Tiffany]의 딸)에게 헌정하기를 기뻐한다. 나는 너희 모두를 사랑한다. 주의 지혜와 주를 경외함 속에서 자라나기를 바란다.

저자 서문

트렘퍼 롱맨 3세 박사
웨스트몬트대학교 성경학 교수

구약성경에서 지혜란 무엇인가?

구속사는 하나님이 세계에 도달하기 위하여 이스라엘을 통하여 특별한 방식으로 일하신다고 주장한다(창 12:1-3).[1] 이 특별한 관계는 이스라엘의 언약 관계 안에서만 아니라 언약의 체계 안에서 표현된 율법 안에서 명확해진다. 선지자들은 이스라엘의 하나님 여호와만을 배타적으로 예배할 것을 주장한다. 이들은 다른 신을 예배하는 그 어떤 자도 정죄한다. 제사장은 언약을 '지킴'(guarding)으로써 하나님의 거룩함을 보호한다(신 33:9).

처음 읽어보면, 지혜에 관하여 말하는 책들—특별히 잠언, 욥기, 전도서—은 구속사적이고, 언약적이며, 법적이고, 선지자적이며, 제사장적인 전통들에 근거한 책들과는 심각하게 차이가 난다고 느낀다. 우리가 과거 수십 년간 지혜를 연구해 온 사람들의 글들로부터 얻는 인상이 바로 이것이다. 학자들은 구약성경의 나머지와 현저히 다른 독특한 지혜 전통에 대하여 말해 왔다.[2] 그렇게 논쟁이 진행됨에 따라 지혜는 신학적이 아니라 실용적이고, 이스라엘에 독특한 것이 아니라(고대 근동의 지혜와 조화하는) 보편적이며, 구속사나 언약이 아니라 창조신학에 묶여 있게 되었다

---

1 아브라함에게 한 약속이 신약과 구약의 구속 역사를 통하여 어떻게 울려퍼지는지에 대하여는 Cline, *Theme of the Pentateuch*를 보라.

2 이에 대한 예로는 지혜에 관한 고전적인 연구인 Von Rad, *Wisdom in Israel*과 최근의 책인 Brown, *Wisdom's Wonder*가 있다.

이 책에서는 성경의 지혜를 탐구하려고 한다. 우리는 구약성경 곧 이스라엘의 지혜에 초점을 맞출 것이다. 그러나 궁극적으로 우리의 연구는 그리스도인 성경 신학의 작업이다. 그러므로 우리는 신약성경이 어떻게 구약성경의 지혜를 도용하는지를 조사함으로써 우리의 작업을 계속할 것이다.

구약성경 안의 지혜의 본질에 대한 질문이 우리의 연구의 핵심이다.

구약성경의 지혜를 독특한 것으로 보기보다는 보편적인 것으로, 신학적이라기보다는 실용적이고, 구속사보다는 창조신학에 근거한 것으로 보는 오늘날의 지혜에 대한 평가가 옳은가?

아주 최근에는 학자들이 과거 수십 년간의 중요한 합의점이라고 우리가 부를 수 있는 것에 대하여 의문을 제기하고 있다. 특별히 윌 키네스(Will Kynes)와 마크 스니드(Mark Sneed)의 저작은 중요한 점에서 다를지라도 이 분야에서 연구하고 있는 학자들에 의해 공통으로 인식되는 독특한 지혜 전통과 지혜 학파 혹은 지혜 장르라는 생각에 도전해 오고 있다.[3]

이 책은 이들의 고무적인 통찰력에 아주 많이 빚을 지고 있다. 그러나 나는 이들의 관점에 완전히 동의하지는 않는다. 나는 본서를 통하여 이들뿐만 아니라 이들이 도전하는 생각들과 상호 작용할 것이다. 그러나 독특한 지혜 전통과 학파와 장르가 존재하지 않는다는 것에서 비록 그들이 옳을지라도 성경에는 지혜의 개념이 존재하며 이것은 연구할 가치가 있으며 이 책의 주제가 될 것이다.

잠언, 전도서, 욥기가 독특한 장르를 구성한다고 주장하지 않고서도 이 책들 안에서 지혜를 자세히 들여다봄으로써 그런 연구를 시작할 분명한 이유가 여전히 존재한다(지혜 문헌에 대한 질문과 관련된 것으로 장르 이론에 대한 나의 토론에 대하여는 부록 2를 보라). 잠언의 서문(잠 1:1-7)은 이 책의 목적은 "지혜와 훈계를 얻게 하며"(잠 1:2) "어리석은 자를 슬기롭게 하며 젊은 자에게 지식과 근신함을 주기 위한 것이니"(잠 1:4)라고 말할 뿐만 아니라 지

---

[3] Sneed, *Was There a Wisdom Tradition?*에 기고한 이들의 논문들을 보라.

혜 있는 자는 듣고 학식이 더할 것이라고(잠 1:5) 언급한다. 우리는 이 책에서 욥기를 다루는 장에서 욥기는 욥과 그의 친구들과 엘리후, 곧 그들 모두는 패자들이고 하나님이 승자인 지혜 논쟁으로 가장 잘 이해될 수 있다는 것을 보여줄 것이다.

지혜는 또한 전도서에서도 중심적인 역할을 한다. 우리가 볼 것이지만 그의 아들에게 말하는 무명의 화자(전 12:12)는 전도서의 주요한 화자인 코헬렛이 "현자였다"고 지적한다(전 12:9). 이 책은 그의 "해 아래" 지혜의 본질에 대하여 평가할 것이다. 이 세 권의 책들은 서로 다르며 각각 서로 다른 방식으로 우리의 지혜에 대한 이해에 미묘한 차이를 덧붙여 줄 것이다. 그러나 이어지는 장들에서 우리가 지적할 것처럼, 이들 책은 놀랍게도 지혜의 근본은 "여호와를 경외하는 것"이라는 데 모두 일치한다.

그러므로 우리의 첫 세 장들(제1부, "지혜의 핵심: 잠언, 전도서, 욥기")은 다음이 될 것이다.

    제1장 잠언: 주를 경외함이 지혜의 시작이다
    제2장 전도서: 하나님을 경외하고 계명에 순종하며 다가오는 심판의 빛
        아래서 살아가라
    제3장 욥기: "보라, 주를 경외함이 지혜이다"(욥 28:28)

이 세 권의 책들이 구약성경의 지혜에 대하여 가장 많이 그리고 가장 집중적으로 언급한다. 그러나 또한 지혜에 대하여 말하거나 지혜를 보여주는 많은 다른 책들과 또한 부분들이 있다.

그런데도 우리는 이것들을 조심스럽게 다루어야 한다. 왜냐하면, 특별히 키네스의 책에서 언급한 것처럼 모든 것을 지혜로 다루는 경향이 학자들 간에 있기 때문이다. 후에 우리가 지적할 것처럼 구약성경의 모두는 아닐지라도 대부분 구약성경에는 지혜의 측면이 곳곳에 있다는 주장이 정말로 제기될 수 있다. 왜냐하면, 구약성경의 전승과 최종 형태가 코헬렛과 같이

자신들을 "지혜자"(하캄[hākām])로 간주한 서기관들의 결과물이기 때문이다. 그러므로 잠언, 욥기, 전도서를 다룬 후에 우리는 몇몇 시편들과 신명기와 아가와 몇몇 역사적인 내러티브에서 특별히 요셉과 다니엘과 아담과 솔로몬의 이야기 속에서 지혜를 들여다볼 것이다.[4] 우리는 이 책들을 다음 장들에서 다룰 것이다(제1부, "구약성경의 다른 곳에서의 지혜").

> 제4장 지혜의 다른 자료들: 신명기, 시편, 아가, 선지서
> 제5장 요셉과 다니엘: 지혜의 모범들
> 제6장 아담과 솔로몬: 지혜의 절정으로부터 어리석음의 심연으로

일단 지혜를 연구하는 데 가장 관련된 텍스트 자료들을 모으면 우리는 지혜가 정경의 나머지 책들과 어떻게 조화를 이루는지에 대한 오늘날의 이해에 대하여 질문할 일련의 이슈들을 다룰 것이다. 지혜가 구약성경의 다른 전통들과 지혜를 다르게 만드는 독특한 강조점들을 갖고 있다는 데는 의문의 여지가 없다.

그러나 이 차이들이 왜곡될 만큼 지나치게 강조됐다고 우리는 주장한다. 현자들은 성경에서 외계인과 같은 존재 아니라 선지자들, 제사장들 그리고 하나님의 권능의 행위에 대하여 기록한 사람들과 나란히 여호와에 대한 증언을 담은 또 다른 목소리이다.

우리의 지혜에 대한 처음 논의(제1-3장)는 지혜가 단지 실용적(그리고 윤리적) 범주가 아니라 심오하게 신학적("주를 경외하는 것이 지혜의 근본이다," 잠 1:7)이라는 것을 이미 보여줄 것이다. 그 후에 우리는 다음의 이슈들을 탐구함으로써 지혜를 독특한 것으로 보기보다는 보편적인 것으로 묘사하는 것에 대하여 계속하여 의문을 제기할 것이다(제3부, "이스라엘의 지혜: 보

---

4 역사적인 내러티브 안에서 지혜의 주제는 우리가 다룰 주제에 제한되지 않지만, 우리는 요셉, 다니엘, 아담, 솔로몬의 이야기들이 정점이라고 믿는다. 최근의 흥미로운 연구에 관하여는 Firth, "Worrying about the Wise"를 보라.

편적인가 혹은 유일한가?").

> 제7장 지혜의 근원: 경험, 관찰, 전통, 교정, 그리고 궁극적으로 계시
> 제8장 지혜, 창조, 그리고 (무)질서
> 제9장 고대 근동의 배경에서 이스라엘의 지혜
> 제10장 지혜, 언약, 그리고 율법

이 주제들에 관한 연구는 지혜는 독특하지만, 구약성경의 나머지와 조화하지 않는 소리가 아니라는 우리의 이해를 한층 강화할 것이다. 이것을 배경으로 하여 우리는 우리의 관심을 성경의 지혜에 대한 우리의 이해를 심화할 일련의 이슈들로 향할 것이다.

먼저 우리는 지혜와 보응과의 관계, 즉 인과응보에 대한 질문에 대해 조사할 것이다. 잠언을 표면적으로 읽으면 우리(그리고 많은 사람)는 지혜의 길은 번영을 이끌고 어리석은 길은 실패와 심판으로 이끈다고 주장할지 모른다. 그런데 욥기와 전도서는 지혜와 보응이 서로 연결되어 있다는 가정을 토대로부터 흔든다.

잠언과 욥기/전도서가 서로 불일치하는가?

우리는 다음의 두 개의 논쟁적인 주제를 들여다봄으로써 이 문제를 다룰 것이다.

> ① 지혜의 사회적 배경
> ② 지혜와 성(gender)

지혜에 대한 특별한 사회적인 배경이 있었는가?
그리고 우리는 그것을 확인할 수 있는가?
잠언과 같은 책이 인생에 대하여 아들에게 훈계하는 아버지를 묘사하고 신적 지혜를 여인으로 의인화한다는 사실은 지혜와 성에 대하여 질문을 일

으킨다("제4부: 지혜에 대한 우리의 이해를 개선하기").

    제11장 지혜로운 행위와 어리석은 행위의 결과: 보응신학의 이슈
    제12장 지혜의 사회적 배경
    제13장 지혜와 성(gender)

  구약성경의 지혜를 들여다보는 것을 통하여 이 문제들을 다룬 후에 우리는 두 장에 걸쳐 성경 이후의 이스라엘의 지혜를 들여다볼 것이다. 우리는 시락서(Sirach = Ecclesiasticus), 솔로몬의 지혜서(Wisdom of Solomon), 바룩서(Baruch), 사해 문서(Dead Sea Scrolls)에 초점을 맞추어 신구약 중간기 지혜(intertestamental wisdom)로 논의를 시작할 것이다. 우리는 신약성경에서 어떻게 지혜를 차용하는지와 구약 지혜가 어떻게 발전하는지를 다루는 장들을 이어갈 것이다(제5부, "성경 이후의 이스라엘의 지혜").

    제14장 외경으로부터 사해두루마리까지의 중간기 시대의 지혜
    제15장 신약성경의 지혜

  우리는 이 책을 두 개의 부록으로 마칠 것이다.
  부록 1은 우리의 주된 결론들을 이끌어낼 것이고 더 넓은(기독교인의) 정경적인 문맥과 오늘의 삶을 위하여 지혜가 계속해서 갖는 의미 속에서 구약성경의 지혜의 본질에 대한 우리의 이해를 제시할 것이다.
  부록 2는 장르의 문제로 향할 것이다. 위에서 언급했듯이 지혜 문헌이라는 장르가 존재한다는 생각에 반대하는 새롭게 도전하는 빛 아래서 우리는 지혜 문헌은 장르로 탐구하는 대신 지혜의 개념에 관하여 탐구하기로 했다. 그러나 부록에서 나는 장르에 대한 좀 더 유동적인 이해에 근거하여 지혜 문헌의 범주를 유지하는 입장에 설 것이다.

계속 진행하기 전에 우리는 이 연구를 형성하고 이 연구의 초점과 관련이 있는 성경 접근에 대한 우리의 태도를 분명히 밝힐 필요가 있다. 성경 속의 지혜에 관한 우리의 탐구는 공시적(synchronic)이지 통시적(diachronic)이지는 않을 것이다. 다시 말해 우리의 탐구는 역사-비평적(historical-critical)이 아니라 정경론적(canonical)이다. 우리는 최종적인 형태 속에서 논의하는 성경의 책들에 관하여 이야기할 것이고, 그들이 자신들을 제시하는 것에 관하여 이야기할 것이다.

내 생각에는 모든 구약성경책들(나훔서를 제외할 가능성과 함께)은 형성에 대한 역사(compositional history)를 갖고 있으며 모두는 아니어도 대부분 책은 포로 후기에 그것의 최종적인 형태가 이루어졌다는 것은 의심의 여지가 없다. 통시적인 연구도 가능하지만, 그것은 또한 극단적으로 사색적이다. 그리고 어떤 경우든 차일즈(Childs)와 다른 학자들이 지적한 것처럼 이 책들의 최종 형태가 교회의 성경이다.[5]

---

[5] 차일즈(Childs)의 정경론적 비평(canonical criticism)의 대표적인 저서는 *Biblical Theology*이다.

역자 서문

유 창 걸 박사
동부교회 담임목사

　트럼프 롱맨 3세가 이스라엘의 지혜를 소개하는 개론서로 쓴 이 책은 복음주의적인 관점에서 성경의 지혜를 다룬다. 롱맨 교수는 총 5부로 되어 있는 이 책에서 구약성경부터 신구약 중간기를 거쳐 신약성경에 이르기까지 성경 지혜의 개념을 다룬다.
　제1부에서는 전통적으로 지혜서로 일컬어지는 잠언, 전도서, 욥기에서 성경적인 지혜에 대하여 다룬다. 롱맨 교수는 이 세 책들이 서로 관심이 다를지라도 서로 모순되거나 대립되지 않고 하나님을 경외함이 지혜라고 하는 공통된 지혜를 제시한다는 것을 보여준다.
　제2부에서는 지혜 문헌이라고 여겨지지 않는 구약성경의 책들에서 지혜를 다루는 텍스트들—신명기, 선지서, 시편, 아가서—을 조사한다. 이 연구에서 롱맨 교수는 지혜와 역사, 지혜와 율법, 지혜와 언약이 서로 관련이 없지 않고 서로 관련이 있다는 것을 설득력 있게 제시하여 지혜서는 역사나 율법이나 언약과 관련이 없다는 주장이 설득력이 없음을 보여준다.
　제3부에서는 이스라엘의 지혜가 갖는 신학적인 면을 다룬다. 이스라엘의 지혜가 고대 근동 나라들의 지혜가 경험과 관찰과 실수를 통하여 배우는 데 있어서 공통점이 있을지라도 이스라엘의 지혜가 그들 나라들의 지혜와 다른 점은 신학적인 면에 있다는 것을 보여줌으로써 성경의 지혜는 보편적인 지혜라는 것에 도전한다.

제4부에서는 오늘날 보편적으로 주장되는 주장 가운데 하나인 욥기와 전도서가 잠언의 보응신학에 대항하는 지혜를 다룬다는 주장이 오해라는 것을 설득력 있게 주장한다. 또한, 성(gender)과 지혜를 다룸으로써 남성 중심의 표현들을 어떻게 여성 독자들에게 적용할지를 다룬다.

제5부에서는 중간기 문서들과 신약성경에서 지혜의 개념이 어떻게 발전하는지를 연구하며 신약성경이 예수를 구약 지혜의 구현으로 본다고 주장한다.

부록에서는 지혜 문헌과 관련된 장르문제와 오늘날 지혜운동에 대하여 다룬다.

롱맨 교수는 이 책을 통해서 구약성경으로부터 시작하여 신약성경에 이르기까지 '하나님을 경외하는 것이 왜 지혜인가'를 설득력 있게 보여주었다. 역자는 이 책을 통하여 지혜서에 관심을 갖고 있는 학자로서, 또 지혜서를 교회에서 설교하고 싶은 목회자로서 지혜서를 어떻게 접근해 가야 할지 많은 통찰력을 얻게 되었다. 롱맨 교수는 구약의 지혜서는 정해진 어떤 법칙이나 약속을 제시하는 것이 아니라 하나님의 백성으로 하여금 지혜롭게 살아가도록 하는 데 있다고 주장한다.

특별히 잠언이 때로 서로 모순되어 보이는 개별 잠언들이 불변의 어떤 약속을 하는 것이 아니라고 말한다. 그보다는 이 개별 잠언들을 적절한 상황 속에서 적절한 때에 적용하는 것을 배우게 함으로써 하나님의 백성으로 하여금 하나님을 경외하는 지혜를 배우게 하는 데 목적이 있다고 주장한다. 이것은 나를 포함하여 목회자들에게 잠언을 하나의 법칙처럼 설교하는 것이 잘못이라는 것을 깨닫게 해주며 지혜서를 설교하는 데 큰 하나의 관점과 틀을 제시해 준다고 생각한다.

이제는 한국교회를 이루어가는 하나님의 백성에게 그 어느 때보다도 지혜가 필요한 때가 되었다. 이제까지 지혜서는 교회에서 닫힌 책처럼 잘 설교되지 않는 책들이다. 이 롱맨 교수의 탁월한 책이 신학생들과 많은 목회자들에게 읽혀서 성경의 지혜서를 제대로 이해하고 설교하는 데 도전이 될 수 있으면 좋겠다. 그래서 지혜서가 많이 설교되고 한국 그리스도인들이 다가오는 고난의 때에 하나님을 경외하는 참된 지혜자로 살아갈 수 있었으면 좋겠다.

　추천사를 써주신 김희석 교수님과 이성혜 교수님께 감사드리며, 이 책을 번역하도록 허락해 주신 기독교문서선교회(CLC)의 대표 박영호 목사님과 본서가 '베이커 지혜 문헌·시편 주석 시리즈' 8권에 편입시켜 『지혜신학 개론』으로 출판되도록 수고해 주신 CLC 모든 분들께도 감사드린다.

약어표

◆ 참고문헌과 일반

AB	Anchor Bible
ANET	*Ancient Near Eastern Texts Relating to the Old Testament*, ed. James B. Pritchard, 3rd ed.(Princeton: Princeton University Press, 1969)
BBR	*Bulletin for Biblical Research*
BCOTWP	Baker Commentary on the Old Testament Wisdom and Psalms
BIBD	*Baker Illustrated Bible Dictionary,* ed. Tremper Longman III(Grand Rapids: Baker Books, 2013)
BN	*Biblische Notizen*
BZAW	Beihefte zur Zeitschrift für die alttestamentliche Wissenschaft
ca.	*circa*, about
CBQ	*Catholic Biblical Quarterly*
CEB	Common English Bible
chap(s).	chapter(s)
ConBOT	Coniectanea Biblica: Old Testament Series
COS	*The Context of Scripture*, ed. William W. Hallo, 3 vols.(Leiden: Brill, 1997–2002)
DJD	Discoveries in the Judaean Desert
e.g.	*exempli gratia*, for example
esp.	especially
ESV	English Standard Version
ET	English translation
EuroJTh	*European Journal of Theology*
EvQ	*Evangelical Quarterly*
FOTL	Forms of the Old Testament Literature
Heb.	Hebrew
HTR	*Harvard Theological Review*

HUCA	*Hebrew Union College Annual*
i.e.	*id est*, that is
JAOS	*Journal of the American Oriental Society*
JBL	*Journal of Biblical Literature*
JETS	*Journal of the Evangelical Theological Society*
JHNES	Johns Hopkins Near Eastern Studies
JSOT	*Journal for the Study of the Old Testament*
JSOTSup	Journal for the Study of the Old Testament Supplement Series
JTISup	Journal for Theological Interpretation, Supplements
MT	Masoretic Text
NCB	New Century Bible
NIB	*The New Interpreter's Bible*, ed. Leander E. Keck, 12 vols. (Nashville: Abingdon, 1994–2004)
NICOT	New International Commentary on the Old Testament
NIDOTTE	*New International Dictionary of Old Testament Theology and Exegesis*, ed. Willem A. VanGemeren, 5 vols. (Grand Rapids: Zondervan, 1997)
NIV	New International Version
NIVAC	NIV Application Commentary
NJB	New Jerusalem Bible
NLT	New Living Translation
NRSV	New Revised Standard Version
NT	New Testament
OBO	Orbis Biblicus et Orientalis
OT	Old Testament
OTE	*Old Testament Essays*
OTL	Old Testament Library
RevQ	*Revue de Qumran*
SBLDS	Society of Biblical Literature Dissertation Series SBLSymS Society of Biblical Literature Symposium Series
SJT	*Scottish Journal of Theology*
STDJ	Studies on the Texts of the Desert of Judah
THOTC	Two Horizons Old Testament Commentary

TLB	The Living Bible
TOTC	Tyndale Old Testament Commentaries
v(v).	verse(s)
VT	*Vetus Testamentum*
VTSup	Supplements to Vetus Testamentum
WBC	Word Biblical Commentary
WTJ	*Westminster Theological Journal*
ZAW	*Zeitschrift für die alttestamentliche Wissenschaft*

◆ 구약 외경 및 제2 정경

Add. Dan.	Additions to Daniel(= Pr. Azar., Sg. Three, Sus., and Bel)
Add. Esth.	Additions to Esther
Bar	Baruch
Bel	Bel and the Dragon
1–2 Esd.	1–2 Esdras
Jdt.	Judith
Let. Jer.	Letter of Jeremiah(= Baruch chap. 6)
1–4 Macc.	1–4 Maccabees
Pr. Azar.	Prayer of Azariah(often cited as part of the Song of the Three Jews)
Pr. Man.	Prayer of Manasseh
Ps. 151	Psalm 151
Sg. Three	Song of the Three Jews
Sir.	Sirach
Sus.	Susanna
Tob.	Tobit
Wis.	Wisdom(of Solomon)

◆ 기타 고대 자료

T. Job	Testament of Job

◆ 구약

창	창세기
출	출애굽기
레	레위기
민	민수기
신	신명기
수	여호수아
삿	사사기
룻	룻기
삼상	사무엘상
삼하	사무엘하
왕상	열왕기상
왕하	열왕기하
대상	역대상
대하	역대하
스	에스라
느	느헤미야
에	에스더
욥	욥기
시	시편
잠	잠언
전	전도서
아	아가
사	이사야
렘	예레미야
애	예레미야애가
겔	에스겔
단	다니엘
호	호세아
욜	요엘
암	아모스
옵	오바댜
욘	요나
미	미가
나	나훔
합	하박국
습	스바냐
학	학개
슥	스가랴
말	말라기

◆ 신약

마	마태복음
막	마가복음
눅	누가복음
요	요한복음
행	사도행전
롬	로마서
고전	고린도전서
고후	고린도후서
갈	갈라디아서
엡	에베소서
빌	빌립보서
골	골로새서
살전	데살로니가전서
살후	데살로니가후서
딤전	디모데전서
딤후	디모데후서
몬	빌레몬서
히	히브리서
약	야고보서
벧전	베드로전서
벧후	베드로후서
요일	요한일서
요이	요한이서
요삼	요한삼서
유	유다서
계	요한계시록

목차

추천사 1 김희석 박사_총신대학교 신학대학원 구약학 교수   4
추천사 2 이성혜 박사_백석대학교 구약학 교수   7
추천사 3 마크 보다 박사 외 6인   10
감사의 말   14
저자 서문   16
역자 서문   23
약어표   26

제1부 지혜의 핵심: 잠언, 전도서, 욥기   32
  제1장 잠언   37
  제2장 전도서   71
  제3장 욥기   98

제2부 구약성경 다른 곳에서의 지혜   130
  제4장 지혜의 다른 자료들   133
  제5장 요셉과 다니엘   153
  제6장 아담과 솔로몬   177

제3부 이스라엘의 지혜: 보편적인가 유일한가   199
  제7장 지혜의 근원   201
  제8장 지혜, 창조, 그리고 (무)질서   227
  제9장 고대 근동의 배경에서 이스라엘의 지혜   258
  제10장 지혜, 언약 그리고 율법   282

제4부 지혜에 대한 우리의 이해를 개선하기   301
  제11장 지혜로운 행위와 어리석은 행위의 결과   304
  제12장 지혜의 사회적 배경   322
  제13장 지혜와 성(gender)   335

제5부 구약 이후 이스라엘의 지혜   359
  제14장 신구약 중간기의 지혜서   364
  제15장 신약성경의 지혜   403

부록 1 21세기에서 지혜   426
부록 2 지혜 문헌은 장르인가?   456

참고문헌   467

BAKER
COMMENTARY ON THE OLD TESTAMENT
WISDOM AND PSALMS

The Fear of the Lord Is Wisdom

제1부
지혜의 핵심: 잠언, 전도서, 욥기

제1장 잠언
제2장 전도서
제3장 욥기

이 책의 제목인 『지혜신학 개론』은 이 책이 지혜에 관한 연구서라고 선언한다.

그러나 구약성경에서 지혜란 정확히 무엇인가?

적어도 19세기 중엽과 요한 브루흐(Johann Bruch)의 연구 이래로 학자들은 소위 역사적인 책들과 선지서와 율법과 구별되는 문학 장르로서의 지혜인 "지혜 문헌"(wisdom literature, '지혜 문학'으로도 이름-역주)에 대하여 언급해 왔다.[1] 물론 장르로서의 지혜에 관한 연구는 19세기의 기원으로부터 현재의 순간에 이르기까지 점점 쇠퇴하고 있다.

그런데도 심지어 오늘날 대부분 학자는 잠언, 욥기, 전도서는 지혜 문헌의 핵심을 이룬다고 단언하곤 한다. 장르를 연구하는 몇몇 학자들은 다수의 지혜시(wisdom psalms)와 아가를 포함하여 다른 텍스트를 지혜 문헌에 더하곤 했다. 다른 학자들은 더 나아가 요셉 이야기, 에스더, 다니엘, 그리고 어떤 역사적인 내러티브와 심지어 선지서들을 이 문학 범주에 넣곤 했다.

그러나 최근에는 지혜 장르에 대한 생각에 심각한 의문이 제기되었다. 윌 키네스(Will Kynes)는 지혜가 장르로 간주되어서는 안 된다는 가장 설득력 있는 주장을 제시했다. 그는 고대에 혹은 심지어 19세기 중반과 브루흐의 저작이 나오기 전까지는 소위 지혜서들이 하나의 장르로 간주되었다는 증거가 없다는 것을 바르게 지적했다.

그렇기는 하지만, 이것이 지혜 문헌 장르라는 생각에 반대하는 충분한 논쟁이 아니라는 것을 그 또한 인식한다. 왜냐하면, 그의 주장은 "한 생각의 기원은 확증될 수도 있고 그렇지 않을 수도 있다"라고 주장하는 소위 기원에 대한 오류를 범하는 것이기 때문이다.[2]

다시 말해 '에믹'(emic) 범주들 곧 본래부터 존재하던 범주들만이 유일한 정당한 것은 아니다. '에틱'(etic) 범주들 곧 현대 학자들에 의해 공식화

---

1 Bruch, *Weisheits-Lehre der Hebräer*.
2 Kynes, *Obituary*.

된 범주들도 마치 현대 문법적인 범주들을 사용하는 것이 고대 언어를 기술하고 가르치는 데 유용한 것처럼 나름의 유용성이 있다.[3]

키네스는 심지어 핵심적인 책들(잠언, 욥기, 전도서)도 구약성경의 다른 책들과 기원적으로 쉽게 구별되지 않는다는 것을 지적함으로써 그의 주장을 더 진전시킨다. 예를 들어 그는 현대 구성작가들의 문학 작품에 부여되는 것과 같이 지혜 문헌과 흔히 연관되는 생각들이 정말로 존재하는지 혹은 최소한도 그 생각들(예를 들어 그가 이름 붙이는 창조신학, 보편주의, 경험주의, 보응, 세속주의 같은 것들)이 가정된 지혜 문헌 안에서만 사용되는 것에 의문을 제기한다.

그는 학자들 사이에서 지혜 문헌이 서서히 그리고 꾸준히 확장되어 왔다는 것을 또한 주목했다. 위의 이 페이지 두 번째 단락에서 지적한 것처럼, 몇몇 학자들은 지혜라는 항목 아래 구약성경의 많은 부분을 포함하곤 했다. 그는 여기서 어떻게 학자들이 구약성경에서 신명기사가의 신학(Deuteronomic theology)의 영향을 보았는지와 비슷한 유비를 본다. 신명기사가 신학의 영향으로 여호수아로부터 열왕기까지는 아닐지라도 사무엘서로부터 열왕기까지, 예레미야와 다른 선지서들이 신명기사가적이라고 분류되었다. 그리고서 그는 지혜의 경우에 "만일 구약성경의 모든 것이 지혜라면(조금 과장해서 말하면) 아무것도 지혜가 아니다"라고 단언한다.

키네스와 다른 학자들은 그리하여 지혜를 기술하려고 하는 내 책과 같은 책들이 무시할 수 없는 질문들을 제기한다.

'정말로 지혜가 죽었는가?'

'지혜 문헌이 존재하지 않는가?'

'구별되는 지혜 운동(wisdom movement)이 존재하지 않는가?'

'제사장과 선지자와 왕들과 구별되는 지혜의 교사나 현자들이 존재하지

---

[3] 일찍이 1987년에 내 책(Longman, *Literary Approaches*)에서 이 문제점을 지적했다. 이 책은 1996년에 *Foundations of Contemporary Interpretation*이라는 제목으로 하나로 묶인 총서에서 나온 다른 책들과 함께 다시 인쇄되었다(특히 pp. 127-128을 보라).

않는가?'

이어지는 장들에서 우리는 이 질문들을 다룰 것이다.

그러나 어디서부터 시작할 것인가?

비록 지혜가 구별된 문학 범주와 운동과 전문적인 지위(professional status)를 갖는다는 것에(우리가 보게 될 것이지만) 성공적으로 반대할 수 있다고 할지라도, 지혜의 개념이 구약성경에 존재한다는 것을 부정할 수는 없다. 지혜는 '호크마'(ḥokmâ)의 영어 번역이고 지혜에 의해 특징지어지는 사람은 '하캄'(ḥākām)으로 불린다.[4]

따라서 아마도 이 책은 지혜 문헌 장르에 대한 묘사가 아니라 주로 지혜의 개념에 관한 탐구로 이해되는 것이 가장 좋을 것이다. 키네스 자신은 이 면에서 우리에게 동의할 것이다. 왜냐하면, 그의 접근은 "장르가 아니라 거룩함 혹은 의와 유사한 개념으로서의 지혜(소문자 w로 시작하는 wisdom)를 다룰 것"이라고 그가 언급하기 때문이다.[5] 그러므로 우리는 지혜가 장르인지에 대한 질문은 열린 채로 남겨둘 것이고 우리는 지혜의 개념에 관한 탐구를 시작할 것이다(장르로서의 지혜에 대하여는 부록 2를 보라).

그러나 어떻게 우리의 탐구를 조직할 것인가?

어디서 시작하고 어떻게 나아갈 것인가?

하나의 접근법은 호크마에 대해서 언급하는 가장 초기의 텍스트로부터 시작하여 가장 마지막 텍스트까지 가는 통시적(diachronic)인 접근일 것이다. 이 접근이 아마 정당할지 모르지만, 이 접근은 아주 복잡하고 극단적으로 논쟁적이다.

그러므로 나는 이 질문을 공시적으로(synchronically) 접근할 것이다. 그러나 이것이 내가 텍스트들이 언제 구성되었는지에 대한 모든 질문을 피하리라는 것을 의미하지는 않는다. 그러나 지혜에 대한 나의 기술은 적어도 주

---

[4] 하캄(ḥākām)이 직업적인 범주로 사용되었는지 아닌지에 대한 의문은 제12장에서 답해질 것이다.

[5] Kynes, *Obituary*.

된 점에서 이들의 연대에 의존하지 않을 것이다.

그러므로 나는 호크마를 가장 많이 언급하는 텍스트들로부터 이 연구를 시작할 것이다. 이 연구가 이 텍스트들이 장르를 구성한다는 것을 가정하지 않지만 이 연구는 위에서 이미 언급했던 지혜 장르로 가정된 것의 핵심으로 간주한 세 책들로부터 시작하도록 우리를 이끈다.

우리가 물으려고 하는 첫 번째 질문은 '지혜의 본질이 무엇인가' 하는 것이다. 우리는 잠언으로부터 시작할 것이다. 잠언은 서문에서(잠 1:1-7) '잠언은 독자들을 지혜롭게 만들기 위해 의도되었다'고 선언한다.

제1장

잠언

여호와를 경외함이 지혜의 근본이라

　잠언은 훈계의 책으로 잠언과 대응되는 고대 이집트의 지혜서와 같이 (이 책 제9장을 보라) 서문으로 시작한다. 이 서문은 독자들에게 의도하는 결과의 견지에서 앞으로 이어질 장들의 목적을 언급한다.

　　다윗의 아들 이스라엘 왕 솔로몬의 잠언이라
　　이는 지혜와 훈계를 알게 하며
　　명철의 말씀을 깨닫게 하며
　　지혜롭게, 공의롭게, 정의롭게,
　　정직하게 행할 일에 대하여 훈계를 받게 하며
　　어리석은 자를 슬기롭게 하며
　　젊은 자에게 지식과 근신함을 주기 위한 것이니
　　지혜 있는 자는 듣고 학식이 더할 것이요
　　명철한 자는 지략을 얻을 것이라
　　잠언과 비유와 지혜 있는 자의 말과
　　그 오묘한 말을 깨달으리라
　　여호와를 경외하는 것이 지식의 근본이거늘

> 미련한 자는 지혜와 훈계를 멸시하느니라(잠 1:1-7).[1]

서문의 긴 목적 진술은 "지혜를 알기 위하여"로 시작한다. "지혜"로 통상 번역되는 히브리어 단어는 호크마(hokmâ)이다. 호크마는 잠언을 읽음으로써 나타나기를 기대하는 결과를 가리키기 위하여 잠언에서 가장 자주 사용되는 단어이다.

그러나 서문과 잠언 전체에서 아주 밀접히 관련된 다른 단어들도 발견된다. 이 단어들은 "훈계"(무사르[mûsār]), "명철"(비나[bînâ]), "지혜"(하스켈[haśkêl]), "슬기"(오르마[ormâ]), "근신함"(메짐마[məzimmâ])과 같은 단어들이다. 사실은 우리는 이 단어들의 정확하고 미묘한 차이들을 찾느라고 애쓰고 있다(역본들의 다양한 번역들도 그렇다).[2]

그러나 이 단어들은 모두 지혜의 넓은 개념의 다양한 면들을 가리키는 것처럼 보인다. 그러므로 우리는 잠언에서 지혜를 전반적으로 이해하는 데 우리의 초점을 맞출 것이다.

1. 잠언에 따르면 지혜란 무엇인가?

우리는 지혜의 의미를 발견하기 위하여 서문뿐만 아니라 잠언에서 가르치는 내용을 또한 보아야 한다. 우리가 그렇게 함에 따라서 우리는 지혜는 단순한 개념이 아니라는 것을 알게 될 것이다.

---

1 잠언의 모든 번역은 Longman, *Proverbs*(『잠언 주석』[CLC 역간, 2019])에서 가져왔다 (저자는 원서에서 저자 자신의 사역을 사용했으나 본 번역서에서는 『잠언 주석』에서와 마찬가지로 한글개역개정을 사용했다-편집자 주).
2 지혜를 위하여 사용된 다양한 단어들의 미묘한 차이에 대한 우리의 이해를 다듬기 위한 가장 최고의 노력에 대하여는 Fox, *Proverbs 1-9*, 28-44를 보라.

잠언에서 지혜에 대한 우리의 기술은 세 가지 차원, 즉 실용적, 윤리적, 신학적인 차원으로 전개될 것이다. 우리가 지혜를 실용적으로 그리고 나서 윤리적으로 그리고 최종적으로 신학적으로 분리하여 제시할지라도 잠언에서 이 세 가지는 아주 밀접하게 서로 얽혀있다는 것을 처음부터 바르게 언급해야 한다. 만일 실용적으로, 윤리적으로, 신학적으로 지혜롭지 않다면 누구도 정말로 지혜롭게 될 수 없다.

1) 삶의 기술: 실용적인 차원

오늘날 사람들이 잠언에 대하여 생각할 때 사람들은 종종 잠언을 어떻게 인생을 항해할 것인가에 대한 조언을 모아놓은 저장고로 생각한다. 잠언은 어떻게 함정을 피할지 그리고 어떻게 성공을 극대화할지에 대한 핵심적인 교훈을 주는 책이다. 잠언은 성공을 다른 사람들과 건강한 관계를 갖고 그 관계를 유지하며, 개인적인 건강을 유지하고 삶을 유지하는 수입(비록 풍부하지 않을지라도)을 보장하는 방식으로 일하는 것으로 이해한다.

이러한 선을 따라 지혜에 대하여 어떤 과도한 기대를 하는 것은 틀린 것이라는 것을(제11장을 보라) 우리는 보게 될 것이지만, 잠언의 가르침이 정말로 그런 목적으로 조언을 해주려고 의도되었다는 것을 부정하는 것은 잘못일 것이다. 다음의 예를 숙고해 보라.

> 손을 게으르게 놀리는 자는 가난하게 되고
> 손이 부지런한 자는 부하게 되느니라(잠 10:4).

여기서 지혜 교사(wisdom instructor)는 물질적인 성공을 위한 방법으로 근면함을 권한다. 반면에 실패를 가져올 게으름을 경고한다.

> 눈짓하는 자는 근심을 끼치고
> 담대히 책망하는 자는 평화를 가져오느니라[3] (잠 10:10).

여기서 우리는 누군가가 잘못했을 때 어떻게 평화로운 관계를 유지하는가에 대하여 조언을 얻는다. 두 번째 행(colon)에서 지혜 교사는 그 사람을 직접 책망하라고 조언한다.

첫 행은 다소 모호하다. 왜냐하면, 눈짓하는 것이 무엇을 의미하는지에 대하여 우리는 완전하게 확신할 수 없기 때문이다. 그런데도 그것은 담대한 책망과 대조를 이루는 듯이 보이기 때문에 다른 사람의 편에서 잘못된 행위를 암묵적으로 받아들이는 것을 의미하는 것처럼 보인다. 지혜 교사는 건강한 관계를 맺어오는 것은 문제를 피하는 것이 아니라 사실은 책망하는 것이라고 주장한다.

> 말이 많으면 허물을 면하기 어려우나
> 그 입술을 제어하는 자는 지혜가 있느니라(잠 10:19)

이 마지막 예에서, 우리는 말을 통하여 의사소통하는 영역에서의 조언을 얻는다. 좋은 관계를 위해서는 좋은 말이 필요하다. 이 잠언은 지혜로운 사람에게 지나치게 말을 많이 하지 말도록 조언하는 다른 잠언과 어울린다(잠 13:3; 17:28). 말을 적게 할수록 더 좋다. 말을 절제하지 못하는 자는 상황을 악화시킬 뿐이다.

이 예들은 어떤 사람이 삶을 잘 살도록 실용적인 종류의 지혜를 주는 것을 목적으로 하는 잠언의 여러 예들 가운데 단지 세 가지만 언급한 것이다.

---

[3] 두 번째 행(colon)은 70인역의 번역을 따랐다(개역개정, "입이 미련한 자는 멸망하느니라"-역주).

정말로 실용적인 단계에서 지혜는 우리가 오늘날 종종 부르는 감성 지능 (emotional intelligece, 자신이나 타인의 감정을 인지하는 개인의 능력-역주)이라 부르는 것과 유사하다.[4] 감성 지능은 사회적 기술(social skill)이나 심지어 세상 물정을 잘 하는 것(street smarts)으로 불리곤 하는 것과 유사하다.

지능은 사실들에 대한 지식("…을 아는 것")에 관심을 갖는다. 반면에 지혜는 삶을 기술적으로 살아가는 것을 포함한다("어떻게를 아는 것"). 다듬지 않은 그대로의 지능(raw intelligence)은 IQ 테스트와 같은 것으로 측정될 수 있다. 그러나 감성 지능은 한 개인의 EQ를 가리키는 테스트에 의해 측정될 수 있다.

잠언의 지혜자와 같이 감성적으로 지적인 사람들은 어떻게 올바른 말을 올바른 때에 말할지를 안다. 이들은 올바른 때에 올바른 말을 한다. 이들은 또한 상황에 맞는 감정을 상황에 맞는 정도로 표현한다. 타이밍은 지혜에 있어서 모든 것이다. 적절한 타이밍을 강조하는 다음의 잠언들을 숙고해 보라.

> 사람은 그 입의 대답으로 말미암아 기쁨을 얻나니
> 때에 맞는 말이 얼마나 아름다운고(잠 15:23).

반응은 그것이 상황에 맞을 때만 효과적이다. 다음 예는 이에 대한 통찰력을 제시한다.

> 이른 아침에 큰 소리로 자기 이웃을 축복하면
> 도리어 저주 같이 여기게 되리라(잠 27:14).

---

4 Goleman, *Emotional Intelligence*. 좀 더 최근의 연구는 아주 탁월한 책인 Brooks, *Social Animal*을 보라. 이에 대한 더 자세한 소개는 부록 2를 보라.

겉보기에 큰소리든 부드러운 소리든 "축복"이나 긍정적인 말은 잘 받아들여질 것이라고 우리는 생각할지 모른다. 그러나 지혜 교사는 그의 청자에게 그것이 잘못된 때—누군가가 막 잠에서 깨어난 이른 아침—에 말해지면, 그 긍정적인 말이 제대로 평가되지 못할 것이라고 가르친다.

어떻게 지혜와 어리석음이 각각의 감정을 통하여 표현되는지를 보여주는 다음의 잠언을 또한 주목하라.

> 노하기를 더디 하는 자는 크게 명철하여도
> 마음이 조급한 자는 어리석음을 나타내느니라(잠 14:29).

> 노하기를 더디하는 자는 용사보다 낫고
> 자기의 마음을 다스리는 자는 성을 빼앗는 자보다 나으니라(잠 16:32).

이 두 잠언은 감정을 표현하는 데 있어서 조심해야 함을 입증한다. 자신의 감정을 통제하지 못하면 효과가 없는 생각과 행동을 하게 만든다.

> 말을 아끼는 자는 지식이 있고
> 성품이 냉철한 자는 명철하니라(잠 17:27).

이 잠언은 말과 감정 둘 다를 절제해야 할 것을 강조한다. 또한, 자기 절제를 연습할 줄 아는 사람이 지혜롭다고 불린다.

흥미롭게도 감성 지능과 인생에서의 성공 사이에는 아주 높은 상관관계가 있으나 높은 IQ와 인생의 성공 사이에는 상관관계가 낮다는 것이 연구를 통해서 밝혀졌다. 간단히 말하면 위에서 묘사된 좋은 사회적 기술을 가진 사람들이 관계에 있어서 성공하며 더 쉽게 직업을 얻고 그것을 유지해 나간다. 동일한 연구는 높은 IQ는 성공과 잘 관련되지 않는다는 것을 보여준다.⁵ 결국 골먼(Goleman)은 "사실 학문적인 지능이 인생의 변화들이 가져오는 혼란 혹은 기회를 위한 준비를 제공하지 않는다"고 말한다.⁶

물론 IQ와 EQ는 상호 배타적인 성질의 것이 아니다. 사람은 지능적으로 그리고 감성적으로 양쪽이 다 높을 수 있다. 그러나 EQ는 그것만으로 인생의 성공을 측정하는 잣대가 될 수 있는 반면에 IQ는 대개 그렇게 되지 않는다.

우리는 우리의 관심을 감성 지능의 주제로 돌렸었다. 왜냐하면, 그것은 성경의 지혜와 비슷하기 때문이다. 잠언은 실용적인 차원에서 그것에 경청하는 독자를 지혜롭게(감성적으로 지능이 있도록) 만들기 위하여 제공된 책이다. 감성 지능/지혜가 아주 커다란 유익을 가져온다는 것을 가리키는 연구는 현자들이 한편으로 지혜와 보응 사이와 다른 한편으로 어리석음과 부정적인 결과 사이를 연결하는 것을 의미 있게 만든다. 다음의 예가 이를 보여준다.

> 지혜로운 여인은 그들의 집을 세운다(개역개정, "정직한 자의 장막은 흥하리라") 그러나 얼간이는 그들 자신의 손으로 자신의 집을 허문다(개역개정, "악한 자의 집은 망하겠고," 잠 14:1).

현자들은 종종 이와 같은 타입의 "대조적인 평행"을 자주 사용한다. 이런 평행은 가까운 동의어(near synonyms)보다는 반의어의 사용으로 구조 지

---

5 이 데이터는 Goleman, *Emotional Intelligence*에 의해 이해하기 쉬운 방식으로 제시되는데, 1940년대에 다양한 성적으로 하버드를 졸업한, 지금은 "중년이 된" 사람들에 관한 연구를 포함한다. 이 연구는 다음과 같은 사실을 발견했다. "대학에서 가장 높은 점수를 받은 사람들이 월급과 생산성 혹은 그들의 분야에서의 지위에 관하여 그들보다 점수를 낮게 받은 동료들과 비교할 때 특별히 성공적이지 않았다. 또한, 가장 높은 점수를 받은 학생들이 인생에서 가장 만족하는 것도 아니었고 우정과 가족과 연애에 있어서 가장 행복하지도 않았다"(35).

6 Ibid., 36.

어지며 같은 상황을 정반대의 관점에서 말한다. 여기 어리석은 여인(개정개역, "어리석은 자")과 지혜로운 여인 사이의 대조가 이것이다. 지혜로운 여인의 행위는 건설적인 결과를 가져오나 어리석은 여인은 부정적인 결과를 가져온다. 물론 지혜로운 여인이 문자적으로 집을 짓지도 않고 어리석은 여인이 문자적으로 집을 헐지도 않지만, 그녀들 각각의 행위가 그들의 가족을 흥하게도 혹은 망하게도 이끈다.

> 가난한 자를 조롱하는 자는 그를 지으신 주를 멸시하는 자요
> 사람의 재앙을 기뻐하는 자는 형벌을 면하지 못할 자니라(잠 17:5).

이 잠언은 가난한 자들을 조롱하는 자들을 지목하여 조롱한다. 두 번째 행에 나오는 재앙은 가난하고 불행한 상황을 이끌어 오는 상황을 가리킨다. 누군가의 곤경을 기뻐하는 것은 부당할 뿐만 아니라 가난한 사람들과 비극으로 고통당하는 사람들을 포함하여 모든 사람을 만드신 하나님을 모욕하는 것이다. 지혜 교사는 그런 행동은 가난한 자들을 그렇게 대하는 자들에게 부정적인 결과를 가져온다고 경고한다. 어떤 심판이 내려질지는 의도적으로 구체적으로 명시하지 않는다. 왜냐하면, 그것은 다양한 형태로 올 수 있기 때문이다.

그러므로 지혜 교사들은 오늘날 감성 지능을 묘사하는 사람들과 같은 점을 지적한다. 현명하고 감성적으로 지능이 있는 태도와 행위는 인생에서 성공을 이끈다.[7]

---

[7] 보상으로 보답하는 지혜로운 행동과 심판으로 보답하는 어리석은 행동과의 관계에 대한 더 깊은 논의를 위하여는 제11장을 보라.

2) 좋은 사람으로서의 지혜로운 사람: 윤리적인 차원

바로 앞에서 우리는 잠언의 지혜의 실용적인 면을 탐구했다. 많은 사람은 어떻게 살 것인가에 대하여 안내하는 잠언의 유익한 가치를 인식한다. 정말로 많은 사람에게는 그것이 지혜의 본질 전부이다. 그러나 지혜에 대한 이런 제한적인 이해는 지혜에 대한 성경의 생각을 왜곡한다.

잠언의 목적은 단지 누군가를 감성적으로 지능이 있는 사람으로 만들고 기술적으로 인생을 살아갈 수 있게 하는 것만이 아니다. 잠언은 사람을 성공적일 뿐만 아니라 좋은 사람으로 만들기를 원한다.[8]

우리는 서문에서 지혜의 윤리적인 면에 대한 첫 번째 실마리를 얻는다. 잠언 1:3b에서 우리는 잠언의 목적이 "공의와 정의와 정직"을 주는 것을 포함한다는 것을 읽는다. 이 자질을 구성하는 것이 무엇인지 여기서는 구체화하지 않는다. 이것은 토라에서 발견되는 율법과 지혜 사이의 관계에 대한 질문을 일으킨다. 지혜와 율법은 둘 다 어떤 종류의 행위를 요구한다. 하나님은 율법에 순종할 것을 요구한다. 그리고 잠언에서 아버지와 여성 지혜(Woman Wisdom)는 아들에게 그들의 충고의 지시를 따를 것을 촉구한다.

지혜와 율법 사이의 관계는 많은 논쟁이 있었다. 어떤 학자들은 둘 사이에 아주 밀접한 관계가 있는 것으로 보지만 다른 학자들은 어떤 근본적인 관련이 있다는 것을 부정하다.[9] 분명히 명령과 충고 사이에는 차이가 있다. 우리의 연구가 진행됨에 따라 우리는 잠언은 보편적인 사실이 아니라 오직 올바른 상황에 적용될 때에만 사실이라는 것을 더욱 분명히 목격하게 된다.

---

8 Lyu, *Righteousness*.
9 Gemser, "Spiritual Structure"와 Zimmerli, "Concerning the Structure"에서 두 가지 면에 대한 고전적인 진술을 보라.

그러나 잠언이 바르게 적용되면 그것은 명령의 힘을 갖는다. 아마 이것이 왜 율법과 관련된 어휘들이 잠언에서 아버지와 여성 지혜(woman wisdom)의 가르침에 사용되는가에 대한 이유를 설명할 것이다.[10] 정말로, 잠언의 많은 가르침이 십계명의 요구 특별히 사람 사이의 행위를 규정하는 계명을 반향한다.

계명	잠언
네 부모를 공경하라(제5계명)	1:8; 4:1, 10; 10:1; 13:1
살인하지 말라(제6계명)	1:10-12; 6:17
간음하지 말라(제7계명)	2:16-19; 5장; 6:20-35; 7장
도둑질하지 말라(제8계명)	1:13-14; 11:1
거짓 증거 하지 말라(제9계명)	3:30; 6:18, 19; 10:18; 12:17, 19
탐내지 말라(제10계명)	6:18

잠언은 이후의 솔로몬의 지혜서(Wisdom of Solomon)와 벤 시라서(Ben Sira)와 달리 지혜와 율법의 관계가 명확하지 않다(제14장을 보라). 이들 책들에서 여성 지혜(woman wisdom)는 모세의 율법에 대해 말한다. 그러나 이 관련성의 뿌리는 잠언 자체에서 발견되어야 한다.

데이비드 블란드(David Bland)는 최근에 그의 책 『잠언과 인격 형성』(Proverbs and the Formation of Character)에서 지혜의 윤리적인 본질에 대하여 묘사하는데 중요한 공헌을 했다. 그는 잠언은 단순히 행위의 변화를 이끌어 내지 않고 시간이 지나면서 인격을 변화시키는 데 공헌하는 습관이 되는 행위와 태도를 변화시키도록 격려한다고 설득력 있게 주장한다.

류(Lyu)도 같은 주장을 한다.

> 잠언은 배워야 하고 지혜롭고 의롭게 되어야 한다고 훈계한다. 그 목적이 도달하기 위해 배우는 사람은 그의 내적인 사람을 다시 형성하는 과정을

---

10 토라(tôrâ, "훈계/율법")는 잠 1:8; 3:1; 6:20, 23; 7:2; 13:14; 28:4, 7, 9; 29:18; 31:26에서 사용되며, 미쯔바(miṣwâ, "계명")는 잠 2:1; 3:1; 4:4; 6:20, 23; 7:1, 2; 13:13; 19:16에서 사용된다..

통과할 것이 기대된다. 그의 욕망과 소망과 기질이 이상을 반영하기 위하여 그의 태도를 고쳐야만 한다.[11]

그의 아버지의 충고에 순종하는 아들은 의로운 사람이 될 것이고 그렇지 않은 아들은 악인이 될 것이다. 블란드는 지혜는 단지 개인적인 개선을 위한 것이 아니라 공동체의 유익을 위한 것이라는 것을 강조한다.[12]

잠언 전체에서 의와 지혜는 서로 대체해서 사용할 수 있는 용어이다. 우리는 의롭게 되지 않으면서 지혜롭게 될 수 없다. 같은 방식으로 어리석음과 악함은 풀 수 없게 서로 뒤엉켜 있다. 어리석은 행위는 악하다. 만일 우리가 이것을 이해한다면 우리는 지혜의 윤리적인 면을 인지하는 것이다. 그러나 심지어 그렇더라도 우리는 아직 잠언에 따른 지혜를 타당하게 이해하는 데 아직 도달하지 않았다.

3) 하나님을 경외함: 신학적인 차원

(1) 주를 경외함이 지혜의 근본이다

성경적 지혜의 본질에 대한 우리의 계속되는 탐구는 우리를 다시 한번 잠언의 서문으로 돌아가게 만든다. 가장 최종적인 결론을 말하는 절은 다음과 같이 말한다.

> 여호와를 경외하는 것이 지식의 근본이거늘
> 미련한 자는 지혜와 훈계를 멸시하느니라(잠 1:7).

---

11 Lyu, *Righteousness*, 64.
12 이 사실을 다음과 같이 말하는 Brown(*Character in Crisis*, 47)을 보라: "공동체의 삶 안에서 생산적이고 책임감 있는 시민을 만드는 것이 잠언을 편집한 편집자들의 중심 관심사이다."

이 진술은 잘 알려져 있다. 그렇더라도 잠언과 지혜는 학자들과 일반인들 몇몇에 의해 비신학적이고 심지어 세속적인 것으로 묘사되어 왔다. 우리는 이에 대하여 아래에서 더 말할 것이지만 먼저 잠언 1:7을 해석할 것이다.

처음 여섯 절은 지혜의 실용적이고 윤리적인 본질을 가리키지만 1:7은 지혜의 신학적인 본질을 드러낸다.

> 여호와를 경외하는 것이 지식의 근본이거늘(잠 1:7).

이 원리는 잠언에서(때로는 "지혜의 근본"[the beginning of wisdom]이란 말이 변형되어서) 여러 번 반복된다(특히 잠 9:10; 이 절은 1-9장에서 발견되는 잠언의 담론에서 인클루지오를 형성한다. 그러나 또한 1:29; 2:5; 3:7; 8:13; 10:27; 14:2, 26, 27; 15:16, 33; 16:6; 19:23; 22:4; 23:17; 24:21; 28:14; 29:25; 31:30을 보라). 그리고 이 원리는 다른 지혜 단락들에서도 반복된다(예를 들어 욥 28:28; 시 111:10; 전 12:13).

"근본"은 어떤 구조물이 세워지는 기초를 가리킬 수도 있고 연속되는 순간들의 첫 번째 것을 의미할 수도 있다. 어느 것이든(아마도 둘 다를 의미할 것이다) 이 말은 여호와를 경외함이 없는 곳에는 지혜가 없다는 것을 의미한다. 우리는 심지어 여호와를 경외함이 없이는 지혜에 대한 연구를 시작할 수도 없다.

그러나 왜 경외(fear)인가?

왜 "하나님을 사랑함이 지혜의 근본"이 아닌가?

이 질문에 답하기 위하여 우리는 먼저 이 문맥에서 "경외"가 정확하게 무엇을 의미하는지를 탐구해야 한다. 히브리어 단어 이르앗(*yi'rat*)은 염려로부터 공포까지 모든 것에 사용될 수 있다.[13] 이 단어가 여기서 의미하는

---

13 이 단어에 대한 유용하고 풍부한 연구에 대하여는 *NIDOTTE 2:527-33*을 보라.

의미와 평행하는 정확한 영어 단어는 존재하지 않는 듯이 보인다. 그러나 여기서 "경외"는 분명히 에덴동산에서 아담처럼 누군가를 도망가고 숨도록 만드는 그런 종류의 두려움을 가리키지 않는다(창 3:8).

어떤 학자들은 이 단어는 "존경"(respect, TLB)으로 이해되어야 한다고 주장한다. 그러나 존경은 그 의미가 타당하지 않고 본래의 의미보다 약하다. 아마도 가장 가까운 영어 단어는 "존경과 두려움을 갖는 경외심"(awe)일 것이다. 그러나 심지어 이 단어도 본래의 의미를 잘 표현하지 못한다.

"주를 경외"(fear of the Lord)함에서 "경외"(fear)는 자신이 계속 존재하기 위하여 하나님께 의존하는 인간을 포함하여 모든 것을 창조하신 하나님 앞에 서 있음을 의미이다. 이 감정은 지혜를 설명하기 위해 합당하다. 왜냐하면, 이 감정은 하나님께서 우리보다 훨씬 더 크신 분이라는 것을 인정한다는 것을 보여주기 때문이다. 하나님은 우리의 호흡을 제거하고 우리의 무릎이 무서워서 떨게 만든다. 그러한 두려움은 겸손을 낳고 하나님의 교훈을 받으려는 자발적 의지를 나타낸다.

경외는 우리로 도망가도록 만드는 두려움이 아니라 그것은 우리로 하여금 주목하고 듣도록 만드는 두려움이다. 주를 경외하는 것은 우리를 거만하고 "우리 자신의 눈에 지혜롭게"(잠 3:5, 7; 6:17; 11:2; 15:25, 33; 16:5, 18, 19; 18:12; 21:4, 24; 22:4; 25:6-7, 27; 26:12; 30:1-4, 13) 만들기보다 우리를 지혜의 특질인 겸손을 갖춘 사람으로 만든다. 이것이 왜 사랑보다는 경외가 지혜로운 사람에게 더 합당한 감정인가에 대한 이유이다.

주를 경외함은 필연적으로 순종을 낳는다. 하나님을 경외하는 자는 서론에 이어지는 잠언과 훈계(lectures)의 형태로 이루어진 여러 장들의 교훈(instruction) 속에서 현자를 통해 하나님께서 알려주시는 충고를 따를 것이다.

주를 경외함과 순종하는 것 사이의 연관성은 아브라함의 삶 속에서 아주 잘 예증되어 있다. 신약성경의 많은 부분에서 아브라함의 이야기는 하나님과의 우리의 관계가 순종이 아니라 믿음에 근거한다는 중요한 점을 납득시키기 위하여 읽혀진다. 많은 경우에 바울은 창세기 15:6("아브라함이 여호와를 믿으니 여호와께서 이를 그의 의로 여기시고," 롬 4:3, 9; 갈 3:6을 보라)을 후에 신학자들이 이신칭의라고 불리는 것을 입증하기 위하여 인용한다.

행위를 통하여 의롭게 된다는 것을 피하려는 열정으로 인하여 많은 개신교 신학자들은 이삭을 바치는 창세기 22장에서 발견되는 아브라함 이야기의 결론을 야고보가 사용한 것을 놓고 어떻게 해야 할지를 모른다.**14** 아브라함은 그의 믿음에 대한 이 궁극적인 시험을 통과하고 여호와의 사자의 선언을 듣는다.

> 사자가 이르시되 그 아이에게 네 손을 대지 말라 그에게 아무 일도 하지 말라 네가 네 아들 네 독자까지도 내게 아끼지 아니하였으니 내가 이제야 네가 **하나님을 경외**하는 줄을 아노라…이르시되 여호와께서 이르시기를 내가 나를 가리켜 맹세하노니 네가 이같이 행하여 네 아들 네 독자도 아끼지 아니하였은즉 내가 네게 큰 복을 주고 네 씨가 크게 번성하여 하늘의 별과 같고 바닷가의 모래와 같게 하리니 네 씨가 그 대적의 성문을 차지하리라 또 네 씨로 말미암아 천하 만민이 복을 받으리니 **이는 네가 나의 말을 준행하였음이니라** 하셨다 하니라(창 22:12, 16-18; 강조는 저자의 것-역주).

그러므로, 우리는 잠언 1:7a로부터 지혜는 하나님을 향하여 올바른 태도를 요구한다는 것을 배운다. 지혜의 첫발("근본")은 하나님과의 확고한 관계를 수반한다. 잠언 1:7b은 지혜를 거절하는 자들을 미련한 자로 이야기한다. 지혜를 거절하는 것은 시편 14:1이 가리키는 것처럼 하나님을 거절하는 것으로부터 시작된다.

> 어리석은 자는 그의 마음에 이르기를
> 하나님이 없다 하는도다(시 14:1a).

---

14   Longman, *Genesis*, 286-302.

그리고 시편 기자는 어리석은 자의 특징에 대하여 계속 설명한다.

> 그들은 부패하고 그 행실이 가증하니
> 선을 행하는 자가 없도다(시 14:1b).

우리는 잠언 1:7에서 지혜는 근본적으로 철저히 신학적인 범주라는 것을 배운다.

아무리 반복되고 전략적으로 배치되어도 우리는 하나 이상의 어구에 의해 지혜의 본질은 신학적이라는 결론에 이르게 된다. 잠언을 만들어낸 현자들은 지혜는 '여성 지혜'라는 인물을 통하여 여호와와 관계를 맺을 것을 요구한다고 지적했다. 그러므로 우리는 우리의 관심을 잠언에서의 그녀의 역할로 돌린다.

(2) 여성 지혜(Woman Wisdom)

잠언 1:7이 지혜의 신학적인 기초를 잠언이 심오하게 말하는 유일한 방식은 아니다. 잠언의 첫 번째 부분(잠 1-9장)의 담론을 통하여 우리는 여성 지혜라고 하는 흥미를 끄는 인물을 만난다. 정말로 그녀는 두 번째 훈계에서 첫 번째로 나타난다.

> 지혜가 길거리에서 부르며
> 광장에서 소리를 높이며
> 시끄러운 길목에서 소리를 지르며
> 성문 어귀와 성중에서 그 소리를 발하여 이르되
> 너희 어리석은 자들은 어리석음을 좋아하며
> 거만한 자들은 거만을 기뻐하며
> 미련한 자들은 지식을 미워하니 어느 때까지 하겠느냐
> 나의 책망을 듣고 돌이키라

보라 내가 나의 영을 너희에게 부어 주며

내 말을 너희에게 보이리라

내가 불렀으나 너희가 듣기 싫어하였고

내가 손을 폈으나 돌아보는 자가 없었고

도리어 나의 모든 교훈을 멸시하며

나의 책망을 받지 아니하였은즉

너희가 재앙을 만날 때에 내가 웃을 것이며

너희에게 두려움이 임할 때에 내가 비웃으리라

너희의 두려움이 광풍 같이 임하겠고[15]

너희의 재앙이 폭풍 같이 이르겠고

너희에게 근심과 슬픔이 임하리니

그 때에 너희가 나를 부르리라 그래도 내가 대답하지 아니하겠고

부지런히 나를 찾으리라 그래도 나를 만나지 못하리니

대저 너희가 지식을 미워하며

여호와 경외하기를 즐거워하지 아니하며

나의 교훈을 받지 아니하고

나의 모든 책망을 업신여겼음이니라

그러므로 자기 행위의 열매를 먹으며

자기 꾀에 배부르리라

어리석은 자의 퇴보는 자기를 죽이며

미련한 자의 안일은 자기를 멸망시키려니와

오직 내 말을 듣는 자는 평안히 살며

재앙의 두려움이 없이 안전하리라 (잠 1:20-33).

---

15 케티브(Ketib) 샤아와(ša'ăwâ) 대신 케레(Qere) 쇼아(šo'â)로 읽는다.

여기서 지혜는 가장 공개된 장소에서 말한다. 그녀는 길거리와 광장과 성벽 위와 성문에 나가 있다. 그녀의 가르침은 숨겨지지 않고 신비적이거나 비밀스럽거나 엘리트적이지 않다. 그녀의 가르침은 공개적이고 모두가 접근할 수 있다. 그러나 모두가 관심을 갖는 것은 아니다. 순진한(천진난만한 혹은 미숙한) 사람, 어리석은 사람, 그리고 최악인 조롱하는 사람은 그녀의 메시지를 무시하거나 저항한다.

지혜는 지금 그녀에게 경청하지 않는 자들이 그녀에게로 돌아올 미래의 때를 예견한다. 위기가 찾아오면 그들은 그녀를 찾을 것이다. 그러나 현재 그들이 그녀를 무시했기 때문에 그녀는 미래의 위기 때에 그들을 무시할 것이다. 메시지는 분명하다. '근심이 오기 전에, 네가 그녀를 필요로 하기 전에 지혜에게 돌아가라'는 것이다.

주를 경외함은 사람들로 하여금 여성 지혜와 관계를 형성하도록 이끈다. 그러나 어리석은 자들과 조롱하는 자들은 하나님을 경외하지 않는다. 그녀를 거절하는 자들은 고난을 받을 것이다. 반면에 그녀에게 향하는 자들은 안전할 것이다(잠 1:32-33).

여성 지혜 자신이 이 담화(discourse)에서 말한다. 그리고 그녀는 다시 말할 것이다(잠 8:1-9:6의 논의를 보라). 그러나 이 핵심적인 단락을 보기 전에 우리는 먼저 아버지가 이 여인에 대해 그의 아들에게 말하는 방식을 주목해야 한다.

> 지혜를 얻은 자와
> 명철을 얻은 자는 복이 있나니
> 이는 지혜를 얻는 것이 은을 얻는 것보다 낫고[16]
> 그 이익이 정금보다 나음이니라
> 지혜는 진주보다 귀하니

---

16 문자적으로, "왜냐하면, 그것의 이익은 은의 이익보다 더 낫다."

네가 사모하는 모든 것으로도 이에 비교할 수 없도다
그의 오른손에는 장수가 있고
그의 왼손에는 부귀가 있나니
그 길은 즐거운 길이요
그의 지름길은 다 평강이니라
지혜는 그 얻은 자에게 생명 나무라
지혜를 가진 자는 복되도다
여호와께서는 지혜로 땅에 터를 놓으셨으며
명철로 하늘을 견고히 세우셨고
그의 지식으로 깊은 바다를 갈라지게 하셨으며
공중에서 이슬이 내리게 하셨느니라(잠 3:13-20).

이 담화에서 아버지는 그의 아들에게 여성 지혜에 대하여 말한다. 그는 그의 아들에게 그녀와 관계를 추구하라고 촉구한다. 그는 그렇게 하는 자들이 복되며 그 결과 큰 상을 그에게 가져온다는 것을 말함으로써 촉구한다. 그녀는 심지어 가장 비싼 보석과 희귀한 금속들보다도 더 귀하다. 그녀는 장수를 부여하며 또한 인생을 항해할 수 있는 능력을 부여한다. 결국 여호와는 그녀와 함께 세계를 창조했다(잠 8:22-31에서 다시 표현될 요점).
세상이 어떻게 운행되는지 누가 그녀보다 더 잘 알 수 있겠는가?

아들들아 아비의 훈계를 들으며
명철을 얻기에 주의하라
내가 선한 도리를 너희에게 전하노니
내 법을 떠나지 말라
나도 내 아버지에게 아들이었으며
내 어머니 보기에 유약한 외아들이었노라
아버지가 내게 가르쳐 이르기를

내 말을 네 마음에 두라

내 명령을 지키라 그리하면 살리라

지혜를 얻으며

명철을 얻으라 내 입의 말을 잊지 말며 어기지 말라

지혜를 버리지 말라 그가 너를 보호하리라

그를 사랑하라 그가 너를 지키리라

지혜가 제일이니 지혜를 얻으라

네가 얻은 모든 것을 가지고 명철을 얻을지니라[17]

그를 높이라 그리하면 그가 너를 높이 들리라

만일 그를 품으면 그가 너를 영화롭게 하리라

그가 아름다운 관을 네 머리에 두겠고

영화로운 면류관을 네게 주리라 하셨느니라(잠 4:1-9).

   아버지는 다시 한번 그의 아들이 여성 지혜와 관계를 확립하기를 권고한다. 여기서 그는 결혼 언어를 사용한다. 그는 그녀를 사랑해야 하고 존중해야 한다. 그러면 보답으로 그녀는 명예와 보호와 보상을 그에게 줄 것이다.

   우리는 이제 우리의 관심을 잠언에서 여성 지혜에 의해 가장 지속적으로 제시되는 것에 주의를 돌린다. 8장에서 아버지로 이해되는 해설자는 그녀의 위치를 밝히면서 그리고 그녀의 말에 우리의 주의를 환기시키면서 여성 지혜를 소개한다.

---

[17] 많은 주석들이(Clifford, *Proverbs*, 60을 보라) 그리스어 역본에는 빠져 있으며 문맥에 어울리지 않게 이상하며 다른 곳에서 발견되는 어구들로 구성되어 있다는 사실에 근거하여 7절을 후기의 첨가라고 주장한다. 그러나 7절이 텍스트 속에서 의미를 구성하는 것이 불가능할 만큼 아주 어울리지 않는 것은 아니다. 그리고 그리스어 역본에 빠져 있는 것은 많은 다른 이유들로 설명될 수 있다. 그리스어 역본 번역자들이 이 구절을 이해하지 못했을 수도 있고, 그래서 이 구절을 번역하지 않았을 수도 있고, 그래서 Clifford가 그랬듯이 이 구절을 뺐을 수도 있다. Fox(*Proverbs 1-9*, 175)는 7절이 원래부터 들어 있던 것인지 확신하지 못한다. 그러나 7절이 그 단락에서 대칭구조(chiastic structure)의 일부이기 때문에 7절을 그대로 유지하는 것을 선호한다.

> 지혜가 부르지 아니하느냐
> 명철이 소리를 높이지 아니하느냐
> 그가 길 가의 높은 곳과
> 네거리에 서며
> 성문 곁과 문 어귀와
> 여러 출입하는 문에서 불러 이르되(잠 8:1-3).

그녀의 첫 번째 말과 비슷하게 그녀의 위치는 공공장소이다(1:20-21). 여기서 우리는 처음으로 그녀가 높은 곳에 있다는 강조를 보게 된다("길가의 높은 곳"). 이것은 9장으로 우리가 이동해 감에 따라 매우 중요하다는 것이 증명될 것이다.

8장의 나머지 부분은 사람들에게 그녀의 행위와 그녀의 성격을 드러내면서 그녀의 말을 제시한다.

> 사람들아 내가 너희를 부르며
> 내가 인자들에게 소리를 높이노라
> 어리석은 자들아 너희는 명철할지니라
> 미련한 자들아 너희는 마음이 밝을지니라
> 너희는 들을지어다 내가 가장 선한 것을 말하리라
> 내 입술을 열어 정직을 내리라[18]
> 내 입은[19] 진리를 말하며
> 내 입술은 악을 미워하느니라[20]

---

18 문자적으로, "내 입술을 여는 것은 고결하다."
19 이 문맥에서는 너무 정밀한 번역처럼 보일지 모르지만 히브리어는 좀 더 구체적인 "입천장"(헥[hēk])이다.
20 문자적으로, "내 입술의 가증함이 악이다."

내 입의 말은 다 의로운즉[21]
그 가운데에 굽은 것과 패역한 것이 없나니
이는 다 총명 있는 자가 밝히 아는 바요
지식 얻은 자가 정직하게 여기는 바니라
너희가 은을 받지 말고
나의 훈계를 받으며 정금보다 지식을 얻으라
대저 지혜는 진주보다 나으므로
원하는 모든 것을 이에 비교할 수 없음이니라(잠 8:4-11).

그녀는 그녀가 말해야만 하는 것에 사람들로 하여금 주목할 것을 권고하면서 그녀의 말을 듣는 모든 사람들에게 말하기 시작한다. 특별히 그녀는 단순한 사람들(혹은 성숙하지 못한 사람들)뿐만 아니라 어리석은 자들에게도 호소한다. 틀림없이 지혜로운 사람들은 이미 그녀를 듣고 있다.

그녀의 호소는 그녀가 말해야만 하는 것이 윤리적으로 옳다는 것에 근거한다. 그녀는 고귀하고 고결하고 의로운 문제들을 말한다. 그리고 그녀는 악함과 외고집을 피한다. 그녀의 말은 이해와 지식을 가져올 것이다. 그녀는 사람들이 그녀에게 경청하기를 격려한다. 왜냐하면, 그녀가 말해야 하는 것은 심지어 가장 비싼 귀금속보다 더 가치가 있을 것이기 때문이다.

나 지혜는 명철로 주소를 삼으며
지식과 근신을 찾아 얻나니
여호와를 경외하는 것은 악을 미워하는 것이라
나는 교만과 거만과 악한 행실과
패역한 입을 미워하느니라
내게는 계략과 참 지식이 있으며

---

21 문자적으로, "의 안에: 내 입의 모든 말."

나는 명철이라 내게 능력이 있으므로
나로 말미암아 왕들이 치리하며
방백들이 공의를 세우며
나로 말미암아
재상과 존귀한 자 곧 모든 의로운 재판관들이 다스리느니라
나를 사랑하는 자들이 나의 사랑을 입으며
나를 간절히 찾는 자가 나를 만날 것이니라
부귀가 내게 있고
장구한 재물과[22] 공의도 그러하니라
내 열매는 금이나 정금보다 나으며
내 소득은 순은보다 나으니라
나는 정의로운 길로 행하며
공의로운 길 가운데로 다니나니
이는 나를 사랑하는 자가 재물을 얻어서[23]
그 곳간에 채우게 하려 함이니라 (잠 8:12-21).

여성 지혜는 이제 그녀 자신을 지혜와 지식과 근신과(12절) 의(20절)와 연합시킴으로 그녀 자신을 묘사한다. 반면에 그녀는 자신을 거만과 패역한 입(13절)과 거리를 둔다. 그녀는 좋은 조언을 갖고 있다. 그러므로 사람들 특히 다른 사람들의 삶을 책임지고 있는 다스리는 자들은 만일 그들이 여성 지혜와 관계를 갖고 있다면 가장 효과적이다(14-16절). 그녀는 여호와를

---

22 혹은 아마도 Hurowitz, "Two Terms," 252-54에 의해 "양도할 수 있는 재물." 만일 그렇다면 이것은 여행 중에 아마도 사업 목적으로 운송될 수 있는 재물을 언급할 것이다. 어느 경우든 지혜로운 여인은 사람을 부하게 만들 수 있다고 주장한다.

23 예쉬(yēš)는 히브리어에서 독특한 명사이다. 이것은 전형적으로 "있다" 혹은 "있었다"는 의미의 계사(繫辭, copula)의 의미를 갖는다. Hurowitz, "Two Terms"는 이 단어는 아카드어 부수(busu)와 관련이 있는 것으로 주장하며 동사 "있다"로부터 발전한 것으로 "귀중품, 재물, 동산"을 의미한다고 주장한다.

경외하는 자들과 자신을 일치시킨다(위를 보라).
　이 연(stanza)은 또한 여성 지혜와의 관계 속으로 들어가는 자들은 삶의 기술에서뿐만 아니라 재물에 있어서도 이득을 얻을 것이라고 선언한다 (18-19, 21). 이 점을 강조함으로써 여성 지혜는 사람들로 하여금 그녀와 관계를 맺도록 격려한다.

> 여호와께서 그 조화의 시작
> 곧 태초에 일하시기 전에 나를 가지셨으며
> 만세 전부터, 태초부터,
> 땅이 생기기 전부터 내가 세움을 받았나니
> 아직 바다가 생기지 아니하였고
> 큰 샘들이 있기 전에 내가 이미 났으며
> 산이 세워지기 전에,
> 언덕이 생기기 전에 내가 이미 났으니
> 하나님이 아직 땅도, 들도,
> 세상 진토의 근원도 짓지 아니하셨을 때에라
> 그가 하늘을 지으시며
> 궁창을 해면에 두르실 때에 내가 거기 있었고
> 그가 위로 구름 하늘을 견고하게 하시며
> 바다의 샘들을 힘 있게 하시며
> 바다의 한계를 정하여
> 물이 명령을 거스르지 못하게 하시며 또 땅의 기초를 정하실 때에[24]
> 내가 그 곁에 있어서 창조자가[25] 되어

24　"명령"은 문자적으로는 "그의 입"이다.
25　이 어렵지만 중요한 단어에 대한 번역은 많이 논의되었으며 관련된 참고문헌이 여기에 인용될 것이다. 히브리어 자음은 '-m-w-n이다. 마소라학자들은 이 단어를 "장인"(craftsman; 개역개정, "창조자"-역주) 혹은 "마스터 장인"(master craftsman)을 의미

날마다 그의 기뻐하신 바가 되었으며
  항상 그 앞에서 즐거워하였으며
  사람이 거처할 땅에서 즐거워하며
  인자들을 기뻐하였느니라(잠 8:22-31).

잠언 8:22-31은 번역과 내용에 있어서 가장 어려운 구절이다. 우리는 각 주에서 번역에 대하여 간단히 설명하고 살펴보려고 했다. 분명한 것은 여

하는 아몬('āmôn)으로 모음을 붙여 읽었다(이 단어를 "마스터 건축가"[Master Architect]로 번역하는 것에 대한 Dahood의 변호에 대하여는 "Proverbs 8, 22-31," 518-19를 보라). 그러나 많은 독자들은 이렇게 번역하는 것을 두 가지 이유에서 받아들이기 어렵다고 생각하다. 첫째, 지혜는 결코 이 장에서 창조(creation)의 행위에 참여하는 것으로 언급되지 않는다. 둘째, 나 자신을 포함하여 많은 사람들은 이 텍스트가 우주를 존재하게 한 여호와와 나란히 구별된 두 번째 창조주에 대한 그림을 제시했는지에 대하여 난처함을 느낀다. 이런 이유들로 특별히 두 번째 이유로 최소한도 아퀼라(Aquila)와 그의 그리스어 번역본으로 되돌아가는 몇몇 학자들은 이 단어가 u 모음을 갖는 것으로 모음을 다시 붙여서 이 단어를 아문('āmûn)로 읽어 "젖먹이" 혹은 "어린이"로 이해한다. 이 외에 또 Scott("Wisdom in Creation")의 접근으로 불리는 다른 접근을 간단히 언급하겠다. 그는 이 단어를 오멘('ōmēn, "함께 묶기")으로 모음을 고쳐 읽으며 "나는 그의 곁에 살아있는 연결자(living link)로 있었다"로 번역한다.

  대부분의 학자들은 모음을 고치는 데 열려 있다면 이 단어의 의미는 어떤 의미든 만들어 낼 수 있다고 주장한다. 그러나 마소라 텍스트(MT) "장인"(개역개정, "창조자")으로부터 떠나는 유일한 실제적인 이유는 신학적인 동기 때문이다. 이것은 대개 만족스럽지 않지만 우리가 정통 여호와주의(orthodox Yahwism)의 문맥 속에서 이 텍스트를 이해하려고 시도해야 한다는 것은 사실이다. Rogers("Meaning and Significance")는 문법에 호소함으로써 이 문제를 해결하려고 시도한다. 그는 이 단어를 여호와를 가리키는 대명사 인칭 어미와 동격어구로서 취급하여 "나(지혜)는 그(여호와) 곧 장인(craftsman) 곁에 있었다"로 읽어야 한다고 말한다.

  내 자신의 견해는 다음과 같다. 나는 아몬('āmôn)이 여호와를 가리킨다는 데 Rogers와 동의한다. 그러나 Rogers와 대조적으로 이 단어는 여성 지혜(Woman Wisdom)를 가리킨다고 믿는다. 어떻게? 이에 대한 답은 잠 9:1-6의 주해에 근거한다. 그러나 이 논의를 앞당기면 나는 여성 지혜는 여호와의 지혜의 시적인 의인화(poetic personification)라고 믿는다. 즉 그녀의 집이 도시의 높은 곳에 위치한다는 것에 의해 암시되는 것처럼 지혜는 궁극적으로 여호와 자신을 묘사한다.

  Fox("*Amon Again*")은 아몬('āmôn)을 "높이 들린" 혹은 "성장한"을 의미하는 부정사로 읽을 것을 제안한다. 이 행은 그렇다면 하나님 앞에서의 지혜의 성장을 가리킬 것이다.

성 지혜가 여기서 자신이 세계의 창조에 개입했다는 것을 선언한다는 것이다. 자세한 것이 무엇이든 간에 이 연의 암시적인 메시지는 사람은 이 여인에 대하여 알기 원해야 한다는 것이다. 왜냐하면, 그녀가 그 누구보다 세계가 어떻게 움직이고 있는지 더 잘 알고, 그래서 그녀가 우리로 하여금 인생을 어떻게 항해할지 도울 수 있기 때문이다.

이 연이 매우 어려운 한 가지 이유는 신약성경이 이 장을 예수님을 묘사하는 데 사용하기 때문이다. 그리하여 여러 세월 동안 해석자들은 여성 지혜가 여기서 창조되었거나 혹은 출산된 듯이 보이는 사상에 불편함을 느껴왔다. 우리는 이 이슈를 후에 다룰 것이다(제5장을 보라).

그럼에도 불구하고 우주를 창조하던 기간에 여성 지혜가 거기에 있었다는 것은 의심의 여지가 없다. 그녀는 깊은 바다나 산들이 창조되기 이전에 존재했다. 그녀는 거기 있었고 하늘 자체의 창조를 지켜보았다. 흥미롭게도 시인은 고대 근동 신화의 사상들을 사용하여 창조에 대하여 말한다. 이것은 하나님께서 바다의 한계를 정하시고 그것의 위치를 제한시키시는 것에 가장 분명히 보인다. 여기(29절)서 바다는 통제가 필요한 힘으로 의인화된다. 이것은 마르둑(Marduk)이 바다를 후퇴시키며 "그녀(티아맛[Tiamat])로 하여금 물이 도망하는 것을 허락하지 말도록"[26] 지시하는 것과 아주 유사하다.

여성 지혜가 창조를 지켜보았다는 것은 명백하다. 그런데 시인은 더 나아가 그녀가 또한 창조에 참여했다고 가리킨다. 질문은 30절의 히브리어 단어 아몬('āmôn)의 의미에 달려 있다. 위에서 우리는 이 절에 붙어 있는 각주에서 이 단어를 언어학적으로 논의했었다. 그리고 그 논의에서 우세한 증거는 이 단어를 "젖먹이"나 "어린이" 혹은 다른 번역들로 번역하기보다 "장인"(craftsman; 개역개정, "창조자")과 같은 것으로 번역하는 데 더 무게를 실어준다는 나의 생각을 보여줄 수 있었다.

---

26 Lambert, *Babylonian Creation Myths*, 95은 *Enuma Elish*, tablet 4, line 140을 인용한다.

아들들아 이제 내게 들으라
내 도를 지키는 자가 복이 있느니라
훈계를 들어서 지혜를 얻으라
그것을 버리지 말라
누구든지 내게 들으며
날마다 내 문 곁에서 기다리며
문설주 옆에서 기다리는 자는 복이 있나니
대저 나를 얻는 자는 생명을 얻고
여호와께 은총을 얻을 것임이니라
그러나 나를 잃는 자는 자기의 영혼을 해하는 자라
나를 미워하는 자는 사망을 사랑하느니라(잠 8:32-36).

여성 지혜에 대한 이 놀라운 시는 '그녀에게 주의를 기울이고 그녀와 관계를 가지라'는 이제까지 했던 친숙한 권고로 끝을 맺는다. 그렇게 하는 사람들은 행복하게 살 것이다. 그러나 그녀를 거절하는 사람들은 고난을 받을 것이고 죽을 것이다. 여성 지혜를 감싸 안을 것인가 말 것인가의 결정은 진정으로 삶을 선택할 것인가와 죽음을 선택할 것인가 사이의 결정이다. 이 선택은 잠언 첫 부분의 마지막 장을 시작한다.

지혜가 그의 집을 짓고
일곱 기둥을 다듬고
짐승을 잡으며 포도주를 혼합하여
상을 갖추고
자기의 여종을 보내어
성중 높은 곳에서 불러[27] 이르기를

---

27 시행을 나누는 것이 마소라 텍스트(MT)와 다르다. 왜냐하면, 아트나(*athnach*)가 동사

> 어리석은 자는 이리로 돌이키라
> 또 지혜 없는 자에게 이르기를
> 너는 와서 내 식물을 먹으며
> 내 혼합한 포도주를 마시고
> 어리석음을 버리고 생명을 얻으라
> 명철의 길을 행하라 하느니라(잠 9:1-6).

내레이터는 여성 지혜의 집과 그녀의 잔치와 그녀의 초대를 기술함으로써 여성 지혜의 말을 소개한다. 지혜가 그녀의 집을 지었고 그 집은 일곱 개의 기둥의 의미인 것처럼 온전함과 완전함을 갖춘 장엄한 집이다. 일곱 개의 기둥이 그 당시에 알려진 일곱 개의 별들[28]을 가리킨다거나 혹은 이전 장에서 말한 일곱 개의 강화(discourse)[29]를 가리킨다는 주장들은 가능하지만 추측일 뿐이다.

그녀가 그녀의 집을 지었다는 말은 우리로 하여금 어리석은 여인을 집을 허무는 여인으로, 지혜로운 여인을 자신의 집을 세우는 여인으로 묘사하는 이후의 잠언을 생각나게 만든다(잠 14:1). 그녀는 동물들을 잡고 그리하여 고기를 준비하고 포도주를 혼합하며 또한 잔치를 준비한다. 고기와 포도주가 있는 식사는 특별한 식사이며 진정한 잔치를 가리킨다. 손님을 위하여 준비를 마치자 그녀는 그녀의 여종들을 보내서 지나가는 모든 사람들을 초청한다. 정말로 길에 대한 은유가 도처에 나타나고 모든 사람 곧 잠언의 독자들이 길 위에 있다는 것을 고려하면 우리는 이 초대를 잠언을 읽는 모든 사람에게 하는 것으로 간주해야 한다.

---

* "보내다" 아래 나타나기 때문이다. 아트나의 중요성에 대한 질문과 연관된 문제는 "보내다" 동사의 주어가 누구인가의 문제이다. 우리는 주어는 보냄을 받는 여종이 주어가 아니라 여성 지혜가 주어라고 이해한다. McKinlay, *Gendering Wisdom*, 46을 보라.
28 Poythress, *Shadow of Christ*, 18.
29 Skehan, "Seven Columns."

이 점에서 비록 우리가 나중에 그 의미들을 논의할 것이지만 우리는 그녀의 집의 위치를 주목한다. 그녀의 집은 "성중의 높은 곳"을 차지하는 것으로 묘사된다. 다시 한번 그녀의 집의 위치가 높은 곳에 있다는 것을 강조한다(잠 8:2을 보라).

초대는 어리석은 자들(성숙하지 못한 혹은 순진한, 히브리어 페티[peti])에게 주어진다. 이들은 또한 "심장이 없는 자"(lack herart; 개역개정, "지혜가 없는 자")로 언급된다. 현재 영어 역본들과 달리 구약성경에서 심장은 감정(emotion)이나 용기(courage)를 가리키지 않고 마음(mind)을 주로 가리킨다. 어리석은 자(simpleminded)는 또한 "성숙하지 못한 자"로 번역될 수 있다. 그리하여 초대받는 자는 지혜롭지도 어리석지도 않은 자들이다. 이들은 어느 방향으로든 갈 수 있다. 여성 지혜는 이들이 그녀의 잔치에 오기를 원한다.

오늘날조차 우리가 누군가를 식사에 초대할 때는 초대받는 사람과 더 깊은 관계를 만들기 위해서 그렇게 한다. 무엇이건 고대 이스라엘에서 누군가와 함께 먹는 것은 그 사람과 더 가까운 유대를 만드는 것이다. 그리고 여기 여인이 남자들을 식사에 초청하는 곳에는 훨씬 더 강한 강조가 관계를 세우는 것에 놓인다. 맥킨레이(McKinlay)가 지적한 것처럼 먹고 마시는 것은 성적인 은유이다.[30] 여성 지혜는 남자들이 그녀와 친밀한 관계로 들어오기를 원한다.

그러나 잠언의 독자들로 대표되는 남자들이 반응할 수 있기 전에 이들은 여성 어리석음(Woman Folly)으로부터 두 번째 초대를 받는다.

> 미련한 여인이 떠들며
> 어리석어서 아무것도 알지 못하고
> 자기 집 문에 앉으며
> 성읍 높은 곳에 있는 자리에 앉아서

30　McKinlay, *Gendering Wisdom*, 57.

자기 길을 바로 가는 행인들을
불러 이르되
어리석은 자는 이리로 돌이키라
또 지혜 없는 자에게 이르기를
도둑질한 물이 달고
몰래 먹는 떡이 맛이 있다 하는도다
오직 그 어리석은 자는 죽은 자들이 거기 있는 것과
그의 객들이 스올 깊은 곳에 있는 것을 알지 못하느니라 (잠 9:13-18).

해설자는 두 번째 여인을 소개하면서 시작한다. 그녀의 이름은 어리석음(folly)이다. 그녀 자신은 어리석지만(simpleminded) 너무 어리석어서 그녀는 그것을 알지 못한다. 어리석거나 미숙하고 자신이 그렇다는 것을 아는 사람은 지혜를 향하여 발자국을 뗄 수 있지만 그녀는 어떤 자의식도 없다.

여성 지혜는 그녀를 지나가는 자들에게 그녀가 제공한 식사를 준비했던 반면 여성 어리석음은 단순히 그녀의 문에 앉는다. 여성 지혜는 부지런하지만 여성 어리석음은 게으르다. 정말로 그녀에 대한 이 묘사는 실제로 식사가 있는지 혹은 그녀가 누워있는지에 대한 질문을 일으킨다. 나중에 설명되어야 하지만 우리는 여성 어리석음의 집이 또한 높여진 위치 곧 "도시의 높은 곳에" 있는지 여기서 또한 주목해야 한다.

그녀는 여성 지혜가 초대하는 같은 사람들, 즉 길을 가는 행인들을 초대한다. 이들은 일찍이 묘사된 것처럼 "어리석은 자" 그리고 "심장이 없는 자"이다. 이들은 결정할 시점에 이른 사람들이다.

그들은 여성 지혜와 만찬을 할 것인가 혹은 여성 어리석음과 만찬을 할 것인가?

여성 어리석음은 훔치고 몰래 먹어야 하는 식사를 제공하지만 여성 지혜는 공개적으로 그녀의 식사를 제공한다. 여성 어리석음과 관련된 언어는 불법적으로 얻은 일종의 비밀 지식을 암시한다. 어리석음의 말 후에 해설자는 그녀의 초대에 응한 자들에게 올 무서운 결과를 주목한다. 그들은 죽을 것이고 떠난 자들, 망령 혹은 떠난 조상들 중 하나(히. 르파임 [rapā'îm])가 될 것이다. 그들은 자신들이 모든 죽은 자들이 가는 어두운 장소인 스올의 깊은 곳에 있다는 것을 발견할 것이다.[31]

(3) 결정적인 선택

이제 우리가 여성 지혜와 여성 어리석음에 대하여 우리에게 정보를 준 주요한 텍스트를 살펴보았으므로 우리는 선택의 무게를 느껴야 한다.

'우리는 누구와 만찬을 할 것인가?'

'누구를 우리 인생의 필수 구성 요소로 만들 것인가?'

이것이 우리가 할 수 있는 가장 근본적인 결정이다.

그러나 이 여인들은 누구인가?

이 여인들은 무엇 혹은 누구를 대표하는가?

이들의 이름은 이들이 각각 지혜와 어리석음을 의인화한 것이라는 것을 명백하게 한다. 정말로 여성 지혜는 더욱 완전히 발전된 인물로 지혜와 관련된 모든 미덕을 구체적으로 표현한다. 그녀는 진리를 말하고 거짓을 피한다. 그녀는 오만을 미워한다. 그녀는 부지런하고 게으르지 않다. 여성 어리석음에 대한 간략한 묘사는 어리석음과 관련된 악과 연관된다. 그녀는 비밀스럽고, 도둑이고, 거짓말쟁이이다.

그러므로 틀림없이 여성 지혜와 여성 어리석음은 지혜와 어리석음을 묘사한다. 그러나 그녀의 집의 위치는 우리에게 더 멀리 나아가기를 허락한다. 그들의 집은 높은 곳에 있다. 여성 지혜는 종종 높은 곳으로부터 말한다. 고대 이스라엘에서 누구의 집이 가장 높은 장소에 있는가 물으면, 또는 그 문제에 대하여 고대 근동 도시에 물으면 대답은 신(the deity)이다.

31　Johnston, *Shades of Sheol*.

그러므로 우리는 더 나아갈 수 있고 여성 지혜는 하나님의 지혜에 대한 단순한 의인화가 아니라 실제로 여호와 자신을 묘사한다고 말할 수 있다.

그러나 이것이 사실이라면 여성 어리석음은 어떠한가?

그녀의 집도 높은 곳에 있다. 어리석은 여인도 신을 나타낸다. 그녀의 경우는 이스라엘의 애정을 위하여 여호와와 경쟁하는 거짓 신들, 거짓 여신들을 대표한다.

선택은 분명하다.

우리 독자들은 여호와를 대표하는 여성 지혜와 만찬하기를 선택할 것인가?

혹은 우리는 여성 어리석음과 만찬하기를 선택하여 거짓 신을 경배할 것인가?

이런 식으로 잠언은 지혜와 어리석음이 신학적인 범주에 속하는 것으로 이해한다는 것을 보여준다.

2. 결론: 잠언에서 지혜의 본질

이 주제에 대한 아주 최근의 생각은 성경적인 다른 전통들과 대조되는 지혜는 세속적이거나 최소한도 보편적인 관점을 갖는다고 주장해 왔다. 졸탄 슈왑(Zoltán Schwáb)은 최근에 지혜에 대하여 "세속적"인 범주를 적용하는 많은 학자들의 주석들을 모으고 분석했다.[32] 여기 그가 제공한 단지 세 개의 예가 있다.

---

[32] Z. Schwáb, *Toward an Interpretation*, 164-74. McKane(*Prophets and Wise Men*; *Proverbs*)은 초기 이스라엘의 지혜는 세속적이라는 이해를 가장 먼저 불러일으킨 학자로 종종 인용된다. 좀 더 최근에는 Fiddes(*Seeing the World*)가 접근에 있어서 근본적으로 그리고 근원적으로 세속적인 것으로 잠언을 본다.

> 지혜의 가르침은 그것이 인간과 역사를 인간의 계획으로 제시한다는 점에서 깊이 세속적이다. … [지혜는] 일관되게 인간의 자유와 책임과 결정의 중요성을 강조한다. … [지혜는] 자유와, 힘과, 자신의 세계를 운용하는 데 있어서 사람의 책임감에 관심을 갖는다.[33]

> 잠언은 그 자체로 보편적인 성격을 갖는다. 잠언은 창조 혹은 홍수 이야기처럼 인류 사이에 어디서든지 나타날 수 있다. … [하나님을 언급하는 잠언은] 명백하게 신학적인 상황 속에서 특별히 신학적인 토대를 갖지 않는다. 그 보다는 잠언은 매일의 삶 밖으로 나가지 않고 어떤 사람이 세속적인 담론을 말하는 것과 같은 그런 방식으로 하나님에 대해서 말한다.[34]

불행히도 몇몇 설교자들도 윌리몬(Willimon)으로부터 온 아래의 인용에 의해 대표되듯이 이 관점을 견지한다.

> 일반적으로, 나는 신학적인 내용이 없이 "이것을 하라," "이것을 하지 말라"는 긴 진부한 충고만 있는 잠언을 싫어한다. 양말을 주워 담아라. 점원에게 친절하라. 친절한 것은 상처를 주지 않는다. 잠언은 네 어머니와 혹은 최소한 윌리엄 베넷(William Bennett)과 함께 하는 긴 자동차 여행에 붙잡히는 것과 같다.[35]

잠언의 지혜의 본질에 대한 우리의 이해는 세상에서 인생을 어떻게 살아갈 것인가에 대한 실용적인 충고 그 이상이라는 것이다. 지혜는 윤리적이고 근본적으로 신학적이다. 우리는 여호와와(그리고 잠 1:17의 여성 지혜와)

---

33 Brueggemann, *In Man We Trust*, 81–83.
34 Westermann, *Roots of Wisdom*, 130.
35 Willimon, *Pastor*, 255–56, Bland, *Proverbs and the Formation of Character*, 8에서 인용되었다.

합당한 관계를 갖지 않으면 지혜롭다고 말할 수 없다.[36]

지혜에 대한 이 신학적인 이해는 잠언의 두 번째 부분(잠 10-31장)에서 하나님에 대하여 언급하지 않는 그런 잠언들도 신학적이라는 것을 의미한다. 우리는 두 가지 예를 들어서 이 장을 마친다.

> 지혜로운 아들은 아비를 기쁘게 하거니와
> 미련한 아들은 어미의 근심이니라(잠 10:1).

> 손을 게으르게 놀리는 자는 가난하게 되고
> 손이 부지런한 자는 부하게 되느니라(잠 10:4).

표면상 이 두 잠언은 신학적인 내용이 없는 관찰인 듯이 보인다. 그러나 이 잠언들은 앞에 아홉 장 안에 포함되어 있는 상황 속에서 읽혀야만 한다. 특별히 잠언 9장에서 제공된 결정의 문맥에서 '여성 지혜와 만찬을 먹을 것인가 혹은 여성 어리석음과 만찬을 할 것인가'에 대하여 말하는 것으로 읽혀야 한다.

일단 독자가 이 문맥을 이해하면 우리는 이어지는 행들을 따라서 잠언 10:1을 신학적인 진술을 하는 것으로 간주해야 한다. 자신의 부모에게 기쁨을 가져오는 자는 지혜로운 자이다. 이것은 이들이 진정한 하나님께 합당한 예배를 드리는 것과 같이 행동한다는 것을 의미한다. 그러나 그의 부모에게 슬픔을 가져오는 자들은 우상 숭배자처럼 행동한다. 잠언 10:4의 경우에 열심히 일하는 사람들은 지혜롭다. 그리하여 그는 하나님을 대표하는 여성 지혜와 관계를 갖는다. 반면에 게으른 자는 우상과 관계를 갖는 것처럼 행동한다.

---

36 이에 대하여 우리는 Weeks(*Early Israelite Wisdom*, 73)에 동의한다: "초기 이스라엘의 지혜가 세속적인 전통이었다는 이론이 어느 정도 깊이 있게 조사되어 왔고 거의 모든 면에서 부족하다는 것이 발견되어 왔다."

그리하여 잠언은 지혜는 세속적이지도 보편적이지도 않고 신학적이며 이스라엘에는 특별히 그렇다는 것을 분명하게 한다. 이제 우리는 지혜에 대한 우리의 이해가 우리를 당황케 만드는 책에서도 진실의 종을 울려줄지 보기 위해 전도서로 향할 것이다.

제2장

전도서

하나님을 경외하라, 계명에 순종하라, 다가오는 심판의 빛 아래 살아가라

우리는 지혜의 성경적인 개념에 대한 탐구를 잠언과 함께 시작했다. 왜냐하면, 긍정적으로 그리고 상대적으로 말하면 잠언은 지혜를 마음을 어지럽히지 않는 방식으로 제시하기 때문이다. 신학자 데이비드 켈세이(David Kelsey)의 말로 표현하면 "잠언은 지혜 전통의 주류의 합의를 전한다. 왜냐하면, 잠언은 창조신학(theology of creation)의 골격 안에서 생각하기 때문이다."[1]

다음 두 장에서 우리는 지혜서로 간주되는 프로테스탄트 정경의 두 책 전도서와 욥기로 우리의 관심을 돌릴 것이다. 우리는 한편으로 잠언과 다른 한편으로 전도서와 욥기 사이에 모순이 존재하지 않는다고 주장할 것이지만, 강조와 어조에 있어서 명백하고 분명한 차이가 있다는 것을 볼 것이다. 결국 성경과 삶에 진실을 알려주는 지혜에 대한 견해는 이 세 권의 책에 주목함으로써만 얻을 수 있을 것이다. 다른 말로 하면 우리는 궁극적으로 이들 세 책 중의 하나를 다른 책들의 빛 아래서 읽어야만 한다. 해석에 대한 정경론적인 접근은 이런 이해를 주장한다.

지혜의 연구를 잠언으로 시작하는 것이 우리에게 중요한 반면 이장의 연구를 나머지 다른 두 책 가운데 어느 하나로 반드시 시작하도록 요구하는

---

1 Kelsey, *Eccentric Existence*, 188. 지혜와 창조신학과의 관계에 대하여는 제8장을 보라.

필요나 논리적인 이유는 없다. 그러므로 우리는 전도서와 함께 이 장의 연구를 시작할 것이고 그리고 나서 욥기 연구를 계속해 나갈 것이다.

1. "해 아래서" 지혜의 한계: 전도서에서 지혜의 본질

> 의미가 없고, 의미가 없다! 모든 것이 의미가 없다![2](개역개정, "헛되고 헛되며 헛되고 헛되니 모든 것이 헛되도다," 전 1:2).

대부분의 사람들이 전도서를 생각할 때 이 말이 마음속에 즉시 떠오른다. "의미 없음"(헤벨[*hebel*])[3]이란 말이 상대적으로 작은 이 책에 오십 번 이상 나타난다. 전도서가 인생은 의미가 없다는 것으로 결론을 내리는 것 같은 인상은 신성한 성경에 이 책이 포함된다는 것이 이상하게 보인다. 그러나 우리가 볼 것이지만 우리의 첫인상은 자세히 읽음으로써 생겨난 것이 아니다.

---

2   전도서 번역은 Longman, *Ecclesiastes*에서 온다(본 번역서에서는 개역개정을 주로 사용하되, 필요에 따라 직접 번역하고 개역개정을 병기하였다-역주).
3   헤벨(*hebel*)의 문자적인 의미는 "숨, 바람, 수증기"이다. 그러나 이 말은 결코 문자적인 의미로 사용되지 않는다. 주된 논쟁은 헤벨이 덧없는 의미(meaning)를 가리키는가 아니면 덧없는 시간(time)을 가리키는가이다. 첫 번째 견해를 유지하는 학자들 사이에도 차이들이 있다. Fox(*Qohelet and His Contradictions*)는 헤벨을 "불합리하다"로 번역하는 반면에 Bartholomew(*Ecclesiastes*[『전도서 주석』<CLC 역간, 2020>])와 Enns(*Ecclesiastes*)은 "불가해한 것"(enigma)으로 번역한다. 덧없는 시간 곧 "무상한" 의미를 지지하는 사람들에 대하여는 특히 Fredericks, *Coping with Transience*를 보라. 프레데릭스(fredericks)의 주장은 전도서에서 이 단어에 대한 긴 해석의 역사로부터 떠나는데 코헬렛(Qohelet)을 정통파 사상가(orthodox thinker)로 바꾸는 것처럼 보인다. 그것은 코헬렛이 인생의 의미 없음(혹은 불가해한 본질 혹은 불합리)을 단언하는지 인생의 덧없음을 단언하는지에 대하여 큰 차이를 만든다. 흥미롭게도 Seow(*Ecclesiastes*)는 헤벨을 주석 책을 통하여 많은 다양한 의미로 번역한다. 그는 문맥이 그런 다양한 번역을 요청한다고 믿지만 전도서는 헤벨을 오직 하나의 번역으로 번역될 주제어(motific word)로서 그것을 사용하고 있는 듯이 보인다. 단어 헤벨에 대하여 더 보기 위해서는 Longman, *Ecclesiastes*, 61-65를 보라.

그러므로 지혜신학에 전도서가 한 공헌을 조사하기 전에 우리는 전도서를 합당하게 읽기 위하여 비교적 짧은 오리엔테이션으로 시작할 것이다. 여기에 제시된 견해는 논쟁의 여지가 없지 않지만 특이한 것도 아니다. 때로 성경의 다른 부분뿐만 아니라 그 자체로 모순되는 듯이 보이는 전도서에 대하여 학식이 있는 전문가마다 전도서에 대한 접근에 있어서 서로 다르다는 것은 조금도 놀라운 일은 아니다. 전도서에 대한 나 자신의 이해를 제시해야 하므로 나는 학자들 사이에 대략 동의하고 있는 것이 무엇이고 동의하지 않는 것이 무엇인지를 말할 것이다.

1) 하나가 아니라 두 개의 목소리

전도서에 대하여 주석가들 사이에 널리 주장되는 견해로 우리는 시작한다. 우리가 아는 대로 전도서에는 하나가 아니라 두 명의 화자가 있다.[4] 이 두 목소리가 편집 역사의 결과일 뿐이라고 설명하는 것은 더 이상 유행이 아니다.[5] 소위 후기(epilogue, 전 12:8-14)가 앞에 존재하는 작품에 덧붙여진 것이라고 할지라도 정경 안에서 우리가 가진 것은 그 책의 최종형태이다. 그리고 이것은 우리에게 권위를 갖는 것이고 우리의 해석의 초점이 되어야만 하는 것이다.

미묘할지라도, 두 개의 목소리의 존재는 전도서에서 분명하다.

우선 코헬렛의 목소리를 살펴보자. 코헬렛은 전도서 몸통(전 1:12-12:7)에서 1인칭으로 말하는 사람을 확인시켜 주는 히브리어 단어의 음역, 즉 "나, 코헬렛(개역개정, "전도자")"이다.

이 히브리어는 전통적으로 "설교자"(개역개정, "전도자")로 번역되었는데 그리스어 역본(에클레시아스테스[*ekklesiastes*])으로부터 시작하여 라틴어 역

---

[4] Longman, *Ecclesiastes*에서만 아니라 Bartholomew, *Ecclesiastes*; Enns, *Ecclesiastes*; Fox, *Ecclesiastes*; Seow, *Ecclesiastes*에서도 인식되었다.

[5] Crenshaw(*Ecclesiastes*)가 했던 것처럼.

본으로 나아가 기독교 전통에서는 이 책의 제목을 그것으로 붙였다. 좀 더 최근의 영어 역본들(예를 들어 NIV, NLT; ESV는 예외)이 "설교자"로 번역하는 것은 구약성경에서 전도서의 배경상 시대착오적이라는 것에 아마도 근거하여 "선생"(Teacher)으로 번역하는 것을 선호한다. 게다가 우리가 볼 것이지만 코헬렛의 견해는 성직자로 생각되는 사람에 대하여 다소 신랄하다. 몇몇 사람들에게 코헬렛은 인생에 대하여 어지럽히는 질문을 하는 철학 교수와 좀 더 가깝다.

그러나 히브리어 단어 코헬렛은 "설교자"를 의미하지도 "선생"을 의미하지도 않는다. 이 단어는 "소집하다" 혹은 "함께 모으다"를 뜻하는 보통의 히브리어 단어 카할(qhl) 동사의 여성 능동 분사이다. 여성분사는 직업[6]을 가리키기 위하여 사용될 수도 있어, 히브리어를 좀 더 유지하는 번역은 "소집하는 자"(Assembler) 혹은 "모으는 자"(Gatherer)다.

좀 더 전통적인 역본들은 그 이름이 화자가 교회의 모임이든 교실이든 그것을 향하여 말하기 위하여 그룹을 함께 모으는 것을 가리킨다는 것을 전제한다. 그러나 나는 그 이름이 화자의 역할을 확인하려는 것이 아니라 역사적인 솔로몬(Solomon)과 좀 더 연결시키려고(솔로몬을 확인시키기 위해서 아니라) 의도되었다고 생각한다. 이 목적은 조금 아래에서 내가 자세히 설명할 것이다.

결국, 동사 카할(qhl)은 특별히 솔로몬이 회중(카할[$qāhāl$])에게 연설하는 새롭게 건축한 성전의 헌당식을 묘사하는 열왕기상 8장(특히 1, 2, 13, 22, 55, 65절)의 열왕기서의 솔로몬 내러티브에서 중요한 역할을 한다. 이 이름의 정확한 의미가 무엇이든 혹은 역사적인 솔로몬과 연결하는 정확한 의미가 무엇이든 코헬렛은 익명(pseudonym)이다. 이것은 화자의 진짜 이름은 아니다.

---

6 여성 분사의 사용이 직업의 내용으로 사용된 예는 스 2:55, 57; 느 7:57, 59을 보라. 그것이 개인적인 이름이라기보다는 직업적인 이름이라는 것은 정관사가 붙어 있는 것에 의해서도 표시된다(전 12:8).

주요한 화자의 이름을 논의했으므로 우리는 이제 전도서의 두 목소리에 대한 논의로 다시 돌아온다.

첫 번째 목소리는 코헬렛의 목소리이다. 우리는 그의 목소리를 쉽게 확인할 수 있다. 왜냐하면, 그가 전도서 1:12에서 12:7까지 1인칭으로 말하기 때문이다.

코헬렛이 1인칭으로 말하는 것을 보았으므로, 우리는 전도서의 결론 부분(전 12:8-14)에서 두 번째 목소리를 주목한다. 거기서 화자는 코헬렛을 3인칭으로 말한다.

"코헬렛, 그가"(개정개역, "전도자가 이르되").

이것은 코헬렛 이외의 목소리이다. 왜냐하면, 이 목소리는 분명히 코헬렛에 대하여 말하고 있기 때문이다. 그리고 우리가 전도서 12:12에서 보는 것처럼 ("내 아들아 또 이것들로부터 경계를 받으라") 이 두 번째 화자는 그의 아들에게 코헬렛에 대하여 말하고 있다.

후기(epilogue)에서 화자가 분명히 바뀌는 것은 우리가 서문(prologue, 전 1:1-11)에 대하여 질문을 하게 만든다. 우리는 전도서 1:1을 전도서의 표제로, 1:2을 코헬렛에 대하여 말하고 있는 것으로 본다. 그렇다면 우리는 다시 두 번째 화자의 음성을 듣게 된다. 이 정도는 분명하다. 전도서 1:3-11의 상태는 이 책에서 두 목소리를 보는 학자들 사이에서 논쟁되고 있다.

이 절들이 코헬렛의 관점을 표현한다는 것은 사실이다. 이 절들은 분명히 전도서 1:12-12:7에서 코헬렛이 애도하는 일종의 좌절을 표현한다. 그러므로 몇몇 학자들은 이 절들을 코헬렛이 하는 말로 돌린다.[7]

그러나 나는 동의하지 않는다. 코헬렛은 전도서 1:12에 이르러서야 1인칭으로 말하기를 시작한다("나, 전도자는 예루살렘에서 이스라엘의 왕이 되어"). 고대 근동의 허구적인 자서전 장르에 대한 나의 초기 연구가 보여준 것처

---

7   Seow, *Ecclesiastes*, 46-47.

럼 전도서 1:12은 그런 자서전인 회상을 시작하는 행을 정확히 따른다.[8] 그리하여 전도서 1:2-11 전체는 코헬렛의 관점을 소개하기 위하여 두 번째 현자(wise man)에 의해 말해진/쓰인 서문으로 이해하는 것이 최선이다. 그 말은 그의 것이지만, 사상은 코헬렛의 것이다.

마지막으로 우리는 두 번째 현자가 한 번 더 나타나는 것을 주목해야 한다. 이번에는 코헬렛이 1인칭으로 말하는 몸통 부분에 나타난다. 이것은 쉽게 간과되었다. 왜냐하면, 두 번째 현자의 존재는 "코헬렛이 말했다"(전 7:29)라는 것으로 단순히 표시되기 때문이다. 그러나 이 단순한 어구는 코헬렛의 말이 하나의 긴 인용이라는 것을 가리킨다. 아버지가 코헬렛의 말을 아들에게 보고하고 있다.

요약하면, 전도서는 지혜로운 아버지가 코헬렛이라고 자기 자신을 부르는 사람의 생각을 그의 아들에게 소개한 후(전 1:12-12:7)에 그의 아들에게 하는 지혜로운 아버지의 말(전 12:8-14)을 담고 있다. 아버지는 코헬렛의 말에 대한 서론을 제공한다(전 1:1-11). 그리고 그렇게 그의 목소리가 코헬렛의 목소리의 틀(frame)을 만든다(폭스[Fox]는 그를 '틀 해설자'[frame narrator]라고 부른다).[9] 나도 이 용어를 이 화자와 다소 세련되지 못한 "두 번째 현자"를 식별하기 위하여 사용할 것이다.

전도서는 아버지가 코헬렛의 생각을 제시하고 비평적으로 그것과 대화하면서 하는 그의 아들과의 대화를 포함한다. 그리하여 전도서를 이해하기 위하여 우리는 두 가지 질문을 해야 한다.

첫째, 코헬렛의 메시지가 무엇인가?

이 질문에 답하는 것이 필요하지만 이 책을 합당하게 해석하는 데는 충분하지는 않다.

둘째, 틀 해설자의 메시지가 무엇인가?

---

8   Longman, *Fictional Akkadian Autobiography*.
9   Fox가 처음으로 "Frame-Narrative"에서 이것을 논했다.

우리가 두 번째 질문을 강요해야만 하는 것은 후자의 메시지가 코헬렛의 말의 틀을 구성하고 전도서를 결론 내리며 그의 관점이 전도서의 메시지이기 때문이다.

우리의 다음 단계는 이 두 질문에 답하는 것이다. 우리가 이 두 질문에 답하면서 우리는 어떻게 코헬렛과 틀 해설자가 지혜의 본질을 이해하는가에 특별히 더 주목할 것이다.

2) 코헬렛의 메시지

코헬렛은 "해 아래서" 의미를 찾는 것으로 가장 유명하다. 이 의미를 찾는 것은 그의 말의 첫 번째 부분에 정말로 집중되어 있다. 그는 일(전 2:18-23; 4:4-6), 즐거움(2:1-11), 관계들(4:7-12), 부(5:10-6:9), 지혜(2:12-17)를 조사하고 이것들 어디에서도 의미가 존재하지 않는다고 결론을 내린다. 정말로 틀 해설자가 그의 아들에게 말할 것처럼 코헬렛에게 실은 "모든 것은 의미가 없다"는 것이다(전 12:8).

"해 아래서" 의미가 발견되지 않는 이유는 세 가지, 즉 죽음, 불의, 합당한 때를 분별할 능력이 없음이다.

(1) 죽음

이 세 가지 가운데 아마도 죽음이 사람들을 가장 쇠약하게 하는 것이다. 죽음은 모든 것을 의미 없게 만든다. 왜냐하면, 코헬렛에게 죽음은 이야기의 끝이다. 그는 그 어떤 사후 세계도 믿지 않는다. 코헬렛의 말은 죽음에 대한 슬픈 반성으로 결론이 난다.

너는 청년의 때에 너의 창조주를 기억하라 곧 곤고한 날이 이르기 전에, 나는 아무 낙이 없다고 할 해들이 가깝기 전에 해와 빛과 달과 별들이 어둡기 전에, 비 뒤에 구름이 다시 일어나기 전에 그리하라 그런 날에는 집을 지키는 자들이 떨 것이며 힘 있는 자들이 구부러질 것이며 맷돌질 하는 자들이 적으므로 그칠 것이며 창들로 내다 보는 자가 어두워질 것이며 길거리 문들이 닫혀질 것이며 맷돌 소리가 적어질 것이며 새의 소리로 말미암아 일어날 것이며 음악하는 여자들은 다 쇠하여질 것이며 또한 그런 자들은 높은 곳을 두려워할 것이며 길에서는 놀랄 것이며 살구나무가 꽃이 필 것이며 메뚜기도 짐이 될 것이며 정욕이 그치리니 이는 사람이 자기의 영원한 집으로 돌아가고 조문객들이 거리로 왕래하게 됨이니라(전 12:1-5).

이 절들에서 흥미로운 것은 늙고 죽어 가는 것에 대한 코헬렛의 반성이다. 그는 우리의 나이들어 가는 몸을 집과 그것의 쇠약해져 가는 거주자와 비교함으로써 우울한 어조로 말한다. 집을 지키는 자들이 떨고(우리 손들처럼), 땅 주인(개역개정, "강한 자")이 구부러지고(우리의 등처럼), 맷돌질하는 연인들이 숫자가 적으므로 그치고(우리의 이처럼), 창들로 내다보는 여인들이 어두워지는 것처럼(우리의 눈처럼) 그렇게 우리의 몸도 점점 약해진다.

텍스트의 다른 자세한 부분들도 몸이 나이가 들어가는 결과를 암시한다. 문들은 닫히기 시작하는 신체의 구멍(orifices)을 묘사하며 케이퍼베리(caper-berry, 최음제)는 더 이상 효과가 없다. 우리는 청력을 잃어가지만 여전히 갑작스런 소음에 놀란다. 머리는 아몬드나무의 꽃처럼 회색으로 변한다. 그리고 결국에 인간은 무덤(그들의 "영원한 집")으로 간다.

코헬렛은 그의 마지막 진술에서 다른 이미지를 사용하여 죽음에 대한 반성을 계속한다.

은 줄이 풀리고 금 그릇이 깨지고 항아리가 샘 곁에서 깨지고 바퀴가 우물 위에서 깨지고 흙은 여전히 땅으로 돌아가고 영은 그것을 주신 하나님께로 돌아가기 전에 기억하라(전 12:6-7).

인생이 여기서 귀한 무엇인가(은줄, 금 그릇)와 혹은 유용한 무엇인가

(항아리, 바퀴)와 비교된다. 그러나 죽음은 이 모든 것을 쓸모없이 만든다. 결국, 코헬렛은 하나님께서 흙에 생기를 불어넣음으로써 아담을 창조하셨을 바로 그 시초에 생명이 존재하게 한 과정의 역으로 죽음을 묘사한다. 우리는 이 진술에서 영생에 대한 어떤 의미를 읽으려는 유혹에 빠져서는 안 된다. 코헬렛은 죽음은 인생을 끝내며 모든 것을 의미 없이 만든다고 확고히 믿는다.

(2) 불의

코헬렛에게 있어서 불의는 삶을 의미 없이 만든다. 결국, 만일 옳은 일을 행하는 사람을 위하여 사후 세계에서 보상이 없다면, 혹은 악을 행하는 사람들을 위하여 심판이 없다면 선과 나쁜 행위를 위한 어떤 이익이나 책임이 이 현재의 삶에서 일어나야만 한다. 그러나 코헬렛이 세상을 조사했기 때문에 그는 세상에는 정의가 없다고 결론을 내린다.

> 내 허무한 날을 사는 동안 내가 그 모든 일을 살펴보았더니 자기의 의로움에도 불구하고 멸망하는 의인이 있고 자기의 악행에도 불구하고 장수하는 악인이 있으니(전 7:15).

코헬렛에 의하면 의인이 악인보다 먼저 죽으니 옳지 않다. 그러므로 그는 사람에게 너무 의롭지도 너무 악하지도 말라고 충고한다(전 7:16을 보라). 코헬렛의 불의에 대한 고뇌가 또한 전도서 8:10에 표현된다.

> 그런 후에 내가 본즉 악인들은 장사지낸 바 되어 거룩한 곳을 떠나 그들이 그렇게 행한 성읍 안에서 잊어버린 바 되었으니 이것도 헛되도다(전 8:10).

코헬렛은 악인들이 살아서 찬양받을 뿐만 아니라 죽어서도 존경을 받는다는 것을 "관찰한다." 그는 이 "의미 없음" 곧 불의를 발견한다. 그는 자기 관찰로부터 윤리를 끌어내기를 계속한다.

> 악한 일에 관한 징벌이 속히 실행되지 아니하므로 인생들이 악을 행하는 데에 마음이 담대하도다 죄인은 백 번이나 악을 행하고도 장수하거니와 (전 8:11-12a).

다른 말로 하면 자신들의 악을 인정하지 않는 악인들은 다른 사람들도 악을 행하도록 격려할 뿐이다.

그러나 갑자기 코헬렛은 그의 어조를 바꾸는 듯하다.

> 또한 내가 아노니 하나님을 경외하여 그를 경외하는 자들은 잘 될 것이요 악인은 잘 되지 못하며 장수하지 못하고 그 날이 그림자와 같으리니 이는 하나님을 경외하지 아니함이니라(전 8:12a-13).

위와 같이 선언할 때 그는 정말로 바로 앞에 말한 것을 완전히 뒤집는 듯이 보인다.

코헬렛은 정말로 그의 마음을 바꾸어서 이생에서 정의가 있다고 단언하는가?

아니다. 우리는 10절의 "내가 본즉"이란 말부터 12절에 "내가 아노니"라는 말까지 주목할 필요가 있다. 이것은 그의 경험으로부터 그의 신학으로의 전환을 신호한다. 그가 세상에서 보는 것은 불의이지만 그의 신학은 의인은 보상을 받고 악인은 심판을 받는다고 그를 가르친다.

우리가 읽어가면 그의 경험이 그의 신학을 이긴다. 우리는 그가 그의 일화와 같은 경험을 가지고 그의 신학 진술을 따라갈 때 이것을 본다.

> 세상에서 행해지는 헛된 일이 있나니 곧 악인들의 행위에 따라 벌을 받는 의인들도 있고 의인들의 행위에 따라 상을 받는 악인들도 있다는 것이라(전 8:14).

그러므로 그는 "이것도 헛되도다"라고 결론을 내린다.

(3) 때

마지막으로 삶이 의미가 없다는 코헬렛의 슬픈 결론은 하나님이 모든 것을 바른 때를 위하여 창조하셨지만 인간에게 언제가 바른 때인지 알도록 허락하지 않으셨다는 그의 믿음에 의해 부추겨진다.

하나님이 모든 것을 바른 때를 위하여 창조하셨다는 것은 전도서 3:1-8에서 발견되는 잘 알려진 시의 주제다.

> 범사에 기한이 있고
> 천하만사가 다 때가 있나니
> 날 때가 있고 죽을 때가 있으며
> 심을 때가 있고 심은 것을 뽑을 때가 있으며
> 죽일 때가 있고 치료할 때가 있으며
> 헐 때가 있고 세울 때가 있으며
> 울 때가 있고 웃을 때가 있으며
> 슬퍼할 때가 있고 춤출 때가 있으며
> 돌을 던져 버릴 때가 있고 돌을 거둘 때가 있으며
> 안을 때가 있고 안는 일을 멀리할 때가 있으며
> 찾을 때가 있고 잃을 때가 있으며
> 지킬 때가 있고 버릴 때가 있으며
> 찢을 때가 있고 꿰맬 때가 있으며
> 잠잠할 때가 있고 말할 때가 있으며
> 사랑할 때가 있고 미워할 때가 있으며
> 전쟁할 때가 있고 평화할 때가 있느니라(전 3:1-8).

대개 독자들은 이 시의 구절들을 하나님께서 모든 것을 바른 때를 위하여 창조하셨다는 진리에 코헬렛이 반응하는 이어지는 절들로부터 고립시켜 읽는다. 하나님이 모든 것을 바른 때를 위하여 창조하셨다는 코헬렛의 관찰에 대한 주석으로부터 고립하면 1-8절은 긍정적인 혹은 소망하는 어조로 읽힐지도 모른다.

그러나 코헬렛의 주석으로부터 우리는 그가 소망적이라기보다는 좌절하고 있다는 강한 느낌을 받는다. 그는 수사학적인 질문으로 시작한다.

> 일하는 자가 그의 수고로 말미암아 무슨 이익이 있으랴(전 3:9).

코헬렛은 하나님이 합당한 시간을 두셨다는 것을 관찰한 빛에서 볼 때 그들의 수고로부터 어떤 이익을 보지 못하거나 분명히 어떤 종류의 실질적인 이익도 보지 않는다.

왜인가?

그는 계속해서 말한다.

> 하나님이 인생에게 노고를 주사 애쓰게 하신 것을 내가 보았노라 하나님이 모든 것을 지으시되 때를 따라 아름답게 하셨고 또 사람들에게는 영원을 사모하는 마음을 주셨느니라 그러나 하나님이 하시는 일의 시종을 사람으로 측량할 수 없게 하셨도다(전 3:10-11).

그렇다. 하나님은 모든 것을 그것의 때를 위하여 합당하게 창조하셨다. 그리고 인간에게 이 진실을 알게 하셨다. 그러나 심지어 그럴지라도 하나님은 인간에게 그 합당한 시간이 언제 일어나는지를 알도록 허락하지는 않으셨다. 이것이 코헬렛으로 하여금 좌절하게 만든다. 우리가 이 주제에 대하여 코헬렛이 내린 결론의 영향력을 살펴보았으므로 우리는 지혜로운 사람에게 합당한 잠언을 적용할 합당한 때를 아는 것이 얼마나 중요한 것인가에 대한 잠언의 초기 연구를 기억할 필요가 있다.

그러므로 코헬렛에게는 죽음과 불의와 때를 읽을 수 없음 때문에 삶이 궁극적으로 의미가 없다. 이 세 가지 주제를 개별적으로 가르치는 것이 아니라 모두 함께 9장에서 가르친다.

> 이 모든 것을 내가 마음에 두고 이 모든 것을 살펴 본즉 의인들이나 지혜자들이나 그들의 행위나 모두 다 하나님의 손안에 있으니 사랑을 받는지 미움을 받는지 사람이 알지 못하는 것은 모두 그들의 미래의 일들임이니라 모든 사람에게 임하는 그 모든 것이 일반이라 의인과 악인, 선한 자와 깨끗한 자와 깨끗하지 아니한 자, 제사를 드리는 자와 제사를 드리지 아니하는 자에게 일어나는 일들이 모두 일반이니 선인과 죄인이며 맹세하는 자와 맹세하기를 무서워하는 자가 일반이로다 모든 사람의 결국은 일반이라 이것은 해 아래에서 행해지는 모든 일 중의 악한 것이니 곧 인생의 마음에는 악이 가득하여 그들의 평생에 미친 마음을 품고 있다가 후에는 죽은 자들에게로 돌아가는 것이라(전 9:1-3).

> 내가 다시 해 아래에서 보니 빠른 경주자들이라고 선착하는 것이 아니며 용사들이라고 전쟁에 승리하는 것이 아니며 지혜자들이라고 음식물을 얻는 것도 아니며 명철자들이라고 재물을 얻는 것도 아니며 지식인들이라고 은총을 입는 것이 아니니 이는 시기와 기회는 그들 모두에게 임함이니라 분명히 사람은 자기의 시기도 알지 못하나니 물고기들이 재난의 그물에 걸리고 새들이 올무에 걸림 같이 인생들도 재앙의 날이 그들에게 홀연히 임하면 거기에 걸리느니라(전 9:11-12).

(4) 현재를 즐겨라

인생은 의미가 없다. 왜냐하면, 죽음이 인생의 끝이고 불의와 좌절이 이 땅에서 존재하는 우리를 특징짓기 때문이다.

그러면 인생이 의미가 없으므로 사람은 무엇을 해야하는가?

코헬렛에 의하면 우리는 "현재를 즐겨라"(카르페 디엠[carpe diem], seize the day)라는 태도로 살아야 한다. 코헬렛의 이 충고는 그의 말 전체를 통하여 나타난다.

> 사람이 먹고 마시며 수고하는 것보다 그의 마음을 더 기쁘게 하는 것은 없나니 내가 이것도 본즉 하나님의 손에서 나오는 것이로다 아, 먹고 즐기는 일을 누가 나보다 더 해 보았으랴 하나님은 그가 기뻐하시는 자에게는 지혜와 지식과 희락을 주시나 죄인에게는 노고를 주시고 그가 모아 쌓게 하사 하나님을 기뻐하는 자에게 그가 주게 하시지만 이것도 헛되어 바람을 잡는 것이로다(전 2:24-26).

> 사람들이 사는 동안에 기뻐하며 선을 행하는 것보다 더 나은 것이 없는 줄을 내가 알았고 사람마다 먹고 마시는 것과 수고함으로 낙을 누리는 그것이 하나님의 선물인 줄도 또한 알았도다(전 3:12-13).

> 그러므로 나는 사람이 자기 일에 즐거워하는 것보다 더 나은 것이 없음을 보았나니 이는 그것이 그의 몫이기 때문이라 아, 그의 뒤에 일어날 일이 무엇인지를 보게 하려고 그를 도로 데리고 올 자가 누구이랴(전 3:22).

> 사람이 하나님께서 그에게 주신 바 그 일평생에 먹고 마시며 해 아래에서 하는 모든 수고 중에서 낙을 보는 것이 선하고 아름다움을 내가 보았나니 그것이 그의 몫이로다 또한 어떤 사람에게든지 하나님이 재물과 부요를 그에게 주사 능히 누리게 하시며 제 몫을 받아 수고함으로 즐거워하게 하신 것은 하나님의 선물이라 그는 자기의 생명의 날을 깊이 생각하지 아니하리니 이는 하나님이 그의 마음에 기뻐하는 것으로 응답하심이니라 (전 5:18-20 [MT 5:17-19]).

이에 내가 희락을 찬양하노니 이는 사람이 먹고 마시고 즐거워하는 것보다 더 나은 것이 해 아래에는 없음이라 하나님이 사람을 해 아래에서 살게 하신 날 동안 수고하는 일 중에 그러한 일이 그와 함께 있을 것이니라(전 8:15).

너는 가서 기쁨으로 네 음식물을 먹고 즐거운 마음으로 네 포도주를 마실지어다 이는 하나님이 네가 하는 일들을 벌써 기쁘게 받으셨음이니라 네 의복을 항상 희게 하며 네 머리에 향 기름을 그치지 아니하도록 할지니라 네 헛된 평생의 모든 날 곧 하나님이 해 아래에서 네게 주신 모든 헛된 날에 네가 사랑하는 아내와 함께 즐겁게 살지어다 그것이 네가 평생에 해 아래에서 수고하고 얻은 네 몫이니라 네 손이 일을 얻는 대로 힘을 다하여 할지어다 네가 장차 들어갈 스올에는 일도 없고 계획도 없고 지식도 없고 지혜도 없음이니라(전 9:7-10).

몇몇 학자들이 '카르페 디엠'(carpe diem) 단락들에서 기쁨의 중요성을 발견하지만,[10] 이 단락들에서 체념과 슬픔과 좌절을 발견하는 대다수 학자와 의견을 달리하는 것은 어렵다. 다른 말로 하면 코헬렛의 사고의 요점은 인생은 어렵고 죽음이 올 것이기 때문에 우리는 우리가 즐길 수 있는 것이 무엇이건 우리의 삶을 계속해 나가야 한다는 것이다.

이에 관하여 우리는 전도서 5:18-20(MT 5:17-19)을 주목해야 한다. 여기서 코헬렛은 현재를 즐길 수 있는 수단(돈)을 가진 운 좋은 사람들에게 주의를 기울이다(결국, 모두가 현재를 즐기는 것은 아니다). 그는 현재를 즐길 수 있는 수단을 가진 몇몇 혹은 아마도 많은 사람이 그렇게 하는 성향을 갖고 있지 않다는 것을 또한 안다.

---

10 Whybray, "Qohelet, Preacher of Joy."

그러나 즐길 수 있는 수단도 있고 그럴 마음도 있는 사람들에게 궁극적인 유익은 무엇인가?

현재를 즐기라는 태도를 갖고 삶을 성공적으로 살 수 있는 사람들은 적어도 순간적으로는 삶이 어렵고 결국 죽는다는 가혹한 실재를 잊을 수 있다.

2. 코헬렛과 지혜

코헬렛은 지혜자(전 12:9)다. 정말로 그는 그 앞에 예루살렘을 다스린 누구보다 더 지혜롭다고 주장한다(전 1:16). 위에서 코헬렛의 익명성에 대한 우리의 논의에서 인정된 것처럼, 보편적으로 코헬렛을 솔로몬과 동일시한다. 우리가 논의를 더 진행하기 전에 우리는 이제 이 문제를 더 논할 수 있다. 역사적인 전승에 의하면(왕상 3-4장을 보라), 하나님이 솔로몬에게 놀라운 지혜를 주었다. 그는 "그 누구보다도 지혜"로웠다(왕상 4:31).

전도서에는 코헬렛과 솔로몬 사이의 관련성이 둘을 동일시할 만큼 그렇게 단순하지 않다는 많은 신호가 있다. 다른 말로 코헬렛은 솔로몬이 아니며 그보다는 우리의 지혜를 포함하여 "해 아래서" 의미가 발견될 수 없다는 전도서의 요점을 이해시키기 위하여 솔로몬과 관련되어 있다.[11]

우리는 단순한 질문으로 시작한다.

만일 코헬렛이 솔로몬이라면 왜 익명보다는 차라리 단순히 솔로몬이라는 이름을 사용하지 않는가?

익명은 코헬렛을 솔로몬과 관련시키지만 동일시하지는 않는다. 더욱이 우리가 전도서의 첫 네 장 이후를 읽으면 코헬렛과 솔로몬 사이의 관련성은 끝이 난다. 그리하여 코헬렛이 왕에 대하여 말할 때 그는 자기 자신에게

---

11 Longman, "Qohelet as Solomon"에서 길게 논의되었다.

대하여 말하고 있지 않고 제삼자에 대하여 말한다(전 4:1-3; 5:8-9; 10:20을 보라). 게다가 우리가 솔로몬에 대한 역사적인 전승을 보면 그가 하나님에게서 벗어난 후에 그의 삶의 마지막에 하나님께 돌아왔다고 생각할 합당한 이유가 없다(왕상 11장).

마지막으로 전도서가 솔로몬 때에 기록되지 않고 훨씬 후인 포로 후기 기간에 기록되었다는 분명한 신호들이 있다.[12]

만일 코헬렛이 솔로몬이 아니라면 그러면 누구인가?

두 가지 가능성이 있다.

첫째, 코헬렛은 실제로 현자라는 것이다. 그는 해 아래서 모든 것이 의미 없다는 주장을 하기 위하여 솔로몬이라는 등장인물 아래서 모든 가능성을 탐구한다.

둘째, 코헬렛은 실존 인물이 아니라 독자들이 삶의 의미에 대하여 생각하게 하려고 전도서의 저자가 만들어 낸 문학적 고안물이라는 가능성인데, 나는 이 가능성이 더 그럴듯하다고 생각한다.

물론 이 두 가지 가능성 모두 동기에 대하여 질문을 일으킨다.

'코헬렛과 솔로몬을 연결하는 목적이 무엇인가?'

나는 코헬렛이 다음과 같이 말할 때 텍스트 자체가 이에 대하여 답을 한다고 생각한다.

> 왕 뒤에 오는 자는 무슨 일을 행할까 이미 행한 지 오래전의 일일 뿐이리라 (전 2:12).

코헬렛이란 인물은 그 누구보다도 (우리의 현재 주제인 지혜에 관한 한) 더 지혜롭고 더 즐기고 더 많은 부를 가진 솔로몬일지라도 지혜와 부와 즐거움, 이것들 가운데서 의미를 발견할 수 없었다는 것을 우리에게 상기시킨다. 나

---

[12] Longman, "Determining the Historical Context"를 보라.

머지 우리는 그것이 부든, 즐거움이든, 지혜든 무엇이든 간에 우리가 만일 더 많이 가졌었더라면 우리는 만족해했을 것이라는 환상을 갖고 살 수 있다. 솔로몬은 그 모든 것을 가졌었지만 씁쓸한 노인으로 삶을 마감했다.

그러나 이제 지혜에 대해서는 어떠한가?

코헬렛은 반성을 시작하는 그 시초부터 자신을 해 아래서의 생의 의미를 발견하기 위하여 그의 지혜를 통하여(전 1:13) 세상을 탐구하려는 특출난 지혜를 가진 사람으로 자신을 밝힌다(전 1:16). 심지어 그는 우리를 그의 탐구로 데려가기도 전에 모든 것이 "바람을 잡으려는 것처럼 의미 없다"라는 불행한 결론을 선언한다(전 1:14). 잠언에서 발견되는 것과는 아주 다른 두드러진 어조로 그는 자기 독자들에게 말한다.

> 지혜가 많으면 번뇌도 많으니 지식을 더하는 자는 근심을 더하느니라
> (전 1:18).

그는 쾌락과 같은 것 속에 있는 의미를 발견하려고 시도할 뿐만 아니라(전 2:1-11) 그의 지혜를 통해서 지혜 자체 안에 있는 의미를 또한 발견하려고 시도한다(전 2:12-16). 그는 어리석음보다 지혜가 상대적인 종류의 유익이 있다는 것을 인정한다.

> 내가 보니 지혜가 우매보다 뛰어남이 빛이 어둠보다 뛰어남 같도다
> 지혜자는 그의 눈이 그의 머리속에 있고 우매자는 어둠 속에 다니지만
> (전 2:13-14a).

다른 말로 하면 지혜는 삶을 잘 살기 위한 실용적인 종류의 가치를 제공한다. 그는 눈을 감고 가구에 충돌하면서 방을 가로질러 가려고 시도하는 어리석은 자의 그림과 반면에 모든 장애물을 피하면서 상처를 입지 않고 방을 가로질러 갈 수 있는 지혜로운 자의 그림을 생각나게 한다.

심지어 그렇다고 해도 최종적인 분석에서는 지혜도 의미가 없다.
왜일까?
죽음 때문이다.

> 그들 모두가 당하는 일이 모두 같으리라는 것을 나도 깨달아 알았도다 내가 내 마음속으로 이르기를 우매자가 당한 것을 나도 당하리니 내게 지혜가 있었다 한들 내게 무슨 유익이 있으리요 하였도다 이에 내가 내 마음속으로 이르기를 이것도 헛되도다 하였도다 지혜자도 우매자와 함께 영원하도록 기억함을 얻지 못하나니 후일에는 모두 다 잊어버린 지 오랠 것임이라 오호라 지혜자의 죽음이 우매자의 죽음과 일반이로다(전 2:14b-16).

지혜로운 자도 죽고 영속하는 유산을 남기지 않는다. 최종적인 분석에서 죽음은 지혜를 무기력하게 만든다.

코헬렛은 "가난하지만 지혜로운 젊은이"가 "늙고 어리석은 왕"보다 더 좋다는 일화(전 4:13)를 통하여 지혜의 본질이 제한적이고 궁극적인 가치가 없다는 것을 지적한다. 고대 세계의 문화적인 감각에 의하면 왕은 젊은이보다 두 가지 이득이 있다. 그는 늙었고(경험이 있고) 그리고 그는 왕이다(부유하고 권력이 있다). 젊은이는 물론 젊고(경험 미숙하고) 그리고 그는 가난하다(힘이 없다). 그럼에도 젊은이의 지혜는 모든 것을 압도하며 그를 "더 좋게" 만든다. 그리하여 그는 약함(감옥)으로부터 일어나서 권력(왕권)으로 올라간다.

그러나 우리가 전도서 2:12-16의 코헬렛으로부터 배우듯이, 지혜는 어떤 영원한 가치를 가져오지 않는다. 일화는 젊은 왕의 성공으로가 아니라 그의 궁극적인 실패로 끝난다. 결국에 사람들은 그를 기뻐하지 않았고 다시 한번 지혜는 궁극적으로 의미가 없다는 것을 보여준다.

코헬렛은 전도서 9:13-16에서 "지혜의 예"(전 4:13)와 같은 맥락에 있는 두 번째 일화를 제공한다. 이 일화는 다시 한번 권세 있는 왕을, 가난하지만 지혜로운 사람과 경쟁시킨다.

> 조용히 들리는 지혜자들의 말들이
> 우매한 자들을 다스리는 자의 호령보다 나으니라
> 지혜가 무기보다 나으니라
> 그러나 죄인 한 사람이 많은 선을 무너지게 하느니라(전 9:17-18).

그러므로 기껏해야 지혜는 죽음의 빛 아래서 보면 제한적인 가치만을 갖는다. 지혜는 이생에서 정의를 보장하지도 않는다.

> 이 모든 것을 내가 마음에 두고 이 모든 것을 살펴 본즉 의인들이나 지혜자들이나 그들의 행위나 모두 다 하나님의 손 안에 있으니 사랑을 받을는지 미움을 받을는지 사람이 알지 못하는 것은 모두 그들의 미래의 일들임이니라(전 9:1).

전도서에서 아마도 가장 놀라운 단락에서 코헬렛은 "내 허무한 날을 사는 동안 내가 그 모든 일을 살펴보았더니 자기의 의로움에도 불구하고 멸망하는 의인이 있고 자기의 악행에도 불구하고 장수하는 악인이 있으니"(전 7:15)라고 말한다. 그러므로 그는 다음과 같이 충고한다.

> 지나치게 의인이 되지도 말며 지나치게 지혜자도 되지 말라 어찌하여 스스로 패망하게 하겠느냐 지나치게 악인이 되지도 말며 지나치게 우매한 자도 되지 말라 어찌하여 기한 전에 죽으려고 하느냐 너는 이것도 잡으며 저것에서도 네 손을 놓지 아니하는 것이 좋으니 하나님을 경외하는 자는 이 모든 일에서 벗어날 것임이니라(전 7:16-18).

우리는 코헬렛이 명백하게 지혜에 대해서 말하는 모든 단락을 각각 살피지는 않았다. 그러나 살펴본 단락들은 지혜에 대한 코헬렛의 생각을 반영한다. 요약하면, 코헬렛은 지혜는 인생을 항해하는 데 어리석음보다 낫지만 어떤 제한적인 가치를 가질 뿐이라고 믿는다. 그러나 코헬렛은 죽음이 그 제한적인 가치조차 의미 없이 만든다고 믿는다. 지혜는 이생에서의 성공과 다음 세대의 안전을 보장하지 않는다.

3. 틀 해설자(frame narrator)[13]의 메시지

코헬렛의 생각을 조사했으므로 이제 우리는 그의 아들에게 말하고 있고 그의 말이 코헬렛의 말을 하는 익명의 지혜자에게 우리의 관심을 향한다. 그가 첫 번째 말과 마지막 말을 하고 있으므로 저자/전도서의 메시지는 코헬렛의 소리가 아니라 이 목소리와 연합되어 있다.

틀 해설자는 삶에 대하여 그리고 구체적으로 지혜에 대하여 일반적으로 무엇을 말하는가?

위에 묘사된 것처럼 두 번째 현자의 말들(전 1:2-11;[14] 12:8-14)은 코헬렛의 말(전 1:12-12:7)의 틀을 형성한다. 서문(prologue)은 단지 코헬렛의 말의 무대를 장식한다. 우리는 후기에서 틀 해설자의 관점을 듣는다. 그러므로 우리는 후기로 향한다.

후기(epilogue)에서 두 번째 지혜자는 그의 아들에게 말한다(전 12:12). 그는 자기 아들에게 인생에 대한 교훈을 주고 특별히 삶의 의미를 어디서 찾아야 할지에 대하여 교훈을 주기 위하여 코헬렛의 말을 사용한다. 그의 아들에게 주는 그의 말은 간결하지만, 여전히 부분으로 나뉘질 수 있다.

첫째 부분(전 12:8-12)에서 그는 코헬렛의 삶에 대한 반성을 평가한다.

---

13 그림의 액자 혹은 틀(frame)이 그림을 꾸며주듯이 바깥 이야기(narrative)가 그림의 액자 혹은 틀처럼 그 속에 있는 내부 이야기를 포함하는 문학기법을 틀 이야기(frame narrative)라고 부른다. 그리고 틀 이야기를 해설해 주는 허구적인 인물을 문학 용어로 '틀 해설자'(frame narrator)라고 부른다-역주.

14 전 1:1은 편집자가 붙인 표제이다.

둘째 부분(전 12:13-14)에서 그는 자기 아들에게 어떻게 의미 있게 인생을 살 것인가를 말한다.

그는 첫째 부분을 그가 코헬렛의 "핵심"(bottom line)이라고 간주하는 것을 단언함으로써 시작한다:

전도자가 이르되 헛되고 헛되도다 모든 것이 헛되도다(전 12:8).

와이브레이(Whybray)와 다른 학자들은 코헬렛이 기쁨의 설교자라고 말하기 원하지만 틀 해설자는 다르다. 그는 코헬렛의 궁극적인 결론은 인생이 어렵고 우리는 죽는다고 말한다.[15]

아버지는 코헬렛을 지혜자로 평가한다. 그는 "코헬렛은 지혜자라"는 말로 시작한다(전 12:9a). 만일 누군가가 잠언에서 '지혜롭다'(하캄[hākām])고 불린다면 이것은 높이 칭찬하는 것이다. 그러나 잠언 밖에서는 누군가를 하캄(hākām)이라고 부르는 것이 반드시 그 사람이 말하는 모든 것을 승인하지는 않는다. 아마 여기서 하캄은 거의 직업적인 칭호(professional designation)로 기능한다.[16] 예를 들어 다윗의 이야기에서 암논에게 어떻게 그의 누이 다말을 자신의 침대로 유인할지 충고한 요나답은 하캄으로 불린다(삼하 13:3; 또한, 삼하 16:15-17:29에서 이하도벨을 보라).

나의 요점은 코헬렛이 요나답처럼 악하다는 것이 아니라 누군가를 하캄이라고 부르는 것이 그 사람이 말하는 모든 것이 옳다는 것을 의미하지는 않는다는 것이다. 아버지는 "그가 많은 사람들에게 지식을 가르쳤고 그가 들었고 조사했고 잠언들을 많이 지었다"(전 12:9b)고 말함으로써 코헬렛에 대한 칭찬을 계속한다. 그는 코헬렛을 존경으로 묘사한다. 그러나 그는 코헬렛을 하캄으로 묘사하는 데 있어서 도가 지나치지는 않는다. 폭스(Fox)가

---

15 Whybray는 전 12:8 이하가 그의 선생을 이해하지 못하는 제자에 의해 쓰였다고 믿는다. Whybray, *Ecclesiastes*, 35를 보라.
16 직업으로서의 현자에 대한 논의를 위하여는 제12장을 보라.

표현하듯이 코헬렛은 좋은 기술자(workman)이다.[17]

그런데도 틀 해설자는 "코헬렛이 힘써 아름다운 말을 구하였나니 진리의 말씀들을 정직하게 기록하였느니라"(전 12:10)라고 말함으로써 그의 평가를 계속한다.[18] 여기서 틀 해설자는 코헬렛이 말한 것이 사실이라고 확언한다.

우리는 어떻게 이 긍정적인 진술을 취해야 하는가?

나는 틀 해설자가 코헬렛이 말한 것이 코헬렛 자신의 변수들에 의해 주어진 사실이었다는 것을 깨달았다고 믿는다. 우리는 29가지 경우들[19]에 관한 코헬렛의 말을 통하여 그가 정말로 "해 아래서"의 의미를 찾으려고 시도하고 있었다는 것을 코헬렛 자신이 계속 인정했다는 것을 기억할 것이다.

코헬렛이 이 어구로 무엇을 의미하는지 정확하게 설명하기는 쉽지 않다. 그러나 비록 그가 틀림없이 무신론자는 아닐지라도 그는 진리를 발견하기 위하여 자신을 하나님이나 그의 계시에 호소하지는 않는다고 말하는 것은 정말로 공정해 보인다. 위에서 전도서 8:10-15의 분석에서 우리가 보았듯이 코헬렛은 주어진 지식에 의해서가 아니라 "관찰"에 의해 의미를 찾기를 열망하고 있다. 그러나 그는 한계에 다다른다.

요약하면, 틀 해설자는 그의 아들에게 이렇게 말하는 것이다.

"코헬렛이 정확히 옳다. 만일 네 생각이 '해 아래'에 머물러 있다면 인생은 어렵고 너는 죽을 것이다."[20]

---

17 Fox, "Frame-Narrative."
18 여기서 나는 나의 초기 주석(Longman, *Ecclesiastes*, 275)에서 제시한 이 절에 대한 번역과 달리한다. 나의 주석에서, 폭스에 영향을 받아서("Frame Narrative," 97) 나는 "전도자는 아름다운 말을 찾고 진리의 말씀들을 정직하게 기록하기를 추구했다"와 같은 번역을 만들어 내는 약간의 본문 수정을 제안했었다. 그리고 나서 나는 계속해서 코헬렛이 아름다운 말과 진리의 말을 찾기를 "추구"했지만 실패했다고 제안했다.
19 전 1:3, 9; 2:11, 17, 18, 19, 20, 22; 3:16; 4:1, 3, 7, 15; 5:14, 19; 6:1, 12; 7:11; 8:9, 15 (2×), 17; 9:3, 6, 9 (2×), 11, 13; 10:5.
20 비록 우리는 전도서가 편집된 정확한 때에 대하여 절대적으로 확신할 수는 없을지라도

다른 말로 하면 틀 해설자는 그러한 "해 아래서"의 사고의 실패를 보여주기 위하여 그의 아들로 코헬렛을 접하게 한다. 그는 전도서의 결론적인 두 절에서 그의 아들로 다른 관점("해 위에서"라고 불릴 수 있을)으로 향하도록 할 것이다(아래를 보라).

틀 해설자는 이제 (코헬렛과 같은) 지혜자들에 대한 일반적인 평가로 옮겨 간다. 이 평가는 앞으로 다음과 같은 말씀들과 상호 작용할 것에 대한 충고에 이어진다.

> 지혜자들의 말씀들은 찌르는 채찍들 같고 회중의 스승들 말씀들은 잘 박힌 못 같으니 다 한 목자가 주신 바이니라 내 아들아 또 이것들로부터 경계를 받으라 많은 책을 짓는 것은 끝이 없고 많이 공부하는 것은 몸을 피곤하게 하느니라(전 12:11-12).

그는 긍정적이지만 동시에 고통스러운 은유(채찍들과 잘 박힌 못)를 사용한다. 틀 해설자는 그의 아들이 코헬렛의 생각을 접하도록 한다. 왜냐하면, 그것이 그의 아들에게 이익을 줄 것으로 생각하기 때문이다. 그러나 그는 또한 그렇게 하는 것이 고통이라는 것을 깨닫는다. 따라서 그는 충고와 함께 이 관찰을 따라가지만, 그것에 머물러 살지는 않는다. 코헬렛의 "해 아래서"의 관점을 듣는 것은 유익하지만 그것에 머물지 말라는 것이다.

이것은 틀 해설자가 그의 아들에게 하는 충고의 두 번째 부분으로 우리를 데려간다. 그의 첫 번째 말들은 갑작스러우며 특별히 짧은 히브리어로 되어 있다.

> 일의 결국을 다 들었으니(숩 다바르 하콜 니쉬마[*sôp dābār hakkōl nišmā*], 전 12:1).

내 의견에는 코헬렛의 해 아래서의 관점은 전도서가 비판하기를 추구하는 그 시대의 (아마도 헬라의 사상으로 융합된) 유대인의 관점 같다.

이것은 마치 아버지가 그의 아들에게 "이것(코헬렛의 생각)으로 충분하다. 이제 정말로 중요한 것으로 가자"라고 말하는 것 같다.

> 하나님을 경외하고 그의 명령들을 지킬지어다 이것이 모든 사람의 본분이니라 하나님은 모든 행위와 모든 은밀한 일을 선악 간에 심판하시리라 (전 12:13-14).

그리고 아버지는 아들에게 인생에 관한 "해 위에서"의 관점이라고 부를 수 있는 것을 채용하도록 훈계한다. 아들은 전도서의 암시된 독자이다. 그는 아버지에게 직접 교훈을 받는 자이다. 그러나 모든 이어지는 독자들이 실제적인 독자이다. 다른 말로 하면 아들에게 충고가 주어질 때 우리도 그의 위치에 서 있다.

아버지는 어떤 교훈을 그와 우리에게 전하는가?

무엇보다도 그의 마지막 교훈은 짧지만 요점이다. 그는 한 절 반에 많은 훈계를 채워넣는다. '하나님을 경외하라'는 그의 훈계는 우리로 경외로 특징짓는 하나님과 바른 관계를 확립하도록 가르친다. 아들/우리(독자)는 "하나님의 계명들을 계속해서 지켜야!" 하며 순종으로 그 관계를 유지해야 한다. 마지막으로 독자는 미래의 심판 빛 아래서 살아야 한다. 만일 우리가 시대를 앞선 신학 범주들을 사용해야 한다면 우리는 한 절반에서 칭의와 성화와 종말론을 말할 수 있을 것이다.

나는 이렇게 읽는 것이 옳으며 또한 아버지의 말이 중요한 다른 연결점을 일으킨다고 제안한다.

무엇보다 대다수의 오늘날의 해석자들을 따라서 전도서는 구약성경에서 가장 늦게 기록된 책들에 포함된다는 것을 인식하는 것이 필요하다. 이것은 틀림없이 포로 후기 기간에 기록되었고 아마도 확신하지 않지만, 그리스의 시대만큼 늦을 것이다.[21] 이렇게 늦은 시기에 유대인의 정경이 형성되고 있었고 종종 유대인의 정경은 세 부분, 즉 토라(*Torah*, 율법), 네비임(*Nebi'im*, 선지서) 그리고 케투빔(*Ketubim*, 성문서)으로 이루어진 것으로 묘사된다. 이것을 배경으로 하여 나는 아버지의 말이 정경의 이 세 부분을 생각나게 한다고 생각하는 것이 너무 지나친 과장이라고 생각하지 않는다.

"하나님을 경외하는 것"은 우리로 케투빔을 생각나게 한다.

"계명을 지키라"는 말은 토라를 생각나게 만든다.

"미래의 심판의 빛 아래서 살라"는 말은 우리로 네비임을 생각나게 한다.

만일 이것이 옳다면 아버지는 아들과 이어지는 독자들에게 타나크(*Tanak*, 토라·네비임·케투빔을 아울러 이르는 말로 히브리어 성경을 가리킴-역주) 곧 당신의 백성을 향한 하나님의 계시로 돌이킴으로써 "해 위에서"의 관점을 채용하라고 말하고 있는 것이다.

4. 틀 해설자와 지혜

틀 해설자의 관점이 코헬렛의 관점이 아닌 방식으로 전도서의 메시지와 일치한다는 것을 기억하면서(욥기에서 역할을 하는 인간 참여자들의 역할과 비슷함, 다음 장을 보라) 우리는 마지막으로 지혜에 관한 틀 해설자의 메시지로 향한다.

첫째, 틀 해설자는 코헬렛에 의해 묘사되는 지혜의 유형은 약간의 활용성이 있지만, 최종적인 분석에서는 심각한 한계가 있다는 것을 믿는다고 우리는 결론을 내릴 수 있다. 전도서 12:8-12에서 그는 코헬렛이 "해 아래서"의 삶은 의미가 없다는 고통스럽지만 참된 현실을 드러낸다는 것을 인

---

21 내가 "Determining the Historical Context"에서 논의한 것처럼.

정한다. 그는 지혜롭다. 그러나 그의 지혜는 그 자체를 관찰에 제한하기 때문에 그것은 궁극적으로 좌절로 이끈다.[22]

둘째, 틀 해설자 자신은 "해 아래"에 머물지 않고 그의 아들에게 "하나님을 경외"하라는 권고와 함께 시작하는 "해 위"의 관점을 제시한다. "하나님을 경외하라"는 권고는 주를 경외함이 지혜의 근본이라는 잠언의 언급을 생각나게 한다.

몇몇은 틀 해설자만이 그의 청자들에게 하나님을 경외하도록 주장한다는 것에 반대할지도 모른다. 코헬렛도 하나님 경외를 지지한다는 것은 사실이다(전 3:14; 5:7 [5:6 MT]; 7:18; 8:12 [2×], 13; 12:13). 그러나 다른 곳에서 훨씬 더 자세히 주장한 것처럼 코헬렛의 권고 문맥은 그가 순종으로 이끄는 두려움과 같은 종류가 아니라 사람이 도망가서 숨는 종류의 두려움을 주장하고 있다는 것을 분명히 한다.[23]

그러므로 코헬렛의 메시지에도 불구하고 전도서는 잠언에서 우리가 발견한 하나님을 경외함에 근거를 둔, 같은 유형의 지혜를 제시한다. 전도서는 인간 지혜는 한계가 있다는 것을 분명히 한다. 지혜롭고 의로운 사람들이 장수하고 번성하는 삶에 대하여 보증하는 것은 아니다. 틀 해설자의 목표는 그런데도 그의 아들에게 "해 위의" 관점을 가져오는 것이다. 그 안에서 그는 하나님께 항복할 것이고, 그에게 순종할 것이고, 다가오는 심판의 빛 아래서 살아갈 것이다.

우리는 이제 잠언, 전도서를 조사했다. 많은 방식에서 둘은 아주 다른 책이지만 똑같이 하나님 경외에 기초를 둔 지혜에 대한 아주 깊은 신학적인 이해를 갖고 있다. 이제 우리는 지혜에 초점을 맞추는 세 번째 책인 욥기로 우리의 관심을 돌린다.

---

22 아마도 코헬렛에 대한 틀 해설자로부터 온 가장 수수께끼 같은 진술 가운데 하나는 그가 "아름다운 말"(전 12:10)을 썼다는 것이다. 코헬렛의 생각에 대한 가장 풍부한 해석조차 틀 해설자가 여기서 무엇을 정확하게 이해하고 있는지 우리를 의아하게 만든다.

23 Longman, "Fear of God."

제3장

욥기

"보라 주를 경외함이 지혜요"(욥 28:28)

잠언, 전도서를 살폈으므로 우리는 이제 지혜의 본질을 더 이해하기 위하여 욥기로 향한다. 대부분 사람이 욥기를 생각할 때 그들이 첫 번째 생각은 욥기는 고난에 관한 책이라는 것이다. 욥은 고난받는 자로 유명하다.

그러나 욥기의 주된 이슈는 고난의 본질에 대한 것이 아니며, 왜 우리가 고난을 겪는가에 대하여 답을 주는 데도 관심이 없다. 욥의 고난은 욥기의 진정한 이슈인 지혜를 제기하기 위한 기회를 제공한다. 욥기는 신정론(theodicy) 논쟁이 아니고 지혜 논쟁(wisdom debate)이다. 욥기의 모든 인간 등장인물은 지혜에 대하여 서로 경쟁하는 주장을 제기하며 서로의 견해에 대하여 논쟁한다.

그리하여 욥기도 전도서처럼 하나 이상의 소리를 제시한다. 그리고 욥기를 제대로 해석하는 것은 이들 다양한 목소리들을 어떻게 합당하게 위치시키느냐에 달려 있다.

1. 욥기: 지혜에 대한 추구

1) 산문으로 된 서문(욥 1-2장)

첫 몇 절에서 해설자는 욥을 현자의 전형으로 소개한다. 그는 "온전하며"(탐[tām]) "정직하다"(야사르[yāšār]). 이 말들은 잠언에서 지혜로운 사람의 특징으로 자주 발견된다. 그는 하나님을 경외하며 악으로부터 떠났다. 이것은 우리로 잠언 서론의 결론적인 구절을 기억나게 한다("여호와를 경외함이 지식의 근본이거늘," 잠 1:7).

잠언에 나타난 선한 성품과 보상과의 관계를 고려하면 놀랍지 않게 욥은 상당한 재물뿐만 아니라 지극히 행복한 대가족을 갖고 있다. 그들이 잔치하면 그의 가족들을 위하여 욥이 희생 제사를 드리는 것은 도를 넘었다(그것은 알려진 죄 때문이 아니라 만일에 대비하여 드린 것이다). 이것은 그의 신실한 경건을 가리키는 것으로 읽어야지 영적인 염려의 표시로 읽어서는 안 된다.

욥을 소개한 후에 해설자의 관심은 "고소자"(하사탄[haśśāṭān])라고 불리는 천사를 포함하여 천사들의 공의회를 소집하는 여호와께 향한다. 여기에서 하늘은 여호와가 왕이고 천사들이 대신들인 어전회의처럼 묘사된다. 어전회의에서 고소자의 역할은 하나님의 "눈과 귀"(다시 말해, 그의 스파이로 봉사하는 것)의 역할이다. 여호와께서 그의 보고를 받기 위하여 그를 만난다. 그리고 악에서 떠나 하나님을 경외하는 정직하고 고결한 사람으로 해설자가 묘사하는 것과 일치하게 여호와께서는 자신이 묘사하는 종 욥에 대하여 특별히 좋게 말하기 원한다(욥 1:8).

고소자는 욥의 정직에 대한 여호와의 평가에 반대하지는 않는다. 그러나 그는 욥의 동기에 의문을 제기한다. 그는 욥이 그렇게 행동하는 유일한 이유는 하나님의 호의를 얻고 보상을 얻기 위한 것이라고 제시한다. 따라서 그는 이 모든 보상을 제거하기를 자신에게 허락하여 그 후에 무슨 일이 일어나는지 보는 일종의 테스트를 제안한다.

하나님이 고소자에게 허락한다. 고소자는 물러가서 욥의 자녀를 죽이고 그의 재산을 제거함으로써 욥의 삶에서 외적인 복을 제거한다(욥 1:13-20). 욥은 하나님을 경외하고 다음과 같이 말함으로써 하나님께서 그에게 기대한 것과 같이 반응한다.

> 내가 모태에서 알몸으로 나왔사온즉
> 또한, 알몸이 그리로 돌아가올지라
> 주신 이도 여호와시요 거두신 이도 여호와시오니
> 여호와의 이름이 찬송을 받으실지니이다(욥 1:21-22).[1]

해설자는 "이 모든 일에 욥이 범죄하지 아니하고 하나님을 향하여 원망하지 아니하니라"라고 말함으로써 욥의 행위를 평가한다(욥 1:23).

그러나 불행하게도 욥은 고통의 1회전을 통과했을 뿐이었다. 고소자가 하나님께 돌아와서 욥이 하나님과의 관계를 유지하는 유일한 이유는 하나님이 고소자가 욥 자신에게 해를 가하는 것을 금했기 때문이라고 말한다. 고소자는 하나님께 "가죽을 가죽으로 바꾸오니"(욥 2:4)라고 말한다. 다시 말해, 하나님이 욥 자신에게 해를 가하지 않는 한 당연히 그는 하나님과의 관계를 유지하리라는 것이다.

그리하여 하나님은 욥을 죽이지는 말고 고소자가 욥에게 해를 가하는 것을 허락한다. 그리하여 고소자가 "발바닥에서 정수리까지 종기"로 욥을 침으로써 그의 계획을 실행한다(욥 2:8).

그럴지라도 욥은 하나님께 신실함을 지킨다. 심지어 그의 아내가 몰아대도 그는 하나님과의 관계를 포기하지 않는다(욥 2:10). 욥은 그녀에게 다음

---

[1] Longman, *Job*(『욥기 주석』[CLC 역간, 2019])에서 가져왔다(저자는 원서에서 저자 자신의 사역을 사용했으나 본 번역서에서는 『욥기 주석』에서와 마찬가지로 한글개역개정을 사용했다-편집자 주).

과 같이 말함으로써 반응한다.

> 그대의 말이 한 어리석은 여자의 말 같도다 우리가 하나님께 복을 받았은
> 즉 화도 받지 아니하겠느냐(욥 2:10a).

그리고 해설자는 "이 모든 일에 욥이 입술로 범죄 하지 아니하니라"라고 욥을 평가한다(욥 2:10b).

욥의 세 친구 엘리바스, 빌닷, 소발이 그와 함께 와서 앉았다는 것을 독자에게 제공함으로써 서문이 끝난다. 그들은 이레 동안 침묵 속에 욥과 함께 앉았다. 그리고 욥이 그의 침묵을 깬다.

2) 욥의 불평(욥 3장)

7일간의 침묵 후에 욥이 입을 연다. 그는 자기 친구들에게 말하기보다는 허공을 향하여 말하는 듯보인다. 그의 고난이 그가 불평을 터뜨려야만 할 지점까지 이미 이르렀다. 그는 직접 하나님을 저주하지는 않지만, 자신이 태어난 날을 저주한다. 그는 넘지 말아야 할 선 앞에 서있지만, 그의 말은 하나님을 거부함으로써 이 선을 넘지는 않는다. 그는 하나님과의 관계를 겨우 가까스로 유지한다.

몇몇은 욥의 말을 시편의 탄식과 비교한다.[2] 그러나 둘 사이에는 결정적인 차이가 있다. 시편의 탄식은 하나님을 향하지만, 욥의 탄식은 그렇지 않다. 다시 말해 욥은 불평하는 것이지 탄식하는 것이 아니다. 욥의 말은 광야에서의 불평과 위험하게 가깝지(출 15:22-17:7; 민 11-25장) 시편 기자의 말에 가깝지 않다.

---

[2] Westermann, *Structure of the Book of Job*.

이 차이는 중대하다. 왜냐하면, 하나님은 탄식은 허락하시지만, 불평은 미워하신다. 하나님은 불평은 심판하신다. 반면에 탄식에는 귀 기울이신다. 이제 세 친구가 행동을 개시하는 것은 놀랍지 않다.

3) 세 친구와 욥의 논쟁(욥 4-27장)

욥의 세 친구가 욥의 불평에 반응하여 욥기에서 가장 길고 가장 잘 알려진 부분을 시작한다. 엘리바스가 부드럽게 시작한다.

> 누가 네게 말하면 네가 싫증을 내겠느냐?
> 누가 참고 말하지 아니하겠느냐?(욥 4:2).

그리고 엘리바스가 세 친구에 의해 여러 차례 반복되는 주장을 제시한다. 그는 악인들이 심판받는다는 확언으로 시작한다.

> 생각하여 보라 죄 없이 망한 자가 누구인가?
> 정직한 자의 끊어짐이 어디 있는가?
> 내가 보건대 악을 밭 갈고
> 독을 뿌리는 자는 그대로 거두나니
> 다 하나님의 입 기운에 멸망하고
> 그의 콧김에 사라지느니라(욥 4:7-9).

다시 말해 정직한 자는 고난을 당하지 않으며 오직 악을 행하는 자만이 고난을 당한다는 것이다. 나중에 하는 말 속에서 분명히 표현될 것이지만 이 말이 암시하는 것은 욥의 고난은 욥이 죄인이라는 것을 가리킨다는 것이다.

만일 고난이 죄의 결과라면 욥의 문제의 해결책은 무엇인가?

회개이다.

> 나라면 하나님을 찾겠고
> 내 일을 하나님께 의탁하리라
> 하나님은 헤아릴 수 없이 큰일을 행하시며
> 기이한 일을 셀 수 없이 행하시나니(욥 5:8-9).

> 볼지어다 하나님께 징계 받는 자에게는 복이 있나니
> 그런즉 너는 전능자의 징계를 업신여기지 말지니라
> 하나님은 아프게 하시다가 싸매시며
> 상하게 하시다가 그의 손으로 고치시나니(욥 5:17-18).

엘리바스의 첫 번째 말은 욥과의 논쟁을 시작하며 적어도 27장까지 이어진다.[3] 대화는 세 사이클로 되어 있다. 처음 두 사이클에서는 세 친구가 각각 자기의 차례를 따라 교대로 말하고 욥이 교대로 각자에게 대답한다. 그리고 세 번째 사이클에서는 엘리바스가 말하고 욥이 대답한다. 빌닷이 아주 짧게 말하고(욥 25장) 욥의 반응이 이어지지만, 소발은 말하지 않는다. 세 친구가 힘을 다 소진하는 듯이 보인다. 그들의 말이 점점 짧아지더니 마침내 멈춘다.

결국 세 사이클의 대화이지만, 세 친구는 엘리바스가 처음에 제시했던 것과 똑같은 논쟁을 계속해서 반복한다.

'만일 네가 죄인이라면 너는 고난받을 것이다. 그러므로 네가 고난받는다면, 너는 죄인이다.'

이 태도는 우리가 부르는 보응신학(retribution theology)이라고 부르는 것을 표현한다. 세 친구는 결코 자신들의 보응신학에서 벗어나지 않는다. 그

---

3   우리는 욥 28-31장을 분리해서 욥의 독백으로 다룰 것이다.

들의 논쟁에는 발전이 없다. 그들의 신랄한 말이 강화될 뿐이다. 우리가 본 것처럼 엘리바스는 부드럽게 시작하지만, 시간이 지나면서 모욕적으로 공격한다.

빌닷은 자신의 첫 번째 말에서 강조해서 설득한다.

> 네가 어느 때까지 이런 말을 하겠으며
> 어느 때까지 네 입의 말이 거센 바람과 같겠는가(욥 8:2).

소발은 후에 욥이 지혜로운 말을 하는 일이 생기기 전에 당나귀가 사람 아이를 낳을 것이라고 믿는다("허망한 사람은 지각이 없나니 그의 출생함이 들나귀 새끼 같으니라," 욥 11:12).

그러나 욥은 받은 만큼 돌려줄 수 있다. 히브리어로 어조를 읽기는 어려울지라도 욥이 친구들에게 말할 때 그의 말에서 풍자를 어렵지 않게 감지할 수 있다.

> 너희만 참으로 백성이로구나 너희가 죽으면 지혜도 죽겠구나(욥 12:2).

욥이 그의 친구들의 지혜를 모욕하는 반면에 자기는 지혜롭다고 단언한다.

> 나도 너희같이 생각이 있어 너희만 못하지 아니하니 그 같은 일을 누가 알지 못하겠느냐(욥 12:3).

여기서 우리가 만나는 것은 지혜에 대한 논쟁이다. 그리고 욥의 고난은 지혜에 대한 논쟁의 원인이다.

누가 욥의 상황을 진단할 합당한 통찰력을 가졌으며, 누가 욥의 상황에 대한 치유책을 처방할 합당한 통찰력을 가졌는가?

결국 그것은 지혜가 하는 일이다. 지혜는 문제를 확인하고 해결책을 지시함으로써 사람들로 하여금 인생을 항해하도록 돕는다. 지혜로운 사람은 구덩이들을 피하고 성공을 극대화하면서 인생을 잘 항해할 수 있는 사람이다.

그러나 그 문제에 대한 욥의 관점은 무엇인가?

깨달음은 놀라왔지만, 욥은 분명히 세 친구와 같이 보응신학을 지지한다. 세 친구처럼 욥은 하나님이 악인을 심판하고 의인들을 보상해 준다고 믿는다. 그러나 이것이 그가 당황한 이유이다. 욥은 자신이 현재 경험하고 있는 고난을 받을 만한 그 무엇도 한 일이 없다는 것을 안다(우리는 그에 대한 서문으로부터 그가 옳다는 것을 안다). 그 자신의 정직성에 대한 인식과 그의 보응 원리에 대한 그의 지지는 불의한 하나님을 고소하도록 이끈다. 이것이 그의 문제에 대한 그의 진단이다. 즉 하나님은 불의하시다.

> 가령 내가 의로울지라도 내 입이 나를 정죄하리니
> 가령 내가 온전할지라도 나를 정죄하시리라
> 나는 온전하다마는 내가 나를 돌아보지 아니하고
> 내 생명을 천히 여기는구나!
> 일이 다 같은 것이라 그러므로 나는 말하기를
> 하나님이 온전한 자나 악한 자나 멸망시키신다 하나니
> 갑자기 재난이 닥쳐 죽을지라도
> 무죄한 자의 절망도 그가 비웃으시리라
> 세상이 악인의 손에 넘어갔고
> 재판관의 얼굴도 가려졌나니
> 그렇게 되게 한 이가 그가 아니시면 누구냐(욥 9:20-24).

욥에 의하면 하나님은 불공평하다. 이것이 그가 고난당하는 이유다. 만일 그렇다면 이 문제에 대한 해결책은 무엇인가?

세 명의 친구들처럼 욥도 자신을 지혜롭고 인생을 항해할 수 있는 것으로 생각한다는 것을 기억하라. 그러므로 욥의 해결은 하나님과 대면하는 것이다. 그는 하나님과 대면하고 그를 불의하다고 고소하며 그가 일을 바로잡도록 요구하기 위하여 하나님을 알현하기를 원한다.

그리고 우리가 욥이 하는 많은 말들을 들으면서 읽어나갈 때 욥의 사고에서 우리는 바로 이 태도가 발전하는 것을 보게 된다. 처음에 그는 하나님과 대면하기를 원하지만, 그 노력이 가치가 있다고 믿지는 않는다. 왜냐하면, 하나님은 능력이 너무 많으시고 무관심하기 때문이다.

> 그가 내 앞으로 지나시나 내가 보지 못하며
> 그가 내 앞에서 움직이시나 내가 깨닫지 못하느니라
> 하나님이 빼앗으시면 누가 막을 수 있으며
> 무엇을 하시나이까 하고 누가 물을 수 있으랴
> 하나님이 진노를 돌이키지 아니하시나니
> 라합을 돕는 자들이 그 밑에 굴복하겠거든
> 하물며 내가 감히 대답하겠으며
> 그 앞에서 무슨 말을 택하랴
> 가령 내가 의로울지라도 대답하지 못하겠고
> 나를 심판하실 그에게 간구할 뿐이며
> 가령 내가 그를 부르므로 그가 내게 대답하셨을지라도
> 내 음성을 들으셨다고는 내가 믿지 아니하리라(욥 9:11-16).

여기서 욥은 하나님을 만날 열망을 표현한다. 심지어 그는 그렇게 하려는 그의 결심을 표현한다. 그러나 그가 옳을지라도 그는 하나님을 만나는 일에 성공할 수 있을 것이라는 소망을 갖지 않는다. 그러나 이 같은 말의 마지막을 시작하면서 욥은 자신과 하나님과의 논쟁을 중재할 수 있을 제삼자에 대한 주제를 끄집어 낸다.

하나님은 나처럼 사람이 아니신즉 내가 그에게 대답할 수 없으며
함께 들어가 재판을 할 수도 없고
우리 사이에 손을 얹을
판결자도 없구나
주께서 그의 막대기를 내게서 떠나게 하시고
그의 위엄이 나를 두렵게 하지 아니하시기를 원하노라
그리하시면 내가 두려움 없이 말하리라
나는 본래 그렇게 할 수 있는 자가 아니니라(욥 9:32-35).

비록 마음속에 욥이 하나님이 아니라 자신이 옳다고 확신할지라도 그는 자기 혼자 하나님 앞에 서서 논쟁에서 이길 수 있다고 믿지 않는다. 그리하여 욥은 중재자가 있다면 혹은 내가 히브리어 모키아흐(*môkiah*)를 번역한 판결자(umpire)가 있다면 하고 바란다. 이 시점에서 욥은 그런 판결자가 있다는 것을 생각하지 않지만, 첫 번째 사이클의 마지막 말에서 그는 하나님과 대면하기 위한 계속되는 그의 열망을 표현하며 결과가 어떻게 되든 그렇게 할 것이라는 결심을 표현한다.

참으로 나는 전능자에게 말씀하려 하며
하나님과 변론하려 하노라(욥 13:3).

그가 나를 죽이시리니 내가 희망이 없노라[4]
그러나 그의 앞에서 내 행위를 아뢰리라
경건하지 않은 자는 그 앞에 이르지 못하나니

---

4 비록 많은 역본들이(예를 들어 NIV)이 서기관들과 함께 케레(*Qere*)를 읽을지라도(단언의 루[*lû*]), 이 독법은 서기관들이 원하는 생각인 듯이 보인다(현대의 번역자들도 서기관들의 생각과 같다). 그래서 우리는 히브리어로 쓰인 대로(케티브[*Ketib*]) 부정불변화사 로(*lo*)로 읽는다(NRSV를 보라).

이것이 나의 구원이 되리라
너희들은 내 말을 분명히 들으라
내가 너희 귀에 알려 줄 것이 있느니라
보라 내가 내 사정을 진술하였거니와
내가 정의롭다 함을 얻을 줄 아노라
나와 변론할 자가 누구이랴
그러면 내가 잠잠하고 기운이 끊어지리라(욥 13:15-19).

그리하여 욥은 자신을 불공정하게 다루는 하나님과 함께 아주 높은 도덕적인 기초위에 그가 있다는 그의 믿음을 포기하지 않는다. 심지어 욥은 자신을 위하여 하나님과 중재할 제삼자에 대한 생각으로 다시 돌아온다.

땅아 내 피를 가리지 말라
나의 부르짖음이 쉴 자리를 잡지 못하게 하라
지금 나의 증인이 하늘에 계시고
나의 중보자가 높은 데 계시니라
나의 친구는 나를 조롱하고
내 눈은 하나님을 향하여 눈물을 흘리니
사람과 하나님 사이에와 인자와
그 이웃 사이에 중재하시기를 원하노니
수년이 지나면
나는 돌아오지 못할 길로 갈 것임이니라(욥 16:18-22).

여기서 욥은 그의 저항을 표명하기 전에는 조용히 떠나기를 원하지 않는다. 그의 말의 맨 마지막에 욥은 자신이 더 살 것이라고 기대하지 않는다고 말한다. 그러나 욥은 그를 위하여 말하고 하나님과 자신 사이에 중재할(욥 9:33의 명사형 모키아흐[*môkiah*]로부터 온 같은 어근 야카흐[*ykh*]에서 왔다) 하늘에 있는 증인에 대하여 말하기 시작할 때 그의 소송이 경청될 것이라는 가능성에 약간의 희망을 둔다.

우리가 계속 읽어나감에 따라 우리는 하나님에게 욥이 하는 도전에 관하여 아마도 가장 희망적인 언급에 도달하게 된다. 그는 다음과 같이 말한다.

> 나의 말이 곧 기록되었으면,
> 책에 씌어졌으면,
> 철필과 납으로 영원히
> 돌에 새겨졌으면 좋겠노라
> 내가 알기에는 나의 대속자가 살아 계시니
> 마침내 그가 땅 위에 서실 것이라
> 내 가죽이 벗김을 당한 뒤에도
> 내가 육체 밖에서 하나님을 보리라
> 내가 그를 보니 내 눈으로 그를 보기를 낯선 사람처럼 하지 않을 것이라
> 내 마음이 초조하구나
> 너희가 만일 이르기를 우리가 그를 어떻게 칠까 하며
> 또 이르기를 일의 뿌리가 그에게 있다 할진대
> 너희는 칼을 두려워 할지니라
> 분노는 칼의 형벌을 부르나니
> 너희가 심판장이 있는 줄을 알게되리라(욥 19:23-29).

돌에 새겨지기를 욥이 상상하는 말은 하나님의 불의에 대한 그의 도전일 것이다. 이 말들은 하나님에 대항하여 증인이 될 것이다. "판결자"와 "증인"에 대한 이전의 언급들을 계속하면서 욥은 마침내 "땅위에 설" "나의 구속자"에 대하여 확신 있게 말한다. 그리고 욥의 가죽이 벗겨진 후에도 그는 하나님을 볼 것이다.

아무도 이 본문이 사본적으로, 언어적으로, 주석적으로, 신학적으로 극도로 어려운 본문이라는 것을 부인할 수 없다.[5] 정말로 많은 현대의 평신도들은 헨델(Handel)의 유명한 아리아 '메시아'(Messiah)에 근거하여 이 본문의 구속자를 예수님으로 순식간에 잘못 이해한다. 그리고 "가죽이 벗겨진 후에"라는 언급을 죽음 후의 몸의 부활을 가리키는 것으로 이해한다. 그러나 이렇게 읽는 것은 불가능하다(제15장의 "여성 지혜인 예수"를 보라).

욥의 말, 특히 제3의 중재자에 관하여 우리가 조사한 단락의 문맥에서 읽으라. 그리고 우리는 이 단락의 구속자에 대한 언급을 욥과 하나님 사이의 중재자 혹은 판결자에 대한 이전의 언급과 유사한 것으로 보아야 한다. 이것들은 욥을 위하여 하늘의 증인으로 봉사할 누군가에 대한 다양한 이름들이다.

욥의 가죽이 벗겨지는 것에 대한 언급은 사후에 대한 어떤 소망을 표현하는 것으로 취해져서는 안 된다. 욥은 다른 곳에서 사후 세계를 긍정하지 않는다. 그는 명백히 그것을 부정한다(예를 들어 욥 14:7-12에서 욥은 인간을 찍힌 나무와 대조하면서, 찍힌 나무는 다시 자랄 수 있다고 말한다).

그러나 제3의 중재자 혹은 돕는 자를 언급하는 이 단락에서 욥이 마음에 생각하는 것이 정확히 무엇인가?

나중에 엘리후가 말할 무엇인가가 우리가 이것이 무엇인지 확인하는 데 도움이 될 것이다. 우리는 잠깐 좀 더 자세히 엘리후를 들여다볼 것이다. 그러나 현재의 우리 목적을 위하여 우리는 그런 중재자가 있으리라는 것은 단지 가능성일 뿐이지 그럴 것 같지 않다고 엘리후가 인정하는 것을 주목해야 한다. 자신들의 죄로 고난받는 사람들에 대하여 말하면서 그는 주목한다.

---

5 좀 더 자세한 분석에 대하여는 Longman, *Job*(『욥기 주석』[CLC 역간, 2019]), 254-55, 259-63를 보라.

> 그의 살은 파리하여 보이지 아니하고
> 보이지 않던 뼈가 드러나서
> 그의 마음은 구덩이에,
> 그의 생명은 멸하는 자에게 가까워지느니라
> 만일 일천 천사 가운데 하나가
> 그 사람의 중보자로 함께 있어서
> 그의 정당함을 보일진대
> 하나님이 그 사람을 불쌍히 여기사
> 그를 건져서 구덩이에 내려가지 않게 하라
> 내가 대속물을 얻었다 하시리라
> 그런즉 그의 살이 청년보다 부드러워지며
> 젊음을 회복하리라(욥 33:21-25).

엘리후는 이 당시 이 문화에서 제3의 중재자는 천사를 가리킨다는 것으로 이해하는 데 도움을 준다. 그는 하나님과 욥 사이에서 중재할 것이고 욥이 공정하게 경청되고 있다는 것을 분명히 할 것이다.[6]

우리가 욥이 하늘의 도움을 위하여 그가 소망할 때 그 마음에 천사와 같은 인물을 염두에 두고 있다는 것을 알면 우리는 그 상황에 대한 거대한 역설을 볼 수 있다. 결국 독자로서 우리는 서문에서 하늘의 어전회의를 잠깐 살펴보았고, 욥에게 관심을 두는 천사(고소자)가 정말로 있다는 것을 우리는 안다. 그러나 고소자는 욥을 위하여 행하지 않고 욥의 관심에 대항하여 행한다. 다시 말해 욥은 판결자, 중재자, 증인, 혹은 구속자라고 불릴 수 있

---

6 우리는 또한 욥에 대한 엘리바스의 이전의 경고를 주목할 수 있을 것이다. "너는 부르짖어 보라 네게 응답할 자가 있겠느냐 거룩한 자 중에 네가 누구에게로 향하겠느냐"(욥 5:1). 다시 말해 엘리바스는 욥이 처한 상황 같은 때에는 중재자로서 천사가 행할 수 있다는 것을 인정하지만 그는 욥이 죄로 인하여 고난당하는 것이 너무 명백하기 때문에 어떤 천사도("거룩한 자") 그의 소송을 맡으려 하지 않을 것임을 믿는다.

는 그 누구도 갖고 있지 않다.

그러나 그런 인물에 대한 그의 (잘못된) 소망은 하나님을 만나고 하나님을 도전하려는 그의 결심이 자라는 데 연료를 공급해 준다. 우리가 곧 보게 될 것이지만 욥은 하나님을 만날 기회를 얻을 것이다. 그러나 그 만남은 그가 상상한 방향으로 가지 않을 것이다. 그러나 그 운명적인 만남은 곧 일어나지 않는다. 그보다는 우리는 우선 욥의 독백을 드고 이제까지 알려지지 않은, 전혀 기대하지 않은 인물의 출현을 보게 될 것이다.

4) 욥의 독백(욥 28-31장)

욥과 그의 세 친구 사이의 논쟁의 세 번째 사이클에서 우리는 세 친구가 갑자기 힘을 잃어가는 것을 보았다. 엘리바스는 실제로 마지막 말을 하지만 빌닷은 하찮은 여섯 절(욥 25장)을 가까스로 말하고 이들 가운데 가장 열을 많이 받았던 소발은 분명히 거의 완전히 소진된 듯이 아무 말도 안 한다.[7] 그리하여 28-31장의 욥의 말은 일종의 독백으로 생각하는 것이 최선이다. 청중이 있을지도 모르지만, 욥은 구체적으로 그들에게 말하고 있지 않으며 허공에 그의 생각을 표현하고 있을 뿐이다.

욥의 여는 말(욥 28장)은 모든 지혜는 하나님으로부터 온다는 강력하고 아름다운 진술이다. 욥은 사람이 창의력과 노력으로 얼마나 귀한 금속과 보석들을 땅에서 캘 수 있는지 감탄한다(욥 28:1-12). 그러나 이 똑같은 사람이 어디로부터 지혜를 찾아야 할지 단서를 갖지 못한다는 데 대해서 놀란다("그러나 지혜는 어디서 얻으며 명철이 있는 곳은 어디인고," "그런즉 지혜는 어디서 오며 명철이 머무는 곳은 어디인고," 욥 28:12, 20).

---

[7] 좀 더 긴 빌닷의 말을 재구성하는 시도들을 반대하며 소발에 의한 말을 재구성하는 것에 대하여는 Zerafa, *Wisdom of God*, 195-96의 시도를 보라.

지혜의 근원은 인간의 눈에 감추어졌을 뿐만 아니라 심지어 깊음과 바다(욥 28:14)와 아바돈(개역개정, "멸망")과 사망(욥 28:22)과 같은 강력한 신화적 세력들도 그것을 어디서 찾아야 할지 모른다. 오직 하나님만 지혜를 어디서 찾아야 할지 아신다(욥 28:23-27). 지혜의 기원은 하나님 안에만 있다. 인간에게 지혜를 얻는 한 가지 방법을 보임으로써 시(poem)가 끝이 난다.

> 또 사람에게 말씀하셨도다 보라 주를 경외함이 지혜요 악을 떠남이 명철이니라(욥 28:28).

물론 우리는 이것을 잠언에서(1:7과 다른 곳을 보라)와 전도서(12:13)에서 전에 들어본 적이 있다. 우리는 욥기에서 이 합창에다 다른 소리를 더하는 것을 보는 것에 놀라지 않는다. 신비스러운 것은 이 욥기에서 바로 이 시점에서 욥의 입에 이 진술이 놓인다는 것이다.

결국 우리가 볼 것이지만, 진정한 지혜는 하나님의 지혜에 경외감을 느끼고 순종하는 것을 포함한다는 확언이 이 책 말미의 결론이다. 이에 대한 욥의 인식이 여기서는 책을 끝내지 않는다. 그의 독백이 계속됨에 따라 자신의 혼란과 하나님의 정의에 대한 불신으로 마친다.

이 이유로 몇몇 학자들은 욥기 28장이 욥의 말이 아니라 해설자의 진술이라고 주장해 왔다. 그러나 욥기 28장의 초두에 화자가 변한다는 어떤 신호도 존재하지 않는다. 따라서 가장 최선의 설명은 알리슨 로(Alison Lo)가 심리적인 설명이라고 부른 것이다.[8] 다시 말해 욥은 많은 사람이 고난받듯이 고난받는다는 것이다. 우리는 우리의 고통의 한가운데서 분명하고 차분한 순간을 맞이하게 되지만 곧 우리는 또다시 어두움 속으로 곤두박질치는 것을 발견하게 된다.

8　Lo, *Job 28 as Rhetoric*; 또한, 유사한 접근에 대하여는 Dillard and Longman, *Introduction to the Old Testament*, 204를 보라.

정말로 하나님의 지혜에 대하여 그렇게 장대한 찬양을 한 후에 욥은 다시 한번 그의 현재의 굴욕적인 상황(욥 31장)을 그가 이전에 유지했던 높은 지위(욥 30장)와 대조하면서 다시 한번 불평한다. 그의 마지막 말(욥 31장)은 그의 정직함에 대한 마지막 저항이다. 그가 정말로 대범하게 하나님을 찾고 하나님이 자신을 다루시는 것에 대하여 도전할 것이라는 확고하고 대담한 진술이 이 저항의 절정을 이룬다.

> 누구든지 나의 변명을 들어다오
> 나의 서명이 여기 있으니 전능자가 내게 대답하시기를 바라노라
> 나를 고발하는 자가 있다면 그에게 고소장을 쓰게 하라
> 내가 그것을 어깨에 메기도하고
> 왕관처럼 머리에 쓰기도 하리라
> 내 걸음의 수효를 그에게 알리고
> 왕족처럼 그를 가까이 하였으리라(욥 31:35-37).

우리는 이야기가 하나님과 욥의 대면으로 곧바로 움직여 가기를 기대할지 모른다. 그러나 우리의 기대는 내러티브에서 아직 소개된 적이 없는 한 인물 엘리후의 존재로 인해 방해받는다.

5) 엘리후의 독백(욥 32-37장)

이 시점까지 우리는 욥과 그의 세 친구가 논쟁할 동안 거기에 있었다는 것을 알 뿐이다. 우리는 그들의 논쟁에 청중이 있었다는 힌트를 갖지 못한다. 엘리후의 소개로, 우리는 네 명이 욥의 고난에 대한 원인과 치유법에 대하여 논쟁하고 있는 동안, 적어도 한 명의 구경꾼이 침묵을 유지하고 있었다는 것을 이제 알게 된다. 그러나 이제 욥의 세 친구가 토론에서 힘이 다 소진되었기 때문에 엘리후가 그들의 자리를 차지하기 위하여 끼어든다.

엘리후가 말하기 전에 해설자는 그를 이렇게 소개한다.

> 욥이 자신을 의인으로 여기므로 그 세 사람이 말을 그치니 람 종족 부스 사람 바라겔의 아들 엘리후가 화를 내니 그가 욥에게 화를 냄은 욥이 하나님보다 자기가 의롭다 함이요 또 세 친구에게 화를 냄은 그들이 능히 대답하지 못하면서도 욥을 정죄함이라 엘리후는 그들의 나이가 자기보다 여러 해 위이므로 욥에게 말하기를 참고 있다가 세 사람의 입에 대답이 없음을 보고 화를 내니라(욥 32:1-5).

해설자가 분명히 하는 한 가지는 엘리후가 화가 났다는 것이다. 그는 욥에게 화가 났다. 그리고 그는 세 친구에게 화를 낸다. 그는 양편이 모두 하나님을 모욕했다고 믿는다. 욥은 하나님이 자신의 고난에 책임이 있다는 것을 주장함으로써 하나님을 모욕했고, 세 친구는 욥을 설득하는 데 실패함으로써 하나님이 유죄인 것처럼 보이게 함으로써 하나님을 모욕했다.

왜 엘리후는 그렇게 오랫동안 침묵해 왔고 그의 분노가 폭발하는 시점까지 계속 부풀어 오르게 두었는가?

해설자는 "그가 젊기 때문이다"라고 우리에게 말한다. 그리고 정말로 엘리후가 말을 하기 시작할 때 그는 똑같은 점을 말한다.

> 나는 연소하고
> 당신들은 연로하므로
> 뒷전에서 나의 의견을
> 감히 내놓지 못하였노라(욥 32:6).

결국 고대 근동에서 지혜는 젊은이들이 아니라 장로들과 관련되어 있다. 후에 제7장에서 우리는 경험, 관찰, 그리고 실수로부터 배우는 것이 지혜를 발전시키는 데 기여하는 역할을 탐구할 것이다. 그리고 나이가 든 사람들이 관찰하고 경험하고 그들의 경험으로부터 배울 시간을 더 많이 갖는다는 것을 탐구할 것이다. 그러나 엘리후는 그의 지혜를 다른 유형의 근원으로부터 온다고 계속 주장한다.

> 그러나 사람의 속에는 영이 있고
> 전능자의 숨결이 사람에게 깨달음을 주시나니
> 어른이라고 지혜롭거나
> 노인이라고 정의를 깨닫는 것이 아니니라
> 그러므로 내가 말하노니 내 말을 들으라
> 나도 내 의견을 말하리라(욥 32:8-10).

그러므로 엘리후는 지혜에 대한 다른 유형의 인간 주장을 대표한다. 지혜는 나이에 근거하지 않고 일종의 신적인 영감에 근거한다는 것이다.
이것이 어떻게 이어지는 논쟁에서 나타날까?
엘리후의 말은 그를 화가 난 허풍선이로 특징짓는다.

> 나는 내 본분대로 대답하고
> 나도 내 의견을 보이리라
> 내 속에는 말이 가득하니
> 내 영이 나를 압박함이니라
> 보라 내 배는 봉한 포도주통 같고
> 터지게 된 새 가죽 부대 같구나
> 내가 말을 하여야 시원할 것이라
> 내 입을 열어 대답하리라(욥 32:17-20).

자기 자신을 강조하는 것(얼마나 여러 번 "나," "나의," "나를"이 이 단락에서 나타나는가)은 엘리후의 말의 전형적인 특징을 이룬다. 또한, 엘리후가 그 자신을 그의 몸에 공기가 가득 차서 몸으로부터 공기를 내보내야 하는 사람으로 자기 자신을 그리는 익살스러운 그림도 한 예다.

　엘리후가 말한 것을 분석해 보면 우리는 그가 세 친구와 똑같은 주장을 하고 있다는 것을 보게 된다. 엘리후는 욥의 고난 훈련의 성격을 더 강조할지 모르지만(욥 32:12-30), 우리는 엘리바스의 첫 번째 말에서 일찍이 그것을 본다(욥 5:17-22). 세 친구처럼 엘리후도 하나님은 불공평하지 않고 욥의 고난은 그의 악함의 결과라는 주장에 동의한다.

　　　어떤 사람이 욥과 같으랴
　　　욥이 비방하기를 물마시듯 하며
　　　악한 일을 하는 자들과 한패가 되어
　　　악인과 함께 다니면서
　　　이르기를 사람이 하나님을 기뻐하나
　　　무익하다 하는구나(욥 34:7-9).

　　　슬기로운 자와 내 말을 듣는
　　　지혜 있는 사람은 반드시 내게 말하기를
　　　욥이 무식하게 말하니
　　　그의 말이 지혜롭지 못하도다 하리라
　　　나는 욥이 끝까지 시험 받기를 원하노니
　　　이는 그 대답이 악인과 같음이라
　　　그가 그의 죄에 반역을 더하며
　　　우리와 어울려 손뼉을 치며
　　　하나님을 거역하는 말을 많이 하는구나(욥 34:34-37).

　엘리후가 외칠 때 그의 다소 오만한 확신이 정점에 도달한다.

> 나를 잠깐 용납하라 내가 그대에게 보이리니
> 이는 내가 하나님을 위하여 아직도 할 말이 있음이라
> 내가 먼 데서 지식을 얻고 나를 지으신 이에게 의를 돌려보내리라
> 진실로 내 말은 거짓이 아니라
> 온전한 지식을 가진 이가 그대와 함께 있느니라
> 하나님은 능하시나 아무도 멸시하지 아니하시며
> 그의 지혜가 무궁하사 악인을 살려두지 아니하시며
> 고난받는 자에게 공의를 베푸시며(욥 36:2-6).

비록 엘리후의 말의 첫 다섯 장이 실패한 세 친구의 논쟁을 단지 반복하는 허풍으로 가득한 자기 잇속을 차리는 것으로 가득 차 있다 할지라도 엘리후의 말은 하나님의 말이 따라오리라는 것을 예견하는 방식으로 마친다. 그러나 체니(Cheney)가 지적한 것처럼 우리는 이 마지막 장(욥 37장)을 좀 더 긴 첫 번째 부분의 빛 아래서 읽어야 한다. 그렇게 하면 우리는 엘리후가 하나님의 오심을 준비하는 사자와 같은 긍정적인 인물이라고 결론 내려서는 안 된다는 체니에 동의할 것이다. 체니가 말한다.

> 엘리후가 심각한 어조로 마치기 때문에 엘리후가 익살스러운 인물이 아니라는 주장은 정말로 말도 안 되는 주장이다. 왜냐하면, 패러디는 항상 심각함과 익살을 조심스럽게 섞기 때문이다. 만일 익살이 심각한 어조로 끝난다면 심각한 어조는 더 나쁘게 끝나게 된다.[9]

그리하여 우리는 엘리후에 대한 어떤 반응이 없다는 것을 이해한다. 그는 새로운 그 무엇을 말하지 않는다. 그리고 자기 도취자에게 우리가 보일 수 있는 가장 신랄한 반응은 그의 말을 완전히 무시하는 것이다.

---

9 Cheney, *Dust, Wind and Agony*, 165–66.

그렇다면 엘리후의 말을 포함시키는 목적이 무엇인가?

지혜에 대한 주제에 대하여 욥기의 가르침을 우리가 요약할 때 좀 더 완전한 진술을 할 것이지만, 지금 현재로서는 엘리후가 욥이나 다른 세 친구들의 주장과는 다른 지혜에 대한 또 다른 인간의 주장을 대표한다고 말할 수 있다. 그는 자기 지혜에 대하여 "영적인" 영감을 주장하지만, 결국 그의 지혜는 부적합하다.

6) 하나님의 말과 욥의 반응(욥 38:1-42:6)

세 친구와의 논쟁에서 욥은 그의 고난이 죄의 결과가 아니라 하나님의 불의의 결과라는 확신을 표현했다. 왜냐하면, 그는 결백에도 불구하고 고난받았기 때문이다. 그리하여 그가 곤경에서 나오는 길은 하나님과 대면하는 것이었다. 처음에 그는 하나님이 능력이 많으시고 정직한 자에 관하여 관심이 없으시기 때문에(욥 9:14-20) 이 전략이 통하리라는 것을 의심했었다. 그러나 만일 그가 하나님께 직접 말할 기회를 얻는다면 이 전략이 통할 것이라는 결심과 확신이 커졌다(욥 16:18-21; 19:22-27; 특히 31:35-37).

욥기 38장의 초두에 여호와가 마침내 그에게 나타났을 때 그의 소망이 실현되었다. 그러나 그 만남은 그가 기대했던 방식으로 전혀 진행되지 않았다. 욥이 하나님을 도전하기보다는 하나님이 욥을 도전했다.

해설자가 독자에게 하나님을 소개하고 하나님이 폭풍우 가운데서(욥 38:1) 말씀하고 있다는 정보를 독자에게 제공한다. 이는 하나님이 하나님께서 말하고 있는 자에 대하여 조금도 행복해하지 않는다는 것을 분명히 보여준다. 하나님이 정말로 욥에게 말씀하실 때, 하나님은 욥을 무지한 자로 보시며 거기에 맞게 신랄한 질책을 가하기 위하여 그를 준비시키신다.

무지한 말로
생각을 어둡게 하는 자가 누구냐

> 너는 대장부처럼 허리를 묶고
> 내가 네게 묻는 것을 대답할지니라(욥 38:2-3).

하나님은 욥의 무지를 드러내기 위하여 욥을 일련의 질문에 맡길 것이라고 선언하신다. 이 훈련의 목적은 욥(과 이 이야기를 읽는 우리)에게 욥이 이 세상에서 하나님께서 행하시는 방식을 판단하는 위치에 있지 않다는 것을 보이려는 것이다.

따라서 하나님은 심지어 대답을 기다리지도 않으시면서 계속되는 질문을 욥에게 뿌려대신다. 왜냐하면, 어떤 사람도 대답하는 것이 가능하지 않다는 것이 너무나 분명하기 때문이다. 하나님은 모든 것을 창조하신 하나님 자신만 대답할 수 있는 질문으로 시작한다.

> 내가 땅의 기초를 놓을 때에 네가 어디 있었느냐?
> 네가 깨달아 알았거든 말할지니라
> 누가 그것의 도량법을 정하였는지,
> 누가 그 줄을 그것의 위에 떴웠는지 네가 아느냐?
> 그것의 주추는 무엇 위에 세웠으며
> 그 모퉁잇돌을 누가 놓았느냐?
> 그 때에 새벽 별들이 기뻐 노래하며
> 하나님의 아들들이 다 기뻐 소리를 질렀느니라(욥 38:4-7).

하나님은 욥이 현재의 혼돈을 통제하는 방식으로 창조 세계의 순환을 유지하는 자이냐고 또한 물으신다. 예를 들어 하나님께서 저녁에서 아침으로의 순환에 대하여 말씀하시는 것을 숙고해 보라.

> 네가 너의 날에 아침에게 명령하였느냐
> 새벽에게 그 자리를 일러 주었느냐

> 그것으로 땅 끝을 붙잡고
> 악한 자들을 그 땅에서 떨쳐 버린 일이 있었느냐
> 땅이 변하여 진흙에 인친 것 같이 되었고
> 그들은 옷 같이 나타나되
> 악인에게는 그 빛이 차단되고
> 그들의 높이 든 팔이 꺾이느니라(욥 38:12-15).

다음의 일련의 질문은 들짐승들에 대한 지식과 그들을 유지하는 것과 관련된 질문들이다. 하나의 예는 하나님이 산 염소에 대하여 말씀하시는 것이다.

> 산 염소가 새끼 치는 때를 네가 아느냐
> 암사슴이 새끼 낳는 것을 네가 본 적이 있느냐
> 그것이 몇 달 만에 만삭되는지 아느냐
> 그 낳을 때를 아느냐
> 그것들은 몸을 구푸리고 새끼를 낳으니
> 그 괴로움이 지나가고
> 그 새끼는 강하여져서 빈 들에서 크다가
> 나간 후에는 다시 돌아오지 아니하느니라(욥 39:1-4).

욥에 대한 하나님의 반응의 첫 라운드 마지막에 이르면, 우리는 하나님이 욥의 도전을 듣는 데 관심이 없으시다는 것을 알게 된다. 더욱이 하나님은 왜 욥이 고난받는지에 대하여 욥과 이야기하는데 조금도 관심이 없으시다. 그보다 하나님은 욥을 하나님의 위치에 놓으시고 욥이 하나님이 아니라는 것을 그에게 상기시키면서 이 첫 라운드를 다음과 같이 말씀하심으로 끝내신다.

> 트집 잡는 자가 전능자와 다투겠느냐?
> 하나님을 탓하는 자는 대답할지니라(욥 40:2).

이 시점에서 욥은 입을 열지만, 하나님의 도전에 대하여 그가 침묵할 수 있을 뿐이라고 선언한다.

> 보소서 나는 비천하오니 무엇이라 주께 대답하리이까
> 손으로 내 입을 가릴 뿐이로소이다
> 내가 한 번 말하였사온즉
> 다시는 더 대답하지 아니하겠나이다(욥 40:4-5).

욥은 하나님을 대항하여 일련의 소송을 시작할 태세로 하나님 앞에 나타났다. 그러나 이제 욥은 하나님의 말씀을 들었고 그가 아무것도 할 말이 없다는 것을 안다. 그러나 이 반응은 하나님을 만족시키지 못한다. 그리하여 하나님은 욥을 하나님의 위치에 계속해서 두신다.

다시 더 많은 질문을 위하여 욥에게 자신을 준비하도록 경고한 후에("너는 대장부처럼 허리를 묶고 내가 네게 묻겠으니 내게 대답할지니라," 40:7) 하나님은 욥을 향한 하나님의 진노의 이유를 더욱 분명히 하신다.

> 네가 내 공의를 부인하려느냐
> 네 의를 세우려고 나를 악하다 하겠느냐(욥 40:8).

우리는 욥이 앞에서 한 말에서 하나님이 불의하다고 고소하던 것을 분명히 보았다. 왜냐하면, 욥은 친구들의 보응신학을 지지했지만, 자신이 고난을 보응으로 받을 만한 죄를 짓지 않았다는 것을 알았기 때문이다.

하나님은 하나님이 정의롭다는 것을 단언했다. 그러나 하나님은 결코 욥에게 자신을 설명하려고 시도하지 않으셨다. 대신 하나님은 세상이 악과 위험한 위협들로 가득 차 있다는 것을 인정하신다. 하나님은 세상에서 이런 요소들을 제거하지 않으시고 차라리 그것들을 통제하신다. 반대로 하나님은 욥이 악을 제어할 힘을 갖고 있지 않으며 악을 뿌리 뽑으라고 말하지 말라고 말씀하신다.

하나님께서 욥에게 악인들을 부수도록 겨누라고 말씀하시면서 욥을 비웃으시는 것에서 우리는 이것을 본다. 우리는 이것을 베헤못(욥 40:15-24)과 리워야단(욥 41:1-34[MT 40:25-41:26])에 대한 묘사에서 가장 기억할 만하게 본다. 하나님은 이 두 피조물을 그들의 거대한 힘을 강조하면서 묘사하신다. 하나님은 또한 욥에게 오직 하나님만이 이들을 통제할 수 있다는 정보를 주신다.

베헤못에 대하여 하나님은 오직 그("그것을 지으신 이")가 "칼을 갖고 그것에게 다가갈 수 있다"(욥 40:19b)라고 말씀하신다. 하나님은 수사학적으로 질문함으로써 베헤못에 대한 그의 설명을 마치신다.

> 그것이 눈을 뜨고 있을 때 누가 능히 잡을 수 있겠으며 갈고리로 그것의 코를 꿸 수 있겠느냐(욥 4:24).

리워야단과 관련하여, 하나님은 그의 놀라운 창조물을 대적할 능력이 욥(사람)에게 없음을 드러내심으로 시작하신다.

> 네가 낚시로 리워야단을 끌어낼 수 있겠느냐 노끈으로 그 혀를 맬 수 있겠느냐(욥 41:1[MT 40:25]).

욥이 하나님은 쉽게 통제할 수 있는 리워야단을 통제할 수 없기 때문에 욥을 비웃으신다. 욥은 레위야단을 "새처럼" 가지고 놀 수 없고 "젊은 소녀를 위하여" 그것을 끈으로 맬 수 없다(욥 41:5[MT 40:29]). 그러나 하나님은 확실히 그렇게 하실 수 있다.

이 피조물들의 정체는 수 세기 동안 해석자들에게 미스테리로 남아 있으며 많은 상상을 불러일으켰고 몇몇은 아주 이상스러운 상상을 하기도 했다.[10] 잘 생각해 보면 베헤못과 리워야단이 하마나 악어와 같이 알려진 동물들일 것이라고 제안할 수 있을 것 같지 않다.

첫째, 그 입에서 불이 나온다는 리워야단에 대한 묘사(욥 41:19-20[MT 41:12-13])는 악어나 그 어떤 알려진 동물들과 맞지 않는다.

둘째, 우리는 욥기 이외의 다른 성경(예를 들어 시 74:12-17; 104:26b; 사 27:1)뿐만 아니라 성경 이외의 문헌(우가릿어로 로탄[*lotan*])으로부터 리워야단을 머리가 여럿 달린(혹은 특별히 일곱의 머리를 가진) 바다 괴물로 알고 있다. 다시 말해 리워야단은 실제 생물이 아니라 상상 속의 가장 두려운 바다의 피조물이다.

만일 이것이 리워야단이라면 베헤못은 어떠할 것 같은가?

우리가 리워야단을 상상할 수 있는 가장 두려운 바다의 피조물로 이해할 때 우리는 베헤못(*bahēmôt*)이라는 단어에 주목할 수 있다. 이 단어는 "동물"(베헤마[*bahēmâ*])의 복수형이며, 이것은 거의 틀림없이 장엄의 복수(plural of majesty)로 취해진 것이다. 그러므로 베헤못은 독자들로 하여금 상상할 수 있는 가장 두려운 육지의 동물을 상상하도록 만드는 단어다.

그런 피조물에 대한 생각은 욥(과 독자들)으로 하여금 그는 세상의 권세 앞에서 힘이 없지만, 하나님은 그들을 통제할 수 있다는 것을 깨닫게 만든다. 그리하여 하나님은 이 피조물들을 묘사하심으로써 다시 한번 욥을 하나님의 위치에 두신다.

그리고 하나님은 그의 시도에 성공하신다. 욥이 이제 하나님의 말씀에 두 번째 반응한다.

---

10 젊은 지구 창조주의자들 같은 사람들은 이 피조물의 정체가 공룡이라고 확인한다.

욥이 여호와께 대답하여 이르되
주께서는 못 하실 일이 없사오며
무슨 계획이든지 못 이루실 것이 없는 줄 아오니
무지한 말로 이치를 가리는 자가 누구니이까
나는 깨닫지도 못한 일을 말하였고
스스로 알 수도 없고 헤아리기도 어려운 일을 말하였나이다
내가 말하겠사오니 주는 들으시고
내가 주께 묻겠사오니 주여 내게 알게 하옵소서
내가 주께 대하여 귀로 듣기만 하였사오나
이제는 눈으로 주를 뵈옵나이다
그러므로 내가 스스로 거두어들이고
티끌과 재 가운데에서 회개하나이다(욥 42:1-6).

 욥은 하나님의 주권을 인정함으로 시작하며, 또한 그가 무지해서 말했다는 것을 고백한다. 그가 무지해서 말했다는 것은 하나님이 자신을 다루는 방식에서 있어서 불의하다는 그의 고소를 가리킨다. 욥은 이제 그가 왜 고난을 당했는지 이해했다고 주장하지 않는다. 오히려 욥은 그 설명이 그의 한계를 넘어서는 것이라고 말한다. 그리하여 그는 이제 그의 행위를 회개하며[11] 하나님 앞에 잠잠히 서 있다.

---

11 동사 마아스(*mā'as*)에 대한 전통적인 이해는 많은 번역상의 애매함에 근거하여 도전받을 수 있다는 것이 사실이다. 이 이슈에 대한 훌륭한 기술에 대하여 Balentine, *Have You Considered My Servant Job?*, 182-83를 보라. 발렌타인처럼 좀 더 넓은 문맥은 "하나님의 말씀의 목적을 하나님을 변호하는 것으로 해석될 수 있다"고 나는 믿는다. 그러므로 나는 "욥의 회개를 규정한 해석학적인 선택"(183)으로 기운다. *Job*, 448-50에서 나의 설명을 보라.

7) 산문으로 된 후기(욥 42:7-17)

산문 서론으로 시작한 욥기는 이제 산문 후기로 마친다. 많은 현대 해석자들은 욥기의 결론이 혼란스럽고 실망스럽다고 생각한다.[12] 결국 욥은 그의 친구들의 회개 요청에 저항했고 그가 회개하면 하나님이 그를 회복시킬 것이라는 그들의 약속을 믿지 않았다. 그럴지라도 여기 마지막에 욥은 회개하고 하나님은 그를 회복시키신다(이전보다 더).

친구들이 옳았는가?

언뜻 보기에 서문은 그 시점까지 욥기의 메시지의 토대를 흔들지 않는 듯이 보인다. 그러나 하나님이 욥을 확증하고 세 친구를 비판하는 것을 주목하라.

> 여호와께서 욥에게 이 말씀을 하신 후에 여호와께서 데만 사람 엘리바스에게 이르시되 내가 너와 네 두 친구에게 노하나니 이는 너희가 나를 가리켜 말한 것이 내 종 욥의 말 같이 옳지 못함이니라(욥 42:7).

욥의 회개와 세 친구에 대한 하나님의 비판 사이의 갈등을 보는 것은 욥기를 단지 피상적으로 읽는 것이다. 욥이 우선 그의 고난을 이끌어 온 그 어떤 것에 대해서도 그가 회개하지 않았다는 것을 우리가 이해하면 문제는 분명해진다. 욥기는 욥의 고난은 죄의 결과가 아니었다는 것을 이해하는 데 일관성이 있다. 그리하여 친구들은 다른 것을 이유로 제시함으로써 정말로 잘못되고 해로운 말을 했다. 욥은 하나님이 불의하시다는 그의 이후의 고소에 대하여 회개했다.

욥은 친구들의 단순한 주장에 굴복하지 않음으로써 하나님에 대하여 옳게 말했다. 그리고 더욱 중요하게 욥은 하나님과의 관계에서 오는 이득을

---

12 예를 들어 Newsom, *Book of Job*; and Zuckerman, *Job the Silent*.

누리지 못했다는 사실에도 불구하고 하나님과 그의 관계를 유지했다. 욥은 고소하는 자가 기대했고 그의 아내의 충고("하나님을 저주하고 죽으라," 욥 2:9)를 결코 행하지 않았다.

그러나 욥기의 시작에 있던 욥(하나님을 경외하고 온전하고 정직한 사람)과 마지막의 욥(하나님을 경외하고 온전하고 정직한 사람) 사이에 차이가 있는가?

아마도 여기서 우리는 우리의 하나님과의 관계와 우리의 지혜가 깊어지고 성숙할 수 있다는 것을 관찰해야 한다. 결국 잠언에 언급된 목적 가운데 하나는 지혜로운 사람을 더욱 지혜롭게 만드는 것이다.

> 지혜 있는 자는 듣고 학식이 더할 것이요 명철한 자는 지략을 얻을 것이라 (잠 1:5).

욥의 마지막 언급에서 욥은 전에는 그가 "하나님을 귀로만 들었더니" 이제는 그가 그를 보았다고 말한다.

하나님과 욥의 관계는 불을 통과했고 그는 더 강해져서 나왔다. 그는 이제 하나님을 완전히 신뢰할 수 있어서, 심하게 고난을 받아도 그에 대한 대답을 요구하지 않을 수 있다.

그렇다. 하나님은 욥의 재산을 회복하신다. 그러나 그가 "회개"할 때가 아니다. 정말로 욥은 하나님 앞에서 침묵 속에서 고난당하기를 선택할 때, 다시 말해 고난에도 불구하고 완전히 하나님을 신뢰하기로 선택할 때 그의 상황이 바뀔 것이라는 어떤 보장도 없다. 욥의 최종적인 회복은 이 테스트가 성공적인 결론에 이르렀다는 것을 내러티브 방식으로 말하는 것이다.

2. 지혜의 본질: 욥의 결론

결국 욥기는 잠언, 전도서에서 얻은 지혜의 그림을 지지한다.

첫째, 우리는 지혜의 근원이 하나님이라는 것을 다시 배운다.

욥기의 모든 인간 등장인물들이 욥의 고난의 문제를 파악할 때 그들 자신의 지혜를 주장하지만 그들의 진단과 치유책은 지독하게 부적당하다는 것이 드러난다. 세 친구와 욥의 보응신학은 주로 장로들의 전통에 기초하고 있다. 이들 넷은 모두 고난이 죄의 결과라고 믿었지만, 욥은 그의 고난이 그의 편에서 어떤 잘못된 행위 때문일 수 없다는 것을 그가 안다는 점에서 다르다. 욥은 이 점에서 옳다.

그러나 욥이 하나님을 불의하다고 부당하게 고소하는 근거인 기계적이고 완전한 보응 원리에 의해 하나님이 일한다고 믿는 것은 잘못이다. 자신의 지혜가 영적인 영감에 근거한다는 엘리후의 자만한 주장은 사람이나 하나님이 반응할 가치가 없는 허풍뿐임이 밝혀진다. 욥기에서는 오직 하나님만이 지혜롭다. 결국 하나님은 왜 욥이 고난받는지 설명하지 않으며 그의 고난에 대한 해결책도 제시하지 않는다. 하나님은 단지 그의 주권적인 능력과 그의 거대한 지혜를 단언하실 뿐이다.

둘째, 우리는 하나님의 지혜에 대한 인간의 합당한 반응은 순종이라는 것을 배운다.

그리하여 욥기는 인간은 하나님을 경외해야 한다고 단언하는 데서 잠언, 전도서와 합류한다. 우리가 욥이 욥기의 시초에 여호와를 경외하는 한 차원으로부터 우리가 그 경외의 좀 더 성숙한 표현으로 묘사한 것으로의 이동을 본 것처럼 우리는 욥기가 지혜로운 사람은 더 지혜롭게 된다는 면을 더한다는 것을 주목한다. 결국 잠언이 "여호와를 경외하는 것이 지식의 근본이다"(잠 1:7)라고 말한 것처럼 말이다.

욥기가 끝나는 방식과 관련하여, 주를 경외하는 것에 대한 주제에 대해 우리는 정경적인 책의 메시지를 저항하는 몇몇 주석가의 경향을 말해야 한다. 어떤 사람은 욥의 반응을 존경심을 갖는 순종이 아니라 그런 "익살스러운 위협" 앞에서 욥이 다른 도움이 없다는 혐오스러운 깨달음으로 재해석함으로써 그렇게 저항한다.[13] 이렇게 읽기 위해서는 그들은 히브리어 단어들과 중요한 지지가 없는 욥의 육체적인 제스처에 의미를 부여해야 한다.

다른 사람들은 하나님의 말씀과 욥의 반응을 후기에 첨가된 것으로 간주하며 실망감을 표현하며, 이 부분 없이 욥기를 읽기를 선호한다.[14] 우리는 이렇게 읽는 것이 20세기 말과 21세기의 "시대 정신"과 서구 정신의 결과라고 느끼지 않을 수 없다.

셋째, 주를 경외하는 것은 하나님의 지혜에 합당하게 반응하는 것이라는 생각에 대한 욥기의 강조는 지혜는 근본적으로 하나님과의 관계의 결과라는 것을 다시 한번 보여준다. 지혜는 한 차원에서는 삶에 대한 실용적인 기술과 연결되어 있지만 다른 차원에서는 잠언, 전도서와 함께 윤리적인 구조물인 욥기는 진정한 지혜는 신학적인 기초를 갖는다는 생각을 진전시킨다.

---

13 Perdue, *Wisdom Literature*, 125-26.
14 Newsom, *Book of Job*.

BAKER
COMMENTARY ON THE OLD TESTAMENT
WISDOM AND PSALMS

The Fear of the Lord Is Wisdom

제2부
구약성경 다른 곳에서의 지혜

제4장 지혜의 다른 자료들
제5장 요셉과 다니엘
제6장 아담과 솔로몬

우리는 구약성경의 지혜의 본질에 관한 연구를 잠언, 전도서, 욥기와 함께 시작했다. 그것은 이 책들이 구약성경의 지혜를 제시하는 데서 가장 앞서 있기 때문이다. 우리는 최근 도전들의 빛에서 이 책들이 지혜 문헌이라는 장르를 구성한다고 주장하지 않았으며, 우리의 연구는 그런 분류에 의존하지도 않는다(그러나 부록 2를 보라).

지혜가 잠언, 전도서, 욥기에 스며들어 있는 것은 사실이지만 이들 책이 구약성경의 지혜나 지혜 개념을 다 논하지는 않는다. 학자들은 지혜를 다른 많은 책과 관련이 있는 범주로 인식해 왔다. 정말로 지혜 문헌의 범주에 대한 최근의 비판은 과거 수십 년간 지혜 문헌이라는 장르에 첨가돼 계속해서 확장되어 가는 책들의 목록에 대하여 우려를 표한다.

만일 결국 모든 것을 지혜로 간주할 수 있다면, 그것은 구별되는 지혜 장르에 대한 바로 그 생각을 약화하는 것이 아닌가?[1]

내 의견으로는 그런 우려는 날아가 버렸다. 그럼에도 불구하고 그런 근심에 비추어 볼 때, 나의 주장은 앞으로 이어지는 세 장들에서 다루어질 그 책들과 단락들이 지혜 문헌이 아니라는 것이다.

그리하여 제4장에서 우리는 지혜가 중요한 역할을 하는 내러티브가 아닌 단락들로 우선 향할 것이다. 우리는 율법과 지혜를 연관시키는 신명기를 들여다보면서 시작할 것이다.

이후의 장들에서 우리가 보게 될 것이지만 이 관계는 아주 중요하다. 그리고 우리는 잠언, 전도서, 욥기와 함께 개념, 용어, 이슈를 공유하는 몇몇 시들에 초점을 맞추기 위하여 우리가 시편으로 알고 있는 기도송(sung prayer) 모음으로 향할 것이다. 그리고 우리는 선지자들이 지혜에 대하여 무엇을 말해야 하는지와 지혜를 말하는 사람들에 대해 무엇을 말해야 하는지를 살펴보기 위하여 선지서들을 고려할 것이다. 그리고 아가를 살핌으로써 우리는 제4장을 마칠 것이다.

---

1 Kynes, *Obituary*.

제5, 6장에서 우리는 구약성경의 역사적인 내러티브의 지혜로 우리의 관심을 돌릴 것이다. 내러티브에서 지혜에 대한 질문은 지난 30년 넘게 논쟁적인 질문이 되어 왔다.[2] 어떤 역사적인 내러티브가 지혜 문헌으로 분류되어야 한다고 말하는 것은 너무 멀리 가고 있는 것이겠지만, 그럼에도 구약성경의 다양한 이야기들의 플롯에서 그리고 어떤 성경 인물들의 성격을 나타내는 데 지혜가 중요한 역할을 한다는 것은 분명하다.

이에 대하여 우리는 우리의 연구를 두 장으로 나누었다. 첫 번째 장은 오늘날 지혜자로 인식된 요셉과 다니엘에게 초점을 맞출 것이다.[3] 두 번째 장은 아담과 솔로몬의 이야기를 조사할 것이다. 이 두 인물은 처음에는 지혜 있는 자로 확인되었으나 나중에는 어리석음의 심연으로 떨어져 가는 자들로 확인된다. 이 연구를 통하여 우리는 구약성경의 지혜의 본질을 더 잘 이해할 수 있게 되기를 희망한다.

---

2   Crenshaw, "Method in Determining Wisdom Influence"를 보라.
3   우리는 우리의 현재 연구와 관련이 없는 역사성에 대하여는 다루지 않을 것이다. 우리는 "동시대인들"이란 말로 단순히 이야기 속에서 나타나는 다른 인물들을 가리킬 것이다. 이들 인물과 관련된 역사의 이슈에 관심이 있는 사람들은 다음의 관련된 섹션들을 참고할 수 있을 것이다: Provan, Long, and Longman, *Biblical History of Israel*. Adam에 대하여는 나의 논문 "Adam and Eve"를 보라.

제4장

지혜의 다른 자료들

신명기, 시편, 아가, 선지서

잠언, 전도서, 욥기는 지혜의 본질이 이 책들의 주된 관심과 초점이라는 점에서 지혜서라고 불리기에 합당한 구약성경의 유일한 책들이다. 비록 우리가 지혜를 문학 장르로 믿지는 않지만(그러나 부록 2를 보라) 이들 책에서 지혜를 하나의 개념으로 널리 다루는 것은 이 책들이 우리의 논의에서 특별한 위치를 차지하게 만든다.

이것은 지혜가 다른 많은 책에서도 중요한 역할을 한다는 것을 말한다. 이 장에서 우리는 신명기, 시편, 선지서에서 지혜신학(wisdom theology)의 존재를 조사할 것이다. 우리는 아가가 종종 지혜와 결합하기 때문에 아가가 지혜와 관련이 있는지, 또 있다면 어떤 방식으로 관련이 있는지에 대한 질문을 마지막으로 다룰 것이다.

1. 신명기: "이것이 … 너희의 지혜요 너희의 지식이라"(신 4:6)

우리가 비록 융통성 있고 유동적인 장르의 개념을 가지고 지혜 문헌에 대하여 여전히 말할 수 있을지라도 신명기는 지혜 문헌에 포함될 수 없을 것이다. 나중에 우리는 지혜, 율법, 언약 사이의 관계에 관하여 신명기를 좀 더 탐구할 것이다. 그리고 거기서 우리는 신명기는 설교나 언약 갱신 문서와 같은 다른 장르의 명칭을 사용하여 말하는 것이 더 좋다는 것을 보게 될 것이다.

그러므로 우리가 여기서 신명기를 논의에 소개하는 것은 신명기가 지혜서이기 때문이 아니라 신명기가 신명기의 핵심에서 지혜를 말하기 때문이다. 신명기에서 지혜가 역할을 하는 유일한 구절은 아니지만(또한, 신 1:13-15; 16:19; 32:29; 34:9을 보라) 신명기 4:5-8을 인용하는 것은 현재 우리의 목적에 도움이 된다.

> 내가 나의 하나님 여호와께서 명령하신 대로 규례와 법도를 너희에게 가르쳤나니 이는 너희가 들어가서 기업으로 차지할 땅에서 그대로 행하게 하려 함인즉 너희는 지켜 행하라 이것이 여러 민족 앞에서 너희의 지혜요 너희의 지식이라 그들이 이 모든 규례를 듣고 이르기를 이 큰 나라 사람은 과연 지혜와 지식이 있는 백성이로다 하리라 우리 하나님 여호와께서 우리가 그에게 기도할 때마다 우리에게 가까이 하심과 같이 그 신이 가까이 함을 얻은 큰 나라가 어디 있느냐 오늘 내가 너희에게 선포하는 이 율법과 같이 그 규례와 법도가 공의로운 큰 나라가 어디 있느냐(신 4:5-8).

모세는 여기서 이스라엘 백성들에게 하나님께서 시내산에서 그들에게 계시하신 율법에 순종할 것을 요청한다. 구약성경의 지혜에 대한 우리의 연구와 관련하여 충격적인 것은 율법과 지혜 사이에 그어진 분명한 연결이다.[1]

만일 이스라엘 자손들이 하나님께서 그들에게 준 율법을 따른다면 다른 사람들이 그들을 볼 것이고 그렇게 잘 질서가 갖추어지고 공정하고 번영하는 사회를 보고 그들의 지혜에 놀라워 할 것이다. 규례 자체가 지혜이며 사람들이 이 율법들을 그들의 행위와 하나님과 다른 사람을 향한 관계 속에 구체적으로 표현함으로써 그들은 이 지혜를 이스라엘 밖의 다른 사람들에게 보여줄 것이다.

---

1 Krüger("Law and Wisdom," 35)가 언급한 것처럼: "모세 오경에서 오직 여기서 지혜와 토라가 서로 관련을 맺는다."

학자들은 율법과 지혜와 언약의 관계에 대하여 논쟁한다. 여기서 우리의 목적은 단순히 신명기를 지혜에 대한 넓은 논의 속으로 소개하는 것이다. 이 문제에 대한 좀 더 충분한 논의는 제10장에서 이루어질 것이다.

2. 시편과 지혜

시편에 대한 양식비평 분석 초기 단계에 궁켈(Gunkel)은 시편의 한 범주를 지혜시(wisdom, 이 책에서는 지혜 또는 지혜시로 번역하였다-역주)로 묘사했다.[2] 그러나 궁켈 시대 이래로 이 지혜로 명명된 것이 구별되는 장르(Gattung)인지, 그리고 만일 그렇다면 그것의 저자가 누구인지(서기관, 현자?), 그것들이 어떻게 사용되었는지(제의에서, 비제의에서?) 등등에 대하여 지혜라는 형식을 사용하는 것에 대한 효용성을 둘러싸고 많은 논쟁이 있어 왔다.[3] 지혜라는 장르가 존재한다고 주장한 학자들은 어떤 시가 지혜 장르에 포함되어야 하는지에 대하여 거의 동의가 이루어지지 않는다.[4]

이 불일치에도 많은 시편이 교훈적인 요소를 포함하고 있으며 주된 지혜서들과 비교하고 연관시키도록 만드는 개념들과 용어들과 은유들을 사용하고 있다는 것을 부정하는 학자들은 거의 없다.

시편 1편이 대표적인 예다. 이 시편은 지혜 문헌에서 알려진 축복공식(아쉬레[ašrê])으로 시작한다(잠 3:13, 18; 5:18 등). 잠언에서처럼 이 시편 기자는 사람을 의인과 악인 두 범주로 나눈다. 이것은 지혜로운 사람, 어리석은 사람과 각각 연결된 윤리적인 범주다. 더 나아가 지혜로운 사람은 번성한다고 말하지만 악인은 멸망한다고 말한다.

---

2 Gunkel and Begrich, *Introduction to Cultic Poetry*, 293-305.
3 이 이슈와 논의의 상태에 대하여 도움이 되는 최근의 진술에 대하여는 Jacobson, "Wisdom Language in the Psalms"을 보라.
4 시 1, 19(최소한도 하반부), 37, 49, 73, 112, 119편이 지혜시에 포함되어야 한다는 것에 아주 많은 동의가 존재할지라도.

우리의 인생 여정을 길로 표현하는 은유가 1절 초두에 발견되는데 의인은 "죄인의 길에 서지" 않는다. 그리고 6절에는 "의인들의 길은 여호와께서 인정하시나 악인들의 길을 망하리로다"라고 선언한다. 이 교훈은 이 시편의 핵심이다. 이 핵심은 의인의 "즐거움"이 "여호와의 율법 안에" 있으며 "여호와의 율법을 밤낮 묵상하는 자"라는 선언에서 나타난다(2절).

후에 제10장에서 우리는 지혜와 율법의 관계에 대하여 좀 더 자세히 조사할 것이다. 그리고 우리는 율법과 지혜가 인생을 위한 안내서를 제공하고 순종을 요구하는 데 있어서 차이점이 있음에도 불구하고 이 둘은 서로 연관되어 있다고 주장할 것이다. 둘 다 교훈을 끌어낸다는 점에서 유사하다. 그러므로 율법에 초점을 맞추고 있는 시들(종종 토라시[Torah psalms]라고 불린다)이 지혜시로 생각되는 것은 놀라운 것이 아니다. 이에 대한 가장 유명한 시가 시편 1편(앞의 단락에서 다루었다), 19편(최소한 하반부), 119편("내가 주의 법을 어찌 그리 사랑하는지요 내가 그것을 종일 작은 소리로 읊조리나이다 주의 계명들이 항상 나와 함께 하므로 그것들이 나를 원수보다 지혜롭게 하나이다." 97-98절)이다.[5]

이제까지 우리는 잠언과 연관되어 있는 언어들과 관심들을 반영하는 시편의 예들을 들여다보았다. 우리는 이제 욥기와 전도서와 유사성을 갖고 있는 시들로 관심을 돌릴 것이다.

시편 73편은 "하나님이 참으로 이스라엘 중 마음이 정결한 자에게 선을 행하시나"(1절)로 시작한다. 그러나 거기서부터 시인은 악인의 번성을 놓고 씨름하는 그의 이전을 생각하기 위하여 시간을 거슬러 과거로 돌아간다. 그는 그의 문제를 간결하게 제시한다.

이는 내가 악인의 형통함을 보고 오만한 자를 질투하였음이로다(3절).

시인은 악인에 대한 합당한 보응이 없는 것과 다른 한편으로 자신이 정

---

5 Finsterbusch("Yahweh's Torah," 108)은 "시 119편은 '토라'라는 단어를 25번 사용하며 이것은 성경 전체에서 사용되는 용례의 1/10에 해당한다"고 지적한다.

직한대도 불구하고 자신이 당하는 고난으로 인하여 단순히 아주 어리둥절해 있다.

> 내가 내 마음을 깨끗하게 하며 내 손을 씻어 무죄하다 한 것이 실로 헛되도다 나는 종일 재난을 당하며 아침마다 징벌을 받았도다(시 73:13-14).

시인은 "하나님의 성소에 들어갈 때"(17절)까지 이런 생각으로 거의 길을 잃고 있었다. 아마도 여기서 우리는 또한 욥과 병행을 발견하게 된다. 우리가 기억하는 대로 욥은 그가 하나님에 대하여 귀로만 듣는 것을 넘어서 하나님의 바로 그 존재 안으로 옮겨갔을 때 그의 생각이 바뀌었다(욥 42:5).

시편 49편도 지혜 용어와 사상들이 풍부하다. 정말로 시인은 "내 입은 지혜를 말하겠고 내 마음은 명철을 작은 소리로 읊조리리로다 내가 비유에 내 귀를 기울이고 수금으로 나의 오묘한 말을 풀리로다"라고 언급한다(시 49:3-4). 시인은 부유하고 우세하는 듯이 보이는 악인에 대하여 반성한다. 시인은 다음과 같이 독자들에게 상기시킨다.

> 그러나 그는 지혜 있는 자도 죽고 어리석고 무지한 자도 함께 망하며 그들의 재물은 남에게 남겨 두고 떠나는 것을 보게 되리로다 그러나 그들의 속 생각에 그들의 집은 영원히 있고 그들의 거처는 대대에 이르리라(시 49:10-11a).

이 말은 어떤 의미에서는 코헬렛의 생각을 반영한다. 이것이 코헬렛을 좌절시키지만 시인을 좌절시키지는 않는다. 이것은 아마도 구약성경에서 사후 세계에 대하여 아주 희미하게 감지한 가운데 시인이 비록 의인이 죽는다 해도 죽음이 그의 소송에 대한 최종 판결이 아닐 것이라는 것을 믿기 때문이다.

그러나 하나님은 나를 영접하시리니 이러므로 내 영혼을 스올의 권세에서 건져내시리로다(시 49:15).[6]

또한, 많은 학자들은 창조신학(creation theology)과 지혜가 아주 밀접하게 연결되어 있음을 본다(제8장을 보라). 여성 지혜(woman wisdom)는 자신을 창조에 아주 친밀하게 개입되어 있는 것으로 묘사한다(잠 8:22-31). 그리고 지혜로운 아버지는 "여호와께서는 지혜로 땅에 터를 놓으셨으며 명철로 하늘을 견고히 세우셨고 그의 지식으로 깊은 바다를 갈라지게 하셨으며 공중에서 이슬이 내리게 하셨느니라"라고 선언한다(잠 3:19-20). 지혜와 창조의 관계에 대한 인식은 아마도 소위 창조시(creation psalms)가 지혜의 주제와 관련된다는 것을 제안하게 만든다(시 9편; 19:1-6).

마지막으로 우리는 다른 지혜의 주제들과 용어들을 따라서 "하나님을 경외"하도록 격려하는 시들을 언급해야만 한다. 잠언, 전도서, 욥기는 모두 지혜의 근본으로서 이 태도를 가리킨다. 시편 111편은 찬송가로 이해하는 것이 가장 타당할 것인데 이 시는 다음과 같이 결론을 내림으로써 지혜 전통과 연결된다.

> 여호와를 경외함이 지혜의 근본이라
> 그의 계명을 지키는 자는 다 훌륭한 지각을 가진 자이니
> 여호와를 찬양함이 영원히 계속되리로다(시 111: 10).

이어지는 찬송은 지혜시로 종종 분류된다. 이 시는 "할렐루야, 여호와를 경외하며 그의 계명을 크게 즐거워하는 자는 복이 있도다"로 시작한다(시 112:1). 이 시는 잠언 31:10-31에서 "현숙한 여인"을 묘사하는 용어들과

---

6 시 37편도 악인의 번창과 정직한 자의 고뇌에 대한 수수께끼를 다룬다.

비슷한 용어들로 고결한 남자를 묘사한다.[7]

결론적으로 우리는 시편의 최종적인 편집자가 각각의 시들을 어떻게 의도를 갖고 배열했는지에 대하여는 의견이 크게 다르더라도 시편 1편이 전체 시편의 서론으로 기능한다는 것에는 거의가 동의한다. 다른 많은 학자의 저술에 의지하여, 자콥슨(Jacobson)은 시편 1편이 가장 첫 번째 위치를 차지하는 효과에 대하여 다음과 같이 결론을 내릴 때 분명히 옳다.

> (시편 1편의 위치는) 우리로 하여금 시편을 단순한 기도 책이나 찬송가를 느슨하게 모아놓은 것 이상으로 보도록 만든다. 시편은 또한 교훈의 책이다. 시편은 기도되고 찬송될 뿐만 아니라 읽히고 연구되어야 한다.[8]

3. 선지서에서 참된 지혜와 거짓 지혜

우리는 선지서에서 지혜에 대하여 무엇을 배울 수 있는가?

1) 하나님의 광대하신 지혜

첫째, 가장 중요하게도 선지자들, 특별히 이사야, 예레미야, 에스겔 선지자는 하나님의 지혜를 인식하고 찬양했다.

유다의 술 취한 지도자들과 특별히 에브라임의 술 취한 지도자들을 향한 이사야의 '화 신탁'(woe oracle)은 다음과 같은 선언으로 결론을 내린다.

---

7 여호와를 경외함에 대하여 말하는 다른 시들은 시 14, 19, 25, 34, 52, 127, 128편이다. 이들 가운데 몇몇은 지혜시로 분류되며 지혜시로 분류되지 않는 시들도 지혜 전통의 영향을 보여준다.

8 Jacobson, "Wisdom Language in the Psalms," 155.

이도 만군의 여호와께로부터 난 것이라 그의 경영은 기묘하며 지혜는 광대
하니라(사 28:29).

"이도"가 가리키는 가장 직접적인 선행사는 곡식을 재배하고 생산하는
합당한 방식에 대한 묘사다(사 28:23-28). 농부는 빵을 생산하기 위하여 바
른 때에 바른 수단들을 어떻게 사용하는지 알아야 한다. 하나님은 당신의
지혜로 그것을 합당한 방식으로 세우신다.

이는 그의 하나님이 그에게 적당한 방법을 보이사 가르치셨음이며(사 28:26).

농사는 세상에서 어떻게 살아가는지를 아는 것에 대한 유비(지혜에 대한 생
각을 가르치는 일반적인 방법)다. 우리는 위협에 직면했을 때 제대로 된 도구를
사용할 줄 알아야 한다. 하나님이 세상을 세우신 방식은 이 위협들을 다루는
데 있어서 다른 나라들을 신뢰하는 것이 아니라("우리는 사망과 언약하였고 스
올과 맹약하였은즉," 사 28:15) 하나님을 신뢰하는 것이다. 그러므로 이사야는
이스라엘의 지도자들에게 외국과의 정치적인 동맹을 신뢰하는 것으로부터
돌이켜서 오직 하나님만을 신뢰할 것을 요청한다. 이것이 하나님이 세상을
작동시키는 방식이며 이것이 하나님의 지혜의 방식이다.

이사야 31장은 외국과의 동맹을 맺음으로써 도움을 구하는 자들을 향한
또 다른 화 신탁이다. 이 경우는 이집트다("도움을 구하러 애굽으로 내려가는
자들은 화 있을진저," 사 31:1). 이들은 하나님께 도움을 구하지 않는다. 이 문
맥에서 이사야는 다시 한번 하나님의 지혜를 언급한다("여호와께서도 지혜로
우신즉," 사 31:2). 그러나 이번에는 재앙에 대한 지혜이다("재앙을 내리실 것이
다"). 다시 한번 지혜는 오직 하나님 안에서만 발견된다는 암시다.

이사야의 세 번째 신탁("학대를 당하지 아니하고도 학대하며 속이고도 속임을 당
하지 아니하는 자여 화 있을진저," 사 33:1)도 하나님의 지혜를 말한다. 그러나 이
번에는 신탁이 하나님의 백성 자체가 아니라 하나님의 백성의 원수를 향한

다. 하나님의 백성을 학대하는 자는(아마도 앗시리아) 그 자신이 학대당할 것이다.[9] 하나님께서 그들을 흩어버릴 것이고 "정의와 공의를 시온에 충만하게 하실 것이다"(사 33:6).

어떻게 이스라엘이 이 "풍부한 저장고"에 접근할 수 있는가?

이사야는 "여호와를 경외함이 네 보배니라"(사 33:6)라고 여호와를 경외함이 그 저장고에 이르는 열쇠라고 그들에게 말한다. 다시 말해 이스라엘이 자신들을 하나님과의 관계에서 순종적이고 복종적이 되면 하나님께서 그들을 평강과 안정으로 복 주실 것이다.

예레미야도 하나님의 광대하신 지혜를 찬송하며 그 하나님의 지혜를 다른 나라들에게서 발견되는 지혜, 특별히 생명이 없는 우상과 대조한다. 예레미야 10:1-16에서 발견되는 신탁에서 우리는 이방 나라들의 우상 숭배 관습을 따르지 말 것을 이스라엘에게 경고하시는 하나님을 발견하게 된다. 하나님은 사람이 나무나 귀한 금속으로 만든 사물을 예배하는 이교도의 관습을 조롱하신다. 하나님은 우상들 위에 위대하시며 그의 이름은 권능이 있다. 무엇보다도 우선 하나님은 이방나라들의 지혜 교사들과 대조된다("여러 나라와 여러 왕국들의 지혜로운 자들 가운데 주와 같은 이가 없음이니이다," 렘 10:7).

참으로 이들 이교도의 현자들은 어리석다. 왜냐하면, 이들은 "쓸모없는 나무 우상"(렘 10:8)으로부터 교훈을 배우기 때문이다. 다른 한편 하나님은 그의 지혜와 권능을 우주의 창조 속에서 보여주신다("여호와께서 그의 권능으로 땅을 지으셨고 그의 지혜로 세계를 세우셨고 그의 명철로 하늘을 펴셨으며," 렘 10:12; 잠 3:19-20; 8:22-31을 참고). 흥미롭게도 이 언급은 예레미야서 마지막에 바벨론을 향한 신탁에서도 반복된다(렘 51:15을 보라). 이 문맥에서 하나님의 권능과 지혜는 왜 하나님이 바벨론을 쉽게 멸망시킬 수 있는지를 설명한다.

---

9 Oswalt, *Isaiah*, 372.

2) 지혜자를 비판하기

선지자들은 자신들이 지혜롭다고 주장하는 자들, 특별히 궁정의 조언자들(court counselors)로 왕에게 봉사하는 자들을 공격하는 것으로 아주 유명하다.[10] 우선 선지자들은 자신들이 지혜롭다고 생각하는 이방 나라들을 비판한다. 이집트를 향한 신탁(사 19:1-20:60)에서 이사야는 바로에게 잘못된 조언을 하는 여호와를 대항하여 설 수 없는 애굽의 지혜 교사들을 조롱한다.

> 소안의 방백[11]은 어리석었고
> 바로의 가장 지혜로운 모사의 책략은 우둔하여졌으니
> 너희가 어떻게 바로에게 이르기를
> 나는 지혜로운 자들의 자손이라
> 나는 옛 왕들의 후예라 할 수 있으랴(사 19:11).

혹은 지혜로 유명한 다른 나라인 에돔과 바벨론을 향한 예레미야의 신탁을 숙고하라.

> 데만에 다시는 지혜가 없게 되었느냐
> 명철한 자에게 책략이 끊어졌느냐
> 그들의 지혜가 없어졌느냐(렘 49:7; 또한, 욥 8절을 보라).
> 여호와의 말씀이니라
> 칼이 갈대아인의 위에와
> 바벨론 주민의 위에와
> 그 고관들과 지혜로운 자의 위에 떨어지리라(렘 50:35; 또한, 37절을 보라).

---

10 McKane, *Prophets and Wise Men*, 65-91.
11 이집트 도시 타니스(Tanis)의 다른 이름이다.

에스겔도 두로의 지혜에 대하여 특별히 그 왕의 지혜에 대하여 긴 통렬한 비난을 한다(겔 28장).[12]

이스라엘의 선지자들이 이방의 지혜에 대하여 이렇게 공격하는 것은 놀라운 일이 아니다. 그러나 놀라운 것은 이스라엘 사람들의 지혜에 대한 이들의 비판이다. 이에 대한 예로 다음과 같은 것을 들 수 있다:

> 네 구속자요 모태에서 너를 지은 나 여호와가 이같이 말하노라
> 나는 만물을 지은 여호와라
> 홀로 하늘을 폈으며
> 나와 함께 한 자 없이 땅을 펼쳤고
> 헛된 말을 하는 자들의 징표를 폐하며
> 점 치는 자들을 미치게 하며
> 지혜로운 자들을 물리쳐
> 그들의 지식을 어리석게 하며(사 44:24-25).

> 너희가 어찌 우리는 지혜가 있고
> 우리에게는 여호와의 율법이 있다 말하겠느냐
> 참으로 서기관의 거짓의 붓이
> 거짓되게 하였나니
> 지혜롭다 하는 자들은 부끄러움을 당하며
> 두려워 떨다가 잡히리라
> 보라 그들이 여호와의 말을 버렸으니
> 그들에게 무슨 지혜가 있으랴(렘 8:8-9).

예레미야는 이들 지혜자들이 자신의 비판에 대항하여 보인 반응을

---

12 겔 28장에 대한 논의는 제6장을 보라.

보고한다.

> 그들이 말하기를 오라 우리가 꾀를 내어 예레미야를 치자 제사장에게서 율법이, 지혜로운 자에게서 책략이, 선지자에게서 말씀이 끊어지지 아니할 것이니 오라 우리가 혀로 그를 치고 그의 어떤 말에도 주의하지 말자 하나이다 (렘 18:18).

그렇다면 선지자들이 현자들에 반대하는가?
그렇지 않다. 선지자들은 자신들이 지혜롭다고 거짓으로 주장하는 자들을 반대한다.

> 스스로 지혜롭다 하며 스스로 명철하다 하는 자들은 화 있을진저 (사 5:21).

다시 말해 선지자들은 거짓 선지자와 부패한 제사장들을 대항할 때처럼 율법을 왜곡하고 조언을 왜곡하며 자신들이 지혜가 있다고 주장하는 자들을 통렬히 비난한다. 진정한 지혜는 자기 생각을 자기 자신의 중심에 두는 것으로부터가 아니라 하나님의 중심에 둠으로써 온다.

> 여호와께서 이와 같이 말씀하시되
> 지혜로운 자는 그의 지혜를 자랑하지 말라
> 용사는 그의 용맹을 자랑하지 말라
> 부자는 그의 부함을 자랑하지 말라
> 자랑하는 자는 이것으로 자랑할지니
> 곧 명철하여 나를 아는 것과
> 나 여호와는
> 사랑과 정의와 공의를 땅에 행하는 자인 줄 깨닫는 것이라
> 나는 이 일을 기뻐하노라 여호와의 말씀이니라 (렘 9:23-24).

3) 지혜에 대한 요청과 지혜로운 왕을 위한 예언자적 소망

지혜에 대한 선지자들의 많은 논평은 지혜롭다고 스스로 주장하지만 실제로는 그렇지 않은 인간들의 부패한 지혜와 하나님의 지혜를 대조하여 확언한다. 선지자들이 지혜를 추구하는 것 자체를 의심한다고 믿는다고 주장하는 것은 증거를 왜곡하는 것이다. 우리는 선지자들이(흔히 생각되는 것처럼) 제의나 제사장들을 대항했던 것처럼[13] 지혜를 반대했다거나 진정으로 지혜로운 자들을 대항했다고 생각해서는 안 된다. 선지자들은 지혜로운 체하는 인간, 즉 거짓 현자들 위에 하나님의 지혜를 높였다.

선지자들이 현자들을 장려하기보다는 공격했다는 것은 전혀 놀라운 일이 아니다. 하나님은 선지자들을 반역과 위기의 시대에 일하도록 부르신다. 이들의 사역은 하나님의 백성들이 언약법을 깨뜨릴 때 시작된다. 선지자들은 하나님의 백성과 대립하게 되며, 만일 그들이 회개하지 않으면 하나님이 그들에게 언약적 저주를 가져오실 것이라고 그들을 위협한다. 하나냐의 낙관적인 메시지에 반응하는 예레미야의 말이다.

> 나와 너 이전의 선지자들이 예로부터 많은 땅과 큰 나라들에 대하여 전쟁과 재앙과 전염병을 예언하였느니라 평화를 예언하는 선지자는 그 예언자의 말이 응한 후에야 그가 진실로 여호와께서 보내신 선지자로 인정받게 되리라(렘 28:8-9).

그리하여 선지자들은 거짓 현자들을 공격한다. 드물게 선지자들은 참된 지혜를 요청하며 이것은 종종 심판의 문맥 속에 위치한다.

여호와께서 성읍을 향하여 외쳐 부르시나니

---

13 Perdue, *Wisdom and Cult*.

지혜(투쉬야[tûšiyyâ])¹⁴는 주의 이름을 경외함이니라
너희는 매가 예비되었나니 그것을 정하신 이가 누구인지 들을지니라(미 6:9).

정말로 호세아에 의하면 오직 지혜자만이 그의 예언의 메시지를 정말로 이해할 수 있고 합당한 방식으로 반응할 수 있다.

누가 지혜가 있어 이런 일을 깨달으며
누가 총명이 있어 이런 일을 알겠느냐
여호와의 도는 정직하니
의인은 그 길로 다니거니와
그러나 죄인은 그 길에 걸려 넘어지리라(호 14:9).

여기서 지혜는 단순한 지적 이해 이상이다. 그것은 여호와의 도에 대한 순종이 개입된다.

이스라엘의 고생은 하나님의 백성의 어리석은 행위로부터 기인했다. 그것은 가장 현저하게 이스라엘 왕들의 불경건하고 악하며 어리석은 행위로부터 기인했다. 왕들은 신명기 17장에 묘사된 경건에 대한 하나님의 표준에 따라 살지 않았다. 여기에는 다음과 같은 조항이 있다.

그가 왕위에 오르거든 이 율법서의 등사본을 레위 사람 제사장 앞에서 책에 기록하여 평생에 자기 옆에 두고 읽어 그의 하나님 여호와 경외하기를 배우며 이 율법의 모든 말과 이 규례를 지켜 행할 것이라 그리하면 그의 마음이 그의 형제 위에 교만하지 아니하고 이 명령에서 떠나 좌로나 우로나 치우치지 아니하리니 이스라엘 중에서 그와 그의 자손이 왕위에 있는 날이 장구하리라(신 17:18-20).

---

14 이 단어는 잠언에서 지혜(hôkmâ)와 관련되어 있다(잠 2:7; 3:21; 8:14).

선지자들은 왕들의 죄된 행위들이 왕조를 끝나게 할 것이라고 경고한다. 그리고 사무엘서부터 열왕기까지는 그런 죄된 행위들을 열거하며 왜 주전 586년에 왕조가 끝이 났는지에 대한 답을 한다.

그러나 선지자들은 또한 심판을 넘어 회복을 보았다. 그 회복의 한 부분으로 선지자들은 지혜로 다스릴 다윗 계열의 새로운 왕을 기대했다.

> 이새의 줄기에서 한 싹이 나며
> 그 뿌리에서 한 가지가 나서 결실할 것이요
> 그의 위에 여호와의 영
> 곧 지혜와 총명의 영이요
> 모략과 재능의 영이요 지식과
> 여호와를 경외하는 영이 강림하시리니
> 그가 여호와를 경외함으로 즐거움을 삼을 것이며
> 그의 눈에 보이는 대로 심판하지 아니하며
> 그의 귀에 들리는 대로 판단하지 아니하며
> 공의로 가난한 자를 심판하며
> 정직으로 세상의 겸손한 자를 판단할 것이며
> 그의 입의 막대기로 세상을 치며
> 그의 입술의 기운으로 악인을 죽일 것이며
> 공의로 그의 허리띠를 삼으며
> 성실로 그의 몸의 띠를 삼으리라(사 11:1-5).

이 미래의 다윗적인 왕(Davidic king)은 하나님의 영의 부어주심으로 인하여 선례가 없는 신적인 지혜를 갖게 될 것이다. 그는 이전의 다윗의 아들들이 하지 않았던 방식으로 정의와 권능으로 다스릴 것이다.

예레미야는 지혜로운 미래의 다윗적인 왕에 대한 이 기대를 공유한다.

> 여호와의 말씀이니라 보라 때가 이르리니
> 내가 다윗에게 한 의로운 가지를 일으킬 것이라
> 그가 왕이 되어 지혜롭게 다스리며
> 세상에서 정의와 공의를 행할 것이며
> 그의 날에 유다는 구원을 받겠고
> 이스라엘은 평안히 살 것이며
> 그의 이름은 여호와 우리의 공의라
> 일컬음을 받으리라(렘 23:5-6).

이사야의 후반부에서 이 기대는 여호와의 종 위에 집중된다. 이 미래의 종은 또한 지혜로 특징지어질 것이다.

> 보라 내 종이 형통하리니
> 받들어 높이 들려서 지극히 존귀하게 되리라
> 전에는 그의 모양이 타인보다 상하였고
> 그의 모습이 사람들보다 상하였으므로
> 많은 사람이 그에 대하여 놀랐거니와
> 그가 나라들을 놀라게 할 것이며
> 왕들은 그로 말미암아 그들의 입을 봉하리니
> 이는 그들이 아직 그들에게 전파되지 아니한 것을 볼 것이요
> 아직 듣지 못한 것을 깨달을 것임이라(사 52:13-15).

우리가 이 구절들과 이와 유사한 구절들을 선지서에서 읽으면 선지자들이 마음에 품고 있는 것이 정확히 무엇인지 절대적으로 확신하기가 어렵게 만든다. 미래의 왕은 다윗의 인간 후손으로, 다윗의 후손들보다 더 다윗 자신 같을 것이며, 심지어 다윗보다 더 나은 유일한 인물일 것으로 생각했다는 것이 가장 그럴듯해 보인다. 이사야는 종을 이스라엘 자신의 신실한 남

은 자를 위한 은유로 당연히 생각했을 것이다.

그러나 그들이 기록했을 때 그들이 생각한 것과 그들의 메시지를 처음 들은 독자들이 이해한 것이 무엇인가 하는 것은 상상일 뿐만 아니라 그들의 소망의 메시지의 실제적인 성취도 결정되어 있지 않다. 이런 이유로, 적어도 선지서에 대한 그리스도인의 정경론적인 독법에 따라 우리는 결국은 신약성경으로 향해야 한다(제15장을 보라).

4. 아가: 세상에서 어떻게 성적(sexual)이 될까

많은 학자가 아가를 지혜 문헌의 한 작품으로 간주해 왔다.[15] 이들이 이렇게 주장하는 데에는 많은 이유가 있다. 그러나 그들과 다른 학자들이 아가와 지혜를 연결시키는 것은 토론할 가치가 있다.

아가를 지혜로 말하는 것에 대한 근거가 있는가?

왜냐하면, 이 선정적인 시는 "지혜"라는 말이나 그와 관련된 용어를 결코 사용하지 않기 때문이다.

우리는 아가가 신과 인간의 관계에 대한 알레고리[16]가 아니라 성행위를 찬양하는 사랑시(love poem)라는 것을 인정함으로써 시작한다. 시의 대부분에서 이름이 알려지지 않은 한 남자와 이름이 알려지지 않은 한 여인이 그들의 육체적인 관계에 대한 상호 열망을 말한다. 그들은 사랑을 위한 사적인 장소인 정원에서 둘만 있기를 열망한다.

우리는 또한 여인들의 합창을 듣는다. 이 여인들은 때로는 둘 사이의 관

---

15 Childs(*Introduction to the Old Testament*, 573-75)는 아가를 최고의 지혜 교사로 간주되는 솔로몬의 작품으로 돌리는 것에 주목함으로써 시작한다(아 1:1). 또한, Landy, *Paradoxes of Paradise*, 33; Sadgrove, "Song of Songs as Wisdom Literature"; Tromp, "Wisdom and the Canticle"를 보라.

16 주후 1세기부터 19세기까지 거의 배타적으로 유지되었던 견해이다; Longman, *Song of Songs*, 20-38을 보라.

계에 대한 응원단들이며 그 남자와 그 여인의 관계에 대한 사회적인 승인을 보여주며 때로는 이들은 사랑의 문제에 있어서 그 여인의 신봉자들로 기능한다.

오늘날 거의 모든 학자가 아가를 사랑시로 간주하지만 아가가 사랑의 관계에 대한 이야기(아가를 희극으로 보는 접근)를 말하는지 혹은 사랑의 시 모음(아가를 명시 선집으로 보는 접근)인지에 대하여는 동의를 하지 않는다. 내 의견은 후자를 선호하지만[17] 이 이슈는 지혜 문헌과 아가와의 관계에 대한 질문과는 관련이 없다.

그렇다면 어떻게 아가가 지혜와 연관되어야 하는가?

한 학파의 생각은 아가를 일종의 알레고리로 읽음으로써 지혜와 연결시키는 것이다. 우리가 제1장에서 보았듯이 하나님의 지혜가 잠언에서는 여인으로 의인화되어 있다(Woman Wisdom). 아마도 아가에 나오는 여인은 여성 지혜(Woman Wisdom)를 가리킨다.

만일 그렇다면 표제와 몇 개의 시에서 솔로몬을 언급하는 아가의 남자는 전체 아가를 통하여 솔로몬을 가리키는 것으로 취해져야 할 것이다. 유대인 사상가 돈 이삭 아브라바넬(Don Isaac Abravanel, 16세기)이 이 접근법을 대표한다.[18] 이 독법에 의하면 아가는 지혜를 추구하는 것과 지혜로 유명한 솔로몬에 대한 알레고리다.

나는 어떤 알레고리적인 해석에도 확신하지 않는다는 이유로 이 접근이 설득력이 없다고 생각한다. 한마디로 아가의 여인을 지혜로 이해하도록 우리를 이끄는 그 무엇도 아가에는 없으며, 아가의 남자가 솔로몬이라고 생각할 조금의 가치 있는 이유도 아가에는 없다.

지혜 문헌과 아가를 연결하는 이 알레고리적 방법은 설득력이 없지만 우리는 이와는 다른 이유로 둘 사이의 연관성을 볼 수 있다. 잠언은 우리가 성적인 윤리(잠언 전체를 통해서, 그리고 특히 5-7장에)라고 부르는 것을 정말

17　17. Ibid., 38-44.
18　Pope, *Song of Songs*, 110-11.

로 광범위하게 언급한다. 지혜로운 아버지의 주된 짐이 아들에게 "이상한 이방 여인"과 관계를 갖는 것에 대하여 경고하는 것이지만, 잠언에는 아가를 생각나게 하는 언어를 사용하여 자신의 아내와의 감각적이고 육체적인 관계를 장려하는 한 단락이 나온다.

> 너는 네 우물에서 물을 마시며
> 네 샘에서 흐르는 물을 마시라
> 어찌하여 네 샘물을 집 밖으로 넘치게 하며
> 네 도랑물을 거리로 흘러가게 하겠느냐
> 그 물이 네게만 있게 하고
> 타인과 더불어 그것을 나누지 말라
> 네 샘으로 복되게 하라
> 네가 젊어서 취한 아내를 즐거워하라
> 그는 사랑스러운 암사슴 같고 아름다운 암노루 같으니
> 너는 그의 품을 항상 족하게 여기며
> 그의 사랑을 항상 연모하라
> 내 아들아 어찌하여 음녀를 연모하겠으며
> 어찌하여 이방 계집의 가슴을 안겠느냐
> 대저 사람의 길은 여호와의 눈 앞에 있나니
> 그가 그 사람의 모든 길을 평탄하게 하시느니라
> 악인은 자기의 악에 걸리며
> 그 죄의 줄에 매이나니
> 그는 훈계를 받지 아니함으로 말미암아 죽겠고
> 심히 미련함으로 말미암아 혼미하게 되느니라(잠 5:15-23).

아가의 언어와 상징에 친숙한 사람은 여기서 많은 연관을 주목할 것이다. 예를 들어 음료를 마시는 언어에 의해 암시된 사랑에 도취된 상태의 결

과인 육체적인 친밀함(아 5:1을 보라), 또한 여인의 성적인 생식기를 우물이나 샘에 연결하는 비유적인 언어를 주목하라(아 4:15). 또한, 아가를 통하여 계속해서 나타나는 동물계의 상징("사슴," "야생 염소" 등)이 있다.

롤란드 머피(Roland Murphy)는 아가가 잠언 30:19("남자가 여자와 함께 한 자취")의 "해설"(explication)로 읽힐 수 있을지도 모른다고 유용하게 지적한다.[19] 아가에는 명백한 신학적인 언어가 부족하다는 것을 가리키기 위하여 지혜 개념을 유지하지 않는 것은 분명 아니다. 지혜와의 연결을 아가의 젊은 여인과 다른 젊은 여인들로 구성된 합창단과의 관계에 주목할 때 문로(J. M. Munro)가 아마도 바른 방향에 서 있다.[20]

결론적으로 아가는 지혜의 본질을 탐구하지 않으나 아가는 실천적이고 윤리적인 수준에서 잠언과 연결된다.

5. 결론

지혜는 잠언, 전도서, 욥기에만 제한되어 사용되는 용어가 아니다. 신명기, 시편, 많은 선지서가 지혜를 말하고 지혜에 관하여 말한다. 아가는 지혜 자체를 말하지는 않는다. 그러나 잠언과 비슷한 가르침에 근거하여 아가는 독자들로 하여금 성과 관련된 문제에 있어서 지혜로운 길을 이해하도록 돕는다.

그러나 심지어 이들 책도 구약성경의 지혜 사용을 모두 남김없이 논하지는 않는다. 물론 구약성경의 구속 역사에서 중요한 역할을 감당했던 어떤 성경적인 인물들이 지혜와 관련됐다는 것은 오래도록 주목받아 왔다. 그러나 이들이 지혜 문헌과 연관되어 있다는 주장이 도전받지 않은 것은 아니다. 그러므로 다음 두 장에서 우리는 구약성경의 내러티브 책들에서 지혜와 연관된 네 명의 중요한 인물들을 살피는 데로 나아갈 것이다.

---

19 Murphy, *Wisdom Literature*, 104.
20 Munro, *Spikenard and Saffron*, 146–47.

제5장

요셉과 다니엘

지혜의 모본들

우리는 요셉과 다니엘을 들여다보면서 구약성경의 지혜를 묘사하는 우리의 연구를 시작한다. 오랫동안 주목된 대로 이 두 인물에 관한 이야기는 많은 공통점을 갖고 있다. 이들은 외국의 왕궁에서 섬기는 동안 자신들의 지혜를 보여준 두 지혜로운 사람들의 이야기를 대표한다. 비록 요셉이 이야기의 시초에는 성숙하지 못하다고 논쟁할 수 있을지라도, 그와 특별히 다니엘은 성경의 다른 어떤 인물들보다 시종일관 지혜롭고 의롭고 경건한 사람들이다.

폰 라트(von Rad)가 "요셉 내러티브와 고대 지혜"(The Joseph Narrative and Ancient Wisdom)[1]라는 논문을 쓴 이래로 이 역사적인 내러티브를 지혜와의 관계 속에서 다루는 것이 활발한 토론의 주제가 되어 왔다. 폰 라트는 요셉의 이야기와 특별히 잠언에서 발견되는 지혜 사상들 사이에 많은 유사성을 관찰했으며 창세기 37-50장은 지혜 문헌이라고 주장했다.

많은 학자가 폰 라트의 평가를 따르지만 크렌쇼(Crenshaw)와 레드포드(Redford)는 격렬히 폰 라트의 평가를 비판했다.[2] 그리고 이들은 특별히 크렌쇼는 요셉과 지혜 사이를 연결하는 데 찬성하지 않는 주장을 상당히 성

---

1 Von Rad, "Joseph Narrative."
2 Crenshaw, "Method in Determining Wisdom Influence"; Redford, *Study of the Biblical Story of Joseph*, 100–105.

공적으로 제시하여 요셉(과 다니엘, 혹은 다른 어떤 내러티브 텍스트)에 관한 한 둘 사이의 연결을 주장하는 것은 논쟁의 여지가 있는 것이 되었다.³

폰 라트 이후의 논의의 빛에서 우리는 분명해져야 한다. 요셉 내러티브 혹은 다니엘 이야기가 훈련된 현자들의 목적을 위하여 현자들에 의해 만들어진 "지혜 문헌"이라는 폰 라트의 주장에 우리는 동의하지 않는다. 우리는 정말로 지혜 전통 혹은 심지어 다른 전통들과 직업들과 구별되는 직업적인 지혜 계급이 있다는 생각과 논쟁하는 스니드(Sneed)와 키네스(Kynes) 같은 사람들에게 동의한다고 이미 분명히 밝혔다. 그러나 지혜에 대한 개념이 존재한다는 생각과 요셉과 다니엘이 둘 다 분명히 지혜의 사상을 구체화한 인물들로 분명히 묘사된다고 하는 것은 의심의 여지가 없다.

1. 요셉: 애굽에서의 히브리 지혜자

요셉 내러티브는 지혜 자체에 대한 것은 아니다. 그러므로 우리는 이 이야기의 주된 메시지라고 우리가 생각하는 것을 밝히며 이 이야기를 조망하면서 시작한다. 그리고 우리는 요셉의 삶을 묘사하는 데 지혜가 하는 역할을 조사할 것이다.

---

3 폰 라트(von Rad)의 논문에 이어지는 논쟁에 대한 좀 더 충분한 이야기에 대하여는 Wilson, *Joseph Wise and Otherwise*, 6-37을 보라. 요셉 내러티브에 대한 나 자신의 이해는 '지혜와 요셉 내러티브의 관계'에 대한 윌슨(Wilson)의 연구에 의해 뒷받침되고 깊어졌다. 나처럼 그는 "텍스트 전체는 '지혜 내러티브'가 아니지만 '지혜와 같은 요소들'이 그 안에 짜여 있다"(300)라고 결론을 내린다.

1) "당신들은 나를 해하려 하였으나 하나님은 그것을 선으로 바꾸셨다"(창 50:20)

지혜는 요셉 내러티브의 주된 주제가 아니다. 그러므로 지혜가 이 이야기에서 하는 역할을 탐구하기 전에 우리는 무엇보다도 창세기의 이 마지막 섹션(창 37-50장)의 중심 메시지를 탐구하는 것이 좋다.

이 탐구에서 우리는 이 이야기의 목적에 대하여 요셉 자신의 말로부터 도움을 얻는다. 그의 아버지 야곱이 죽은 후에 그가 젊을 때 그를 학대한 그의 형제들이 결국은 요셉이 자신들에게 복수할까 봐서 두려워한다. 그리하여 이들이 와서 납작 엎드려서 그에게 자신들을 용서해 주기를 간청하며 자신들이 요셉의 종들이라고 말한다(창 50:15-18). 이에 대하여 요셉은 이 기념비적인 말로 반응한다.

> 두려워하지 마소서 내가 하나님을 대신하리이까 당신들은 나를 해하려 하였으나 하나님은 그것을 선으로 바꾸사 오늘과 같이 많은 백성의 생명을 구원하게 하시려 하셨나니 당신들은 두려워하지 마소서 내가 당신들과 당신들의 자녀를 기르리이다(창 50:19-21a).

자신의 생애를 통하여 아주 많은 고난을 당한 후에 요셉은 하나님이 자신을 권세 있는 자의 위치에 두셔서 세상에 복을 가져가기 위하여(창 12:1-3) 하나님께서 선택하신 자신의 가족을 부양하여 이들이 황폐화시키는 지역적인 기근으로부터 생존할 수 있도록 자신의 고통을 사용하셨다는 것을 인식했다. 분명히 요셉은 그의 고난에도 불구하고 하나님의 가족을 하나님이 구원하셨다고 믿은 것이 아니라, 하나님이 그의 고난을 그의 가족을 구원하기 위하여 사용하셨다고 믿었다.

정말로 요셉의 형제들은 요셉을 미워하여 애굽의 노예로 팔았지만("당신들은 나를 해하려 하였으나") 그것은 하나님께서 요셉을 먼저 애굽으로 데려가

신 방식이었다("하나님은 그것을 선으로 바꾸사"). 애굽에 도착하여 요셉은 이집트의 고관인 보디발을 섬겼다. 하나님께서 요셉과 함께하시매 보디발의 집이 번창했다. 그리고 요셉에게는 책임과 자유가 더 주어졌다.

보디발의 아내는 요셉과 동침하기를 원했다. 그러나 요셉은 이후의 지혜 전통이 교훈하는 것처럼 그녀를 거절했다(아래 "잠언의 빛 아래서 요셉 내러티브 읽기"를 보라). 이에 대한 상은 그가 투옥되는 것이었다("당신들은 나를 해하려 하였으나"). 그러나 감옥에서 요셉은 술 맡은 관원장과 떡 굽는 관원장과 친해지게 되었다. 이 둘은 바로의 진노로 감옥에 있는 애굽의 고위 관료였다("하나님은 그것을 선으로 바꾸사").

이야기의 시초에 요셉은 꿈을 해석하는 자로 자신을 보인다(창 37:5-11). 감옥에서 두 명의 애굽 관원들은 꿈들을 꾸었다. 그리고 요셉이 정확하게 해석한 것처럼 떡 굽는 관원장은 그의 목이 날아갔으나 술 맡은 관원장은 왕궁에 복직되었다. 술 맡은 관원장은 곧 감옥에 있던 요셉에 대해서 잊어버렸으나("당신들은 나를 해하려 하였으나") 바로가 그를 번뇌케 하는 이중 꿈을 꾸자 그를 기억해 낸다("하나님은 그것을 선으로 바꾸사").

그리하여 요셉은 바로의 존전에 가게 된다. 바로의 꿈은 모든 것을 황폐케 하는 임박한 칠 년 기근을 예견했다. 그러나 또한 이 꿈은 칠 년의 풍년이 이 기근 앞에 온다는 것을 드러냈다. 바로는 요셉의 해석에 애굽이 기근에서 생존할 수 있도록 하는 활동을 이끌도록 그를 선택함으로써 반응한다. 요셉이 애굽 정부 안에서 고위직을 맡을 수 있도록 그를 높인 것은 요셉의 지혜에 대한 평가에 근거한다(이것은 다음 섹션에서 논의 될 것이다).

정말로 바로가 요셉을 신뢰한 것은 잘못된 것이 아니었다. 요셉은 애굽의 자원을 운용함으로써 애굽은 기근에서 생존할 수 있을 뿐만 아니라 애굽 온 땅과 백성들을 다스리는 바로의 통치력을 강화했다.

애굽이 생존하고 바로의 권력을 강화하는 데 있어서 요셉의 역할은 이 내러티브의 주된 초점이 아니다.[4] 요셉이 권력의 위치에 오른 후에 가나안에 있는 그의 가족들이 이야기의 흐름에 다시 돌아온다. 기근은 가나안도 강타했으며 그의 가족의 삶도 이로 인해 위협받았다.

요셉의 가족들은 애굽에는 곡식이 있다는 소식을 듣는다. 그리하여 요셉의 형제들(베냐민을 제외한)은 가족을 위한 곡식을 확보하기 위하여 애굽으로 여행을 한다. 이들의 필요는 요셉 내러티브의 또 다른 중요한 주제의 시작이 된다. 이 주제는 이스라엘 지파들 사이의 미래에 있을 관계 특별히 유다지파의 지위에 대한 암시이다.

야곱의 가족은 오늘날 우리가 역기능 가정이라고 부르는 그 모습이었다. 요셉의 이야기 시초에 형제들은 야곱의 편애로 인하여 요셉을 미워했다. 요셉은 야곱과 그의 사랑하는 라헬의 아들이었기 때문에 가장 총애를 받았지만 다른 아들들은 레아나 첩들 가운데 한 명의 소생들이었다. 야곱은 요셉에게 특별한 옷을 입힘으로써 그를 편애한다. 요셉은 남의 기분을 고려하지 않고 가족 안에서 자신의 선택된 지도력을 강조하는 자신의 두 꿈에 대하여 말함으로써 형들의 미움을 증폭시켰다. 그는 자신의 선택된 지위가 섬김을 위한 것이지 다스림을 위한 것이 아니라는 것을 아직 이해하지 못하는 듯이 보인다.

어떤 경우든, 위에서 우리가 언급한 것처럼 형제들은 자신들로부터 요셉을 제거할 첫 번째 기회를 취해서 그를 애굽에 노예로 팔아먹었다. 그리하여 애굽에서 요셉의 고난의 인생 여정이 시작되었다.

요셉의 형제들이 기근에서 생존하기 위한 수단을 마련할 소망을 갖고 애굽에 나타났을 때 요셉은 당연히 염려한다.

'그들이 자신을 팔았던 바로 그 이기적인 형제들인가?'

---

4 비록 그렇더라도 "요셉을 알지 못하는 새 왕이 일어나 애굽을 다스리더니"(출 1:8)라고 출애굽의 이야기를 시작하면서 코멘트에 요셉의 역할에 활력을 더한다. 결국 애굽의 생존과 새로 일어난 바로가 행사한 권력은 이제 이들을 착취하기로 선택한 히브리 백성들의 조상인 요셉이 행한 일에 대한 직접적인 결과였다.

'아니면 그들이 변했는가?'

그리하여 그는 자신의 정체를 숨기고 이들의 성품을 조사할 테스트를 고안한다. 요셉은 이들을 정탐꾼으로 고소한다. 이들은 이 혐의를 거부하며 이 과정에서 이들은 형제 하나 곧 야곱과 라헬의 가장 어린 아들이며 지금은 가장 사랑하는 베냐민을 집에 두고 왔다는 것을 드러낸다. 요셉은 한 형제를 인질로 여기 남겨두고(시므온) 그들의 이야기가 확실하다는 것을 보증하기 위하여 베냐민과 함께 돌아오라고 말한다.

요셉은 이들에게 곡식을 주고 몰래 이들이 낸 돈을 이들의 곡식 자루에 되돌려 준다. 이들이 가나안으로 돌아갔을 때 그리고 자신들이 아버지 야곱에게 요셉의 지시를 말했을 때 야곱은 베냐민과 함께 형제들이 애굽으로 되돌아가는 것을 허락하기를 처음에는 꺼려한다. 야곱에게는 베냐민 외의 모든 형제는 희생시켜도 좋다. 그러나 그들이 곡식이 다시 다 떨어지자 야곱은 나머지 형제들이 베냐민을 그들과 함께 취해서 애굽으로 가는 것 외에는 다른 수단이 없게 된다.

이 시점에서 우리는 이 이야기에서 유다의 역할을 주목해야 한다. 유대는 야곱의 네 번째 아들이다. 그러나 요셉 내러티브의 시초까지 첫 세 아들은 그들의 지도력에 적합하지 않았다. 르우벤은 아버지의 첩과 동침했다(창 35:21-22; 49:3-4); 시므온과 레위는 세겜 사람들을 살육했을 때 그의 아버지를 진노하게 했다(창 34장; 49:5-7).[5]

요셉 내러티브의 시초에 유다는 그 가족의 지도력을 위한 두드러진 후보일 뿐이다. 요셉을 노예로 팔자는 유다의 제안은 요셉을 구원하여 가족에게로 돌려보내려는 르우벤의 계획을 좌절시켰다.[6] 그리고 나서 창세기 38장은 유다의 성격을 더 어둡게 만드는 하나의 이야기를 한다.

---

5 비록 이 이야기의 해설자가 가나안 족속들과 야곱의 가족을 통혼하려고 하는 야곱보다는 거의 분명히 레위와 시므온에 동의할지라도(Longman, *Genesis*, 426-35).
6 첫째 아들인 르우벤은 요셉을 구덩이에 던지는 것에 반대하며 그의 형제들을 달랬어야 했다. 그러나 최소한 그는 요셉을 가족에게 돌려보낼 계획이 있었다.

유다는 가족들로부터 떨어져 나와서 가나안 여인을 아내로 맞이하며 그의 아들이 가나안 여인 다말과 결혼하도록 허락한다. 유다는 첫 두 아들이 아들이 없이 죽은 후에 세 번째 아들과 다말이 결혼하도록 하겠다는 약속을 지키지 않는다. 유다는 또한 창녀로 오인한 그의 며느리와 동침한다. 다말이 임신했을 때 유다는 그녀가 자신의 죄를 확신시키며 그녀가 임신한 아들이 자신의 아들이라는 것을 드러낼 때까지 그녀를 불사르려고 한다.

한마디로 유다는 요셉 이야기의 시초에는 비열한 사람이다. 그러나 이 이야기의 마지막 즈음에 유다는 놀라운 변화에 도달한다. 줄거리로 되돌아오면 베냐민을 포함한 형제들이 곡식을 더 요구하기 위하여 애굽에 도착한다. 그의 형제들의 성격을 계속해서 테스트하면서 요셉은 그들에게 곡식을 주지만 베냐민의 곡식 자루에 그가 점을 칠 때 사용하는 잔을 심어둔다.

요셉의 형제들이 집으로 돌아갈 때 요셉의 조수가 형제들을 따라잡는다. 그리고 그가 베냐민의 자루에서 점치는 컵을 "발견한다." "공평한 사람"인 요셉은 다른 사람이 아니라 베냐민만 감옥에 가둘 것이라고 말한다. 그리하여 요셉은 자기 자신이 노예가 되도록 이끈 상황과 매우 유사한 상황을 만든다.

형제들은 다시 한번 성가시게 만드는 가장 사랑받는 아들을 포기하고 오직 자기들의 이익만을 위하여 행동할 것인가?

이때 앞으로 나선 형제는 바로 유다이다. 구약성경에서 다소 긴 연설─그것이 중요한 것임을 가리킨다─가운데 하나(창 44:18-34)에서 유다는 베냐민을 그들이 함께 데리고 오도록 만든 상황과 젊은 아들을 잃는 것이 그들의 나이든 아버지를 어떻게 황폐하게 만들 것인가를 자세히 이야기한다. 그리하여 유다는 베냐민 대신 자신이 요셉의 집에서 노예로 봉사하도록 자기 자신을 베냐민 대신 제공한다.

유다의 이 제안은 요셉을 이스라엘 사람들에게 팔도록 그의 형제들에게 신속하게 제안했던 그때 이래로 유다의 성격이 현저하게 변화되었음을 보여준다. 요셉은 이 변화를 인식하고 그의 형제들에게 자신의 진짜 정체를 밝힘으로써 가족의 화해를 시작한다. 이 이야기의 독자들은 또한 변화를 인식하며 이제 네 번째 아들인 유다가 가족의 진정한 리더라는 것을 이해한다. 그로부터 내려올 지파가 이스라엘의 미래에 그런 중요한 역할을 할 것을 가정하는 것은 놀라운 일이 아니다.

2) "너와 같이 명철하고 지혜 있는 자가 없도다"(창 41:39)

앞의 섹션에서 우리는 요셉 이야기의 주요한 주제를 탐구했다. 우리는 지혜에 대한 주제가 하나님의 섭리에 관한 주제나 이스라엘의 미래 역사를 위하여 파급효과를 갖는 역기능적인 가족의 화해에 대한 주제만큼 중요하지는 않다는 것을 보았다.

우리는 또한 "이 책(잠언)이 인간 존재의 전 영역을 커버"[7]하기 때문에 구약성경의 모든 내러티브는 사실 잠언에서 가르치는 원리들에 대하여 그것이 바람직한 예든 반대의 예든 약간의 예를 제공할 것이라는 크렌쇼(Crenshaw)에 동의한다. 요셉과 같이 "명철하고 지혜로운 자는 없다"(창 41:39)는 선언을 하고 명철과 지혜를 요셉 안에 있는 "하나님의 영"에게로 돌린 것은 바로이다(창 41:38).

요셉의 이야기를 지혜 문헌으로 읽는 폰 라트(Von Rad)에 대한 크렌쇼(Crenshaw)의 신랄한 비평의 빛에서 우리는 우리가 무엇을 뜻하는지를 여기서 조심스럽게 묘사해야 한다. 우리는 요셉 내러티브가 지혜 문헌이라고 주장하지 않는다(비록 그런 요소가 있을지라도; 부록 2를 보라). 또한, 우리는 미래의 현자들을 훈련하기 위하여 학교에서 예시로 사용하기 위하여 현자들에 의해 만들어진 것이 요셉 내러티브라고 주장하지도 않는다. 우리의 견해는 요셉이 잠언의 금언들보다 훨씬 더 완전한 지혜에 대한 묘사를 제공

---

[7] 아마 이것은 과장일 것이지만 요점은 이해가 된다. Crenshaw, "Method in Determining Wisdom Influence," 138를 보라.

한다는 것이다.

우선 요셉의 지혜가 이교도의 자료로부터 온다는 평가는 반대될 것이다. 어떤 역사적인 고려 사항들을 제외하고 요셉의 이야기는 독자들로 하여금 평가를 액면 그대로 받아들이고 요셉이 아마도 성경적인 의미에서 지혜롭다는 해설자의 견해를 받아들이도록 격려한다는 것은 의심의 여지가 없다.

우리의 다음 관찰은 바로의 평가에 대한 이유와 관련이 있다. 바로는 "하나님이 이 모든 것을 네게 보이셨으니 너와 같이 명철하고 지혜 있는 자가 없도다"(창 41:39)라고 말한다. 다시 말해 바로는 요셉을 지혜롭다고 여긴다. 왜냐하면, 그가 바로의 두 꿈을 해석할 수 있었기 때문이다.

바로는 자신을 괴롭히는 두 개의 꿈을 꾸었지만 아마도 그의 전문적인 조언자들을 특별히 가리킬 것인데, "그 누구도" "그것을 바로에게 해석하는 자가 없었다"(창 41:8). 이집트(와 메소포타미아)의 꿈 해석에 대하여 우리가 아는 바는 해석자가 꿈의 내용을 듣고는 그 꿈의 의미와 씨름하기 위하여 꿈 주석서를 참고하곤 했다는 것이다.[8]

꿈을 해석하는 요셉의 능력 곧 그의 지혜는 요셉이 이미 일찍이 빵 굽는 관원과 술 맡은 관원에게 언급했던 것처럼 다른 근원에서 나온다.

해석은 하나님께 있지 아니하니이까(창 40:8).

바로가 자신의 꿈을 해석하기를 요구했을 때 바로에게 이 요점이 반복되었다.

내가 아니라 하나님께서 바로에게 편안한 대답을 하시리이다(창 41:16).

---

8   Borghouts, "Witchcraft, Magic, and Divination," 1783.

크렌쇼(Crenshaw)를 포함하여 많은 학자가 여기 요셉의 진술을 요셉이 지혜 문헌과 거리가 있다는 것을 주장하기 위하여 사용한다. 왜냐하면, 이들은 지혜는 계시라기보다는 인간 이성을 배타적으로 강조한다고 믿기 때문이다. 그러나 우리는 후에(제7장을 보라) 이것은 지혜에 대한 오해라고 주장할 것이다. "여호와를 경외함이 지혜의 근본"이고, 진정한 지혜의 근원으로서 계시에 호소하는 것은 드물지 않다.

그러나 요셉의 지혜는 꿈을 해석하는 능력에만 연결되지 않는다. 결국 그는 지혜롭기 때문에 바로는 "너는 내 집을 다스리라"(창 41:40)고 그를 선택한다. 꿈을 해석하는 것이 이 거대한 과제를 하도록 그를 돕지 않을 것이다. 다시 말해 요셉의 지혜는 요셉이 다가오는 대기근을 대비하는 것을 포함하여 행정을 유능하게 할 수 있는 자임을 밝힌다.

바로가 다가오는 위기를 헤쳐나갈 기술을 가진 사람으로 요셉을 선택한 것은 잘한 일임이 증명된다. 요셉은 주의 깊게 풍년의 칠 년 동안 잉여 곡물을 모았으며 칠 년의 흉년 동안 곡물을 분배하는 것을 통제했다. 그의 노력은 왕실을 풍부하게 했다. 왜냐하면, 요셉이 곡식이 필요한 사람들에게 곡물을 팔았고 결국은 필요한 곡물에 대한 대가로 이들의 들판을 획득했기 때문이다.

아마도 그 이상일 것이지만 나는 바로에게 소개되기 전과 후에 요셉이 한 일생일대의 결정들은 잠언, 전도서, 욥기를 만들었던 사람들이 지혜롭다고 간주했을 타입의 행위들을 드러낸다고 믿는다. 그리고 이 진술은 요셉에 대한 묘사가 지혜 학파에 의해 만들어졌거나 심지어 지혜서들의 빛 아래 쓰였다는 것을 의미하는 것으로 이해되어서는 안 된다. 오히려 그것은 요셉을 이 책들의 빛 아래서 읽어야 함을 보여준다. 다음에 나오는 언급들이 모든 것을 포함하지는 않는다.

3) 잠언의 빛 아래서 요셉 내러티브 읽기

요셉이 처음 우리에게 소개되었을 때 그가 지혜롭다는 인상을 주지 않는다. 요셉이 자신의 꿈의 의미를 가족에게 둔감하게 말하는 것은 요셉이 자신의 형들이 요셉이 그들 위에 있을 것이라는 주장을 어떻게 받을지 고려하지 않는다는 것을 보여준다.

그러나 보디발의 집을 관리한 것은 요셉이 계획하고 조직하는 능력이 있다는 것을 암시하며 그것을 예시한다. 형제들의 성격을 시험하는 데 관련된 잘 고안된 계획 또한 지혜로운 사람이라는 것을 가리키는 일종의 통찰을 보여준다. 크렌쇼(Crenshaw)는 이 시험은 잔인한 것이라고 주장하면서 이것은 요셉이 지혜롭다는 것을 가리키는 표가 아니라고 믿는다. 그러나 만일 우리가 과거를 생각한다면 그렇게 하는 것은 분명히 지혜로운 예방책이다. 우리의 의견으로는 폰 라트(von Rad)가 보디발 아내의 성적인 유혹을 요셉이 거절한 것을 "이방 여인 음녀"(잠 5-7장)를 피하라는 잠언의 예로 보는 것은 옳았다.

"여호와를 경외하는 것이 지혜의 근본"이기 때문에, 크렌쇼가 다음 사실에 근거하여 반대 의견을 제시하는 것은 이상하다. 즉 요셉이 보디발의 아내의 유혹에 저항한 것은 보디발이 그를 신뢰한 것에 대한 염려뿐만 아니라 하나님에 대한 염려가 동기가 된 것이다. 최소한 처음에 아마도 더 강한 반대는 잠언이 보상을 제시함으로써 그런 행위를 격려하는 반면에 요셉이 감옥에 던져졌다는 사실이다.

그러나 결국 그런 반대는 잠언이 보상을 보증한다는 잘못된 이해에 근거한다(제11장을 보라). 그리고 그런 반대는 결국에는 요셉 자신이 그의 삶의 마지막에 그의 감옥에서 "선"을 보았다는 것을 또한 잊어버린다 (창 50:19-20).

폰 라트에 대한 크렌쇼의 반대에 대한 최종적인 평가로 크렌쇼는 요셉이 현자와 같이 행하지 않는다는 것에 대한 사인(sign)으로 "요셉이 자신의 감정을 통제하는 데 실패한 것"을 가리킨다.[9] 그러나 잠언은 감정의 표현을 억제하지 않는다. 지혜로운 사람은 상황에 따라서 합당한 수준으로 타당한 감정을 표현한다. 우리는 요셉의 반응이 그가 맞닥뜨린 상황에 타당하다고 주장하고 싶다.[10]

4) 전도서의 빛 아래서 요셉 내러티브 읽기

전도서(제2장을 보라)는 "해 아래서"의 지혜는 오직 여기까지만 우리를 데려갈 수 있다고 선포한다. 주로 틀 해설자(frame narrator)의 견해를 통하여 전도서의 메시지를 확인하는 것은 "해 위에서"의 관점, 곧 하나님을 경외함으로 시작하는 관점을 격려한다. 우리는 전도서가 주로 관찰과 이성적인 사고를 통한 것이 아니라 계시를 통한 지혜를 옹호한다고 주장했다.[11]

요셉은 지혜에 대한 이러한 이해를 예시한다. 왜냐하면, 요셉은 꿈 주석들에 호소함으로써가 아니라 하나님께서 그에게 꿈들의 의미를 계시하셨기 때문에 꿈들을 해석할 수 있었기 때문이다.

5) 욥기의 빛 아래서 요셉 내러티브 읽기

전도서처럼 욥기도 진정한 지혜를 하나님의 계시에 연결한다(제3장과 제7장을 보라). 참으로 우리는 일찍이 욥기가 고난에 관한 책이 아니라 지혜에 관한 책이라고 주장했다. 우리는 고난의 문제가 욥기의 주된 이슈라고 믿지는 않지만 우리는 욥이 어떻게 고난받는가를 봄으로써 욥기에서 지혜로운 고난에 대하여 무엇인가를 배운다는 것을 보았다.

---

9 Crenshaw, "Method in Determining Wisdom Influence," 137.
10 Crenshaw(ibid.) cites 45:3, 14-15; 50:1, 17.
11 전 12:13-14의 충고를 "율법과 선지서와 성문서"를 다소 암시적으로 가리키는 것으로 받아들여서(제2장에서 그렇게 주장되었다).

욥기(시편과 함께)가 분명히 하나님의 백성에게 탄식과 불평을 허락하지만, 욥기는 궁극적인 이상으로서 인내와 침묵 속에서 고난받는 것을 지지한다. 우리가 창세기 37-50장을 따라가면서 우리는 고난받으면서 자기 형제들에게서 오는 더 깊은 상처로부터 지혜롭게 자신을 지키는 누군가를 본다. 우리는 탄식이나 통곡하지 않고 조용히 침착하게 자기 자신을 더 나은 위치로 가져가는 계획을 세우는 누군가를 본다.

2. 다니엘: 바벨론과 페르시아 궁정의 히브리인 지혜자

이제 우리의 관심을 다니엘로 돌리면서 우리는 우선 다니엘과 요셉 사이의 유사성에 주목해야 한다. 두 사람은 모두 자신들의 의지와 상관없이 외국 땅에 있었고, 두 사람 모두 그들이 이교도 통치자들의 궁정에서 섬기는 사람들이었다. 두 사람의 지혜가 또한 이 두 사람의 성격의 중요한 특징이다. 그러므로 창세기를 지혜 문헌으로 보는 것에 관하여 크렌쇼(Crenshaw)가 겨눈 비평의 종류들은 다니엘서에도 유효하다.

그러므로 우리는 다니엘서나 그것의 일부분이 지혜 문헌이라고 주장하는 것이 아니라고 말함으로써 우리의 주장을 시작한다.[12] 우리는 단순히 다니엘이 지혜롭기 때문에 우리의 관심을 다니엘에게로 돌리는 것이다.

3. 현재 상황에도 불구하고 하나님은 통제하신다

우리는 요셉 내러티브를 다룰 때 했던 것처럼, 다니엘서가 지혜 문헌이 아니며 다니엘서의 주된 주제가 지혜도 아니라는 인식과 함께 다니엘서의

---

12 이 점은 심지어 우리가 부록 2에서 우리의 주장을 받아들여도 유효하다.

탐구를 시작한다. 따라서 다니엘서의 조망을 유지하기 위하여 우리는 다니엘서의 주요 메시지에 대하여 짧게 언급하면서 우리의 탐구를 시작할 것이다.[13]

다니엘서는 두 부분으로 이루어져 있다. 처음 여섯 장은 이방 나라인 바벨론과 페르시아의 궁정에 있는 다니엘과 그의 세 친구에 관한 이야기이다. 다음 여섯 장은 네 개의 묵시론적인 이상을 포함한다. 게다가 다니엘서는 그것이 현재 있는 것처럼 두 가지 언어로 기록되었다.

다니엘서는 히브리어로 시작하여 2:4에서 내러티브가 아람어로 언어가 바뀐다. 언어가 변화하는 것은 놀라운 일이 아니다. 왜냐하면, 해설자가 궁정의 조언자들인 등장인물들이 왕에게 "아람어"로 대답한다고 선언하기 때문이다. 놀라운 것은 아람어가 그 대답의 마지막에 다시 히브리어로 바뀌지 않고 7장 마지막까지 계속된다는 것이다. 왜 다니엘서가 두 가지 언어로 기록되었는가에 대하여 합의된 의견이 없다. 심지어 일반적인 이중성에 대하여도 의견이 엇갈린다(내러티브와 묵시).

이런 차이들에도 불구하고 다니엘서는 하나의 분명한 주제가 있다. 각 이야기와 각 이상은 다니엘서의 독자들을 "현재의 고난 속에서도 하나님은 통제하고 계시며 최종적인 승리를 할 것"이라고 위로한다(BIBD 401). 우리는 이 주제를 다니엘서의 첫 몇 절에서 볼 수 있다.

바로 첫 절은 느부갓네살이 예루살렘을 어떻게 포위하고, 어떻게 예루살렘의 왕인 여호야김으로 하여금 성공적으로 항복하게 하고, 어떻게 유다를 봉신으로 만들었는지를 기술한다. 해설자는 독자들에게 그것은 느부갓네살이 통제하고 있는 것처럼 보일 뿐이라고 말한다. 실제로 느부갓네살은 오직 "주께서 유다 왕 여호야김과 하나님의 전 그릇 얼마를 그의 손에 넘기시매" 그럴 수 있었다(단 1:2).

현재의 모습에도 불구하고 하나님께서 통제하신다는 이 메시지는 다니

---

13 다니엘서의 메시지에 대한 충분한 해설에 대하여는 Longman, *Daniel*을 보라.

엘서 전체를 통하여 반복된다. 예를 들어 다니엘서 7장에서 다니엘의 이상의 첫 부분은 혼돈의 바다로부터 연속해서 일어나는 공포스러운 짐승들을 묘사한다. 후에 해석해 주는 천사는 다니엘에게 이 짐승들은 "세상에서 일어날 네 왕이라"고 말할 것이다(단 7:17). 다시 말해 이들은 유다를 지배하는 바벨론과 같은 나라들이다.

이 이상의 두 번째 부분은 또 다른 이야기를 한다. 여기서 "인자 같은 이가 구름을 타고 와서" 옛적부터 항상 계신 이에게 인도된다. 그리고 그에게는 이런 권세가 주어진다.

> 그에게 권세와 영광과 나라를 주고 모든 백성과 나라들과 다른 언어를 말하는 모든 자가 그를 섬기게 하였으니 그의 권세는 소멸하지 아니하는 영원한 권세요 그의 나라는 멸망하지 아니할 것이니라(단 7:13-14).

이 구절에 관한 많은 것은 논쟁 중일지 몰라도 이 이상은 분명히 압제하는 나라들을 묘사하는 짐승을 이기는 하나님의 위대한 승리를 묘사한다.

그러므로 다니엘서의 주된 메시지는 하나님이 통제하시며 최종적으로 승리할 것이란 것이다. 하나님의 백성들이 고난받는 상황 속에서 쓰였기 때문에[14] 다니엘서는 압제 가운데 있는 백성들을 위로하려고 의도되었다. 메시지는 하나님의 압제 받는 백성들이 생존할 수 있으며 또한 압제의 상황 속에서 번창할 수 있다는 것이다. 다니엘서의 이 주된 주제에 대한 이해와 함께 우리는 이제 지혜의 주제를 생각하는 데로 관심을 돌릴 것이다.

---

14 전통적인 사고처럼 다니엘서가 주전 6세기에 기록되었든지, 혹은 후에 주전 2세기에 셀류키드 왕(Seleucid king)인 안티오코스 에피파네스(Antiochus Epiphanies)의 압제하에 기록되었든지 이것은 사실이다.

1) "십 배나 나은 줄 아니라"(단 1:20)

비록 다니엘서가 지혜 문헌도 아니고 지혜에 관한 책이 아니어도, 지혜는 다니엘서에서 중요한 역할을 한다. 해설자는 네 명의 히브리인 포로를 소개하는데, 특별히 다니엘이 특출나게 지혜로우며 특히 바빌론과 페르시아의 다니엘과 같은 사람들과 대조된다. 우리는 주요 인물인 다니엘에게 초점을 맞출 것이다.

이교도의 지혜로운 자들의 지혜와 다니엘의 지혜를 대조하는 내러티브의 관심은 1장에서 다니엘의 "학문과 언어"의 훈련과 함께 시작한다(단 1:4). 느부갓네살은 봉신의 상태가 된 유다의 정치적인 포로들인 이들 젊은이, 귀족들, 그리고 용모가 준수한 자들에게 관심이 있다. 그것은 이들을 급속도로 확장되는 제국을 섬기도록 훈련하는 것이다. 느부갓네살은 이들의 음식을 통제하기 원하고 그래서 이들이 지적으로 합당하고 육체적으로도 궁중에서 섬기는 현자로서 그들의 봉사에 맞는 육체적인 모양을 갖도록 통제하기 원한다.

다니엘서 1장의 주된 초점은 육체적인 모양에 있다. 왜냐하면, 다니엘과 그의 친구들이 느부갓네살의 음식에 자신들을 복종하기 거절하기 때문이다. 다니엘은 공개적으로 저항하지 않고 지혜롭게(아래를 보라) 이 상황 뒤에서 명령받은 기름진 음식과 포도주를 채소와 물로 대체하도록 조종한다. 이들의 훈련을 책임지고 있는 환관장 아스부나스는 왕이 명령한 음식을 이들이 중단하기를 허락하지 않는다.

아스부나스는 이들이 다른 동갑인 다른 사람들보다 못하게 보일까 봐 두려워한다(단 1:10). 그러나 다니엘은 성공적으로 음식을 배달해주는 자를 설득하여 채소와 물을 그들에게 가져오도록 한다. 그리고 아스부나스의 염려와 대조적으로 이들은 전혀 나빠 보이지 않았고 모든 면에서 그들 또래의 소년들보다 꼭대기에 있는 것으로 평가되었다.

다니엘과 그의 친구들이 왕의 음식을 왜 거절했는지의 이유에 대하여는 이제까지 많은 논쟁이 있었다. 이들이 거절한 것이 코쉐르 법(kosher laws)과 무엇인가 관련되어 있다는 주장은 설득력이 없다. 그 이유는 다음과 같다.

첫째, 다니엘의 이후의 삶을 보면 그가 정기적으로 이 음식을 먹고 포도주를 마시는 것으로 보이기 때문이다(단 10:3). 왕의 음식을 먹는 것이 정치적인 연합을 의미하는 것이기 때문에 이들이 왕의 음식 먹기를 금한 것으로 보이지도 않는다. 무엇보다도 이것은 공적인 행위가 아니라 사적인 행위였다.

둘째, 이들은 왕의 식탁으로부터 오는 왕의 채소는 먹고 있었다.

셋째, 다니엘과 그의 친구들은 사실 그렇게 하는 것이 그들의 종교와 명백히 갈등을 일으키기 전까지는 바벨론 왕궁과 최대한 협력한다.

우리는 이 이유가 다른 곳에서 발견될 것이라고 믿는다. 한마디로 다니엘은 하나님께서 일하실 여지를 주고 있다. 느부갓네살은 그가 통제하고 있다고 느끼고 바벨론의 현자들의 원하는 육체적인 모습을 만들어갈 음식을 자신이 공급하고 있다고 느낀다. 만일 우리가 고대 근동의 현자들의 모습을 나타내는 당시의 그림들(고고학적인 발굴을 통하여 발견된 낮은 부조와 같은 것들 위에 있는 그림들)을 조사하면 그 모습은 야위지 않고 다소 무게가 있어 보인다. 기름진 음식과 포도주는 이 원하는 모습을 만들 것이다.

만일 이것이 사실이라면 다니엘의 음식인 채소와 물은 이 원하는 목표에 이르는 최선의 길은 아니다. 그런데 언급한 것처럼 이 장의 마지막에 이들은 가장 최고라고 선언된다. 이것은 이들이 합당한 현자의 모습을 성취했다는 것을 암시한다. 만일 이들의 음식이 이 모습을 만들어 내지 못한다면 하나님이 그것을 했음이 틀림없다.

비록 다니엘서 1장이 바벨론의 학문과 언어의 훈련에 초점을 두지 않는다고 해도 해설자는 이들의 훈련 마지막에 이들은 "모든 일을 묻는 중에 그 지혜와 총명이 온 나라 박수와 술객보다 십 배나 나은" 사람들이 되었다고 분명히 선언한다(단 1:20).

이 진술은 이들이 실제로 느부갓네살의 학교에서 무엇을 훈련했는지를 고려하면 흥미롭다. 우리는 성경 이외의 자료로부터 온 신바벨론의 궁정에서 현자들을 훈련하기 위하여 사용한 커리큘럼을 통하여 이에 대한 좋은 정보를 갖고 있다. 이들의 훈련은 이들을 이들의 믿음에 독이 될 바벨론의 이교도 신화에 아주 깊이 노출시켰을 것이다. 그러나 가장 흥미로운 것은 미래를 결정하고 꿈을 해석하기 위하여 양의 간을 읽는 것과 같은 기술을 배우는 점치는 수업일 것이다. 꿈 해석은 이제 우리가 관심을 돌릴 다음 장에서 핵심적인 역할을 한다.

다니엘서 2장에서 왕은 마음을 어지럽히는 꿈을 꾸었다. 그는 "그의 꿈을 자기에게 알려 주도록 박수와 술객과 점쟁이와 갈대아 술사"를 부른다(단 2:2). 왕은 그들로 하여금 왕에게 왕이 꾼 꿈의 의미만이 아니라 꿈의 내용도 말하기를 원한다. 이 요구에 이들은 충격적인 저항으로 반응한다.

> 갈대아인들이 왕 앞에 대답하여 이르되 세상에는 왕의 그 일을 보일 자가 한 사람도 없으므로 어떤 크고 권력 있는 왕이라도 이런 것으로 박수에게나 술객에게나 갈대아인들에게 물은 자가 없었나이다 왕께서 물으신 것은 어려운 일이라 육체와 함께 살지 아니하는 신들 외에는 왕 앞에 그것을 보일 자가 없나이다 한지라(단 2:10-11).

현대의 독자에게는 왜 이들이 이렇게 저항하는지에 대한 약간의 배경이 필요하다. 메소포타미아에서 꿈의 해석은 다음과 같은 방식으로 이루어졌다.[15] 꿈을 꾼 사람이 해석자에게 꿈을 기술한다. 그러면 해석자가 그것의 의미를 결정하기 위하여 꿈 주석들을 살피러 간다. 다시 말해 해석자는 결코 자신들이 꿈을 꾼 사람에게 그 사람이 꾼 꿈의 '내용'을 말할 수 있다

---

15 메소포타미아의 징조들과 꿈 해석에 대한 정보는 Farber, "Witchcraft, Magic, and Divination"에 유용하게 요약되어 있다.

고 주장하지 않았다.

우리는 왜 느부갓네살이 그들에게 자신이 꾼 꿈의 내용을 말하지 않으려 했는지 모른다. 그러나 느부갓네살의 이 행동은 다니엘의 지혜가 메소포타미아의 현자들의 지혜와 대조될 수 있는 상황을 만들었다. 혹은 다른 방식으로 말하면 다니엘의 진정한 지혜가 다니엘서 1장에서 언급된 훈련의 과정에서 가르쳐진 지혜와 대조될 것이다. 그리하여 우리는 다니엘과 그의 친구들이 자신들이 먹은 음식에도 불구하고 자신들의 체형을 하나님께서 빚으셨을 뿐만 아니라, 그들의 지혜도 훈련이 아니라 하나님으로부터 온 것임을 볼 것이다.

메소포타미아의 지혜자들이 왕에게 왕이 꾼 꿈을 말할 수 없자 왕은 "지혜자들을 다 죽이라"고 조서를 내렸다(단 2:13). 그리하여 왕의 근위대장인 아리옥이 다니엘과 그의 친구들을 찾으러 갔다. 아리옥이 다니엘에게 다가오자 다니엘이 "명철하고 슬기로운 말"로 그에게 말했다(단 2:14; 아래 주석을 보라). 다니엘이 시간을 조금 달라고 했고 시간이 주어지자 다니엘과 그의 친구들이 하나님을 향하여 기도했다. 하나님께서 꿈의 내용과 꿈의 해석을 다니엘에게 알려주심으로 그의 기도에 응답하셨다.

그리하여 다니엘은 자신의 지혜가 하나님에게서 직접 오기 때문에 참되며 바벨론의 궁정의 지혜보다 뛰어나다는 것을 드러낸다. 꿈에 대하여 하나님으로부터 고지를 받은 후에 다니엘은 다음과 같이 인정함으로써 하나님을 찬양했다.

> 지혜와 능력이 그에게 있음이로다(단 2:20).

> 지혜자에게 지혜를 주시고 총명한 자에게 지식을 주시는도다(단 2:21).

다니엘은 느부갓네살에게 "왕이 물으신 바 은밀한 것은 지혜자나 술객이나 박수나 점쟁이가 능히 왕께 보일 수 없으되 오직 은밀한 것을 나타내실 이는 하늘에 계신 하나님이시라"고 분명히 했다(단 2:27-28).

그리하여 요셉처럼 다니엘의 지혜도 꿈 해석과 연결되어 있다. 요셉처럼 다니엘도 이 지혜가 오직 하나님으로부터만 온다고 인정한다. 정말로 후에 바벨론 왕인 벨사살은 벽에 신비한 글자를 보고 결국 "네 안에는 신들의 영이 있으므로 네가 명철과 총명과 비상한 지혜가 있다"고 들은 다니엘을 부른다(단 5:14). 그러나 요셉처럼 현자로서 다니엘에 대한 묘사는 꿈 해석을 넘어서 탁월한 경영 능력과 고난의 한가운데에서도 성공적으로 삶을 항해해 나갈 수 있는 능력을 포함한다.

2) "다니엘이 명철하고 슬기로운 말로 그에게 말하니라"(단 2:14)

요셉처럼 다니엘의 지혜도 꿈을 해석하는 능력과 관련되어 있다. 우리가 이미 본 것처럼 다니엘은 그의 슬기가 하나님에 의해 주어진 것임을 지극히 분명히 한다. 그러므로 그의 지혜는 훈련의 결과가 아니라 계시의 결과라고 말하는 것이 타당하다.

그러나 그의 지혜는 꿈 해석과만 연결되어 있지 않고 실제로 매일 매일 처리하는 일들 속에서도 드러난다. 해설자는 왕의 근위대장 아리옥이 바벨론의 모든 지혜자들을 죽이라는 왕의 포고를 전하기 위하여 다니엘에게 나타날 때 이것을 지적한다. 다니엘은 당황하거나 도망가거나 목숨을 구걸하지 않고 하나님께 호소할 기회를 달라는 방식으로 그에게 말했다. 그리고 하나님으로부터 답을 얻어서 바벨론의 지혜자들의 목숨을 구해냈다.

이 특정한 에피소드이든 다니엘서의 첫 여섯 장에 나오는 다니엘과 세 친구에 대한 여섯 이야기의 어느 하나든 우리는 잠언이 옹호하는 왕(혹은 왕의 대리자들) 주변에서 일종의 책임을 맡고 있는 자로 행하고 있는 다니엘을 본다.

왕의 진노는 죽음의 사자들과 같아도
지혜로운 사람은 그것을 쉬게 하리라(잠 16:14).

마음의 정결을 사모하는 자의
입술에는 덕이 있으므로 임금이 그의 친구가 되느니라(잠 22:11).

오래 참으면 관원도 설득할 수 있나니
부드러운 혀는 뼈를 꺾느니라(잠 25:15).

정말로 다니엘의 냉철한 머리는 심지어 팽팽한 긴장의 상황 속에서도 효과를 나타낸다. 이어지는 잠언들은 첫 장에서 아스부나스와 대화할 때 잘 예시된다. 다니엘은 왕에 의해 공급되는 음식을 먹고 싶어 하지 않는다. 그러나 아스부나스는 다니엘에 협조하기를 거절한다. 다니엘은 저항하지도 요구하지도 않는다. 다니엘은 자기가 원하는 목표에 도달하기 위하여 또 다른 전략을 인내를 갖고 만든다.

노하기를 더디 하는 자는 크게 명철하여도
마음이 조급한 자는 어리석음을 나타내느니라(잠 14:29).

너는 미련한 자의 앞을 떠나라
그 입술에 지식 있음을 보지 못함이니라(잠 14:7).

노하기를 더디하는 자는 용사보다 낫고
자기의 마음을 다스리는 자는 성을 빼앗는 자보다 나으니라(잠 16:32).

말을 아끼는 자는 지식이 있고
성품이 냉철한 자는 명철하니라(잠 17:27).

잠언에 대한 우리의 연구에서 우리는 현자들이 종종 지혜/의/경건을 어리석음/악/불경건과 대조했다는 것을 주목했다. 이 용어가 비록 다니엘서 6장에서 사용되지 않지만 경건한 지혜자로 다니엘을 일찍이 묘사하는 것은 우리로 지혜와 어리석음이라는 프리즘(prism)을 통하여 다니엘서 6장을 보도록 격려한다.

다니엘서 6장은 다니엘서 3장처럼 궁정에서의 갈등[16]을 기술한다. 이 이야기는 "총리들과 고관들"(단 6:3)에 대항하는 다니엘을 구덩이에 던져넣는다. 다니엘은 성공적인 행정가로 너무나 탁월하여 왕은 그를 그의 동료들 위에 진급시킨다. 그리하여 성공적인 지혜자는 합당한 자신의 보상을 받는다.

> 네가 자기의 일에 능숙한 사람을 보았느냐
> 이러한 사람은 왕 앞에 설 것이요
> 천한 자 앞에 서지 아니하리라(잠 22:29).

그의 경쟁자들이 질투로 그를 비방할 것을 찾는다.

> 분은 잔인하고 노는 창수 같거니와
> 투기 앞에야 누가 서리요(잠 27:4).

> 패역한 자는 다툼을 일으키고
> 말쟁이는 친한 벗을 이간하느니라(잠 16:28).

> 나무가 다하면 불이 꺼지고
> 말쟁이가 없어지면 다툼이 쉬느니라(잠 26:20).

---

16 이 용어는 Humphreys, "Life-Style for the Diaspora"에서 온 것이다.

경쟁자들이 좌절되게 "아무 근거, 아무 허물도 찾지 못하였으니 이는 그가 충성되어 아무 그릇됨도 없고 아무 허물도 없음이었더라"(단 6:4). 지혜로운 다니엘은 게으르지 않았고 열심히 일했다(단 6:6-11; 10:4, 5; 12:11, 24, 27 등). 그는 또한 윤리적으로도 타협하지 않았으며 "지혜롭게, 공의롭게, 정의롭게, 정직하게" 행하는 것으로 특징지어지는 사람이었다(잠 1:3b).

그래서 총리들과 고관들은 왕을 설득하여 오직 왕을 향해서만 기도하도록 조서를 내리도록 함으로써 다니엘을 향한 음모를 꾸몄다.[17]

> 관원이 거짓말을 들으면
> 그의 하인들은 다 악하게 되느니라(잠 29:12).

> 여호와께서 미워하시는 것 곧 그의 마음에 싫어하시는 것이
> 예닐곱 가지이니
> 곧 교만한 눈과 거짓된 혀와
> 무죄한 자의 피를 흘리는 손과
> 악한 계교를 꾀하는 마음과
> 빨리 악으로 달려가는 발과(잠 6:16-18).

비록 이들이 다니엘이 사자굴에 던져지도록 하는 데 잠시 성공했을지 모르지만 하나님은 그를 보호하셨고 다니엘을 고소한 자들은 자신들이 다니엘을 향하여 의도했던 그 운명에 자신들이 처해졌다.

---

17 처음에 이 법령은 이상하다. 왜냐하면, 페르시아 왕들은 신들로 간주하지 않았기 때문이다. 아마도 요점은 기도가 왕을 통하여 이루어져야 한다는 것이다. Walton("Decree of Darius," 280)에 의하면 이 법령은 사실 "왕을 신격화하는 것이 아니라 왕을 규정된 시간을 위하여 신을 합법적으로 대리하는 유일한 사람으로 임명하는 것"이다. 왕에게 호소력을 가졌을 법한 것은 그러한 법령이 왕에 대한 충성을 시험하는 것으로 사용되리라는 것이었다.

거짓 증인은 벌을 면하지 못할 것이요
거짓말을 하는 자도 피하지 못하리라(잠 19:5).

대저 행악자는 장래가 없겠고
악인의 등불은 꺼지리라(잠 24:20).

대저 의인은 일곱 번 넘어질지라도 다시 일어나려니와
악인은 재앙으로 말미암아 엎드러지느니라(잠 24:16).

4. 결론

우리는 요셉과 다니엘을 함께 다루었다. 왜냐하면, 이들의 이야기들이 아주 많은 유사점을 갖고 있기 때문이다. 이들은 둘 다 그들의 의지에 반하여 이방의 궁정이라고 하는 유해한 환경에서 일해야 했다. 이들은 둘 다 꿈과 이상을 경험했고 이것들을 해석하는 데 이들의 지혜를 보여주었다. 이들은 둘 다 자신들의 지혜를 하나님께로 돌렸다. 더 나아가 이들 두 사람은 자신들의 지혜를 자신들의 군주인 왕을 안내하는 실제적인 일에 사용하였다.

성경의 내러티브는 이들 두 사람을 일관성 있게 자신들의 삶과 다른 사람들과의 관계 속에서 지혜를 드러내는 것으로 제시한다. 이 일관성은 성경의 다른 두 인물과 대조된다. 이 두 인물들은 이들의 지혜로도 잘 알려지지만, 완전히 어리석은 자로 타락해 버린 것으로도 잘 알려져 있다. 다음 장에서 우리는 이 두 인물 아담과 솔로몬 이야기로 우리의 관심을 돌릴 것이다.

제6장

아담과 솔로몬

지혜의 정점에서 어리석음의 심연으로

　구약성경에서 지혜로운 인물 가운데 솔로몬보다 더 잘 알려진 사람은 없다. 이스라엘과 후에 유다 왕들 가운데 누구도 솔로몬을 능가하지 못한다. 우리는 지혜와 관련된 세 권의 책들과 관련하여 솔로몬의 이름을 이미 본 적이 있다(잠언, 전도서, 아가). 그러나 솔로몬은 열왕기에서 그의 지혜로뿐만 아니라 어리석음으로 가파르게 붕괴하는 것으로도 유명하다.

　다른 한편으로 아담은 처음에는 지혜에 대한 우리의 묘사에 포함되는 후보로 생각되지 않을 것이다. 창세기를 시작하는 장들에서 보면 아담이 아니라(혹은 하와가 아니라) 뱀이 지혜와 연관된 단어(아룸['ārûm], 창 3:1)와 관련된다는 것이 놀랍다. 그러나 지혜가 분명히 하나님을 향한 아담과 하와의 반역의 이야기에서, 특별히 선과 악을 아는 것과 관련된 나무와 함께 역할을 하고 있다. 그러나 우리가 여기서 지혜로 시작했다가 어리석음으로 마치는 성경 인물의 예로 아담을 포함하는 것은 특별히 에스겔서 28장에서 우리가 발견한 이후의 아담 전통 때문이다.

1. 아담

1) 지혜롭게 되기 원하기(창 3장)

아담과 하와의 반역의 이야기의 첫 말들은 지혜의 주제를 소개한다. 여기서 뱀은 "여호와 하나님이 지으신 들짐승 중에 가장 간교(아룸['ārûm])하니라"로 기술된다(창 3:1). "간교하다"는 단어는 잠언에서 잘 알려진 단어다(잠 1:4; 8:5, 12; 12:16, 23; 13:16; 14:8, 18; 15:5; 19:25; 22:3; 27:12). 잠언에서 이 단어는 "슬기로움," "건전한 판단" 혹은 "책략이 풍부함"과 같이 결정적으로 긍정적인 의미를 표현한다.

그러나 이 단어는 창세기 3장에서는 악의 상징인 뱀에게 적용됨으로써 의심의 여지 없이 부정적인 암시를 표현한다. 뱀은 해로운 목표를 향하여 속이는 자라는 것을 드러낸다. 뱀은 하와를 설득하고 하와를 통하여 아담이 동산 가운데 있는 한 나무의 열매를 먹지 말도록 주어진 명령을 깨뜨리도록 시도한다.

정말로 이 나무의 이름도 첫 사람의 반역을 이야기할 때 지혜의 모티프를 드러난다. 그 이름은 "선과 악의 지식(하따아트[hadda'at])의 나무"(창 2:17)다. 뱀이 감언이설로 하와가 그 나무의 열매를 먹도록 설득할 때 뱀은 "너희가 그것을 먹는 날에는 너희 눈이 밝아져 하나님과 같이 되어 선악을 알 줄" 알게 된다고 주장한다(창 3:5)[1]. 우리는 잠언의 서론에 따라 "지식"이 잠언 공부로부터 약속된 무엇임을 안다(잠 1:4b).

그러나 하나님은 "슬기로움"(아룸)과 같은 "지식"(다아트[da'at])이 항상 유익한 것은 아니라는 것을 보이시면서 나무로 상징되는 "지식"을 그의 피조물인 사람에게 금하셨다. 정말로 그 열매를 먹는다면 그 나무가 가져

---

[1] 창 3장과 그들의 신들의 이미지에 "눈을 여는" 메소포타미아의 제의 사이의 흥미로운 병행들에 대하여는 McDowell, "Image of God" in *the Garden of Eden*를 보라.

다주기로 약속한 지식이 무엇인가 하고 우리는 물어야만 한다.

나무의 이름으로부터 우리는 그 지식이 "선"과 "악"의 지식(윤리적인 범주)이라고 추측할 수 있다. 물론 가장 근본적인 의미에서 아담과 하와는 이미 "선"과 "악"을 알고 있다. 이들은 깨닫고 있다는 의미에서 무엇이 옳은지 무엇이 그른지 알고 있다. 그 나무의 열매를 먹는 것은 잘못이다. 이 시점에서 우리는 지식은 지적인 이해 이상임을 기억할 필요가 있다. 즉 지식은 경험을 포함한다.[2]

그 나무의 열매를 먹음으로써 아담과 하와는 새로운 정보를 얻고 있지 않다. 오히려 그들은 도덕적인 범주들을 규정하는 권리가 하나님보다는 자신들에게 있다고 우기는 것이다. 하나님은 그 나무의 열매를 먹는 것은 잘못이라고 이미 말씀하셨다. 그런데 그들은 하나님의 권위를 거절한다. 그리고 그들은 무엇이 옳은지 무엇이 그른지를 결정하는 권리를 자기 자신들이 가졌다고 단언한다.

뱀은 금지된 나무의 열매를 먹도록 하와를 성공적으로 설득했다. 하와는 지혜를 얻을 희망으로 자극되었다. 하와는 그 나무가 "지혜를 얻을 만큼 탐스럽다"는 것을 보았다(3:6; *skl* 히필형, 이 어근은 잠언에서 긍정적인 의미로 사용된다).[3] 하와는 그 열매를 아담에게 주었고 아담도 그 열매를 먹었다. 그리고 즉시로 이들은 자신들에 대하여 새로운 인식을 하게 되었다.

그러나 이들의 새로운 통찰력은 이들의 삶 안으로 수치를 가져왔다는 점에서 해로운 것이었다. 이 점은 이들이 더 이상 서로 앞에서 벗은 채로, 약점이 있는 채로 서 있을 수가 없고 서로의 눈으로부터 가릴 것을 찾아야 한다는 사실에 의해 설명된다.

그리하여 역사적인 내러티브의 시초에 지혜의 주제에 대한 성경의 첫 번째 소개는 부정적인 경험을 보고한다. 우리는 자기 생각대로 지혜를 이해

---

2 Fretheim, "yd'," *NIDOTTE* 2:410을 보라.
3 잠 1:3; 3:4; 10:19; 12:8; 13:15; 21:11, 12; 23:12을 보라.

하는 부정적인 결과를 가져온 사람들을 본다. 하나님을 배제한 채 그들이 지혜를 이해한 것은 최초의 죄를 가져오고, 관계(창 3:16)와 일(창 3:17-19)에서의 어려움 만이 아니라 죽음 곧 처음에 영적인 죽음(하나님으로부터 소외)과 후에 결국은 육신적인 죽음을 가져온다. 아담과 하와의 반역은 바울 사도에 의하면 인간 경험들에 지속적인 영향을 끼친다(롬 5:12-21).[4]

2) 아담: "너는 완전한 도장이었고 지혜가 충족하며 온전히 아름다웠도다"(겔 28:12b)

아담에 대한 주제를 마치기 전에 우리는 두로 왕에 대한 에스겔의 신탁을 흥미롭게 언급할 수 있다(겔 28장).

에스겔 선지자는 하나님을 위하여 말하며 강력한 통치자의 파멸을 선언한다. 이 통치자는 상업적으로 큰 성공을 거두었지만 그 결과로 극도로 교만하게 되었다("마음이 교만하여 말하기를 나는 신이라 내가 하나님의 자리 곧 바다 가운데에 앉아 있다 하도다," 겔 28:2). 에스겔은 두로 왕의 지혜를 공격함으로써 두로 왕의 교만을 공격한다. 이는 틀림없이 그의 막대한 부를 가져온 것이 그의 지혜(실용적인 수준에서 이해된 지혜)이기 때문일 것이다.

> 네 지혜와 총명으로 재물을 얻었으며 금과 은을 곳간에 저축하였으며 (겔 28:5).

---

[4] 아담과 하와가 첫 번째 부부이건 혹은 진화를 사용한 하나님에 의해 창조된 원인류를 대표하건 이것은 사실이다(Longman, *Genesis*, 82-84를 보라). 인간의 죄와 아담과 하와의 첫 번째 죄의 정확한 관계는 논쟁되고 있다. 그러나 바울은 이들의 행위가 세상에 죄와 사망을 가져왔다는 것을 분명히 한다. 다양한 견해(예를 들어 상속, 대표성, 전가)에 대한 연구를 위하여는 Madueme and Reeves, *Adam, the Fall, and Original Sin*; and Barrett and Caneday, *Four Views on the Historical Adam*를 보라.

네 큰 지혜와 네 무역으로 재물을 더하고 그 재물로 말미암아 네 마음이 교만하였도다(겔 28:4-5).

에스겔은 두로 왕이 자신의 성공을 가져온 어떤 유형의 지혜를 가지고 있다는 것을 인식하지만 에스겔은 교만한 자기 이해를 호되게 꾸짖는다.

네 마음이 하나님의 마음 같은 체할지라도 너는 사람이요 신이 아니거늘(겔 28:2).

에스겔은 조롱 섞인 말로 묻는다.

네가 다니엘보다 지혜로워서 은밀한 것을 깨닫지 못할 것이 없다 하고(겔 28:3).

다니엘은 최고로 지혜로웠다(앞 장을 보라).[5] 그러나 다니엘의 겸손과 하나님에 대한 순종은 두로 왕의 오만과 대조된다.

이것들은 겔 28:12-19에서 두로 왕에 대한 주목할 만한 고소와 심판을 가져온다. 에스겔은 에덴동산에 거주하던 자와 두로 왕 사이의 유비를 끌어낸다.

> 너는 완전한 도장이었고
> 지혜가 충족하며 온전히 아름다웠도다
> 네가 옛적에 하나님의 동산
> 에덴에 있어서

---

[5] Day("Daniel of Ugarit")에 반대하여 에스겔서에 언급된 다니엘은 우가릿 텍스트에 나오는 왕 다니엘이 아니라 성경에 나오는 인물과 같은 다니엘이라는 Dressler("Identification of the Ugaritic Dnil")에 동의한다.

각종 보석
곧 홍보석과 황보석과 금강석과
황옥과 홍마노와 창옥과
청보석과 남보석과 홍옥과
황금으로 단장하였음이여
네가 지음을 받던 날에 너를 위하여 소고와 비파가 준비되었도다
너는 기름 부음을 받고 지키는 그룹임이여
내가 너를 세우매
네가 하나님의 성산에 있어서
불타는 돌들 사이에 왕래하였도다
네가 지음을 받던 날로부터
네 모든 길에 완전하더니
마침내 네게서 불의가 드러났도다
네 무역이 많으므로
네 가운데에 강포가 가득하여
네가 범죄하였도다
너 지키는 그룹아
그러므로 내가 너를 더럽게 여겨 하나님의 산에서 쫓아냈고
불타는 돌들 사이에서 멸하였도다
네가 아름다우므로
마음이 교만하였으며
네가 영화로우므로
네 지혜를 더럽혔음이여
내가 너를 땅에 던져
왕들 앞에 두어 그들의 구경 거리가 되게 하였도다
네가 죄악이 많고 무역이 불의하므로
네 모든 성소를 더럽혔음이여

내가 네 가운데에서 불을 내어

너를 사르게 하고

너를 보고 있는 모든 자 앞에서

너를 땅 위에 재가 되게 하였도다

만민 중에 너를 아는 자가

너로 말미암아 다 놀랄 것임이여

네가 공포의 대상이 되고

네가 영원히 다시 있지 못하리로다(겔 28:12-19).

두로 왕에 대한 신탁에서 하나님은 일인칭 화자로 이인칭 단수("너")인 화자에게 직접 이야기한다. 하나님은 두로 왕을 "에덴, 하나님의 동산에" 있었던 누군가와 비교한다. 이 누군가는 오직 아담이나 뱀만 될 수 있다. 물론 이론적으로는 하와(혹은 부부로서의 아담과 하와도)를 가리킬 수도 있을 것이다. 그러나 왕이 남성이므로 이 누군가가 뱀이 아니라면 하나님은 마음에 아담을 염두에 두었을 것 같다.

그러나 이 누군가는 아담인가 뱀인가?

나는 하나님이 두로 왕을 뱀과 비교하지 않고 아담과 비교하면서 두로 왕을 조롱한다는 생각으로 기울지만, 절대적으로 확신하기는 매우 어렵다. 아담을 가리키든 뱀을 가리키든 이 텍스트는 이 동산에서 "실제로 무슨 일이 일어났는지"에 대하여 정보를 우리에게 더 주지 않는다.

내 의견에는 사실 창세기 2-3장도 실제 동산에서 실제로 일어난 것에 대한 세세한 묘사를 우리게 주지 않는다. 그보다는 하나님이 정말로 사람을 창조하셨고(어떻게 만드셨는지는 말하지 않더라도) 사람을 만드실 때 이들은 도덕적으로 정직했고 선택할 수 있는 능력이 있었다는 것을 우리에게 말하기 위하여 고도의 비유 언어를 사용한다. 그리고 창세기 3장은 세상에서 죄와 죽

음의 실재를 설명함으로써 사람이 창조주를 반역했다고 우리에게 말한다.[6]

그러나 무엇이 하나님이 두로 왕을 뱀이 아니라 아담과 비교하고 있다는 것을 가리키는가?

이 신탁은 두로 왕을 "동산에 있던" 한 사람과 비교한다. 동산에 뱀이 출현한다고 하더라도 동산은 뱀의 통상적인 주거지(우리가 어디인지는 모르지만)는 아니다. 게다가 동산의 인물에 대하여 묘사를 시작하는 말("너는 완전한 도장이었고 지혜가 충족하며 온전히 아름다웠도다," 12절)을 가장 자연스럽게 이해하는 것은 그 묘사를 동산에 있는 뱀이 아니라 동산에 있는 아담에게만 적용할 수 있을 것으로 내게는 보인다. 더욱이 이 사람은 귀한 보석들로 치장되어 있다.

이 모습은 대제사장의 흉판(혹은 가슴 펜던트[CEB])이 귀한 보석들로 장식되어 있다는 사실을 생각나게 한다(출 28:15-21). 제사장적인 상징은 창세기 2장이 하나님의 우주적인 거룩한 성소에 있는 제사장으로 아담을 묘사하는 방식으로 창조를 묘사하기 위하여 성막의 이미지를 사용한다는 사실을 나타낸다.[7] 게다가 그가 동산에서 "일하고 지키라(샤마르[šāmar])"는 명령은 제사장의 일을 묘사한다.

얼핏 보면 이 인물이 "동산을 지키는 스랍"으로 묘사된다는 것은 아담보다는 뱀을 가리킬 것 같다. 그러나 이것은 뱀이 사탄 곧 타락한 천사라는 생각에 근거를 둘 것이다.[8] 이런 견해는 성경에서 결코 발전하지 않는다. 우리가 아는 한 구약성경의 독자는 동산에서의 뱀은 구체적으로 사탄이 아니라 악의 상징이라고 단순히 이해할 것이다. 뱀과 사탄 사이의 연결은 신약성경에서 이루어질 뿐이다(롬 16:20; 계 12:9). 그리고 이 연결이 사탄이란 인물이 발전하지 않은 구약성경 속으로 거꾸로 읽혀서는 안 된다.

---

6 창 2-3장에 관한 내 이해에 대한 충분한 설명을 위하여는 Longman, *Genesis*, 45-84를 보라.
7 Wenham, "Sanctuary Symbolism" 외 많은 학자가 같은 의견을 주장한다.
8 Longman, "Serpent"를 보라.

어떤 경우든 에스겔서의 그 인물은 동산을 지키는 스랍을 말하지 않으며 "동산을 지키는 스랍처럼" 되는 것을 말한다. 다시 말해 정원을 지키는 책임을 맡은 것은 아담이었다. 그러나 그는 자기 임무에 실패했고 그의 일은 진짜 스랍에 의해 대체되었다(창 3:24).

그 비교가 두로 왕과 아담 사이의 비교임을 가리키는 마지막 암시는 두로 왕의 운명을 예시하는 이 동산의 인물의 운명에 관한 것이다. 하나님은 그를 동산으로부터 쫓아낸다. 물론 창세기 3장은 에덴동산으로부터 쫓아내는 데 있어서 첫 부부의 운명을 묘사한다(창 3:23-24). 우리는 뱀과 관련해서는 같은 언어를 찾지 못한다.

에스겔서 28장은 두로 왕을 조롱하기 위하여 에덴동산의 이야기를 창조적으로 사용한다(창 2-3장). 에스겔은 아담과 두로 왕 사이의 칭찬할 수 없는 유사성을 강조하기 위하여 거기 주어진 아담의 그림을 발전시킨다.

이 신탁의 진짜 관심은 두로 왕이다. 동산 인물과의 비교는 이 강력하고 오만하고 부유한 통치자의 명성을 더럽히는 데 사용된다. 신탁은 지혜와 부와 아직 다루지 않은 주제인 흠 없음(blamelessness)의 견지에서 두 인물을 비교한다. 물론 아담은 흠 없는 자로 창조되었다.[9] 아담과 두로 왕에 대한 평가 사이의 상호 작용은 두로 왕이 한때는 지혜로웠고 부유했고 흠이 없었지만, 교만이 아담과 두로 왕 둘 다를 몰락하게 했다는 것을 암시한다.

이 신탁의 관심이 두로 왕이어도 우리는 지혜의 연구에 대한 우리의 목적을 위하여 동산의 인물과 이 신탁으로부터 지혜에 대하여 배우는 것에 더 흥미를 갖는다. 분명히 우리는 이 본문으로부터 성경의 인물인 아담에 대해서 더 많은 것을 배우지는 않는다. 우리는 마치 이 본문이 우리에게 동산의 경험에 대한 확장판을 제공하는 것처럼 이 본문을 창세기 2-3장으로

---

[9] 그리고 아마도 이 묘사는 동산에서 흠 없지 않던 뱀과 연관시키는 것에 반대하는 또 다른 주장이다. 동산은 흥미롭게 "하나님의 거룩한 산"으로 묘사된다. 이 묘사는 동산 이미지를 고대 근동과 이스라엘 사람들이 가진 하나님이 거하시고 자신의 임재를 알리시는 장소로서의 우주적인 산에 대한 생각과 결합한다. Clifford, *Cosmic Mountain*을 보라.

거꾸로 가져가서 읽어서는 안 된다. 에스겔 28장은 두로 왕에 대하여 신랄하게 비판하기 위하여 동산 이야기를 각색한다.[10]

그래서 이 신탁은 지혜에 대하여 우리에게 무엇을 말하는가?

우선, 두로 왕과 아담은 본래 지혜로웠다. 두로 왕의 지혜는 큰 부를 가져왔고 아담은 동산 곧 하나님의 거룩한 산에서 살며 하나님의 부요함을 누렸다. 그러나 지혜는 영속적인 것이 아니다. 우리는 지혜를 잃을 수 있다. 그리고 지혜를 잃게 만드는 방아쇠는, 적어도 여기의 경우는, 자기 자신에게 관심을 돌리는 교만이다.

> 네 마음이 하나님의 마음 같은 체하였으니(겔 28:6).

우리는 아담과 하와가 동산에서 자신들의 도덕적인 자율성을 주장함으로써 자신들의 교만을 발동한 것을 보았다. 이들은 더 이상 하나님이 무엇이 옳은지 그른지 말할 것에 대하여 신경쓰지 않았다. 이들은 자신들이 도덕적인 범주들을 규정하는 권리가 있다고 우겼다.

그러나 두로 왕과 동산의 아담 두 사람의 객관적인 교훈은 지혜가 오직 하나님께 순종함으로써만 온다는 것이다. 일단 교만이 들어오면 지혜를 잃게 되고 그렇게 되면 궁극적으로 하나님의 복을 잃게 된다. 아담은 동산에서 쫓겨났으며 하나님은 두로 왕에게 심판을 가져오실 것이다. 교만과 도덕적인 자율성에 관한 주장 때문에 지혜와 그것의 유익을 잃어버리는 패턴은 솔로몬의 이야기에서 반복될 것이다.

---

10 이 시점에서 우리는 에스겔이 이 각색(embellishment)을 창조했는지, 동시대의 문화 속에서 이미 알려진 아담 전설을 사용했는지에 대하여는 관심을 갖지 않는다.

2. 솔로몬

1) "지혜롭고 총명한 마음"(왕상 3:12)

솔로몬(통치, 주전 965-928)은 이스라엘의 세 번째 왕이었다. 그는 용사인 그의 아버지 다윗을 계승했으며 평화롭고 통일된 왕국을 물려받았다.[11] 정말로 솔로몬의 이름은 히브리어로 "평화"를 의미한다. 그러므로 솔로몬은 그의 정착한 백성들 가운데 하나님이 영원히 거주할 장소인 성전을 건축하기에 합당한 인물이었다.

우리의 연구 목적을 위하여 우리는 솔로몬의 생애에서 지혜가 한 역할에 관심을 둔다. 그리고 우리는 솔로몬의 통치 초기에 솔로몬은 지혜의 전형이었지만 그의 삶의 마지막에는 어리석음의 사람이 된 것을 보게 될 것이다. 솔로몬의 삶에 대해 이어지는 설명은 지혜의 본질에 대하여 우리가 무엇을 배울 수 있는지 보기 위하여 지혜로부터 어리석음으로의 이 궤도에 초점을 맞춘다.

비록 두 책이 분명히 차이가 있지만 열왕기와 역대기는 솔로몬의 삶에 대한 상대적으로 광범위한 이야기를 우리에 제공한다. 열왕기는 솔로몬의 삶에 있는 깊은 결점을 드러내지만, 역대기는 그것을 최소화한다. 우리의 관심은 이 차이에 대한 완전한 설명을 요구하지 않는다.[12]

그러나 두 책은 그들 각각의 청중들의 관심을 이야기한다고 말하는 것으로 충분하다. 열왕기의 솔로몬에 대한 부정적인 묘사는 포로 후기 청중들에게 왜 그들이 하나님의 심판으로 고난받는지를 말하지만, 역대기의 솔로

---

11 이 책은 열왕기 혹은 역대기에 의해 제공된 솔로몬에 대한 묘사의 역사성을 변호하는 곳이 아니며, 또한 이 책의 목적상 그것이 필요하지도 않다. 이 책은 성경의 최종 형태 속에서 지혜의 주제를 탐구한다. 그러나 관련된 역사적인 이슈에 대하여 건전하게 제시하는 것에 대하여는 Provan, Long, and Longman, *Biblical History of Israel*, 239-58를 보라.

12 Longman and Dillard, *Introduction to the Old Testament*, 167-201을 보라.

몬에 대한 긍정적인 묘사는 포로 후기 청중들에게 미래에 경건한 삶을 살기 위한 영감을 불어넣는다.

열왕기와 역대기는 둘 다 우리에게 솔로몬이 기브온에서 하나님께 희생제사를 드리는 동안 하나님으로부터 거대한 지혜를 선물로 받는다는 것을 말한다(왕상 3장; 대하 1장). 솔로몬의 인생의 바로 이 시점에서 열왕기와 역대기는 기본적으로 솔로몬에 대하여 긍정적인 관점을 견지한다. 그러나 열왕기는 기브온에서 희생제사를 드린 일로 솔로몬에게 펀치를 하나 날리지 않을 수 없었다. 기브온은 "가장 중요한 산당"이었다(개역개정, "거기는 산당이 큼이라, "왕상 3:4). 이 말은 "다윗의 법도를 행하였으나 산당에서 제사하며 분향하더라"(왕상 3:3)라는 해설자의 말에 곧 이어진다.

다른 한편 역대기는 긍정적으로 "하나님의 회막 곧 여호와의 종 모세가 광야에서 지은 것이 거기에 있음이라"(대하 1:3)라고 덧붙인다. 예배 처소의 중앙화에 대한 율법은 하나님께서 "자기 이름을 두시려고 택하실" 곳 이외의 다른 곳에서 예배하는 것을 금하고 있다(신 12:11). 그러나 이 규정은 성전이 건축된 후에나 시행된다. 그러므로 솔로몬이 기브온으로 감으로써 법을 깨뜨리는 것은 아니다.

기브온에서 희생제사를 드리는 것에 대한 반응으로 하나님이 솔로몬에게 하나님께 필요한 것을 구하라고 하신다("내가 네게 무엇을 줄꼬 너는 구하라," 왕상 3:5). 그리고 솔로몬은 지혜를 구함으로써 대답한다.

> 누가 주의 이 많은 백성을 재판할 수 있사오리이까 듣는 마음을 종에게 주사 주의 백성을 재판하여 선악을 분별하게 하옵소서(왕상 3:9).

하나님은 이 요구를 기뻐하셨고 솔로몬에게 "지혜롭고 총명한 마음" 뿐만 아니라 부와 명예도 주신다(왕상 3:12-13).

솔로몬은 하나님에게 특별히 백성들을 잘 다스릴 목적으로 지혜를 구했다. 부분적으로 솔로몬의 작품으로 추정되는 잠언은 지혜로운 통치의 이익과 어리석은 통치에 내재하는 위험성에 대한 많은 이야기를 담고 있다. 예를 들어 다음과 같은 구절들이다.

> 왕은 정의로 나라를 견고하게 하나
> 뇌물을 억지로 내게 하는 자는 나라를 멸망시키느니라(잠 29:4).

> 관원이 거짓말을 들으면
> 그의 하인들은 다 악하게 되느니라(잠 29:12).

> 심판 자리에 앉은 왕은
> 그의 눈으로 모든 악을 흩어지게 하느니라(잠 20:8).

자신의 백성들에게 이로운 통치를 하는 유능하고 선한 왕들은 지혜로 다스린다. 현자들의 말들 속에서 이 왕들은 여성 지혜(Woman Wisdom)와 관계가 있을 때 잘 다스린다. 지혜가 다음과 같이 말하는 것과 같다.

> 나로 말미암아 왕들이 치리하며
> 방백들이 공의를 세우며
> 나로 말미암아
> 재상과 존귀한 자 곧 모든 의로운 재판관들이 다스리느니라(잠 8:15-16).

역대기 기자의 솔로몬에 대한 설명이 기브온에서 성전 건축으로 옮겨 간다(포로 후기 공동체의 첫 번째 과제가 두 번째 성전을 건축하는 것이기 때문에 성전 건축이 역대기의 주된 관심 중의 하나다). 그러나 열왕기의 해설자는 솔로몬의 지혜가 어떻게 공정한 재판을 통하여 백성들을 돕는가를 보여준다(왕상 3:16-28).

이 소송은 두 창녀와 관련된다. 이 소송은 솔로몬 왕의 사회적 약자들에 대한 관심을 보여준다. 이 두 창녀는 각각 삼일 안에 아이를 낳았지만 한 여인의 아이가 죽었다. 고소하는 여인은 아이를 잃은 여인이 자신의 아이를 가져갔는데 그 아이가 자신의 아이라고 주장했다. 그들 둘밖에 없었기 때문에 누구도 그 문제의 진실성에 대해서 입증할 수 없었다. 이것은 외부의 권위에 의해 확증될 수 없는 팽팽한 주장에 대한 문제였다.

솔로몬은 아이를 둘로 쪼개서 공평하게 나누어 주어야 한다고 말하면서 반응했다. 솔로몬의 책략은 아이의 진짜 어미로부터 가짜를 구별하도록 했다. 왜냐하면, 그 아이의 진짜 어미는 아이가 살 수 있게 하려고 자기 아이를 포기하려고 했기 때문이다. 해설자는 이렇게 말한다.

> 온 이스라엘이 왕이 심리하여 판결함을 듣고 왕을 두려워하였으니 이는 하나님의 지혜가 그의 속에 있어 판결함을 봄이더라(왕상 3:28).

다음 장에서 열왕기의 해설자는 솔로몬의 관원들뿐만 아니라 왕궁의 양식을 얻기 위한 그의 전략을 묘사한다. 이것은 솔로몬이 왕국을 제대로 효과적으로 다스린다는 그의 지혜에 대한 암시적인 확언이다. 솔로몬은 열두 지역의 관리들을 임명함으로써(왕상 4:7-19) 더 강한 중앙 집권 정부를 만들려고 일부러 부족 간의 동맹의 토대를 흔들고 있다.

이 장은 솔로몬의 깊은 지혜에 대한 전반적인 평가로 마친다. 이 평가는 일반적인 언급으로 시작한다.

> 하나님이 솔로몬에게 지혜와 총명을 심히 많이 주시고 또 넓은 마음을 주시되 바닷가의 모래같이 하시니(왕상 4:29).

이 묘사는 솔로몬의 지혜를 다른 잘 알려진 지혜의 인물들과 호의적으로 비교하는 데까지 계속된다. 어떤 사람들은 이름으로("예스라 사람 에단과 마홀의 아들 헤만과 갈골과 다르다," 왕상 4:31), 또 어떤 사람들은 그들의 지역으로("동쪽 모든 사람의 지혜와 애굽의 모든 지혜," 왕상 4:30) 언급된다.[13]

해설자는 또한 솔로몬의 지혜의 막대한 결과에 대하여 설명한다.

> 그가 잠언 삼천 가지를 말하였고 그의 노래는 천다섯 편이며 그가 또 초목에 대하여 말하되 레바논의 백향목으로부터 담에 나는 우슬초까지 하고 그가 또 짐승과 새와 기어다니는 것과 물고기에 대하여 말한지라(왕상 4:32-33).

이 단락은 "사람들이 솔로몬의 지혜를 들으러 왔으니 이는 그의 지혜의 소문을 들은 천하 모든 왕이 보낸 자들이더라"(왕상 4:34)라고 언급함으로써 결론을 맺는다.

마지막 언급 즉시 예를 주지 않지만, 후에 우리는 솔로몬이 건축을 마치고 성전을 봉헌한 후에—우리는 이것으로 관심을 돌릴 것이다—우리는 스바 여왕의 이야기를 듣는다(왕상 10:1-13). 스바의 중요성은 스바가 이스라엘에서 멀다는 것이다. 스바는 오늘날 예멘으로 대개 확인된다. 이 스바는 먼 곳일 뿐만 아니라 이국적이기도 하다. 솔로몬의 지혜는 국제적인 지위에 도달했다.

스바 여왕은 솔로몬에게 묻기 위하여 선물들을 가지고 왔다. 우리는 그녀의 질문이 무엇을 포함했는지 모른다. 그러나 우리는 "왕이 알지 못하여 대답하지 못한 것이 하나도 없었더라"(왕상 10:3)라고 듣는다. 솔로몬의 위대한 지혜는 이스라엘 안에 있는 사람들에 의해서만이 아니라 이스라엘 밖 사람들에 의해서도 확언되었다.

솔로몬의 지혜에 대한 일반적인 기술(왕상 4:29-34)과 스바 여왕의 방문(왕상 10:1-13) 사건 사이에 나타나는 주요 주제는 솔로몬의 건축과 성전 봉헌(왕상 5-8장)이다. 지혜가 이 장들의 광범위한 주제는 아니어도 성전 건

---

13 이방인들의 지혜와 이렇게 비교하는 것의 중요성에 대하여는 제9장을 보라.

축을 성공적으로 마치는 것을 솔로몬의 지혜를 드러내는 것으로 이해할 이유들이 있다.

첫째, 일찍이 성막을 건축하는 것은 거기에 관련된 사람들에게 성막 건설의 과제를 완수하기 위하여 하나님의 지혜가 부여되었기 때문에 가능했다는 것이 분명하다(출 31:1-11).

둘째, 성전 건축에 대한 설명의 초기에 우리는 솔로몬이 목재를 공급하기 위하여 시돈 왕 히람을 고용하는 것을 듣는다. 히람은 "오늘 여호와를 찬양할지로다 그가 다윗에게 지혜로운 아들을 주사 그 많은 백성을 다스리게 하셨도다"(왕상 5:7)라고 감탄하면서 반응한다. 그리고 해설자가 덧붙인다.

> 여호와께서 그의 말씀대로 솔로몬에게 지혜를 주신 고로 히람과 솔로몬이 친목하여 두 사람이 함께 약조를 맺었더라(왕상 5:12).

한마디로, 솔로몬은 이스라엘의 역사에서 그리고 국제적으로도 타의 추종을 불허하는 지혜의 인물이었다. 솔로몬의 지혜 근원은 하나님이었고, 하나님은 그의 모든 영역에 상상할 수 없을 만큼 복 주셨다. 그러나 솔로몬은 그의 삶을 불명예로 마친다.

왜 지혜의 정점에서 어리석음의 밑바닥으로 이동했는가?

2) "솔로몬 왕이 … 이방의 많은 여인을 사랑하였으니"(왕상 11:1)

솔로몬은 시작은 잘했다. 그는 경건했고 의로웠으며 지혜로웠다. 열왕기에 의하면 그의 지혜 때문에 그는 자기 나라를 번영으로 이끌었다.

> 솔로몬 왕의 재산과 지혜가 세상의 그 어느 왕보다 큰지라 온 세상 사람들이 다 하나님께서 솔로몬의 마음에 주신 지혜를 들으며 그의 얼굴을 보기

원하여 그들이 각기 예물을 가지고 왔으니 곧 은 그릇과 금 그릇과 의복과 갑옷과 향품과 말과 노새라 해마다 그리하였더라(왕상 10:23-25).

그러나 솔로몬의 통치를 묘사하는 마지막 장은 강력해져 가는 다수의 대적들에 포위되고 해체되어 가는 나라를 그린다. 우리는 우선 에돔의 하닷에 대하여 듣는다. 그는 다윗과 요압이 에돔을 패배시킨 이후로 이집트에서 정치적인 망명자였다. 하닷은 심지어 바로의 딸과 결혼했는데 이는 그가 애굽에서 인기가 있었다는 것을 보여준다.

에돔인 하닷은 그리하여 남쪽으로부터 솔로몬의 이스라엘에 대한 위협이 된다. 또 다른 대적 르신은 자신을 다메섹에 중심을 둔 아람 국가의 지도자로 단언했는데 북쪽으로부터 이스라엘을 위협했다.

그러나 아마도 가장 고통스러운 것은 솔로몬과 북쪽 열 지파의 거주민들 사이에서 커지는 긴장이었을 것이다. 먼저 우리는 여로보암에 대하여 듣는다. 여로보암은 "요셉 족속의 일을 감독하는" 지도자로 솔로몬을 섬겼다(북쪽 지파들; 왕상 11:28). 솔로몬과 여로보암 사이에 갈등이 일어났다. 우리가 처음에는 솔로몬과 여로보암 사이의 갈등에 원인이되는 정치적인 실재들에 대하여 듣지 못했다.

우리는 하나님을 통하여 선지자 아비야가 여로보암에게 그가 남쪽의 유다 지파로부터 나눈 북쪽의 열 지파를 다스릴 것이라고 말했다는 것을 듣는다(왕상 11:29-39). 솔로몬은 여로보암의 위협을 감지했고 그를 죽이려고 했으나 여로보암은 성공적으로 애굽에서 도피처를 찾았다.

솔로몬과 여로보암 사이의 적대감을 일으킨 이유는 솔로몬이 죽고 그의 아들 르호보암이 북쪽 지파들에 의해 왕으로 인정받기 위하여 북쪽으로 갔을 때 분명해진다. 다윗의 후손은 아마도 자동적으로 유다의 왕이 되었지만 북쪽 주민들에게 받아들여질 필요가 있었다. 그리하여 르호보암이 세겜의 북쪽 도시를 여행했고 거기서 르호보암은 북쪽 지파들에 의해 왕으로 받아들여질 것을 기대했다.

그러나 북쪽 지파들은 사람들을 여로보암에게 보냈고 그가 애굽으로부터 돌아와 지금은 그가 북쪽 지파들의 이익을 대변했다.

여로보암은 북쪽 지파들의 말을 전한다.

> 왕의 아버지가 우리의 멍에를 무겁게 하였으나 왕은 이제 왕의 아버지가 우리에게 시킨 고역과 메운 무거운 멍에를 가볍게 하소서 그리하시면 우리가 왕을 섬기겠나이다(왕상 12:4).

솔로몬과 여로보암 사이의 갈등은 여로보암이 북쪽 지파들의 노동력을 책임지고 있을 때 일어났다는 것을 기억하라. 북쪽 지파 사람들은 솔로몬이 자신들을 착취하고 학대하고 있으며 솔로몬이 자신의 지파인 유다 지파는 다르게 대하고 있음이 틀림없다고 생각한다는 것이 분명해진다. 여로보암은 북쪽 지파에 대한 솔로몬의 취급에 저항하고 항거했던 것으로 보이며 그래서 그가 애굽으로 도망가야 했던 것으로 보인다.

이제 솔로몬은 죽었고 여로보암은 자신이 더 나은 대우를 위하여 협상하는 힘 있는 위치에 서게 되었다. 그러나 르호보암은 나이 든 조언자들의 지혜를 반대하는 그의 젊은 조언자들의 어리석은 조언을 따랐다. 북쪽 지파들은 반역을 일으켰고 왕국을 둘로 나누었다. 르호보암의 행동이 왕국 분열을 부채질하기는 했지만, 갈등의 근원은 솔로몬이 그의 통치 기간 동안 북쪽 지파를 대한 것에서 발견된다.

결론적으로 솔로몬의 통치는 잘 시작했지만 끔찍하게 끝났다.

어떻게 해서 이렇게 되었는가?

한마디로 지혜로운 솔로몬이 어리석게 되었기 때문이다. 열왕기는 이 변질의 원인을 이방 여인들 특별히 바로의 딸을 사랑한 것에서 찾는다.

> 솔로몬 왕이 바로의 딸 외에 이방의 많은 여인을 사랑하였으니 곧 모압과 암몬과 에돔과 시돈과 헷 여인이라 여호와께서 일찍이 이 여러 백성에 대

하여 이스라엘 자손에게 말씀하시기를 너희는 그들과 서로 통혼하지 말며 그들도 너희와 서로 통혼하게 하지 말라 그들이 반드시 너희의 마음을 돌려 그들의 신들을 따르게 하리라 하셨으나 솔로몬이 그들을 사랑하였더라 왕은 후궁이 칠백 명이요 첩이 삼백 명이라 그의 여인들이 왕의 마음을 돌아서게 하였더라 솔로몬의 나이가 많을 때에 그의 여인들이 그의 마음을 돌려 다른 신들을 따르게 하였으므로 왕의 마음이 그의 아버지 다윗의 마음과 같지 아니하여 그의 하나님 여호와 앞에 온전하지 못하였으니 이는 시돈 사람의 여신 아스다롯을 따르고 암몬 사람의 가증한 밀곰을 따름이라 솔로몬이 여호와의 눈앞에서 악을 행하여 그의 아버지 다윗이 여호와를 온전히 따름 같이 따르지 아니하고(왕상 11:1-6).

주께서 이스라엘 백성들에게 외국 이방 여인과 통혼(通婚)을 하지 말라고 하셨다. 정말로 토라는 왕으로 하여금 많은 여인과 결혼하는 것을 금지하고 있다("그에게 아내를 많이 두어 그의 마음이 미혹되게 하지 말 것이며," 신 17:17).

솔로몬이 이방 여인과 결혼하는 것의 문제는 이중적이었다.

첫째, 이것은 분명한데, 이방 여인들은 다른 남신과 여신을 섬겼고, 솔로몬은 명백히 이들의 종교적인 관습에 대하여 편의를 제공해 주었을 뿐만 아니라 그것들을 자신의 종교로 수용했다.

둘째, 이 결혼들은 정치적인 동맹들이었다. 바로의 딸과 결혼하는 것은 이스라엘과 애굽 간의 정치적인 동맹을 만들었다. 이것은 후에 선지자들이 큰 소리로 정죄한 것이었다(렘 2:17-19, 36; 30:12-17; 사 7장; 30:1-5; 31장). 왜냐하면, 이 동맹은 왕이 자신들을 보호하기 위하여 여호와만을 의지하지 않고 다른 힘 있는 나라를 의지하는 것이었기 때문이다. 정말로 위에서 일부 인용한 왕권에 관한 법은 애굽의 공주들과 결혼하는 것은 말할 것도 없고 심지어 말들을 사러 애굽으로 내려가는 것도 금하고 있다(신 17:16).

역설적이게도 솔로몬과 밀접하게 관련된 잠언에서 발견되는 중심적인 교훈들 가운데 하나가 이방 여인들과 뒤엉키는 것을 피하라는 것이었다 (예를 들어 잠 5:1-23; 6:20-35; 7:1-27). 여기 이방이란 말이 여인들, 심지어 백성들의 관습에 자신들을 이교적으로 만드는 이스라엘 사람들을 가리키는 것으로 취해져야 한다는 것이 타당한 주장이 될 수 있지만, 이 말은 분명히 이스라엘 백성이 아닌 여인들과 그러므로 규정상 여호와를 예배하지 않는 여인들을 포함할 것이다.[14]

잠언은 왕에 대한 이방 여인들의 부정적인 영향에 대하여 구체적으로 말하지 않는다. 그러나 잠언은 어떻게 악인과 연합하는 것이 부정적인 결과를 가져오는지에 대하여 좀 더 일반적으로 말한다.

> 관원이 거짓말을 들으면
> 그의 하인들은 다 악하게 되느니라(잠 29:12).

> 은에서 찌꺼기를 제하라
> 그리하면 장색의 쓸 만한 그릇이 나올 것이요
> 왕 앞에서 악한 자를 제하라
> 그리하면 그의 왕위가 의로 말미암아 견고히 서리라(잠 25:4-5).

그리하여 솔로몬의 이방 여인에 대한 사랑은 여호와만을 배타적으로 예배하는 그의 마음을 많은 남신들과 여신들을 예배하는 데로 돌리게 했다. 그리하여 지혜로운 왕의 전형인 솔로몬이 어리석은 왕의 예가 되었다. 잠언은 지혜로운 왕은 건강한 나라를 이끌어 오지만 어리석은 왕은 나라를 망친다고 지적한다.

---

14 Longman, *Proverbs*, 163-65.

악을 행하는 것은 왕들이 미워할 바니
이는 그 보좌가 공의로 말미암아 굳게 섬이니라(잠 16:12).

의인이 득의하면 큰 영화가 있고
악인이 일어나면 사람이 숨느니라(잠 28:12).

무지한 치리자는 포학을 크게 행하거니와
탐욕을 미워하는 자는 장수하리라(잠 28:16).

왕은 정의로 나라를 견고하게 하나
뇌물을 억지로 내게 하는 자는 나라를 멸망시키느니라(잠 29:4).

잠언 29:4에 관련하여, 세금징수원 자체는 아니지만 솔로몬의 북쪽 지파들에 부과한 강제 노역이 왕국 분열의 주된 원인이었다.

3) 잃어버린 지혜

솔로몬의 삶에 대한 열왕기의 설명은 '어떻게 그렇게 지혜로운 사람이 어떻게 그렇게 어리석게 될 수 있는가' 하는 의문을 일으킨다. 한편으로 이 질문에 대한 대답은 솔로몬이 이방 여인을 사랑한 것이다. 이것은 솔로몬으로 하여금 하나님에 대한 신뢰의 부족을 드러낸 정치적인 동맹을 가져왔으며 궁극적으로 그를 가장 지혜롭게 만든 하나님과의 관계의 토대를 완전히 흔들어 버린 이방 종교적 영향이 자기에게 미치도록 만들었다.

솔로몬의 이야기는 지혜를 잃을 가능성에 대한 경고를 포함한다. 지혜는 한번 얻으면 잃어지지 않는 박사학위 같은 지위가 아니다. 지혜로워지기 위해서 우리는 삶의 과정에 헌신해야 한다(잠언에서 '길'에 대한 은유). 잠언은 "어리석은 자를 지혜롭게"(잠 1:4) 할 뿐만 아니라 "지혜 있는 자는 듣고 학식이 더할 것이요 명철한 자는 지략을 얻을" 수 있게 쓰인 것이다(잠 1:5).

솔로몬은 그의 인생의 어떤 시점에서 지혜를 추구하기를 포기했고 그러므로 그것을 잃었다. 그 결과로 솔로몬의 삶은 하나님 이외의 다른 것으로부터 삶의 의미를 찾으려는 다른 사람들에 대한 경고로 읽힐 수 있다. 우리는 전도서가 코헬렛이란 인물을 창조하는 데 솔로몬 전통을 이용함으로써 어떻게 이 점을 정확히 지적하는지를 보았다(제2장을 보라).

BAKER
COMMENTARY ON THE OLD TESTAMENT
WISDOM AND PSALMS

The Fear of the Lord Is Wisdom

제3부
이스라엘의 지혜: 보편적인가 유일한가

제7장 지혜의 근원
제8장 지혜, 창조, 그리고 (무)질서
제9장 고대 근동의 배경에서 이스라엘의 지혜
제10장 지혜, 언약 그리고 율법

우리는 이제 구약성경에서 지혜의 개념에 초점을 두는 책들(잠언, 전도서, 욥기)과 지혜에 대한 우리의 이해에 중요하게 공헌하는 다른 책들 안에 있는 구절들에서 지혜의 주된 근원들을 조사했다. 이제 우리는 나머지 성경 책들과 좀 더 넓은 고대 근동과의 관계 속에서 지혜의 위치가 무엇인가에 대한 질문을 제기할 준비가 되었다.

이 질문들은 과거 수십 년간 지혜에 대한 논의 속에서 탐구되어 왔다. 많은 학자는 지혜를 성경에서 독특한 성격을 갖는 것으로, 이스라엘 밖의 지혜에 대한 생각들과 조화를 이루는 것으로 특징지웠다. 정말로 몇몇 학자들이 지혜를 독특한 것으로 만든다고 생각한 것은 지혜의 우주적인 성격이다.

우리는 지혜의 근원에 대하여 숙고함으로써 시작한다. 구속-역사적이고 예언적이며 법적인 전통이 계시를 그것들의 기원으로 주장하는 반면에 지혜는 그 교훈을 종종 경험과 관찰과 전통과 실수로부터 배우는 것(교정)에 호소한다. 그러므로 제7장은 지혜의 근원을 묘사하며 성경 지혜에 있어서 계시의 역할에 대한 질문을 제기한다.

지혜가 보편적인 특성이 있다는 가정은 지혜의 신학적인 기초가 구속 역사보다는 창조와 관련되어 있다는 것과 관련되어 있으며, 또한 공유된 사조와 내용 특별히 애굽과 메소포타미아 문학과 관련되어 있다는 것이다. 제8장과 제9장은 이 연관성을 탐구한다.

이 섹션에서 우리는 지혜와 율법과 언약 사이의 관계와 함께 결론을 내릴 것이다(제10장). 이 셋은 성경 자료들에서는 개별적이고 성경 이후 자료들에서만 함께 나오는 것으로 생각되지만(제14장), 우리는 이들 사이에 밀접한 연관이 있다고 주장할 것이다.

제7장

지혜의 근원

경험, 관찰, 전통, 교정, 그리고 궁극적으로 계시

우리는 어디서 지혜를 찾는가?
달리 질문하면, 지혜의 근원은 무엇인가?
많은 학자가 지혜의 근원이 구약성경의 다른 면들과 범주적으로 다르다고 믿을 때 우리는 이 질문을 한다. 우리가 예언의 근원에 대하여 물으면 대답은 분명하다. 하나님이 그의 종 선지자들에게 예언적인 말씀을 계시하시므로 선지자들이 말할 수 있다. 즉 "주께서 이같이 말씀하시니라" 혹은 "여호와의 말이니라" 같은 말씀이다.
만일 우리가 율법의 근원에 대하여 묻는다면 다시 한번 그 대답은 분명할 것이다. 왜냐하면, 우리가 하나님으로부터 율법을 받기 위하여 모세가 시내산으로 올라가고 있는 것에 대하여 읽기 때문이다(출 19-34장). 한마디로 많은 성경의 전통의 근원은 계시이다.
많은 학자가 지혜는 이에 관하여 다르다고 언급한다(성경 이후에 대조되는 것처럼, 제14장을 보라). 성경의 지혜는 하나님으로부터 직접 나오는 것(계시)이 아니라, 보통 사람이 알아가는 수단들, 즉 경험과 관찰과 전통과 시행착오 등을 통하여 얻어진다는 것이다.
이 장에서 우리는 지혜의 근원에 대한 질문을 탐구할 것이다. 우리가 이 탐구를 해 나감에 따라 우리는 현자들이 우리의 경험과 과거 세대의 전통과 조심스러운 교정(correction)으로부터 배우도록 격려하는 것을 보게 될 것이다.

예를 들어 잠언에서 교훈으로 제시되는 많은 것들이 이 근원들로부터 온다.

그러나 근본적으로 지혜는(많은 학자의 의견과 대조적으로) 하나님으로부터 나온다. 그러므로 지혜는 궁극적으로 계시적이라고 불릴 수 있다. 정말로 구약성경은 지혜의 진정한 근원은 하나님이라고 분명히 한다. 우리는 지혜가 전통과 경험과 관찰에서 추구될 때, 그래서 계시로부터 분리될 때는 지혜를 얻을 수 없을 뿐만 아니라 지혜는 왜곡되고 사실은 어리석은 것으로 증명됨을 보게 될 것이다. 이 장의 나머지 부분에서 우리는 계시와 분리된 지혜를 추구하는 구체적인 예를 볼 것이다.

1. 전통

1) 아버지들의 가르침

잠언은 전통이 통찰력을 가질 수 있다고 주장한다. 잠언 4장에서 자신의 가르침을 시작하면서 자기 아들에게 아버지가 말하는 것을 들어보라.

> 아들들아 아비의 훈계를 들으며
> 명철을 얻기에 주의하라
> 내가 선한 도리를 너희에게 전하노니
> 내 법을 떠나지 말라
> 나도 내 아버지에게 아들이었으며
> 내 어머니 보기에 유약한 외아들이었노라
> 아버지가 내게 가르쳐 이르기를…(잠 4:1-4a).

아버지는 그의 아들에게 지혜를 나누어 준다. 이 지혜는 먼저 그의 아버지로부터 받은 것이다. 그리고 그의 아버지는 아마도 그 지혜를 그의 아버지로부터 받았을 것이다. 다시 말해 우리는 그 무엇이 지혜로운 행동을 만들어 내는지 혹은 어리석은 행동을 만들어 내는지 결정하기 위하여 그것을 경험해 볼 필요가 없다.

정말로 잠언의 최종 형태는 지혜로운 삶을 향하는 독자들을 안내하려고 의도한 경건한 전통의 저장소로 간주할 수 있을 것이다. 아버지들의 충고를 담고 있는 이 모음이 궁극적으로는 하늘 아버지에게서 온 것임은 지혜와 율법의 밀접한 연관성으로부터 분명해진다. 우리는 이것을 아버지들의 지혜를 담고 있는 말들과 율법을 가리키는 말들 사이의 연결에서 본다(충분한 논의는 제10장을 보라). 그런 율법의 말 한 가지는 "명령"(미쯔바 [miṣwâ])이다.

> 내 아들아 네가 만일 나의 말을 받으며
> 나의 계명(미쯔보타이 [miṣwōtay])을 네게 간직하며
> 네 귀를 지혜에 기울이며…(잠 2:1-2a).

> 내 아들아 나의 법을 잊어버리지 말고
> 네 마음으로 나의 명령(미쯔보타이)을 지키라(잠 3:1).

> 아버지가 내게 가르쳐 이르기를 내 말을 네 마음에 두라
> 내 명령(미쯔보타이(을 지키라 그리하면 살리라(잠 4:4).

> 내 아들아 네 아비의 명령(미쯔밧 [miṣwat])을 지키며
> 네 어미의 법을 떠나지 말고(잠 6:20).

아버지들의 지혜와 관련 속에서 발견되는 또 다른 근본적인 단어는 "율법" 혹은 "교훈"(토라 [tôrâ])이다.

내 아들아 네 아비의 훈계를 들으며
네 어미의 법(토랏[tôrat])을 떠나지 말라(잠 1:8).

지혜 있는 자의 교훈(토랏)은 생명의 샘이니
사망의 그물에서 벗어나게 하느니라(잠 13:14).

2) 십계명의 전통

율법과 지혜가 밀접히 관련된 것은 우리가 지혜의 가르침, 특별히 우리가 그것을 잠언에서 발견한 지혜의 가르침과 당신의 백성이 어떻게 살아가야 할 것인가에 대한 하나님의 뜻을 표현하는 십계명 사이의 관계를 숙고하도록 한다. 십계명은 일반적인 도덕적 원리들의 형태로 표현된다.

현재의 논의와 관련된 것은 인간 대 인간의 관계를 규정하는, 특별히 마지막 여섯 개의 계명들이다. 우리는 이것을 그 계명들과 그 계명들과 관련된 잠언의 말들과 다른 관련 성경 구절들의 목록을 인용함으로써 예증할 것이다.

(1) 네 부모를 공경하라 그리하면 네 하나님 여호와가 네게 준 땅에서 네 생명이 길리라(출 20:12)

내 아들아 들으라 내 말을 받으라
그리하면 네 생명의 해가 길리라(잠 4:10).[1]

(2) 살인하지 말라(출 20:13)

여호와께서 미워하시는 것

---

1 이들의 지혜로운 충고를 들음으로써 부모를 공경하는 것에 더해지는 장수에 대한 비슷한 약속을 주목하라. 또한, 잠 1:8; 4;1; 10:1; 13:1을 보라.

곧 그의 마음에 싫어하시는 것이 예닐곱 가지이니
곧 교만한 눈과 거짓된 혀와
무죄한 자의 피를 흘리는 손과
악한 계교를 꾀하는 마음과
빨리 악으로 달려가는 발과(잠 6:16-18; 잠 1:10-12도 보라).

(3) 간음하지 말라(출 20:14)

대저 명령은 등불이요 법은 빛이요
훈계의 책망은 곧 생명의 길이라
이것이 너를 지켜 악한 여인에게,
이방 여인의 혀로 호리는 말에 빠지지 않게 하리라
네 마음에 그의 아름다움을 탐하지 말며
그 눈꺼풀에 홀리지 말라
(잠 6:23-25; 6:20-35 전체를 보라. 또한, 잠 2:16-19; 5, 7장을 보라).

(4) 도둑질하지 말라(출 20:15)

속이는 저울은 여호와께서 미워하시나
공평한 추는 그가 기뻐하시느니라(잠 11:1; 또한, 1:13-14을 보라).

(5) 네 이웃에 대하여 거짓 증거하지 말라(출 20:16)

진리를 말하는 자는 의를 나타내어도
거짓 증인은 속이는 말을 하느니라(잠 12:17; 3:30; 6:18, 19; 10:18; 12:19).

(6) 네 이웃의 집을 탐내지 말라 네 이웃의 아내나 그의 남종이나 그의 여종이나 그의 소나 그의 나귀나 무릇 네 이웃의 소유를 탐내지 말라 (출 20:17)

여호와께서 미워하시는 것
곧 그의 마음에 싫어하시는 것이 예닐곱 가지이니
곧 교만한 눈과 거짓된 혀와
무죄한 자의 피를 흘리는 손과
악한 계교를 꾀하는 마음과
빨리 악으로 달려가는 발과(잠 6:16-18).[2]

3) 고대 근동의 전통

지혜에 대하여 기록했던 고대 이스라엘의 교사들이 이스라엘의 전통뿐만 아니라 더 넓은 고대 근동으로부터 온 지혜를 사용했다는 증거는 설득력이 있다. 이것은 우리가 잠언의 형식과 가르침의 내용에 고대 근동의 지혜 문헌이 영향을 미쳤다는 것을 볼 수 있는 잠언에서 특별히 현저하다.

우리는 모든 예를 다 제시하지 않고 일부만 제시할 것이다.[3] 우리는 또한 이 주제에 대하여 이후의 장에서 다시 돌아올 것이다(제9장을 보라).

고대 근동의 문화들 특별히 애굽은 활기 넘치는 지혜 전통을 갖고 있었다. 애굽에서 교훈(사바트[sbyȝt]) 문학은 고대 왕조로부터 중왕조(Hardjedef, Kagemni, Ptahhotep, Merikare)를 거쳐서 신왕조와 그 후(Ani, Amenemope, Anksheshonqy, and Papyrus Insinger)의 기간 동안에 잘 알려져 있다. 이들 대부분의 텍스트들은 잠언, 전도서처럼(전 12:12) 아버지들이(때로는 왕들이) 그

---

2 인용에서 이탤릭체로 된 부분은 이슈가 되고 있는 명령들과 특별히 관련되어 있다.
3 좀 더 자세한 예들에 대하여는 Longman, "Proverbs"를 보라.

의 아들들에게 하는 교훈들이다. 그러므로 아버지가 그의 아들에게 말하는 잠언의 교훈들의 다양한 형식들은 넓은 고대 근동에서 널리 행해지고 있는 것이었다.

그러므로 유사한 가르침의 많은 예가 존재한다. 아마도 가장 좋은 예는 '아메네모페(Amenemope)의 교훈'으로부터 올 것이다. 아메네모페의 교훈은 잠언으로부터 온 예들과 놀랍게 유사한 잠언들을 포함하고 있다. 두 가지 예는 우리의 취지를 잘 드러낼 것이다.

> 부자 되기에 애쓰지 말고
> 네 사사로운 지혜를 버릴지어다
> 네가 어찌 허무한 것에 주목하겠느냐?
> 정녕히 재물은 스스로 날개를 내어
> 하늘을 나는 독수리처럼 날아가리라(잠 23:4-5).

> 너의 소유물들이 안정되어 있을 때에
> 넘치는 것을 추구하기 위하여 애쓰지 마라
> 만일 네가 도둑질로 네 부를 모은다면
> 그것들은 밤새 동안도 네 소유로 남아 있지 않을 것이다
> 날이 밝으면 그것들은 더 이상 네 집에 있지 않은 것이다.
> 그것들이 있는 곳을 볼 수 있지만, 그것이 더 이상 거기 있지 않다.
> 땅이 입을 열고 그것들을 산산조각 내고 삼켰으며
> 그것들을 먼지에다 던져버렸다.
> 그것들은 스스로 만들 수 있는 가장 큰 구멍을 만든다.
> 그들은 지하세계로 가라앉는다.
> 그것들은 거위처럼 날개를 만든다
> 그리고 그들은 하늘로 날아가 버린다(아메네모페의 교훈 9.14-10.5).

잠언과 아메네모페의 교훈은 모두 부에 대한 지나친 추구에 대하여 경고한다. 이들은 이렇게 얻은 부는 빨리 지나간다고 말한다. 그리고 잠언과 아메네모페의 교훈은 둘 다 이들의 요점을 위하여 새에 대한 유추를 사용한다.

> 옛 지계석을 옮기지 말며
> 고아들의 밭을 침범하지 말지어다
> 대저 그들의 구속자는 강하시니
> 그가 너를 대적하여 그들의 원한을 풀어 주시리라(잠 23:10-11).

> 농경지의 경계들 위에 있는 경계석을 제거하지 말며
> 과부의 경계를 넘어뜨리지도 말라(아메네모페의 교훈 7.12).

두 텍스트 간의 연관성은 분명하다. 이들 둘은 땅을 훔치려고 시도함으로써 연약한 자들을 속이는 것을 경고한다.

다시 말해 이들은 예들일 뿐이지만 흥미로운 신학적인 질문을 일으킨다. 여호와를 경외하는 것이 지혜의 근본이라는 것을 우리가 첫 장에서 보았다. 그러나 여기서 우리는 이스라엘의 지혜 교사들이 하나님을 경외하지 않는 애굽 사람들로부터 배웠다는 것을 관찰한다.

이것은 우리에게 무엇을 의미하는가?

우선 이스라엘의 현자들이 고대 근동의 지혜들을 존중했다는 것은 의심의 여지가 없다. 이것은 위의 예에서처럼 분명한 영향이 있는 것에서뿐만 아니라 근동과 이집트의 지혜를 솔로몬의 지혜와 호의적으로 비교하는 데서도 보인다.

> 솔로몬의 지혜가 동쪽 모든 사람의 지혜와 애굽의 모든 지혜보다 뛰어난지라(왕상 4:30).

이것이 찬사가 되기 위해서는 고대 근동과 이집트의 지혜가 상당한 것이어야 한다.

또 다시 이것은 우리에게 무엇을 의미하는가?

여호와를 경외하는 것에 대한 필요와 이스라엘의 현자들이 이집트인들의 지혜에 표한 존경 둘 다가 의미가 있으려면 우리는 이후의 신학자들이 만들어 낸 용어인 일반 은총의 개념에 호소해야 할지도 모른다. 다시 말해 이스라엘의 현자들은 다른 고대 근동의 사람들이 세상에서 무엇이 통하고 무엇이 통하지 않는지 관찰할 수 있었으며 외우기 쉬운 방식으로 표현된 몇몇 도움이 되는 제안을 할 수 있었다는 것을 인식했다는 것이다.

이스라엘 사람들은 이 가르침을 자신들의 문화로 채용할 수 있었다. 다시 말해 "모든 진리는 하나님의 진리다." 그러나 나의 추측은 이렇다. 만일 이스라엘 백성들에게 묻는다면 그들은 결국 이집트인들은 지혜롭지 못했다고 말해야 할 것이다. 어쨌든 이집트 사람들은 우주에 대한 가장 중요한 진리를 인식하지 못했기 때문에 그들은 결국은 어리석은 자들이었다.

4) 결론

지혜는 전통 곧 지나온 세대들로부터 전해져 내려온 통찰력으로부터 배운다. 정말로 잠언, 전도서(전 12:12과 앞의 설명들을 보라)[4]는 그들의 아들들에게 아버지들이 교훈하는 것으로 제시된다. 일반적으로 잠언 1-9장의 말로 그의 교훈을 시작하는, 아들이 주의해야 할 아버지의 모든 훈계를 주목하라(1:8; 2:1; 3:1; 4:1 등).

우리는 이 전통이 율법과 연관되어 있고 더 넓은 고대 근동의 교훈들과 연관되어 있다는 것을 이미 보았다. 다음 섹션에서 우리는 이 전통이 이전 세대들의 경험과 관찰로부터 또한 온다는 것을 배울 것이다.

---

4   특별히 제2장의 첫 두 단락.

2. 경험과 관찰

전통은 무엇에 근거하는가?

부분적으로 전통은 경험과 관찰에 기초한다. 만일 우리가 무엇이 통하고 무엇이 통하지 않는지를 관찰한다면 우리의 인생 경험을 통하여 배울 수 있다. 우리는 또한 다른 사람의 경험을 관찰함으로써 배운다. 그리고 우리는 다른 사람들의 경험이 성공적인 삶을 끌어내면 그들의 경험을 흉내 내려고 한다. 그러나 만일 그것이 곤란을 가져오면 그들의 행동과 태도를 피하려고 한다.

잠언에서 지혜로운 사람은 심지어 개미의 경험을 관찰함으로써 배운다.

> 게으른 자여 개미에게 가서
> 그가 하는 것을 보고 지혜를 얻으라
> 개미는 두령도 없고 감독자도 없고 통치자도 없으되
> 먹을 것을 여름 동안에 예비하며
> 추수 때에 양식을 모으느니라(잠 6:6-8).

여기서 지혜 교사는 가난으로 이끄는 삶의 방식으로 살아가는 게으른 사람들을 경고할 희망으로 개미의 행동을 상기시킨다.

다른 구절에서는 지혜로운 아버지가 자기의 아들에게 경고하기 위하여 자신의 아내가 아닌 여인들과 잠자리를 하는 사람의 경험에 호소한다.

> 내가 내 집 들창으로,
> 살창으로 내다 보다가
> 어리석은 자 중에,
> 젊은이 가운데에 한 지혜 없는 자를 보았노라
> 그가 거리를 지나 음녀의 골목 모퉁이로 가까이 하여
> 그의 집쪽으로 가는데

저물 때, 황혼 때,
깊은 밤 흑암 중에라
그때에 기생의 옷을 입은
간교한 여인이 그를 맞으니
이 여인은 떠들며 완악하며
그의 발이 집에 머물지 아니하여
어떤 때에는 거리, 어떤 때에는 광장
또 모퉁이마다 서서 사람을 기다리는 자라
그 여인이 그를 붙잡고 그에게 입맞추며
부끄러움을 모르는 얼굴로 그에게 말하되(잠 7:6-13).

아버지는 심각한 어려움 속으로 자신을 집어넣으려는 이 고집 센 젊은이의 경험을 계속해서 연관시킨다. 다시 한번 아버지는 그의 아들이 이 해로운 행위를 반복하지 못하도록 하기를 소망한다.

모든 사람은 경험한다. 그러나 모든 사람이 자신의 인생을 성공적으로 항해하는 것을 배우기 위하여 그 경험에 대하여 관찰하고 자기반성을 하는 것은 아니다. 이것은 우리를 경험과 관찰을 통하여 배우는 특별한 경우, 즉 실수로부터 배우는 길로 이끈다.

3. 교정: 실수로부터 배우기

지혜로운 사람은 자신들의 실수로부터 배운다. 이들은 교정을 받아들이며 같은 실수를 피하고자 자신들의 태도와 행동을 바꾼다. 어리석은 자들은 자신들의 잘못을 지적하는 사람들에게 경청하지 않는다. 정말로 어리석은 자들은 자기들의 잘못을 지적하는 자들을 비웃는다. 그리하여 이들은 반복되는 잘못으로 파멸에 이른다.

훈계를 좋아하는 자는 지식을 좋아하거니와
징계를 싫어하는 자는 짐승과 같으니라(잠 12:1).

훈계를 지키는 자는 생명 길로 행하여도
징계를 버리는 자는 그릇 가느니라(잠 10:17).

그러므로 겸손은 지혜로운 사람의 제일 덕목이다. 반면에 어리석은 사람은 교만으로 가득 차 있다. 겸손은 여호와를 경외함으로 시작하며 가르치려고 시도하는 사람들(잠언에서는 주로 아버지)에 대한 존경과 함께 계속된다. 여성 지혜(Woman Wisdom)는 이렇게 말한다.

여호와를 경외하는 것은 악을 미워하는 것이라
나는 교만과 거만과 악한 행실과
패역한 입을 미워하느니라(잠 8:13).

진실로 그(하나님)는 거만한 자를 비웃으시며
겸손한 자에게 은혜를 베푸시나니(잠 3:34).

여호와를 경외하는 것은 지혜의 훈계라
겸손은 존귀의 길잡이니라(잠 15:33).

교만은 패망의 선봉이요
거만한 마음은 넘어짐의 앞잡이니라(잠 16:18).

실수로부터 배우는 능력은 경험과 관찰로부터 배우는 정말로 특별한 경우이다. 우리는 일상의 삶 속에서 실수한다. 그런데 지혜로운 사람은 자기 스스로 반성할 줄 알며 그래서 지혜로운 사람은 경험으로부터 성장한다.

4. 장로들의 지혜

위에서 한 논의의 빛에서 우리는 사람들이 나이가 들면 그들이 더 지혜로워진다는 것이 왜 고대 근동과 이스라엘의 가장 기본적인 믿음이었는지 알 수 있다. 결국 젊은 사람은 인생에 대해서 배운 경험을 많이 갖고 있지 못하다. 젊은이는 전통으로부터 이익을 얻기 시작했을 것이지만 미래는 그들에게 과거로부터 배우고 적용할 더 많은 기회를 줄 것이다. 게다가 젊은 이들은 그들의 장로들이 이들을 교정하듯이 그것으로부터 자신들이 배울 그들의 첫 실수를 막 하고 있는 것이다.

그러므로 기대되는 상황에서 젊은이는 성숙하지 못하고(페티 [peti]) 장로는 지혜가 있다. 그러나 우리가 아래에서("실패한 전통: 욥") 볼 것이지만 그럴 것으로 기대한 사람이 항상 그런 것은 아니다.

5. 마지막 말: 다시 계시로

우리가 본 바와 같이, 스스로 지혜롭다고 부르는 사람들이 우리가 정상적인 인간의 조사 관행이라고 생각할 수 있는 것으로부터 배우고, 또 그것을 그들의 교훈의 기초로 삼는다는 것은 의심할 여지가 없다. 그러나 잠언에서 아버지가 자기 아들에게 말하듯이 지혜로워지는 것은 어려운 일이다.

> 내 아들아 네가 만일 나의 말을 받으며
> 나의 계명을 네게 간직하며
> 네 귀를 지혜에 기울이며
> 네 마음을 명철에 두며
> 지식을 불러 구하며
> 명철을 얻으려고 소리를 높이며

> 은을 구하는 것 같이 그것을 구하며
> 감추어진 보배를 찾는 것 같이 그것을 찾으면
> 여호와 경외하기를 깨달으며
> 하나님을 알게 되리니(잠 2:1-5).

아버지는 아들에게 지혜는 연구를 포함하며 지혜롭게 된다는 목표를 성취하기 위하여 근면함과 절박함을 요청한다는 것을 깨닫게 하려고 애를 쓴다. 분명히 아들이 열심히 노력하지 않고 단순히 기도하고 하나님이 지혜를 내려주기를 기다려야 한다는 느낌은 여기에 없다.

다시 말해 아버지는 그의 아들에게 권고한 후에 지혜를 얻기 위하여 열심히 노력해야 한다고 계속 말한다.

> 대저 여호와는 지혜를 주시며
> 지식과 명철을 그 입에서 내심이며
> 그는 정직한 자를 위하여 완전한 지혜를 예비하시며
> 행실이 온전한 자에게 방패가 되시나니(잠 2:6-7).

성경의 지혜는 이 주제에 대하여 일관성이 있다. 진정한 지혜의 궁극적인 근원은 사람의 지성이나 통찰력이 아니라 오직 하나님이다. 이런 의미에서 지혜의 근원은 하나님의 계시이다. 심지어 우리가 정상적인 사람들이 조사하는 방법이라고 부르는 것으로부터 배우는 우리의 모든 능력조차도 하나님이 그 능력을 우리에게 주셨다는 것을 주목하라.

> 듣는 귀와 보는 눈은
> 다 여호와께서 지으신 것이니라(잠 20:12).

그러므로 심지어 우리의 경험을 반성하고 우리의 실수로부터 배우고 전통으로부터 유익을 얻는 능력조차도 궁극적으로는 하나님에게서 온 선물이다. 히브리어 성경에서는 지혜가 하나님에게서 온다는 것을 많은 방식으로 가르친다.

1) 여호와를 경외하는 것이 지혜의 근본이다

잠언, 전도서, 욥기에 대한 우리의 연구에서 이 모든 책이 경외를 특징으로 하는 하나님과의 합당한 관계를 제외하고서는 진정한 지혜는 가능하지 않다는 것에 동의한다는 것을 보았다. 경외는, 그것이 비록 인간 대리자에 의해 중재될지라도, 궁극적으로 하나님에게서 오는 교훈을 받기 위하여 합당한 태도(겸손)를 취하게 한다.

욥이 고난의 경험을 통하여 더 깊은 지혜로 이동하는 것을 우리가 보는 것처럼, 욥기는 이 사상을 가장 강력하게 표현한다. 우리는 욥기를 하나님이 이기는 지혜 논쟁으로 특징지었다(제3장). 모든 등장인물들은 자신이 지혜롭다고 주장한다("실패한 전통: 욥"을 보라). 그러나 욥은 자기 자신과 다른 사람들 안에서 지혜를 찾지 못하고 오직 하나님 안에서만 찾는다.

하나님이 욥에게 아무것도 가르치지 않는다고 우리가 반응할지도 모른다. 하나님은 오직 욥이 대답할 수 없는 질문들과 하나님의 능력을 드러내는 질문들로 욥을 압도하신다. 그러나 그것이 정확히 하나님이 욥에게 가르치시는 것이다. 하나님은 욥에게 그의 고난 속에서 신비와 불확실성을 가지고 살도록 가르치신다.

2) 여성 지혜로부터 배우기

제1장에서 우리는 여성 지혜(Woman Wisdom)라는 인물을 조사했다. 우리는 그녀가 메타포(metaphor, 은유)—더 정확히는 여호와의 지혜에 대한 의인화—라고 결론 내렸다. 그리고 그녀의 집의 위치는 도시의 가장 높은 곳에 위치하는데(잠 9:3), 이것은 하나님 자신을 대표하는 환유법(metonymy)이다. 그녀는 모든 성숙하지 못한 사람들을 그녀의 식사에 참여하도록, 곧 그녀와 친밀한 관계 속으로 들어오도록 초청한다.

만일 그들이 초청을 받아들이면 그들은 "명철"을 얻을 것이다(잠 9:6). 만일 그들이 초청을 받아들이지 않고 주변 나라의 거짓된 남신들과 여신들을 대표하는 여성 어리석음(Woman Folly)의 초대를 받아들이면, 그 성숙하지 못한 자들은 지혜를 얻을 수 없고 죽을 것이다(잠 9:18). 이런 방식으로 또한 잠언도 지혜는 하나님으로부터만 온다고 가르친다.

콜린스(Collins)는 이것은 진정한 계시가 아니라고 주장한다.

> 우리는 잠언에서 지혜의 계시에 대하여 말할 수 있을 것이다. 8장에서 지혜는 '높은 곳에서, 길가에서, 네거리에서' 부른다고 말해진다. 그러나 이 계시는 이상(vision)과 같은 특별한 표현들을 요구하지 않는다. 그보다는 매일의 경험에 대한 세심한 관찰과 무엇보다도 전통에 대한 존중을 요구한다.[5]

나는 이것이 지혜에 관하여 이야기하는 계시와 잠언의 요구 및 다른 구절들에 대한 너무 제한적인 이해라고 생각한다. 잠시 후에 우리는 전도서와 및 계시를 떠나 경험으로부터 배우는 것에 대한 전도서의 비판에 관심을 돌리게 될 것이다.

---

5   Collins, *Jewish Wisdom in the Hellenistic Age*, 2-3.

3) 구약성경으로부터 배우기

아래에서("계시를 제외한 경험과 관찰: 전도서") 우리는 코헬렛이 지혜가 궁극적으로 하나님으로부터 온다는 것을 이해하지 않는 사람을 대표한다는 것을 상기할 것이다.

긍정적인 면에서는 우리가 일찍이 했던 틀 해설자가 그의 아들에게 한 마지막 권고에 대한 해석에 관한 결론을 상기하는 것이 적당하다.

> 일의 결국을 다 들었으니 하나님을 경외하고 그의 명령들을 지킬지어다 이것이 모든 사람의 본분이니라 하나님은 모든 행위와 모든 은밀한 일을 선악 간에 심판하시리라(전 12:13-14).

우리는 이 구절들을 자세히 살피면서 포로 후기의 아주 늦은 시기에 기록된 이 책에 히브리어 정경의 세 구분, 즉 토라/율법(계명에 순종하라), 네비임/선지서(심판의 기대 속에서 살라), 케투빔/성문서(하나님을 경외하라)에 대한 암시적인 언급이 있다고 주장했다.

이런 식으로 틀 해설자는 그의 아들에게 "하나님과 하나님의 계시를 제외하고" 의미를 이해하는, "해 아래" 세상에서 의미를 찾으려는 시도에서 돌아설 것을 권한다.[6] 그보다 아들(아들과 자신을 동일시해야 하는 암시된 독자)은 오직 하나님의 계시(타나크) 속에서만 의미를 찾을 수 있을 뿐이다.

---

6 Longman, *Ecclesiastes*, 66.

4) 율법과 지혜

우리는 오늘날 학자들에 의해 보통 받아들여지는 것보다 더 율법과 지혜 사이에 밀접한 연관성이 존재한다는 것을 주장한다.[7] 둘 사이에 밀접한 연관성이 있다는 것이 신명기 4:5-8에서 발견된다.

이스라엘의 지혜가 열방에게 주는 의미가 무엇인가?

시내산에서 열방을 향하여 드러난 것은 다른 것이 아니라 하나님의 율법에의 순종이다.

> 내가 나의 하나님 여호와께서 명령하신 대로 규례와 법도를 너희에게 가르쳤나니 이는 너희가 들어가서 기업으로 차지할 땅에서 그대로 행하게 하려 함인즉 너희는 지켜 행하라 이것이 여러 민족 앞에서 너희의 지혜요 너희의 지식이라 그들이 이 모든 규례를 듣고 이르기를 이 큰 나라 사람은 과연 지혜와 지식이 있는 백성이로다 하리라(신 4:5-6).

5) 지혜로서의 꿈과 이상

우리는 지혜가 궁극적으로 하나님에게서 온다고 할지라도, 지혜는 이를테면 선지서와 율법서에서와는 다른 방식으로 온다고 말할지도 모른다. 아마도 이제까지 제시되었던 우리가 살펴본 것들은 그럴지도 모른다. 우리는 "계시"를 넓은 의미로 사용하고 있는 것을 인정한다. 그러나 학자들이 세속적인 인문학 분야처럼 들리는 방식으로 지혜에 대해 말하는 것이 드문 일은 아니었다.[8] 우리는 그런 경향에 대항하기 위하여 앞의 논의를 제

---

7   제10장을 보라.
8   제8장 "Wisdom versus the Rest of the Old Testament"를 보라.

시했다.

더욱이 우리는 좁은 의미에서 지혜와 계시 사이의 연관성은 성경 후기 책들에서나 발견되는 현상일 뿐이라는 것을 종종 듣는다.[9] 이에 관하여 우리는 단순히 다시 요셉과 다니엘의 이야기에 주의를 기울인다. 이들의 지혜는 하나님에 의해 그들에게 보내진 꿈과 이상의 결과로 제시된다.

6) 결론

지금까지 우리는 성경의 텍스트에서 기술되어 있는 지혜의 근원을 탐구하고 조사했다. 그런데 메시지는 일관성이 있었다. 지혜는 연구, 곧 근면한 노력과 충족하기 위한 연습을 수반하지만, 궁극적인 근원은 하나님이다. 이 의미에서 지혜는 계시적이다. 하나님을 배제하고는 진정한 지혜는 존재하지 않는다.

6. 하나님을 떠나 지혜를 찾고 주장하는 것

우리의 요점은 또한 부정적인 예들로 제시된다. 또한, 성경의 메시지는 하나님을 떠나 지혜를 찾고 주장하는 것은 사실 위험한 어리석은 일이라고 말하는 데 일관성이 있다. 이 요점은 비록 그 지혜라고 생각되는 것이 전통과 경험과 관찰과 우리의 실수로부터 배우는 것 안에서 추구된다고 할지라도 사실이다.

---

9   제14장을 보라.

1) 계시를 배제한 경험과 관찰: 전도서

전도서에 대한 충분한 해설은 제2장에서 있다. 지금으로서는 전도서의 주요한 부분(전 1:12-12:7)에서 코헬렛이 "해 아래서"(타하트 하쉐메쉬[tahat hašmeš]) 곧 계시를 제외한 삶의 의미를 찾기 위하여 시도한다는 것을 말하는 것으로 충분하다. 코헬렛은 일과 돈과 쾌락과 심지어 지혜의 영역에서 의미를 찾는다. 그러나 그는 항상 결론 내리기를 "헛되고 헛되다"(하벨 하발림[hăbēl hăbālîm])고 결론을 내린다.

당면한 관심에 따라서 우리는 어떻게 종종 코헬렛이 "보다/바라보다/주목하다"(라아[ra'ah]; 전 1:14, 16; 2:12, 13; 3:10 등)는 동사를 사용하는지를 주목해야 한다. 코헬렛은 계시의 체계를 배제한 경험과 관찰을 통하여 배우려고 시도하지만 결국은 좌절로 끝이 나는 사람의 예이다. 바솔로뮤와 오다우드(Bartholomew and O'Dowd)는 이에 대해 바르게 주목한다.

> [코헬렛]이 이성과 관찰만을 의존할 때 코헬렛은 무엇인가를 위한 합당한 때를 구별할 수 있게 되는데 있어서 반복해서 좌절한다 …그가 그의 자율적인 인식론에 몰두할지라도 그는 이들 견해들 사이의 긴장을 풀 수가 없다.[10]

그리하여 비록 관찰하고 평가한 경험일지라도 모든 경험이 지혜로 이끄는 것은 아니다. 오직 계시라고 하는 좀 더 큰 관점을 통과함으로써 조망된 지혜만이 지혜로 이끈다.[11]

---

10 Bartholomew and O'Dowd, *Old Testament Wisdom Literature*, 223.
11 Shields(*End of Wisdom*, 239)가 이것을 다음과 같이 언급한 것처럼: "코헬렛과 대조하여 끝맺음을 하는 작가는 간결하게 그러나 결론적으로 지혜의 대안적인 형태를 지적한다 - 하나님을 경외하며 하나님의 계명에 순종하는 가운데 발견되는 지혜."

2) 실패한 전통: 욥

제3장에서 우리가 논했던 것처럼 욥기는 지혜 논쟁이다.
누가 지혜롭고 어디서 우리는 지혜를 찾을 수 있는가?
논쟁의 초점은 욥의 고난이다.
누가 욥이 고난당하는 이유에 대하여 바른 해석을 제공할 수 있는가?
누가 욥으로 하여금 고난 속에서 나갈 길을 제공할 수 있는가?
욥이 그의 세 친구 엘리후, 빌닷, 소발 앞에서 그의 고난에 대하여 불평을 하자 갈등이 시작된다. 이들이 의로운 분노로 반응한다. 이들은 욥이 왜 감정적이고 육신적인 고난 속에 있는가에 대하여 오직 하나의 가능한 이유만 있다고 주장한다. 그것은 죄다.
어떻게 이들이 이런 결론에 도달했는가?
이들은 대부분 자신들 앞에 살았던 사람들의 전통에 근거하여 "죄인들은 고난받고 그러므로 고난받는 사람들은 죄인들이다"라고 주장한다. 빌닷은 그의 첫 번째 연설에서 그의 주장의 근거로 아버지들을 인용한다.

> 청하건대 너는 옛 시대 사람에게 물으며
> 조상들이 터득한 일을 배울지어다
> 우리는 어제부터 있었을 뿐이라 우리는 아는 것이 없으며
> 세상에 있는 날이 그림자와 같으니라(욥 8:8-9).

우리 자신의 경험은 권위를 가지기에는 너무 짧다. 그러므로 우리는 과거의 가르침으로 향해야 한다. 그리고 빌닷에 의하면 우리가 그렇게 하면 우리는 오직 죄인들만이 고난을 당하고 그러므로 욥은 죄인이라고 결론을 내릴 것이다.
자신이 지혜롭다는 욥을 모욕한 후에(욥 15:1-10) 엘리후도 사람들이 고난당하는지에 대한 유일한 이유가 죄라는 자신의 주장을 지지하기 위하여

전통의 지혜에 호소한다.

> 우리 중에는 머리가 흰 사람도 있고 연로한 사람도 있고 네 아버지보다 나이가 많은 사람도 있느니라(욥 15:10).

같은 연설에서 잠시 후에 엘리후는 욥에게 말한다:

> 내가 네게 보이리니 내게서 들으라 내가 본 것을 설명하리라 이는 곧 지혜로운 자들이 전하여 준 것이니 그들의 조상에게서 숨기지 아니하였느니라 (욥 15:17-18).

세 친구의 지혜가 정말로 어리석다는 것은 의심의 여지가 없다. 하나님께서 엘리후에게 말씀하실 때 이것을 선언하신다.

> 너희가 나를 가리켜 말한 것이 내 종 욥의 말 같이 옳지 못함이라(욥 42:8).

그러므로 이들이 전통에 호소하는 것은 사려깊지 못한 것이었다. 때로는 전통이 잘못 인도한다.

3) 잘못 주장된 계시: 엘리바스와 엘리후

위에서 우리는 모든 참된 지혜의 밑바탕에는 하나님에게서 온 계시가 있다고 주장했다. 여호와를 경외함이 지혜의 근본이다. 진정한 현자에게는 여성 지혜(Woman Wisdom)와의 관계가 필수적이다. 심지어 경험과 관찰과 실수와 전통으로부터 배우는 능력도 하나님의 선물이다(잠 20:12).

그러나 계시나 하나님의 영감에 대한 모든 주장이 정당한 것은 아니다. 엘리바스와 엘리후가 이것에 대한 예를 욥기에서 제공한다.

엘리바스가 연설을 열면서 욥에게 말한다:

> 어떤 말씀이 내게 가만히 이르고
> 그 가느다란 소리가 내 귀에 들렸었나니
> 사람이 깊이 잠들 즈음
> 내가 그 밤에 본 환상으로 말미암아
> 생각이 번거로울 때에
> 두려움과 떨림이 내게 이르러서 모든 뼈마디가 흔들렸느니라
> 그때에 영이 내 앞으로 지나매
> 내 몸에 털이 주뼛하였느니라
> 그 영이 서 있는데 나는 그 형상을 알아보지는 못하여도
> 오직 한 형상이 내 눈 앞에 있었느니라
> 그때에 내가 조용한 중에 한 목소리를 들으니
> 사람이 어찌 하나님보다 의롭겠느냐
> 사람이 어찌 그 창조하신 이보다 깨끗하겠느냐(욥 4:12-17).

첫 번째 연설에서 엘리바스는 자신이 정직하다는 욥에 대하여 세 친구를 공격함으로 시작한다. 엘리바스는 그의 첫 연설에서 티끌만큼의 공손함도 없이 욥의 고난은 그의 죄의 결과라고 주장하고 있다. 전형적으로 욥의 세 친구는 자신들의 주장들을 지지하기 위하여 전통과 경험에 호소한다. 그러나 욥의 친구 가운데 하나가 일종의 영적인 권위에 호소하는 것은 드물고 정말로 유일한 예이다.

이 영적인 권위의 정확한 성격이 무엇인지는 다소 불분명하다. 엘리후는 이 경험을 욥에게 묘사할 때 다소 간접적이다.

영은 천사인가 혹은 아마도 하나님 자체에 대한 언급인가?[12]

---

12 Clines, *Job 1-20*, 131은 "형상"이 전형적으로 하나님을 가리키는 데 사용된다고 지

무엇이 되었건 엘리바스는 이 영은 이 세상에 속한 것이 아니며 그리하여 권위가 부여되어 있다고 주장하고 있다. 결국 이 영에 대한 정확한 정체가 무엇이건 그것은 이 세상 밖의 존재이다.

조용한 중에 엘리바스는 소리만 들었다. 그 소리는 처음에는 알아듣기 어려운 말을 한다. 그 주장은 하나님 앞에서 누구도 의로울 수 없다는 것이다. 만일 누구도 완전히 의로울 수 없다면 욥도 의로울 수 없고 그의 길에 다가오고 있는 고난도 그에게 합당하다.

미묘하면서 비밀스럽고, 그러나 담대한 방식으로 엘리바스는 욥이 정말로 회개를 필요로 하는 죄인이라는 그의 주장을 위한 신적인 증거들을 열거하고 있다. 그러나 우리가 위에서 전통에 호소하는 세 친구들에 관하여 결론을 내렸던 것처럼 이들의 주장은 허구이며 그러므로 신적 계시에 대한 이 주장도 거짓이다.

엘리바스가 자신의 지혜가 초자연적인 기원을 갖는다고 주장하는 유일한 사람은 아니다. 엘리후도 그의 중심 주장을 그렇게 하고 있다. 정말로 엘리후는 영적인 영감이 그의 주장 뒤에 놓여 있다고 아주 대단한 주장을 한다. 엘리후는 자기 지혜를 경험과 세 친구의 오래 산 인생 경험에 근거한 지혜와 세 친구의 지혜의 주된 근원인 전통과 대조한다. 엘리후는 욥의 세 친구들이 불행하게도 실패했다는 것을 제대로 본다.

> 부스 사람 바라겔의 아들 엘리후가 대답하여 이르되
> 나는 연소하고
> 당신들은 연로하므로
> 뒷전에서 나의 의견을
> 감히 내놓지 못하였노라
> 내가 말하기를 나이가 많은 자가 말할 것이요

적한다.

연륜이 많은 자가 지혜를 가르칠 것이라 하였노라
그러나 사람의 속에는 영이 있고
전능자의 숨결이 사람에게 깨달음을 주시나니
어른이라고 지혜롭거나
노인이라고 정의를 깨닫는 것이 아니니라
그러므로 내가 말하노니 내 말을 들으라
나도 내 의견을 말하리라(욥 32:6-10).

이 시점에서 엘리후의 모습이 무엇인가 놀랍다. 엘리후의 연설이 욥기에 나중에 덧붙여졌건 아니건 성경의 최종 형태의 견지에서 우리는 욥의 세 친구가 욥의 고난에 대한 이유와 해결책을 욥과 논쟁하는 동안 엘리후가 옆에 침묵하며 서 있었다고 가정해야 한다.

여기서 엘리후는 그가 그의 장로들을 존경하기 때문에 침묵을 지키고 있었다고 언급한다. 그러나 이들의 비참한 실패는 그가 말하지 않을 수 없게 했다. 여기서 엘리후는 이어지는 그의 주장에 대한 신적인(영적인) 영감을 주장한다. 그러나 결국 엘리후의 주장에 새로운 것이 없다. 엘리후가 고난의 훈련적인 성격에 대하여 더 크게 강조하지만(욥 33장, 그러나 욥 5:17의 엘리바스를 보라) 결국에는 엘리후도 보응신학을 주장한다. 즉, '만일 네가 죄를 지으면 너는 고난받는다. 역으로 만일 네가 고난받는다면 너는 죄인이다'(제3장을 보라).

엘리후가 말하기를 멈출 때 욥도 하나님도 아무도 그에게 반응하지 않는다. 이 침묵에 대한 가장 좋은 이해는 그것이 궁극적인 모욕이라는 것이다. 엘리후는 자기가 갖고 있지도 않은 신적인 권위를 주장하는 오만한 사람이다. 그의 말은 대답할 가치조차도 없다.

7. 결론

지혜에 관하여 말하는 책들에 따르면 지혜의 근원은 무엇인가?

하나님이다. 그러므로 하나님을 경외하지 않는다면 누구도 지혜롭지 않다. 하나님 자신을 상징하는 여성 지혜와 친밀한 관계를 갖지 않으면 누구도 지혜롭지 않다.

하나님은 당신의 피조물들에게 실수로부터 배우고 경험과 관찰과 전통으로부터 배울 수 있는 능력을 주신다. 그러나 우리가 하나님과 합당한 관계를 갖지 않으면 지혜에 대한 이 잠재적인 근원은 지혜와 성공이 아니라 어리석음과 파괴로 이끌 수 있다. 엘리바스와 엘리후의 예에서 우리가 배우는 것처럼 정말로 하나님의 영감에 관한 주장도 잘못 인도할 수 있다.

제8장

지혜, 창조, 그리고 (무)질서

지혜는 창조신학의 틀 안에서 확고히 생각한다.[1]

과거 40년을 넘어서 지혜 문헌에 관하여 아마도 가장 많이 인용된 하나의 문장에서 짐멀리(Zimmerli)는 창조신학은 지혜 사고(wisdom thinking)의 기초라고 선언한다. 이 장에서 우리가 짐멀리의 명제를 조사함에 따라서 우리는 짐멀리가 지혜와 창조 사이에 그려놓은 연결이 지혜가 창조와 명백히 상호 작용한다는 것과는 덜 관련이 있으며(비록 그런 관련이 좀 있지만) 연결이 없을 것이라고 인식된 구속사의 주된 주제들(이스라엘의 역사뿐 아니라 언약과 율법과 의식[cult]을 포함하는 구속사의 주된 주제들)과는 더 관련이 있다는 것을 관찰할 것이다.

이번 장에서는 지혜와 창조의 관계에 대한 짐멀리와 그의 추종자들의 관점을 기술하고 대화할 것이다. 이어지는 장들에서는 구약성경의 나머지에서 주된 주제가 지혜서에서는 부재하다는 인식이 지혜를 연구하는 많은 학자가 생각하는 것만큼 절대적인 것인가에 대하여 물을 것이다. 이후의 장들에서 구속사와 율법과 언약과 의식이 부재하다는 가정에 대하여 질문할 것이다.

그러나 우리는 이것들이 부재할 것이라는 이들의 가정에 대한 기술로 시작해야 한다. 왜냐하면, 이 부재는 짐멀리 학파로 하여금 지혜 사고가 창조

---

1 Zimmerli, "Place and Limit of Wisdom," 316.

신학에 근거를 둔다는 결론을 끌어내는 데 중요한 역할을 하기 때문이다.

1. 지혜서 vs 나머지 구약성경

지혜와 관련된 성경의 기록들, 특별히 잠언, 전도서, 욥기가 구약성경의 다른 책들과 다르다는 것에 대하여 부정하는 사람은 없다. 우리는 지혜와 관련된 기록에서 족장들과 그들에게 주어진 약속들이나 혹은 애굽에서의 출애굽 곧 구약성경에서 예증이 되는 구속사적인 사건들에 대한 어떤 언급을 볼 수 없다. 가나안 정복과 정착과 왕정(비록 잠언, 전도서, 아가가 솔로몬과 관련되어 있지만)[2]과 바벨론 포로와 회복의 역사에 대하여도 같은 이야기를 할 수 있을 것이다.

그러므로 지혜 문헌이 창세기 12장부터 에스더까지의 내용과 분명히 상호 작용하는 것은 부족하다. 이 점에서 지혜는 또한 과거를 돌아보는 선지자들과도 현저히 다르다. 선지자들은 조상들에게 하신 하나님의 약속과 출애굽과 이스라엘의 죄로 인하여 다가오는 심판에 대하여 증언하도록 하나님이 그들을 부르신 때까지 계속되는 불순종의 슬픈 역사에 대한 기억을 종종 불러일으킨다.

또한, 지혜서는 하나님이 당신의 백성들과 세우신 언약들에 대한 광대하고 분명한 언급이 부족하다. 역사서는 하나님이 아브라함과 모세와 다윗을 통하여 당신의 백성들과 언약을 세우신 순간들을 이야기한다.[3] 이 점에서 지혜서는 선지자들과 다르다. 정말로 선지자들은 언약의 변호인들이라고 불릴 수 있다. 결국 심판의 위협들은 축복과 이스라엘이 언약 법을 깨뜨린다면 가져올 언약의 저주에 근거를 둔다(예를 들어 신 27-28장).

---

2 Schultz, "Unity or Diversity in Wisdom Theology?"를 보라.
3 노아 언약은 당신의 구체적인 백성들과가 아니라 전 피조세계와 하나님 사이의 언약이었으므로 노아 언약에 대한 언급은 생략했다.

그리고 다시 한번 신학적인 역사서와 선지서들과 달리, 지혜서가 율법에 대하여 말할 때 율법으로부터 흘러나오는 판례법이나 십계명에 대한 명백한 언급이 없다. 우리는 제10장에서 지혜와 율법과 언약 사이의 가능한 연결에 대하여 언급할 것이다. 그러나 율법과 언약이 지혜에는 부재하다는 가정은 짐멀리와 다른 학자들이 왜 지혜의 근거를 구속사로부터 창조로 옮겨갔는지에 대한 심각한 또 다른 이유이기도 하다.

결국 구약성경의 나머지 부분들과의 차이점의 견지에서 짐멀리 학파의 학자들은 제의나 이스라엘의 종교적인 의식들에 대한 언급이 지혜서에 결여된 것에 대하여 주목한다.[4] 지혜서와 나머지 구약성경 사이에 차이를 강조하기 원하는 학자들에 따르면, 구약성경의 나머지는 제사장들, 희생 제사들, 그리고 종교적인 절기들, 안식일, 그리고 성소와 상호 작용하는 묘사로 가득하지만, 이런 언급들이 지혜 문헌에서는 부재하다.

이 주장의 가장 극단적인 형태에서 몇몇 학자들 특히 이전 세대에 속한 학자들은 하나님 자신이 지혜 문헌에서 부차적인 역할을 한다고 주장해 왔으며, 지혜 문헌은 인간을 강조하지 이스라엘의 하나님을 강조하지 않는다고 주장해 왔다. 몇몇은 심지어 지혜는 최소한도 구약성경의 나머지와 비교할 때 그 방향에 있어서 세속적이라고 주장하는 데까지 나아간다. 게하르트 폰 라트(Gerhard von Rad)와 월터 브루거만(Walter Brueggemann)의 초기 작품으로부터 온 대표적인 다음의 인용들을 살펴보라.

> 지식을 위한 이 연구의 목적은 세속적인 종류이기 때문에 사람의 일상과 그것들에 대한 조직적인 반성에 대한 질문들은 세속적인 활동이 되는 것으로 생각되었다.
>
> 나는 현재의 논의들에서 특징을 이루어온 것처럼 이스라엘의 지혜 전통에

---

[4] Perdue(*Wisdom and Cult*)는 의식에 대한 관심이 지혜에서 완전히 빠진 것은 아니었다는 것을 보여준다.

서 우리는 세속화에 대한 분명한 표현들을 본다고 주장하는 것이 훨씬 더 그럴 듯하다고 믿는다. 지혜의 가르침은 그것이 인간의 활동으로서의 삶과 역사를 제시한다는 점에서 깊은 곳에서 세속적이다.[5]

또 한 가지 관찰이 짐멀리와 다른 학자들을 성경의 지혜 문헌이 성경의 나머지 부분과 달리 독특하다는 결론으로 이끈다. 이스라엘의 지혜 문헌과 주변 문화, 특별히 애굽과 메소포타미아의 지혜 문헌은 많은 특징과 구체적인 내용을 공유하여 지혜 문헌이 이스라엘과 이스라엘의 유일한 구속 역사에만 특별하다기보다는 보편적이라는 생각으로 이끈다. 우리는 이후의 장(제9장)을 이스라엘과 고대 근동의 지혜 사이의 연관성을 평가하고 기술하는 데 할애할 것이다.

이번 장에서 우리의 요점은 부정할 수 없는 연관성이 짐멀리 학파의 생각 속에서 영향력을 미치고 있다는 것을 주목함으로써 분명해진다. 결국 안일한 이스라엘이 여호와를 믿지 않는 문화와 이들 생각을 공유한다면 지혜는 이스라엘에만 유일한 구속사보다는 모두에게 이용 가능한 창조에 근거해야만 한다.

짐멀리 학파에 의하면 지혜는 세속적인 개념이다. 그러나 이 지혜는 신구약 성경의 구성 부분이 되었다. 왜냐하면, 지혜가 창조 안에 특별히 인간 창조 안에 내재하기 때문이다.[6]

---

5   Von Rad, *Wisdom in Israel*, 57-58; and Brueggemann, *In Man We Trust*, 81-82로부터; 둘 다 Z. Schwáb, *Toward an Interpretation*, 48-49에서 인용되었다. Schwáb의 지혜를 세속적으로 기술하는 학자들에 대한 좀 더 긴 연구는 같은 책 162-174를 보라.
6   Westermann, *Roots of Wisdom*, 1.

2. 지혜서에서 창조

지혜서와 창조의 연관성이 실제로 무엇인가?

예를 들어 출애굽기와 달리 지혜 문헌은 짐멀리 학파에 의해 지혜 문헌에 주어진 역할로부터 우리가 기대하는 것만큼 자주는 아니어도 분명히 창조신학을 불러일으킨다. 우리는 성경의 지혜서들 가운데 구체적인 텍스트들을 조사함으로써 시작한다.

1) 잠언에서 창조

지혜서에서의 창조신학에 관하여 잠언 8장은 결정적인 역할을 하는데, 그곳이 우리가 강조해야 할 곳이다. 그러나 우리의 관심을 8장으로 돌리기 전에 우리는 잠언 3:19-20을 주목한다. 이곳은 하나님의 지혜와 창조의 관계에 대하여 현자들에 의해 간명한 진술이 제공된다.

> 여호와께서는 지혜로 땅에 터를 놓으셨으며
> 명철로 하늘을 견고히 세우셨고
> 그의 지식으로 깊은 바다를 갈라지게 하셨으며
> 공중에서 이슬이 내리게 하셨느니라(잠 3:19-20).

이 구절에서 현자들은 하나님이 지혜를 사용하여 우주를 창조하셨다고 단언한다("땅"과 "하늘"은 피조된 모든 것을 가리키는 메리즘[merismus, 극과 극의 두 요소 또는 상반되는 두 가지 대상을 함께 언급함으로써 전체를 표현하는 기법-역주]을 구성한다). 두 번째 평행은 아래로부터의 보배로운 물("깊음")과 위로부터의 보배로운 물(하늘로부터 오는 "이슬") 또한 하나님의 지혜/지식의 결과라고 선언한다.

이 구절은 우리에게 우주는 우연히 만들어진 것이 아니라 하나님의 지혜에 의해 만들어졌으며 질서를 암시한다. 세상이 어떻게 돌아가는지 알기 원하는 사람에게 이 암시는 분명하다. 인생을 잘 항해하기 위하여 지혜로 우주를 창조하신 여호와와 관계를 맺는 것이 중요하다는 것이다. 그리고 우리가 잠언의 시작에서(잠 1:7)와 잠언 전체를 통하여 배운 것처럼 이 관계는 하나님을 향한 경외의 태도에 의해 배양된다.

잠언 3:19-20과 잠언 24:3-4 사이의 유사성에 주목하는 것은 흥미롭다. 후자는 다음과 같이 번역된다:

> 집은 지혜로 말미암아 건축되고
> 명철로 말미암아 견고하게 되며
> 또 방들은 지식으로 말미암아 각종 귀하고
> 아름다운 보배로 채우게 되느니라(잠 24:3-4).

아마도 우리는 여호와가 우주를 건설하는 것을 집을 짓는 것처럼 생각해야 한다. 정말로 이것이 판 레이우엔(Van Leeuwen)의 결론이다. 판 레이우엔도 도발적으로 잠언 3:19-20과 구약성경의 다른 구절들 사이에 관련이 있다는 것을 더 주장한다. 판 레이우엔은 우리가 "지혜"와 "명철"과 "지식"으로 번역한 세 단어가 함께 나타나는 것에 근거하여 이런 주장을 한다.[7]

첫째, 판 레이우엔은 이 단어들이 출애굽기 31:1-3에서 성막을 짓는 것과 관련하여 사용된다는 것을 지적한다. 그는 하나님이 우주를 건설하는 것과 성막을 건설하는 것 사이에 관련이 있다는 것을 언급하는 것은 학자들 사이에 진부한 일이라는 것에 주목한다.

둘째, 그는 성막을 대체하는 솔로몬의 성전 건축에 이 세 단어가 사용된다는 것을 지적한다(왕상 7:14을 보라).

---

7 Van Leeuwen, "Building God's House."

잠언 3:19-20은 하나님의 지혜와 창조를 분명히 연관시킨다. 이 연관은 잠언 8장에서 특별히 여성 지혜(Woman Wisdom)의 자서전인 9:22-23에서 매력적인 방식으로 상세히 설명된다. 잠언 8장이 잠언에서 발견되는 지혜 신학에 중심 역할을 하기 때문에 우리는 이전의 장에서 잠언 8장을 조사했다(제1장). 거기서 우리는 또한 창조에서 맨처음 난 자(firstborn)요 창조에서 관찰자와 참여자인 여성 지혜(Woman Wisdom)가 다름 아닌 우주를 창조하신 하나님 자신을 대리하여 서 있다고 주장했다.

어떤 학자들은 여성 지혜를 여호와와 대범하게 동일시하는 것에 도전을 할지 모르지만, 이 구절이 창조를 하나님의 지혜 결과로 기술하고 있다는 것에 의심의 여지가 없다. 하나님의 지혜는 임재했고 세상의 창조에 참여하고 있었다. 지혜는 하나님과 인간 사이의 관계를 중재한다. 창조의 조성자로서의 지혜는 하나님 앞에서 놀며 웃었을 뿐만 아니라 사람과도 그러했다. 다시 한번, 메시지는 만일 우리가 어떻게 세상이 돌아가는지 알고 싶다면 또 인생을 어떻게 항해해야 할지 알고 싶다면 우리는 지혜를 가져야 한다는 것이다.[8]

2) 욥기에서 창조

앞에서 우리는 욥기를 지혜의 근원에 대한 논쟁으로 기술했다. 욥기에서 각각의 인간 등장인물들이 지혜를 주장하지만, 이들 각자는 욥을 포함하여 욥의 고난의 이슈를 다루는 데 완전히 부적격자들이다. 이들은 고난의 원인도 이해하지 못하고 치유책도 내놓을 수 없다.

하나님 자신이 욥기의 마지막에 욥에게 하나님의 두려운 임재를 드러내신다. 보응신학(retribution theology)을 확신하는 욥은 하나님의 불공평을 고소한다. 왜냐하면, 욥은 자신이 고난을 당할만하지 않다는 것을 알기 때문

---

8 Bostrom(*God of the Sages*, 59-67)도 사람을 창조하신 하나님에 대하여 말하는 몇몇의 구절들을 짧게 논의한다(잠 14:31; 16:4; 17:5; 20:2; 29:13). 이런 구절들은 창조의 주제가 잠언 도처에서 나타나는 주제가 아니라는 사실을 바꾸지는 않는다.

이다. 이에 대한 반응으로 하나님은 욥에게 어떤 설명도 제공하지 않는다. 하나님은 단지 당신의 능력과 지혜를 단언하실 뿐이다. 하나님은 연속해서 질문하심으로써 욥을 욥의 본래 위치에 두신다. 다른 것들 가운데 하나님의 질문들은 하나님은 창조주이시고 욥은 피조물이라고 욥과(그리고 독자들과) 대화한다.

> 내가 땅의 기초를 놓을 때에 네가 어디 있었느냐
> 네가 깨달아 알았거든 말할지니라
> 누가 그것의 도량법을 정하였는지,
> 누가 그 줄을 그것의 위에 띄웠는지 네가 아느냐
> 그것의 주추는 무엇 위에 세웠으며
> 그 모퉁잇돌을 누가 놓았느냐
> 그때에 새벽 별들이 기뻐 노래하며
> 하나님의 아들들이 다 기뻐 소리를 질렀느니라
> 바다가 그 모태에서 터져 나올 때에
> 문으로 그것을 가둔 자가 누구냐
> 그때에 내가 구름으로 그 옷을 만들고
> 흑암으로 그 강보를 만들고
> 한계를 정하여
> 문빗장을 지르고
> 이르기를 네가 여기까지 오고 더 넘어가지 못하리니
> 네 높은 파도가 여기서 그칠지니라 하였노라(욥 38:4-11).

하나님 곧 지혜의 하나님은 여기서 욥은 피조물이지 창조주가 아니라고 말씀하심으로써 욥을 욥의 본래 위치에 둔다. 여기서 특별히 흥미로운 것은 창조의 과정에 대한 묘사로, 하나님의 말씀을 통하여 물질세계를 일으키는 것(창 1:1-2:4a)이 아니라 혼돈에서 질서를 가져오는 것으로 묘사한다는 것이다. 여기서 바다는 의인화되어 혼돈 세력을 대표한다.

하나님은 바다를 가두심으로써 통제하고 경계를 두고 바다에게 넘어오지 못하도록 명령하심으로써 바다를 통제하신다. 바다는 어머니의 배 속에서 나오는 아이로 그려지며 하나님은 바다에 옷을 입히고 통제하신다.

3) 전도서의 창조

전도서에서는 코헬렛도 코헬렛의 생각을 평가하는 두 번째 지혜자도, 위에서 인용한 구절들의 잠언 혹은 욥기처럼 하나님을 창조주로 직접 말하지 않는다. 그러나 창조에 대한 주제가 완전히 부재하지는 않다. 다음의 구절들은 창조주 하나님에 대한 코헬렛의 반성을 보여준다.

아마도 가장 기억할 만한 것은 또한 가장 보잘것없어 보이는 언급이다. 마지막 평가에서 코헬렛은 "너는 청년의 때에 창조주를 기억하라"(전 12:1)고 독자들을 격려함으로써 죽음에 대한 그의 반성을 시작한다.[9] 이것은 적어도 이 구절에 대한 일반적인 번역의 한 예이다.

히브리어는 사실 "너희 창조주들"(보레에카[*bôre'ekā*])로 히브리어 텍스트에 문제가 있을 가능성을 일으킨다. 예를 들어 크렌쇼(Crenshaw)는 히브리어 자음을 수정하여 브에레카(*bə'ērêkā*) 곧 "너의 우물"로 읽을 것을 제안하여 "네 아내"를 은유적으로 언급하는 것으로 읽는다.[10] 이것은 70인역(크트시아스[*ktsias*])과 벌게이트(크리에토리스[*creatoris*])를 포함하여 고대 텍스트의 증언들이 히브리어 텍스트를 단수인 "네 창조자"로 수정하는 것을 지지한다는 것을 보여준다.

전도서 3:1에서 코헬렛은 "범사에 기한이 있고 천하만사가 다 때가 있나니"라고 단언한다. 그리고 "날 때가 있고 죽을 때가 있으며"로 시작하고

---

9 제2장의 논의를 보라.
10 Crenshaw, *Ecclesiastes*, 185.

"전쟁할 때가 있고 평화할 때가 있느니라"로 마치는 예들의 목록이 이 말을 따른다(전 3:2, 8). 전도서 3:11에서 코헬렛은 이 일의 상태를 하나님 자신에게로 돌린다.

> 하나님이 모든 것을 지으시되 때를 따라 아름답게 하셨고(전 3:11).

코헬렛이 창조 때에 하나님을 이야기하는 것인지 아닌지에 대하여 의문이 있다. 대부분 주석과 역본들은 여기 동사의 완료상의 사용을 창조를 가리키는 과거시제로 이해한다. 그러나 다른 사람들은 "완료시제는 여기서 히브리어로 일반적인 진리를 표현하기 위하여 사용되었으며 영어로 현재시제로 번역되어야 한다"[11]는 와이브래이(Whybray)의 입장을 지지한다. 전도서에 대하여 주석을 쓰고 있을 당시에 나는 와이브래이의 견해를 지지했었다.[12] 그러나 그때 후로 나는 비록 절대적으로 확신하는 것이 불가능할지라도 내 생각을 대다수 의견을 향하여 바꾸었다.

> 내가 깨달은 것은 오직 이것이라 곧 하나님은 사람을 정직하게 지으셨으나
> (전 7:29)

일부 반대하는 사람들이 있을지라도[13] 코헬렛의 진술은 특별히 창세기 1장의 인간 창조의 이야기를 반성하는 듯이 보인다. 거기서 우리는 하나님이 우주와 사람을 창조하셨고 그것들을 "매우 좋았더라"(창 1:31)라고 선언하신 것을 읽는다. 이렇게 이해하는 것에 대한 고대의 선례가 있는데 그것은 전도서에 대한 탈굼이 이런 연관성을 갖는 것으로 번역한 것이다.[14]

---

11 Whybray, *Ecclesiastes*, 72를 보라.
12 Longman, *Ecclesiastes*, 112.
13 Ogden, *Qoheleth*, 124-25.
14 Levine, *Aramaic Version of Qohelet*, 40을 보라.

우리는 드디어 전도서에서 창세기 2:7("여호와 하나님이 땅의 흙으로 사람을 지으시고 생기를 그 코에 불어 넣으시니 사람이 생령이 되니라")의 언어를 반영하는 코헬렛의 말로 된 두 구절로 향한다.

첫 번째 구절은 전도서 3장에서 발견된다. 거기서 코헬렛은 "다 흙으로 말미암았으므로 다 흙으로 돌아가나니 다 한 곳으로 돌아가려니와"(전 3:20)라고 말함으로써 인간이 동물과 다르다는 생각에 의문을 제기하고 있다.

두 번째 구절은 코헬렛이 마지막에 "흙은 여전히 땅으로 돌아가고 영은 그것을 주신 하나님께로 돌아가기 전에 기억하라"(전 12:7)라고 가리킴으로써 그의 죽음에 대한 반성을 결론 내릴 때 창세기의 창조 이야기와의 연관성은 더욱더 분명하다.

코헬렛이 자기 생각을 창조의 상황에 위치시킨다는 것은 분명해 보인다. 심지어 비록 잠언과 욥기에서 우리가 보았던 것처럼 창조 자체에 대하여 똑같이 분명히 묘사하지 않는다고 할지라도 그렇다. 현시점에서는 그럴지라도 우리는 의도적으로 넓은 문맥 속에서 이들 진술들을 해석하지 않았다. 우리는 그것을 아래에서 할 것이다.

4) 지혜시에서 창조

많은 시편이 창조를 반영한다. 그러나 하나님의 창조에 대하여 말하는 모든 시편이 지혜시로 간주될 수 있는 것은 아니다. 시편 24편은 하나님이 세상을 창조하셨기 때문에 하나님이 모든 것과 모든 사람을 소유하신다는 확언으로 시작하는 가장 좋은 예다. 시편 136편은 하나님의 창조를 축하하고(5-6절) 역사 속에서, 가장 유명하게는 출애굽에서 보여주신 하나님의 위대한 행하심에 대하여 말하는 것으로 옮겨가는 예전적인 시편이다.

지혜시로 통상 간주하는 세 편의 시편들은 하나님이 사람(시 8편)과 하늘(시 19편)과 땅과 그 안에서 살아가는 것들(시 104편)을 창조하신 것에 감탄한다. 처음 두 시편에 대하여는 이 시들이 지혜시로 간주하는 것이 이 시들의 창조신학에 근거한다는 것을 우리는 인정해야만 한다.

시편 104편은 시편 기자가 선포할 때 지혜의 주제를 분명히 반영한다.

> 여호와여 주께서 하신 일이 어찌 그리 많은지요
> 주께서 지혜로 그들을 다 지으셨으니
> 주께서 지으신 것들이 땅에 가득하니이다(시 104:24).

이런 방식으로 시편 기자는 세상의 창조를 하나님의 지혜로 돌리는 다른 지혜 텍스트의 합창에 참여한다.

5) 아가에서 창조

아가는 사랑을 노래하는 시이며 더 좋게는 사랑의 시(제4장을 보라)와 밀접히 연관된 명시선집이다. 욕망과 선정적인 희곡의 표현들로 가득 차 있는 이 책에서 창조신학을 반영하는 그 어떤 것을 발견할 것이라고 우리는 기대하지 않을지도 모른다.

그러나 필리스 트리베(Phyllis Tribe)는 아가의 정원 이미지는 전체로서의 정경의 문맥에서 읽히면 에덴동산의 기억을 떠올리게 만든다고 강력한 주장을 했다.[15] 창세기 2장에서 아담과 하와는 에덴동산에 있다. 이들은 발가벗었으며 그들이 "한 육체"가 되는 연합을 즐기는 동안 부끄러움을 느끼지 않는다(창 2:24-25).

이 더없이 행복한 친밀함은 오래가지 않으며 창세기 3장에서 끝이 난다. 거기서 우리는 이들의 하나님에 대한 반역과 하나님과 인간의 관계가 깨진 것을 알게 되는데, 그것은 인간과 인간의 관계에도 영향을 준다. 아담과 하와가 더 이상 벗은 채로 그리고 부끄러움을 느끼지 않으면서 설 수 없으며

---

15   Trible, *God and the Rhetoric of Sexuality*.

자신들을 무화과 잎으로 처음으로 가리려고 하는 것과 후에 하나님이 그들에게 마련해 주신 "가죽옷"(창 3:21)으로 가리려고 한다는 점에서 우리는 그것을 관찰하게 된다.

창조와 타락의 이야기를 배경으로 하여 아가를 읽는 것은 창조에서 동산 이미지의 중요성을 꺼내온다. 이것은 특별히 동산이 남자와 여자 사이의 육체적인 친밀함의 배경일 때 그렇다. 아가 2:8-17은 이에 대한 예를 보여준다.[16]

여인
내 사랑하는 자의 목소리로구나
보라 그가 산에서 달리고
작은 산을
빨리 넘어오는구나!
내 사랑하는 자는 노루와도 같고
어린 사슴과도 같아서
우리 벽 뒤에 서서
창으로 들여다보며
창살 틈으로 엿보는구나
나의 사랑하는 자가 내게 말하여 이르기를
나의 사랑, 내 어여쁜 자야
일어나서 함께 가자
겨울도 지나고
비도 그쳤고
지면에는 꽃이 피고

---

16 Falk(*Love Lyrics*, 139-43)는 (정원 배경을 포함하는) 시골과 도시 사이의 대조를 아가의 시에서 이끌어 온다. 시골은 사적이고 친밀함의 장소이며 도시는 사랑에 적대적인 곳이다.

> 새가 노래할 때가 이르렀는데
> 비둘기의 소리가 우리 땅에 들리는구나
> 무화과나무에는 푸른 열매가 익었고
> 포도나무는 꽃을 피워 향기를 토하는구나
> 나의 사랑, 나의 어여쁜 자야 일어나서
> 함께 가자
> 바위틈 낭떠러지
> 은밀한 곳에 있는 나의 비둘기야
> 내가 네 얼굴을 보게 하라
> 네 소리를 듣게 하라
> 네 소리는 부드럽고
> 네 얼굴은 아름답구나
> 우리를 위하여 여우
> 곧 포도원을 허는
> 작은 여우를 잡으라
> 우리의 포도원에 꽃이 피었음이라
> 내 사랑하는 자는 내게 속하였고 나는 그에게 속하였도다
> 그가 백합화 가운데에서 양 떼를 먹이는구나(아 2:8-17).[17]

이 시는 트리블(Trible)이 아가를 창세기 3장에서 남녀 관계의 불화 이야기 후에 성의 구속을 시적으로 말하는 이야기로 말할 때 그녀가 마음에 생각하고 있던 충격적인 하나의 예이다. 이런 방식으로 트리블은 비록 자신이 연관시키지는 않았지만, 지혜와 창조신학 사이의 관계를 우리가 이해하는 데 공헌한다.

도처에 나타나는 동산 이미지와 함께 아가는 창조 시에 하나님에 의해

---

17 번역은 Longman, *Song of Songs*으로부터 온다.

확립된 질서를 반영하는 성적인 욕망의 그림을 그려낸다. 아가의 익명의 남자와 여인은 특정한 그 누구도 아니다. 다시 말해 아가는 실제적인 고관에 대한 역사적인 회상이 아니라 모든 사람을 나타낸다.

메시지는 상호성, 열렬한 열정, 배타적인 사랑, 친밀함의 관계는 그것이 하나님을 대항한 반역에 의해 손상을 입었을지라도 가능성이 있다는 것이다.

6) 결론

우리는 지혜를 위한 우리의 자료 다섯 가지(잠언, 욥기, 전도서, 시편, 아가)를 조사했다. 그리고 우리는 이 각 책들은 다양한 정도로 그리고 다양한 방식으로 창조에 관한 관심을 보였다는 것을 보았다. 비록 보스트롬(Bostrom)이 "창조의 개념이 잠언에서 중심적인 역할을 한다고 말할 수 없다"[18]고 옳게 지적했을지라도 잠언은 하나님이 당신의 지혜를 통하여 창조하셨다는 것을 가장 분명히 확언한다.

하나님이 당신의 지혜로 우주를 창조하셨다는 지혜서의 인식은 또한 창조는 혼돈이 아니라 질서 잡힌 것이 될 것이라는 믿음으로 이끈다. 그러므로 현자들은 자신의 제자들에게 어떻게 창조 질서의 빛 아래서 인생을 항해할 것인가를 가르친다.

그러나 현자들이 세상이 어떻게 돌아가는지에 대하여 자신들이 이해한 것에 근거한 충고가 정말로 번영하는 인생으로 규정된 성공적인 결과를 정말로 이끌어 온다고 확신하는가?

우리가 이 장의 다음 부분을 자세히 봄에 따라서 우리는 이것이 우리가 처음 보는 것처럼 그렇게 단순하지 않다는 것을 보게 될 것이다.

---

18   Bostrom, *God of the Sages*, 80.

3. 지혜와 창조 질서: 올바른 때

앞에서 언급했듯이 하나님이 당신의 지혜를 통하여 우주를 창조하셨다는 것은 우주가 혼란스럽기는커녕 질서 잡히고 예측 가능하다는 것을 암시한다. 이것이 과거 수십 년간 지혜를 연구한 많은 학자에 의해 도출된 결론이다.

만일 우주가 질서 잡히고 예측 가능하다면, 함정을 최소화하고 성공을 극대화하는 방식으로 삶을 사는 것이 가능해야만 한다. 그리고 이것이 잠언이 주려고 제안하는 유형의 교훈에 대한 정말로 공정한 평가가 되는 듯이 보인다. 지혜의 교훈은 올바른 때에 올바른 일을 하고, 올바른 때에 올바른 말을 하고, 상황에 맞는 감정을 표현하도록 사람들을 도우는 것이 목적이다. 지혜로 사는 것에 관해서라면 한마디로 타이밍(timing)이 모든 것이다.

위에서 우리는 "범사에 기한이 있고 천하만사가 다 때가 있나니"(전 3:1)라는 코헬렛의 단언에 대하여 언급했었다. 잠언은 다음의 구절에서처럼 말과 행위에서의 올바른 때의 중요성을 강조하는 것으로 유명하다.

> 사람은 그 입의 대답으로 말미암아 기쁨을 얻나니
> 때에 맞는 말이 얼마나 아름다운고(잠 15:23).

> 경우에 합당한 말은
> 아로새긴 은 쟁반에 금 사과니라(잠 25:11).

잠언 15:23은 상당히 직설적이다. 잠언 25:11은 또한 그 주된 메시지에 있어서 분명하다. 그것은 올바른 때에 말해진 말이 커다란 가치를 갖는다는 것이다. 말은 아마도 본래부터 내재하는 어떤 가치가 있을 것이다(말은 "황금 사과"[아마도 일종의 장식]이다). 그러나 올바른 때에 말해져야만 말의 가치는 (은 쟁반 위에서) 크게 극대화된다.

그러나 이 잠언들은 문학 형식 혹은 장르로서 잠언에서 암시적인 것을 단지 분명하게 만들고 있다. 잠언으로서의 잠언은 모든 상황에 다 적용되는 보편적인 진리를 말하지 않는다. 올바른 상황에 적용될 때만 진리일 뿐이다. 이것이 결국 "대조적인 잠언들"이 존재하는 이유이다.

성경의 예들로 향하기 전에 우선 영어 전통에 있는 다음의 잠언들의 짝을 생각해 보라.

> 서두르면 일을 그르친다(Haste makes waste).
> 남보다 부지런해야 성공한다(The early bird catches the worm).
>
> 사공이 많으면 배가 산으로 간다(Too many cooks spoil the broth).
> 일손이 많으면 일이 쉬워진다(Many hands make light work).
>
> 말보다 행동이 중요하다(Actions speak louder than words).
> 글이 행동보다 강하다(The pen is mightier than the sword).
>
> 돌다리도 두드려 보고 건너라(Look before you leap).
> 쇠뿔도 단김에 빼라(Strike while the iron is hot).

성경의 지혜에 관하여 우리는 가장 유명한 "대조되는 잠언들"을 곧장 댈 수 있다. 소위 잠언 26:4-5이다.

> 미련한 자의 어리석은 것을 따라 대답하지 말라
> 두렵건대 너도 그와 같을까 하노라
> 미련한 자에게는 그의 어리석음을 따라 대답하라
> 두렵건대 그가 스스로 지혜롭게 여길까 하노라(잠 26:4-5).

잠언은 올바른 상황(올바른 때)에 적용할 때만 진리라는 잠언의 진리를 이해하지 못했던 사람들의 예는 적어도 얌니야(Jamnia, 주후 90년) 때로 거슬러 올라간다. 거기에 일단의 랍비들이 성전 파괴의 여파 속에서 유대교의 미래에 대하여 논의하기 위하여 모였다. 다른 많은 관심사들 가운데서 랍비들은 잠언이 그 자체로 모순되어 권위를 가질 수 없다(즉 "손을 깨끗이 할 수 없다")[19]는 소수의 목소리에 대항하여 잠언의 권위를 확증했다.

그러나 요점은 잠언은 단지 기계적으로 잠언을 배우는 것 이상을 필요로 한다는 것이다. 우리는 또한 잠언을 바른 상황에 어떻게 적용하는지를 배워야 한다. 어리석은 자도 잠언을 알 수 있다. 그러나 만일 이들이 그것을 어떻게 올바르게 적용할지 알지 못한다면 잠언은 그들에게 쓸모가 없다. 잠언 26:7은 이에 대하여 경고한다.

> 저는 자의 다리는 힘 없이 달렸나니
> 미련한 자의 입의 잠언도 그러하니라(잠 26:7).

저는 사람의 다리가 그 사람으로 걷는 데 도움을 줄 수 없듯이 잠언을 어떻게 사용하는지 알지 못하는 사람에게는 잠언도 똑같다. 잠언 26:9은 더욱 무서운 경고를 한다.

> 미련한 자의 입의 잠언은
> 술 취한 자가 손에 든 가시나무 같으니라(잠 26:9).

그것을 어떻게 바르게 적용할지 모르는 사람에 의해 인용된 잠언은 쓸모 없을 뿐만 아니라 잠재적으로 위험하다. 여기 이미지는 술 취한 사람이 가

---

19 Beckwith, *Old Testament Canon*, 278-81. "더러운 손"이란 말은 우리 귀에는 이상하게 들린다. 그러나 이 말은 우리가 무엇인가 거룩한 것에 접촉하면 우리는 부정하게 된다는 사상에 근거한다.

시나무를 미친 듯이 휘두르는 것이다. 그리고 피가 팔로 흘러내리고 이따금 가시나무가 다른 사람을 때린다.

잠언 26:4-5은 단지 잠언의 가장 분명한 예일 뿐이다. 이 잠언들을 나란히 두고 만일 보편적으로 진리를 표현하는 진술인 것처럼 적용하면 각 잠언은 서로를 거꾸로 뒤집을 것이다. 다른 예들은 더 미묘하고 함께 나란히 둘 수 없다. 그러나 부에 대한 다음의 충고를 보라.

우선 잠언은 종종(이 책을 잘 모르는 사람들에 의해) 번영에 대한 안내서로 인용된다. 문맥에서 떼어내서 고립된 언급들이(잘못되게) 그런 관점을 증거하는 구절로 사용될 수 있다. 한 가지 예가 잠언 3:9-10이다.

> 네 재물과 네 소산물의 처음 익은 열매로
> 여호와를 공경하라
> 그리하면 네 창고가 가득히 차고
> 네 포도즙 틀에 새 포도즙이 넘치리라(잠 3:9-10).

그러나 잠언은 단순히 부자가 될 것이라는 "믿음"보다 더 많은 것을 취한다. 즉 우리는 또한 열심히 일해야 한다.

> 손을 게으르게 놀리는 자는 가난하게 되고
> 손이 부지런한 자는 부하게 되느니라(잠 10:4).

'여호와를 존중하라! 그러면 부자가 될 것이다.'
'열심히 일하라! 그러면 부자가 될 것이다.'
그러나 이것이 전체 진리인가?
혹은 잠언이 부에 대하여 가르치는 것이 요점인가?
절대 그렇지 않다.

잠언의 현자들은 누군가가 신실하고 열심히 일하지만, 여전히 그들 자신의 잘못이 아님에도 불구하고 가난하게 될 수 있다는 것을 아주 완전히 잘 안다.

> 가난한 자는 밭을 경작함으로 양식이 많아지거니와 불의로 말미암아 가산을 탕진하는 자가 있느니라(잠 13:23).

현자들은 "불의"의 성격에 대하여 구체적으로 말하지 않는다. 왜냐하면, 많은 가능성이 있기 때문이다(포악한 지주 혹은 관료주의, 과도한 세금, 심지어 파괴적인 기후 참변).

그러나 판 레이우엔(Van Leeuwen)에 의해 예시된 것처럼 마치 그것이 항상 사실인 것처럼 잠언 3:9-10과 같은 구절을 사용하는 것에 반대하는 가장 설득력 있는 주장은 소위 '… 보다 낫다'는 잠언들이다.[20] 여기서 많은 예들 가운데 둘만 나열한다.

> 지혜를 얻는 것이 금을 얻는 것보다 얼마나 나은고
> 명철을 얻는 것이 은을 얻는 것보다 더욱 나으니라(잠 16:16).

> 가난하여도 성실하게 행하는 자는
> 부유하면서 굽게 행하는 자보다 나으니라(잠 28:6).

이들 '… 보다 낫다'는 잠언들은 상대적인 가치들에 대하여 말하며 지혜와 의와 경건이 부와 비교하여 중요한 것이라는 의견을 말한다. 이들 잠언들은 결코 가난을 칭찬하고 있거나 부를 모욕하고 있는 것이 아니다. 이들 잠언들은 지혜의 삶과 부의 삶 사이에 어떤 선택을 하도록 직면할 때 어떤 결정이 이루어져야만 한다는 것을 인정하고 있는 것이다. 대답은 분명하

---

20 Van Leeuwen, "Wealth and Poverty."

다. 가난하고 지혜로운 것이 부하고 어리석은 것보다 훨씬 낫다는 것이다.

여기서 우리의 목적은 잠언의 부와 가난에 대한 가르침에 대한 완전한 그림을 주는 것이 아니다.[21] 부가적인 뉘앙스(nuance, 어감)가 있다. 그러나 어느 한 구절을 인용하고 그것을 어떤 주제에 대한 보편적인 진리를 가르치는 것으로 그 구절들을 지지하는 것은 쓸모없고 위엄하다는 것을 가리킨다.

데이비드 블란드(David Bland)가 도움이 되는 최근의 책에서 반복하는 것처럼 "만일 당신이 하나의 잠언만을 안다면 당신은 아무것도 모르는 것이다."[22] 그는 또한 계속해서 말하기를 잠언은 그것이 사실이 되기 위하여는 올바른 상황에 적용되어야 할 뿐만 아니라 "잠언의 상황적인 성격이 똑같은 잠언은 그것이 사용되는 상황에 근거하여 한정되지 않은 수의 의미를 가질 수 있다는 방식으로 자신을 드러낸다."[23]

블란드는 그의 주장을 위하여 영어 잠언 "침묵은 금이다"를 들여다본다. 사실 이 금언을 적용하는 서로 다른 "옳은" 때들이 있다. 부모는 도서관에서 시끄럽게 하는 자녀에게 이 말을 적절하게 말할지 모른다. 혹은 우리는 이것을 대화에서 어색하게 중단되는 것에 대하여 부끄러워하게 되지 않도록 수줍음을 타는 사람을 격려하기 위해서 말할지도 모른다. 혹은 우리는 이 말을 자신이나 다른 사람에게 어떤 아름다운 황야에서 만족을 표현하기 위하여 말할지도 모른다.

요컨대 결론은 잠언의 구절들은 그것들을 바르게 사용하기 위하여 상당한 기술과 지혜를 요하는 지침을 가진다. 우리는 어떤 하나의 잠언도 어떤 문제에 대하여 전체 진리를 표현하지 않으며 잠언은 상황에 따라서 다양한 의미가 있을 수 있다는 것을 인식해야만 한다. 이 주장이 복잡하게 들릴지 모르지만 누군가가 그 상황에 맞는 어떤 잠언을 말할 때 그것이 즉시로 사

---

21 이런 그림을 위하여는 Whybray, *Wealth and Poverty*; Washington, *Wealth and Poverty*; Longman, *Proverbs*, 573-76; Longman, *How to Read Proverbs*, 117-30를 보라.
22 Bland, *Proverbs and the Formation of Character*, 77-78.
23 Ibid., 106.

실로 인식된다는 것도 사실이다.

　나의 할머니는 영어 잠언들에 정통했고 잠언들을 시기적절하게 사용하는 좋은 예를 하나 보여주었다. 나는 추수감사절에 할머니가 어머니와 고모에게 "사공이 많으면 배가 산으로 간다"(too many cooks spoil the broth)고 말한 것을 생생히 기억한다. 그녀들은 할머니의 말을 금방 알아듣고 부엌에서 나갔으며 할머니는 할머니가 원하는 방식으로 칠면조를 준비할 수 있었다. 저녁 식사 후에 내 사촌들과 내가 축구를 시청하고 있는 거실로 오면서 우리에게 "백지장도 맞들면 낫다"(many hands make light work)고 말하면서 들어온 것에 대한 더 생생한 기억도 있다.

　이 두 잠언에서 원리들이 명백히 서로 반대된다고 할지라도 우리는 즉시 이 잠언의 "진실"을 알아차렸고 우리는 많은 음식을 먹고 난 접시들을 그녀가 설거지하는 것을 도와주었다.

　잠언들은 무질서에 질서를 가져오려고 의도한다. 그리하여 이런 의미에서 지혜는 하나님의 지혜를 통하여 하나님이 세상을 창조하셨다는 것에 근거한 질서가 잡힌 세계를 가정한다.

　그런데 왜 지혜가 항상 통하지는 않는가?

4. 세상은 결국 그렇게 질서정연하지 않다

　잠언은 독자들에게 바라고 득이 되는 결과를 성취하기 위하여 올바른 때에 올바른 일을 행하고 올바른 때에 올바른 것을 말함으로써 지혜롭게 살 것을 촉구한다. 우리는 위에서 또한 잠언이 그런 말들과 행위들이 항상 바라는 결과를 성취할 것이라고 주장하지 않는다는 것을 보여주었다.

　하나님이 세상을 열심히 일하는 사람들이 보장을 받도록 창조하셨을 지라도 때로는 게으른 사람들이 부자가 되고 열심히 일하는 사람들이 가난하게 된다. 정말로 '… 보다 낫다'는 잠언들은 현자들이 예를 들어 지혜와 부 사이에 선택해야만 할 때가 있다는 것을 이해한다는 것을 우리에게 말한다. 우리가 주장했듯이 잠언은 모든 다른 것이 동일하다면 소망하는 결과를 성취하기 위한 최선의 전략을 가리킨다.

우리가 제3장에서 보았듯이 욥기는 지혜가 언제나 평온하거나 성공적인 삶을 인도하는 것은 아니라는 것을 보여주는 사고(thought)의 실험을 제시한다. 전도서도 똑같다. 우리는 제2장에서 코헬렛이 지혜가 가진 제한적인 유익을 인정하면서도 죽음이 지혜나 어리석음을 한가지로 만들었다고 궁극적으로 느꼈다는 것을 보았다(전 2:12-17).

정말로 하나님이 세상을 만드셔서 해 아래서 모든 것에는 바른 때가 있다는 사실이 코헬렛의 입장에서는 점점 더 좌절감을 키웠다. 왜냐하면, 코헬렛이 하나님이 그의 인간 피조물에게 타당한 때를 구별할 수 있는 능력을 주지 않았다는 것을 느꼈기 때문이다(전 3:1-15).

틀 해설자가 그의 아들에게 소위 "해 위"(above the sun)의 관점(하나님을 경외하고 그의 계명을 순종하며 미래의 심판 빛 아래서 살아가는 삶)을 가리키지만, 그는 "해 아래"의 삶이 의미 없다는 코헬렛의 견해를 도전하지 않는다.[24]

이 모든 것은 우리가 앞에서 연구한 잠언, 욥기, 전도서에 대한 선택적인 비평이다. 이 세 책 사이의 관계에 대한 많은 묘사와 대조적으로 욥기와 전도서는 잠언의 메시지를 비판하지 않는다. 그보다는 이들은 명백히 고대의 오류와 현대의 오류(예를 들어 번영 복음)로 계속해서 읽는 것에 대한 표준적인 교정 수단이다.[25]

지혜와 창조와 질서 사이의 관계에 대한 그 이상의 설명은 로마서 8장에서 전도서에 대한 바울의 인유(allusion)에 대한 조사 때문에 제공된다.

---

[24] 정말로 전 12:10에서 틀 해설자는 그의 아들에게 코헬렛이 "진리의 말씀들을 정직하게 기록했다"라고 말한다. 다시 말해 인생은 어렵고 그래서 네가 "해 아래" 머무는 한 죽는다는 것이다.

[25] 비록 Enns가 나보다 다양성에 더 강조를 둘지라도 나의 견해는 Enns, *Inspiration and Incarnation*, 63-72에 제시된 것과 다소 다르다. 그러나 다양한 메시지가 있지만 그 책들이 서로를 파괴하지는 않는다고 Enns가 말하는 것은 옳다.

생각하건대 현재의 고난은 장차 우리에게 나타날 영광과 비교할 수 없도다. 피조물이 고대하는 바는 하나님의 아들들이 나타나는 것이니 피조물이 허무한 데 굴복하는 것은 자기 뜻이 아니요(롬 8:18-20a).

"허무"(마타이오테스[mataiotes])라는 단어는 여기서 바울의 견해를 전도서와 연결한다. 왜냐하면, 그리스어 구약성경에서 "의미 없다"(meaningless)로 번역된 히브리어(헤벨[hebel])의 그리스어 번역이기 때문이다. 그러나 바울은 창조가 왜 의미 없는지 드러낸다.

피조물이 허무한 데 굴복하는 것은 자기 뜻이 아니요 오직 굴복하게 하시는 이로 말미암음이라(롬 8:20).

바울은 여기에서 분명히 창세기 3장의 타락의 기사를 암시한다. 하나님이 아담과 하와의 반역에 대한 반응으로 창조세계를 허무한 데 굴복하게 하셨다.[26]

그러므로 우리가 지혜와 창조신학의 연관성을 생각할 때 오직 창세기 1-2장만을 생각하는 것은 잘못된 생각이다. 지혜가 창조신학과 연관된 만큼, 지혜는 우리를 에덴동산으로 향하게 하지 않고 우리가 문제가 많고 무질서한 세계에서 산다는 것을 인식하게 한다.

제6장("지혜롭게 되기 원하기[창 3장]")에서 우리는 창세기 3장이 지혜 문헌이라고 주장하지는 않지만, 지혜와 연관된 언어와 개념을 인식하지 않고서 인간의 반역 이야기를 읽을 수 없다는 것을 주목했었다. 이 비극적인 타락의 이야기에서 우리는 아담과 하와가 자신들에게 역효과를 가져오는 "지혜"를 얻는 것을 본다.

---

26 바울이 여기서 신적 수동태를 사용함으로써 바울이 창조세계를 허무에 굴복하게 하는 분으로 하나님을 언급하고 있다는 것이 널리 받아들여진다.

그들의 눈은 열렸다. 그러나 그들이 보는 것은 이제 그들의 반역 때문에 아름답지 않다. 그러므로 그들은 더 이상 부끄러움 없이 벗은 채로 있을 수 없어 그들 자신을 가리는 수단을 쓴다. 결국 이들은 에덴동산에서 바울이 우리에게 이제 허무한 데 굴복하게 된다고 말한 더 넓은 세상으로 쫓겨났다. 세상은 뒤틀려 있고, 우리도 뒤틀려 있다(The world is warped; we are warped). 코헬렛이 "해 아래서" 의미를 찾을 수 없었다는 것은 놀라운 일이 아니다. 지혜가 혼란스러운 세계에 질서를 가져오는 데까지만 간다는 것은 놀라운 일이 아니다.

그러나 바울은 무질서한 세계에 대한 반성을 끝내지 않는다. 아래에서 우리는 하나님이 세상을 "희망 속에서" 허무한 데 굴복하게 하셨다는 것을 볼 것이다. 그러나 우리가 바울의 구속적인 메시지로 옮겨가기 전에 우리는 어떻게 욥기와 아가가 또한 창조가 무질서하다는 것을 받아들이는지를 생각할 필요가 있다.

하나님이 회오리바람 가운데 욥에게 질문들을 퍼부어 댈 때 하신 첫 번째 질문들은 창조에 관한 것이었다. 여기서 우리는 욥기에서 가장 분명한 역할을 하는 창조신학을 본다. 하나님은 하나님을 고소하는 욥을 하나님이 창조주이지 욥이 창조주가 아니라는 것을 상기시킴으로써 욥을 본래의 위치에 놓는다.

그러나 창세기 1-2장의 이야기와 비교하면 창조 이야기를 비틀어서 제시한다. 논쟁이 되고 있을지라도 나를 포함하여 많은 학자는 창세기에서는 소위 전쟁 모티프가 없다는 것을 본다.[27] 메소포타미아와 아마도 가나안의 창조 이야기에서는 창조의 신(마르둑과 바알)이 물을 대표하는 신들(티아맛과 얌)을 패배시킨 후에 우주를 형성한다. 창세기에서는 하나님의 신이 수면 위를 운행하지 물과 싸우지 않는다.

27　Longman, *Genesis*, 3, contra Levenson, *Creation and the Persistence of Evil*.

그러나 하나님이 욥기에서 세상의 창조에 관하여 이야기할 때 물은 의인화되어 있다. 그리고 하나님은 물을 창조했다고 주장하지 않고 부모가 제멋대로인 아이를 통제하는 것처럼 물을 통제한다고 주장한다.

> 바다가 그 모태에서 터져 나올 때에
> 문으로 그것을 가둔 자가 누구냐
> 그 때에 내가 구름으로 그 옷을 만들고
> 흑암으로 그 강보를 만들고
> 한계를 정하여
> 문빗장을 지르고
> 이르기를 네가 여기까지 오고 더 넘어가지 못하리니
> 네 높은 파도가 여기서 그칠지니라 하였노라(욥 38:8-11).

다시 말해 욥기에서 하나님의 창조에 대한 묘사는 통제가 필요한 어느 정도의 혼돈을 가정한다.

욥은 자신의 고난에 대하여 하나님과 대면하기 위하여 하나님을 만나기를 원했다. 욥은 하나님은 불공평하며 자신과 같이 지혜롭고 하나님을 경외하며 정직하고 경건한 사람은 고난받을 만하지 않는다고 믿는다. 본질적으로 하나님은 욥이 불공평하다고 고소할 때 가정하는 것처럼 그가 창조하신 세상이 그렇게 말쑥하게 돌아가지 않는다고 말로 반응한다. 하나님은 혼돈과 악을 근절하지 않고 그것을 욥이나 혹은 그 문제에 관하여 어떤 인간도 가능하게 할 수 없었던 방식으로 통제하신다. 다음 섹션에서 하나님은 다음과 같이 말함으로써 욥을 계속 도전하신다.

> 네가 너의 날에 아침에게 명령하였느냐
> 새벽에게 그 자리를 일러 주었느냐
> 그것으로 땅 끝을 붙잡고

> 악한 자들을 그 땅에서 떨쳐 버린 일이 있었느냐
> 땅이 변하여 진흙에 인친 것 같이 되었고
> 그들은 옷 같이 나타나되
> 악인에게는 그 빛이 차단되고
> 그들의 높이 든 팔이 꺾이느니라(욥 38:12-15).

욥이 아니라 하나님이 아침에게 명령하신다. 그리고 이런 방식으로 하나님은 통제하시나 악을 제거하지는 않으신다. 여기서 땅은 부드러운 진흙 위에 도장이 찍힌 것과 같다. 도장이 진흙 위에 찍히면 도장은 땅의 표면의 언덕들과 계곡들과 유사한 지역들이 들어가고 나온 부분들을 만들어 낸다. 땅의 모퉁이로부터 해가 떠오르면 해는 그 빛을 땅의 표면을 가로질러서 비춘다. 그리고 다른 유추를 사용하면, 하나님은 사람이 마치 옷에서 먼지를 떨어버리듯이 쓸모없는 악을 행하는 자들을(최소한도 다음 저녁까지) 흔드신다.

우리의 논의와 관련된 요점은 지혜와 창조와 질서 사이의 연관성은 어떤 사람들이 알고 있는 것처럼 그렇게 단순하지 않다. 그것은 하나님이 세상을 질서 있게 창조했으니 만일 우리가 지혜를 가진다면 창조세계가 어떻게 돌아갈지 안다고 단순히 말할 수 있는 문제가 아니다. 지혜로운 사람은 창조 질서가 방해받는다는 것을 이해한다. 그러므로 우리가 기대하는 것처럼 항상 작동하지는 않는다는 것을 안다.

심지어 아가도 아름다운 시로 축하되는 친밀함도 쉽게 얻어지지 않는다는 것을 인식한다. 트리블(Trible)이 아가에서 동산의 주제는 우리가 정경론적으로 아가를 읽으면 성의 구속(the redemption of sexuality)에 관한 이야기라고 말한 것은 옳았다(이 장 앞의 "아가에서 창조"를 보라).[28]

요컨대 창세기 2장은 에덴동산에 있는 아담과 하와를 벗었으나 부끄러워하지 않는 것으로 그린다. 그러나 창세기 3장에서는 죄 때문에 이들이

---

28 Trible, *God and the Rhetoric of Sexuality*.

자신들을 가린다. 아가에서 한 남자와 여자는 그들 자신이 즐기던 동산으로 돌아간다. 이 중요한 시점에 우리는 오직 하나의 절차를 더할 뿐이니, 그것은 스스로 대부분 시간을 즐기는 것이다.

죠지 쉬압(George Schwab)은 주제들을 강조했고 심지어 성의 구속이 완전하게 성취되지는 않다는 것을 시인이 인지하고 있다는 것을 가리키는 전체 시들을 강조했다.[29] 사랑의 동산에서 여우의 위협을 남자가 경고하는 것에 의해 나타나듯이 남녀 사이의 친밀감은 종종 위협받는다(아 2:15). 남자가 친밀함을 얻기 위하여 여인에게 접근하지만 어떻게 거절당할 뿐인지에 대해 묘사하는 혼란스럽고 강력한 시를 통하여 우리가 배우는 것처럼(아 5:2-6:3), 친밀함뿐만 아니라 사랑도 쉽게 얻어지지 않는다.

그러나 그녀가 잠에서 깨어 그를 위하여 문을 열지만, 거기에는 그가 없다는 것을 본다. 그리하여 그녀는 동산에서 결합을 예상하며 그를 애타게 찾기를 계속한다. 게다가 사랑의 문제에 있어서 예루살렘 여인들을 교훈하는 그 여인은 예루살렘 여인들에게 '친밀함을 아무리 바랄지라도 그것은 조급하게 부추겨져서는 안 되는 강력하고 위험한 감정'이라고 경고해야 한다.

> 예루살렘 딸들아 내가 노루와 들 사슴을 두고 너희에게 부탁한다 내 사랑이 원하기 전에는 흔들지 말고 깨우지 말지니라(아 2:7; 3:5; 8:4).

위에서 우리가 주목한 것처럼 바울은 로마교회에 창조세계가 허무에 굴복되었으며 구약성경에서 지혜에 대하여 말하는 자들이 이것을 알고 있다고 말한다. 세상이 아무리 혼란스러워도 하나님의 창조가 완전히 왜곡되지는 않는다. 인간의 반역 때문에 세상이 원래 의도된 것처럼 정확히는 아니지만, 그래도 세상은 그래야 하는 것처럼 돌아간다.

마지막으로 우리는 다시 한번 로마서 8장의 설명/의견으로 돌아간다.

---

29 G. Schwab, *Song of Songs' Cautionary Message*.

로마서 8장에서 바울 사도는 코헬렛이 그랬듯이 세상은 마타이오테스/헤벨(*mataiotes*/*hebel*)이다. 비록 코헬렛이 이 유감스러운 관찰을 넘어서 나아가지 않지만 틀 해설자는 그의 아들에게 코헬렛의 진실하고 정직한 결론 안에 빠지지 않고 "해 위"의 관점을 개발하라고 촉구한다.

같은 방식으로 바울은 코헬렛이 멈춘 곳에서 멈추지 않는다. 그렇다. 세상이 "허무한 데 굴복하는 것은 자기 뜻이 아니요 오직 굴복하게 하시는 이로 말미암음"이다. 그러나 바울 사도는 계속해서 말한다.

> 그 바라는 것은 피조물도 썩어짐의 종노릇 한 데서 해방되어 하나님의 자녀들의 영광의 자유에 이르는 것이니라(롬 8:20b-21).

바울은 인간의 죄와 죽음에 의해 의미 없게 된 세상의 구속을 말한다. 신약성경의 메시지는 예수 그리스도의 인격과 사역이 그 구속을 이미 이루었다는 것이다. 우리가 구속의 복음을 생각하면 우리는 예수님이 타락한 세상의 고난에 자기 자신을 굴복시킴으로써 우리를 구속했다는 것을 깨닫는다. 예수님은 코헬렛이 상상조차 할 수 없는 헤벨을 경험했다.

5. 결론

우리는 이 장을 짐멀리(Zimmerli)의 "지혜는 창조신학의 틀 안에서 확고히 생각한다"는 유명한 인용으로 시작했다. 우리는 비록 현자들이 창조에 대하여 직접적으로는 아주 드물게 말할지라도 그것은 정말로 그들의 세계관에 결정적인 것이라고 주목했다.

하나님은 우주를 그의 지혜로 창조하셨다. 그리고 이것은 세계가 조화로운 방식으로 구성되었다는 것을 가정한다. 그러므로 지혜에 호소하는 것은 우리를 세계가 돌아가는 방식과 맥을 같이하도록 하여 지혜로운 사람들이 번성하고 자신과 가족과 공동체에 유익을 가져오게 한다. 하나님께서 우주를 만드신 방식과 역행하는 것은 어리석게 행하는 것이요 자신과 다른 사람들에게 해를 가져온다.

그러나 지혜는 지혜가 항상 통할 것이라고 순진하게 단언하지 않는다. 지혜롭게 행하는 것이 자동으로 상급을 가져오지는 않는다. 이 장의 뒷부분에서 우리는 현자들이 세상이 깨어졌다는 것을 잘 인식하고 있었다는 것을 관찰했다. 그러나 세상이 깨어졌다는 것이 혼돈을 가져오지 않으며 "지혜의 길"에는 여전히 큰 유익이 있다.

올리버 오도노반(Oliver O'Donovan)이 쓴 주석은 구약 현자들의 관점을 잘 잡아냈다.

> 비록 우주가 금이 가고 깨어졌어도 그것의 깨어짐이 질서의 깨어짐이지 단지 무질서와 혼돈의 사실을 나타내지 않는다. 따라서 그것은 부분적으로 알 수 있도록 남아 있다. 그것에 속한 다양한 형태의 일반적이고 신학적인 질서를 관찰하기 위하여 계시가 필요하지는 않다. 불신자 혹은 비그리스도인의 문화가 가족의 구조, 자비의 미덕, 비겁에 대한 비난 그리고 정의의 의무에 대하여 무지하게 될 필요가 없다. 그리고 이 지식에 행동과 기질 혹은 제도로 반응하는 데 전적으로 실패하지 않아야 한다.[30]

우리는 세상이 최소한도 어느 정도는 어떻게 돌아가는지 보기 위하여 신자가 될 필요는 없다는 것을 오도노반과 함께 확언하는 것은 중요하다. 세상은 깨어졌을지라도 인식 못할 만큼 완전히 산산조각이 나지 않았다. 그리고 하나님이 만든 피조물인 사람은 비록 깊이 결함이 생겼어도 미친 것은 아니다. 지혜는 최소한 어느 정도까지는 모두에게 접근할 수 있도록 남아 있다.

---

30 O'Donovan, *Resurrection and Moral Order*, 88. Treier, *Virtue and the Voice of God*, 46에서 인용됨.

그 어느 정도가 비록 신학적인 지혜에는 미치지 못할지라도 말이다.

오도노반의 말에서 불신자는 "가족의 구조, 자비의 미덕, 비겁에 대한 비난 그리고 정의의 의무에 대하여 무지하게 될 필요가 없다." 그러나 정의상(by definition) 불신자는 우주의 가장 근본적이고 가장 본질적인 진리, 즉 하나님이 세상을 창조했고 모든 것은 그에게 의존한다는 진리가 무엇인지에 대하여 무지한 채 남는다. 우리가 실용적이고 윤리적인 단계에서 지혜와 함께 살 수 있지만, 하나님 경외 없이는 결국 그 지혜는 기초가 없다.

제9장

고대 근동의 배경에서 이스라엘의 지혜

이스라엘은 결코 이웃으로부터 고립된 민족이 아니었다. 그러므로 성경은 문화적인 진공 속에서 기록되지 않았다. 과거 두 세기[1]를 걸친 고대 근동의 문화에 대한 재발견은 이스라엘과 구약성경의 "인식론적인 환경"[2]에 대한 우리의 이해를 풍부하게 한 고고학적이고 문학적인 자료들을 제공해 왔다.

최소한도 1923년에 잠언의 어떤 내용에 상당히 유사한 내용을 담고 있는 아메네모페의 교훈(Instruction of Amenemope)의 출판[3]과 연구 이래로 우리는 성경 지혜 자료들과 그에 상응하는 고대 근동의 자료들 사이의 관계에 대하여 크게 관심을 갖게 되었다.

정말로 이스라엘과 고대 근동 지혜 사이의 유사성은 지혜는 이스라엘에게 독특한 것에 관심을 두는 것이 아니라 보편적인 관심을 말한다는 증거로 사용됐다. 이는 성경과 고대 근동의 지혜 사이의 관계와 둘 사이의 비교의 중요성과 관련된 많은 논쟁적인 이슈들이 있었다는 것이다.

이어지는 장은 이 논의 속으로 들어온 광범위한 수의 고대 근동 텍스트에 대한 힌트를 제공할 뿐이다. 우리는 지혜와 관련된 수메르, 이집트, 아카드, 히타이트 그리고 아람 문학에 관한 철저한 연구를 제시하지는 않을

---

1 고대 근동에 관한 근대 연구는 주후 1800년 어간에 나폴레옹이 이집트를 침공하는 것을 시작으로 유럽인들이 중동과 다시 지속적으로 접촉하게 되자 진지하게 시작되었다.
2 나는 이 용어를 Walton, *Genesis 1 as Ancient Cosmology*에서 빌려왔다.
3 Budge, *Facsimiles*; 그리고 Budge, *Teaching of Amen-Em-Apt*.

것이다.[4] 우리의 관심은 다음의 질문들을 다룰 것이다.

① 고대 근동의 지혜가 존재하는가?
② 성경과 고대 근동의 지혜 사이의 관계가 무엇인가?
③ 성경의 지혜는 이스라엘에 독특한 것인가 아니면 보편적인 것인가?

1. 고대 근동의 지혜가 존재하는가?

"지혜"는 바벨론 문헌에 적용되고 있는 엄밀히 잘못 붙여진 이름이다.

최소한 처음 읽으면 우리를 낙담시키는 램버트(W. G. Lmabert)의 이 말은 사실 그의 중요한 책 『바벨론의 지혜 문헌』(*Babylonian Wisdom Literature*)[5]을 시작하는 첫 문장이다. 물론 램버트는 아카드어가 지혜(네메쿠[*nemequ*])라는 단어를 갖고 있다는 것을 알고 있다. 그러나 그는 이 단어가 점과 같은 점 치는 관습과 가장 자주 연관된다는 것을 지적한다.

그럼에도 램버트는 "지혜"라는 말을 많은 수의 바벨론 텍스트를 가리키는 것으로 사용한다. 왜냐하면, 바벨론 텍스트들이 성경의 지혜 텍스트 특별히 잠언, 욥기, 전도서와 또한, 아가와 다른 부분들과 유사하기 때문이다.

키네스(Kynes)와 같은 학자들에게는 우리가 의심할지도 모르듯이 이것은 순환논법적인 추론의 냄새가 난다. 왜냐하면, 그는 성경에서 구별된 지혜 장르를 찾아내는 것에 대하여 의문을 가지고, 램버트를 넘어 지혜 장르가 이방적인 범주를 부과하는 것이라고 믿으면서 고대 근동에서 지혜 장르의

---

[4]   Sparks, *Ancient Texts*, 56-83과 관련된 참고문헌을 보라; 또한, Walton, *Zondervan Illustrated Bible Backgrounds Commentary*, vol. 5를 보라.

[5]   Lambert, *Babylonian Wisdom Literature*, 1.

존재에 대하여 논쟁하기 때문이다.[6]

우리는 좀 더 엄격한 종류의 장르에 대한 현실적인 이해에 관하여는 키네스가 옳다는 것에 이미 우리는 동의했었다. 그러나 장르에 대한 우리의 이해가 훨씬 더 유동적이고 명확히 구별되지 않는 영역이 있다는 것을 인정하는 한 지혜라는 장르의 범주가 유용하다는 것을 알았다.

우리의 의견으로는 부인될 수 없는 것은 구약성경에서 지혜에 초점을 두고 있는 책들, 특별히 잠언, 욥기, 전도서 그리고 아가와 같은 책들과 흥미롭게 유사한 텍스트들이 있다는 것이다. 고대 근동의 다른 문화 속에 존재하는 이용 가능한 자료들을 독자들이 알 수 있도록 우리는 다음의 개관을 제공한다.[7]

1) 메소포타미아의 지혜

기록의 도래와 함께 메소포타미아에서 역사가 동튼다(대략 주전 3100). 수메르인(Sumerian)으로 우리가 알고 있는 한 민족이 티그리스강(Tigris)과 유프라테스강(Euphrates) 사이에, 오늘날 남이라크(southern Iraq)에 살았다. 세 번째 천 년 마지막에 아카드어(Akkadian)을 말하고 쓰는 셈족이 결국 이들을 대체했다. 이들은 두 개의 강력한 중심지를 형성했다. 하나는 바벨론(Babylon) 도시 주변을 중심으로 하여 남쪽에 형성되었고, 다른 하나는 앗수르(Asshur) 도시의 주변을 중심으로 하여 북쪽에 형성되었다.

수메르인의 문화, 종교, 기록 그리고 문학은 바벨론 사람들과 앗시리아(Assyrians) 사람들에게 커다란 영향력을 행사했다. 바벨론 사람들과 앗시리아 사람들은 또한 이전의 수메르인들의 많은 문학을 보존했다. 그리하여 우리는 이들을 구별할 수 있지만, 수메르와 바벨론과 앗시리아의 지혜를

---

6 Kynes, *Obituary*.
7 메소포타미아의 지혜에 대한 질문에 대하여 좀 더 낙관적인 접근을 위하여는 Cohen, *Wisdom from the Late Bronze Age*와 아래서 인용된 Beaulieu의 저작을 보라.

메소포타미아의 지혜라는 항목 아래 제시한다.

메소포타미아 종교에서 지혜는 어떤 신들과 연관되어 있다. 수메르에서는 엔키(Enki)가 지혜의 신이었다. 어떤 신화에 의하면 엔키(아카드어로 에아[Ea])는 메스(ME's, 아카드어로 파르수[parsu])를 소유했다. 그것은 우주의 원리들 혹은 아마도 문명의 "전통적인 규칙"이다.[8] 아버벡(Averbeck)의 묘사에 의하면 이것들은 "수메르의 문화와 사회를 형성하고 다듬어서 신들과 사람들에게 사회가 잘 돌아가도록 한 기능적인 권력들과 관련된 관직들과 예술과 기술들이었다."[9]

"엔키와 세계 질서"(Enki and the World Order)에 보면, 엔키는 엔릴(Enlil) 신이 그에게 준 메스를 가졌다. 엔키는 또한 운명들을 결정하는 능력(남-타르[NAM-TAR])도 받았다. 그리고 엔키는 문명에 메스를 분배하는 여행을 시작한다. 우리가 가지고 있는 텍스트의 마지막에는 여신 이난나(Inanna)는 엔키가 메스의 어떤 것도 자기에게 분배하지 않았다고 불평한다.

메스와 엔키와 이난나와의 관계에 대한 화제(topic)는 또 다른 수메르 신화인 "이난나와 엔키"(Inanna and Enki)의 주제이다. 여기서는 엔키가 술에 취해서 이난나에게 메스를 준다. 엔키는 이난나가 메스를 우룩(Uruk)에 있는 그녀의 신전에 두기 전에 메스를 다시 찾으려고 시도한다. 그러나 여기서 텍스트가 훼손되어 있고 이에 대한 결론을 우리는 모른다.

이들 텍스트들은 세상을 규제하는 메스를 지혜의 여신 엔키와 연관시킨다. 그러나 "질서"(order)라는 말이 성경의 지혜와 같이 사람들과 피조물 사이의 조화를 인도하는 미덕들로 우리가 인식하는 것만을 암시하는 것으로 취해진다면 그것은 아마도 잘못된 단어일 것이다. "이난나와 엔키"에서 주어진 메스의 목록 안에서 우리는 영웅주의와 의로움과 같은 것뿐만 아니라 부정직과 도시를 약탈하는 것 그리고 탄식의 노래들도 발견한다.

---

8 Wiggermann, "Theologies, Priests, and Worship," 1865.
9 Averbeck, "Myth, Ritual, and Order."

이것들은 또한 신적으로 제정된 규범들로 간주한다.

엔키와 지혜로 되돌아 가보자.

> 메소포타미아에서 신 에아(수메르의 엔키)는 인류에게 문명의 기술을 가져오는 그의 역할에서 최고의 지혜의 신이고 장인 신(craftsman God)이었다.[10]

"엔키와 세계 질서"와 "엔키와 이난나"로부터 우리는 어떻게 엔키가 메스를 땅에 분배했는지를 보았지만, 인류에게 지혜를 가져다준 것에 대하여는 명백한 어떤 언급도 보지 못했다.

여기서 우리는 일곱 명의 홍수 이전에 살던 현자들의 전통에 대하여 짧게 언급할 것이다. 우리는 현자에 대한 언급을 오아네스(Oannes, 아다파[Adapa])로 시작할 것이다. 오아네스의 이야기는 주전 3세기의 작가 베로수스(Berossus)를 통해서 가장 풍부히 알려진다. 베로수스의 저작들은 훨씬 후기의 자료를 통해서 알려진다. 그러나 일곱 명의 현자 곧 어부들의 전통은 최소한 "에라 서사시"(Erra Epic)만큼 초기의 저작으로 알려져 있다(주전 8세기보다 늦지 않다).

에라 서사시는 "그들의 주인 에아(엔키)와 같이 고상한 지혜에 있어서 완전한, 거룩한 잉어 압수(Apsu)의 일곱 명의 현자들"(1.163)[11]에 대하여 말한다. 이 서사시의 내용은 엔키/에아가 홍수 이전에 살던 일곱 명의 현자들을 통하여 인류에게 지혜를 나누어 주었다는 듯이 보인다.

홍수 이전에 살던 이 일곱 명의 현자들 가운데 한 명이 홍수와 관련된 다양한 전설 속에서 지우수드라(Ziusudra, 아트라하시스[Atrahasis] 혹은 우스나피쉬팀[Utnapishtim]으로도 알려져 있다)라는 이름으로 알려져 있다. 지우수드라는 종종 바벨론의 노아(Babylonian Noah)로도 언급된다.

10　Beaulieu, "Social and Intellectual Setting," 4.
11　Translation by S. Dalley in *COS* 1:408.

"에리두 창세기"(Eridu Genesis)¹²로 알려진 수메르의 창조 텍스트에서 우리는 슈룹팍(Shuruppak, 아래를 보라)의 아들인 지우수드라가 엔키/에아가 다가오는 홍수에 대하여 경고해 준 한 사람이었다는 것을 배우게 된다. 수메르의 "길가메쉬의 죽음"(Death of Gilamesh)에서 우리는 길가메쉬가 이 홍수 영웅을 만나기 위해 여행했으며 후에 길가메쉬가 그의 도시인 우룩(Uruk)에 전해준 어떤 제의들을 배우게 되었다는 것을 배우게 된다.

이 우룩의 왕은 오늘날 "길가메쉬 서사시"(Gilgamesh Epic)로 불리는 바벨론의 이야기 속에서 가장 잘 알려져 있다. 해설자는 이 서사시를 길가메쉬를 소개함으로써 시작한다.

> 그(길가메쉬)는 모든 것을 보았다 … 아누(Anu)는 모든 지식을 길가메쉬에게 부여해 주었다. 길가메쉬는 비밀을 보았고 숨겨진 것을 발견했으며 홍수 전에 홍수(의 시간)에 대한 정보를 가져왔다.¹³

그리하여 길가메쉬 서사시는 "지식과 홍수 이전의 지식에 대한 추구"¹⁴로서 읽혀져야 할지도 모른다.

지혜에 대한 사상은 메소포타미아의 사상에서 아주 중요하다. 신들 특별히 엔키/에아로부터 기원하여 지혜가 홍수 이전의 일곱 명의 현자들을 통하여 인간에게 온다. 지혜는 세상(문명)이 어떻게 돌아가는지 아는 것을 포함한다. 그러므로 지혜는 실용적인 범주이지만 그 범주를 넘어서서 종교적인 제의가 개입되며 또한 점과도 연관되게 된다.

> 그것(지혜)은 올바른 삶을 이끌기 위하여 요구되는 모든 지식뿐만 아니라 제의 규범과 많은 수의 비밀 훈련과 신과 인간 세계 사이의 중재자들로 행

---

12 Translation by T. Jacobsen in *COS* 1:513-15.
13 Kovacs, *Epic of Gilgamesh*, 3.
14 Beaulieu, "Social and Intellectual Setting," 5.

동한 제한된 정예화된 전문가들에게만 허락된 비법들이 포함된다.[15]

그러므로 지혜는 자신의 장소를 메소포타미아의 신화적인 전통 속에서 찾는다. 그럴 뿐만 아니라 우리는 우리가 지혜로 확인한 성경의 책들과 유사한 것들을 담고 있는 저작들을 발견한다. 여기서 우리는 우리가 알고 있는 것에 대하여 간단히 설명할 것이다. 메포포타미아의 문학은 종종 지혜 전통 일부로 여겨지는 "교훈들과 잠언들과 우화들과 논쟁들"을 포함한다.[16] 이 장에서 우리는 이 범주에 맞는 구체적인 텍스트들을 맛만 볼 것이다.

가장 초기의 지혜 기록들 가운데는 고대 수메르(Sumer)로부터 온 잠언 모음이 있다. 우리는 스물여덟 개의 잠언 모음을 갖고 있는데, 그 가운데 몇몇은 초기 왕조 세 번째 기간(Early Dynastic III, 주전 2600-2550)만큼 오래되었으며 수메르어가 구어로서 더 이상 사용되지 않은 뒤에도 훌륭히 계속해서 사용된다.[17] 그러나 본래 수메르어로 기록되었다가 후에 아카드어로 번역된 또 다른 중요한 지혜 텍스트는 "슈르팍의 교훈들"(Instructions of Shuruppak)로 알려진 것이다.

슈르팍은 자신의 아들 지우수드라(Ziusudra, 홍수 영웅, 위를 보라)에게 이 교훈을 말하고 있는 홍수 이전의 왕이다. 슈르팍은 지우수드라에게 "가족 경영과 동물 관리, 농업, 일반적인 사회적인 행위와 같은 세속적인 삶과 연관된"[18] 교훈들을 준다. 아버지가 아들에게 말하고 있는 이 교훈의 형식이 이집트와 이스라엘의 지혜서(잠언, 전도서) 안에서 나타나리라는 것을 주목

---

15 Ibid., 18. Van der Toorn("Why Wisdom Became a Secret")은 우리가 두 번째 천 년에서 첫 번째 천 년으로 이동함에 따라서, 지혜는 "경험에 의한 지혜"로부터 "계시에 의한 지혜"로 이행한다고 주장한다.
16 Beaulieu, "Social and Intellectual Setting," 8.
17 가장 최근 판은 Alster, *Proverbs of Ancient Sumer*에서 발견된다. Veldhuis의 리뷰 논문 "Sumerian Proverbs"를 보라.
18 B. Alster in *COS* 1:569.

하라. 우리는 또한 "지혜의 조언들"(Counsels of Wisdom)[19]이라고 알려진 바벨론의 텍스트에서 자신의 아들에게 교훈하는 아버지를 관찰한다.

종종 간과되는 아카드어로 기록된 또 다른 그룹의 지혜 저작은 어디선가 내가 '소설적인 아카드어 자서전'(fictional Akkadian autobiography)이라고 불렀던 넓은 장르 안에서 발견되는 세 텍스트이다.[20] 소설적인 자서전의 장르는 기본적인 세 부분 구조(three-part structure)를 갖는다.

처음 두 부분은 모든 텍스트가 공유하는데, 즉 일인칭으로 된 등장인물 소개 뒤에 일인칭 등장인물의 내러티브 역사가 나온다. 세 번째 부분은 네 개의 하위 범주로 소설적인 자서전이 나뉘어진다.

이 네 개의 하위 범주는 다음의 요소들로 마친다.

① 축복과 저주("사르곤 탄생 전설"[Sargon Birth Legent], "이드리미"[Idrimi])
② 예언("마르둑 예언서"[Marduk Prophecy], "슐기 예언서"[Shulgi Prophecy], "우룩 예언서"[Uruk Prophecy], "왕조 예언서"[Dynastic Prophecy], "텍스트 A")
③ 종교 확립을 위한 기부("마니쉬투슈의 십자형의 기념물"[Cruciform Monument of Manishtushu], "아굼-카크리메 비문"[Agum-karrime Inscription], "쿠리갈주의 자서전"[Autobiography of Kurigalzu])
④ 몇몇 형태의 교훈들("나람-신의 쿠테안 전설"[Cuthaean Legend of Naram-Sin], "아닷-굽피 비문"[Adad-guppi Inscription], "산헤립 자서전"[Sennacherib Autobiography])

가장 마지막 요소는 지혜와 연관된 그룹이다. 왜냐하면, 이들의 삶에 관한 이야기를 한 후에 상상 속의 화자(나람-신, 아닷-굽피, 산헤립)가 그들의 삶에 근거한 충고를 하고 있기 때문이다. 이 장에서 조금 뒤에 가면 우리는

19　*ANET* 425-27; 그리고 Foster, *Before the Muses*, 1:328-31을 보라.
20　Longman, *Fictional Akkadian Autobiography*.

전도서와 이 그룹 텍스트와의 관련성을 보게 될 것이다.

여기까지 우리는 잠언의 문화적인 배경을 형성하는 텍스트들을 조사했다. 우리는 또한 수메르어와 특별히 성경 기사와 유사한 무죄하게 고난받는 자에 대한 문제를 언급하는 아카드로 된 텍스트들을 갖고 있다. 증명하기는 불가능하지만 내가 보기에 이 저작들, 특별히 고난받는 자와 친구들 사이의 대화를 담고 있는 "바벨론의 신정론"(Babylonian Theodicy)은 욥기의 저자에게 고난과 지혜에 관한 질문을 탐구하기 위한 문학적인 수단을 제공했을 것으로 보인다.

무죄한 자의 고난에 대한 이슈는 최소한도 우리의 현재의 지식에 의하면 "사람과 그의 하나님"(Man and His God)[21]으로 언급되는 수메르의 저작과 함께 나타난다. 고대 바벨론 시대(주전 17-18세기)에 속한 토판으로부터 온 이 텍스트를 우리는 안다. 그러나 이 텍스트는 알려지지 않은 더 이른 시기에 기원한다. 이 텍스트는 자신의 말을 듣고 자신을 회복시키는 그의 신에게 하는 고난받는 사람의 기도이다.

욥기와의 유사성 면에서 더욱 정곡을 찌르는 것은 두 개의 아카드어 작품인데, 그 가운데 하나는 "룻룰 벨 네메키"(Ludlul Bel Nemeqi)로 거기서 이렇게 말한다.

"나는 지혜의 주를 찬양할 것이다"(I will praise the Lord of wisdom).

지혜의 주는 마르둑(Marduk)이다. 마르둑은 엔키/에아의 아들로 지혜와 관련되어 있으며 바벨론의 만신들 가운데 왕이다. 이 텍스트는 자신의 끔찍한 고통을 기술하는 고난자의 독백이다. 그는 결국에는 자식을 회복시키는 마르둑에게 호소한다. 고난자의 고난이 어떤 종류의 제의적인 위반의 결과라는 어떤 힌트가 있지만 자주 인용되는 한 부분은 최소한 바벨론 전통에서는 사람들은 신들이 무엇을 좋아하는지, 무엇을 좋아하지 않는지 알 수 없다는 것을 분명히 한다.

---

21 Kramer, "Man and His God."

자기 자신에게 좋아 보이는 것이 신에게는 범죄가 될 수 있다.
자기 자신의 마음에는 가증해 보이는 것이
자신의 신에게는 선한 것일 수 있다.
누가 하늘에 있는 신들의 추론을 배울 수 있는가?
누가 깊음의 신들의 의도들을 이해할 수 있는가?
신의 길을 인간이 어디서 배울 수 있겠는가?

그러나 "바벨론의 신정론"이라고 알려진 다른 테스트는 무죄한 고난받는 자와 신들의 정의 이슈를 다룬다. 이 텍스트는 "룻룰"(Ludlul)과 같이 주전 7세기 즈음의 토판으로 입증되었는데 한 사람은 고난받는 사람이고 다른 사람은 친구인 두 사람의 대화 혹은 논쟁의 형태로 이루어져 있다. 욥처럼 고난받는 사람은 신들의 정의에 대하여 질문하고 친구들은 신들의 정의에 대하여 변호한다. 그러나 욥기와 달리 친구는 맨 마지막에는 고난받는 사람의 견해에 동조한다.

2) 이집트의 지혜서

이집트에서 문자 기록은 메소포타미아에서 문자 기록이 나타난 후에 곧 시작되었다. 그러나 두 기록 체계 사이의 연관성은 없다. 따라서 독립적으로 문자 기록이 시작된 듯하다. 잠언과 비교할 수 있는 교훈적인 문학이 이집트의 문학 역사 속에서 가장 이른 시기로 입증된 텍스트 사이에서 존재한다.

메소포타미아를 다룰 때처럼 몇몇 학자들은 이집트에 지혜 문헌이 존재하는가에 대하여 의문을 제기하지만[22] 성격에 있어서 교훈적이고 심지

---

22 Lichtheim, *Maat*. 그녀는 이집트 역사의 아주 늦은 시기 이전에는 "지혜로운/지혜"로 분명히 번역될 수 있는 어휘가 이집트에서 부재하다는 것을 자신의 의심의 근거로 둔다.

어 우리가 잠언에서 발견하는 것과 유사한 통찰력을 공유하는 셀 수 없이 많은 텍스트가 존재한다는 것은 의심할 수 없다.[23] 지혜와 연관될 수 있는 주된 형식의 기록은 이집트어로 사바트(*sbyȝt*)로 불린다. 이 단어는 "가르침"(teaching) 혹은 "교훈"(instruction)으로 번역될 수 있을 것이다.[24]

잠언(그리고 전도서[전 12:12을 보라])과의 유사성은 이집트의 교훈적인 문학이 그의 아들을 가르치는 아버지의 형식을 취한다는 것이다. 아버지는 전형적으로 고위관리거나 심지어 왕이다. 그는 자기의 아들을 미래의 삶과 할 일을 위하여 훈련하기를 원한다.

이 텍스트들은 항상 그런 것은 아니지만 전형적으로 이집트 사회의 고위층에 그 배경을 둔다. 이런 텍스트들은 셀 수 없이 많으며 이집트 역사(고왕조[Old Kingdom], 주전 2715-2710)의 초기 단계에 처음 나타났으며 가장 후기의 시기까지 내내 확장되었다. 가장 잘 알려진 예들은 프타호텝(Ptah-hotep), 메리카레(Merikare), 아메네모페(Amenemope), 안크세숀키(Anksheshon-qy), 인싱거 파피루스(Papyrus Insinger)의 교훈들(instructions)이다.

"지혜로운"(wise) 혹은 "지혜"(wisdom)로 번역할 수 있는 어휘들이 이들 텍스트에는 없을지라도 아버지가 아들에게 주는 교훈들은 대체로 우리가 잠언에서 발견하는 것과 유사하며 같은 결과를 가져오는 태도와 습관을 고치려고 의도된다. 우리는 특별히 아버지가 아들에게 성급하게 되지 말고 성숙하게 삶에 반응하도록 하려 할 때 이것을 보게 된다.

그리고 비록 지혜와 정확히 비교할 수 있는 어휘가 존재하지 않을지라도 아주 가까운 개념인 마앗(*ma'at*)이 존재한다. 마앗은 번역하기 어려운 단어이지만 세계에 질서가 있다는 사상을 가리키는 듯이 보인다. 만일 우리가 그 질서에 맞는 방식으로 행동하면 인생은 긍정적인 방식으로 돌아가게 된다. 어떤 사람들은 창조 질서의 조화와 정의와 진리를 언급하는 것으로 마

---

23 성경의 잠언과 고대 이집트의 교훈적인 말들과의 구체적인 평행들에 대하여는 Longman, "Proverbs"를 보라.
24 Ray("Egyptian Wisdom Literature," 18)는 "계몽"(enlightenment)이란 말을 더 선호한다.

앗을 생각할 것이다.

이집트로부터 온 선명한 교훈적인 문학의 장르가 존재할 뿐만 아니라[25] 우리는 또한 욥기나 전도서에 더 어울리는 사색적이고 염세적이라고 용어를 붙일 수 있는 텍스트들을 갖고 있다. 이에 관하여 다섯 텍스트가 전형적으로 논의된다.

첫째, "이프웰의 훈계들"(Admonitions of Ipuwer)은 사회가 심각하게 혼란스럽고 선한 왕에 대한 소망을 표현할 때의 시기를 기술한다.[26]

둘째, "능변의 농부"(Eloguent Peasant)는 부유한 땅주인에 의해 착취당하는 가난한 사람, 쿤아눕(Khu-n-Anup)에 대한 이야기를 한다. 농부는 결국은 정의를 추구하고 얻는다.[27]

셋째, "카크헤페레-손브의 불평들"(Complaints of Khakheperre-Sonb)은 전도된 사회를 기술하는 잠언들을 포함한다.

> 옳음이 밖으로 던져진다,
> 잘못이 평의회의 집회장에 있다;
> 신들의 계획들이 침해되고,
> 신들의 법령들이 혼돈 속에.[28]

넷째, "네페르티의 의정서"(Protocol of Neferti)도 혼돈의 세상을 기술하며 일들을 질서잡아 줄 미래의 왕에 대한 소망을 표현한다는 점에서 앞에 있는 것과 유사하다. 이것이 예언적인 것인지 혹은 단순히 "기대하는 발전

---

25 예를 들어 우리는 "자신의 동료들을 위하여 생각을 위한 음식으로 자신들의 개인적인 경험을 제시하기 위하여" 개인의 삶을 이야기하는 무덤 벽 위에 보통 기록된 자서전들의 장르를 주목해야 한다. Perdu, "Ancient Egyptian Autobiographies," 2243이 그렇다.
26 N. Shupak의 번역 in COS 1:93-98.
27 Ibid., 1:98-104.
28 Ibid., 1:104-6.

들"[29]에 대한 텍스트인지 분명하지 않다.

다섯째, 아마도 이집트에서 온 가장 흥미로운 염세적인 텍스트들은 "자살에 대한 논쟁"(Dispute over Suicide)이다. 이 텍스트는 또한 "한 남자와 그의 바와의 대화"(Dialogue of a Man with His *Ba*)로도 불린다. 이 텍스트는 중왕조 시대 제20 왕조로부터 온다(주전 2133-1670).[30] 이집트어 용어 바(*ba*)는 이해하기 어렵고 번역하기 어렵다. 그러나 이 말은 사람의 영혼이나 내적 자아의 개념에 가깝다.

어떤 의미에서 이 저작은 자기 자신과의 대화이다. 그 사람과 그의 바는 인생이 얼마나 어렵고 얼마나 실망으로 가득 차 있는가를 인식한다. 이들이 정말로 자살을 명상하는지는 정말로 분명하지 않다. 그러나 어떤 경우든 바는 그 사람에게 실망을 안고 살지 말고 어려운 삶을 받아들이라고 단언한다. 괴디케(Goedicke)는 그의 고전 연구에서 이 텍스트는 "육체적인 존재의 무상함과 초월성 속에 있는 진정한 영원한 집에 대한 지식으로 세속적인 세상의 약점들을 정복하는 것이 목표인 이상적인 철학의 선전"[31]이라고 주장한다.

이집트인과 히브리인의 교훈적인 문학 사이에 밀접한 관계가 존재하는 듯이 보이지만 이집트의 염세적인 문학과 예를 들어 욥기와 전도서 사이의 관련성은 강하지 않다. 물론 두 전통들은 불의와 인생의 어려움과 씨름한다. 그러나 그것이 인간의 조건을 고려할 때 기대될 수 있는 유일한 것이다.

3) 아람어 지혜서

우리는 히브리어가 아닌 북서 셈어 문학(non-Hebrw Northwest Semitic literature)이라고 일컫는 것을 많이 갖고 있지 않지만 "아히카르의 교훈들"(In-

---

29 Goedicke, *Protocol of Neferyt*, 3.
30 번역이 J. A. Wilson, *ANET* 405-7; 그리고 Lichtheim, *Ancient Egyptian Literature*, 1:163-69에서 발견된다.
31 Goedicke, *Report*, 58.

structions of Ahiqar)³²이라고 알려진 하나의 중요한 표본을 갖고 있다. 이 문헌은 엘레판틴(Elephantine)의 이집트 유적지에서 발견된 역본을 통해 알려진 대로 본래 아람어로 기록되었다.³³ 이 교훈은 더 이른 시기에 쓰였을 것 같지만 이 파피루스는 주전 5세기로부터 온다. 줄거리는 앗시리아 왕 산헤립(Sennacherib, 주전 704-681)과 그의 아들 에살핫돈(Esarhaddon, 주전 680-669)의 통치 시기에 놓인다.

주인공은 아히카르(Ahiqar)인데 그는 이 왕들의 조언자로 섬긴다. 아히카르는 아들들이 없다. 그러므로 그는 자기 조카 나딘(Nadin)을 그의 도제로 양육한다. 아히카르는 산헤립과 그의 아들 에살핫돈을 잘 섬긴다. 그러나 에살핫돈의 통치 기간에 나딘은 그의 삼촌을 배신하고 그에 대한 거짓말을 퍼뜨려서 왕이 그를 사형에 처하게 한다. 운 좋게도 아히카르를 사형 집행하도록 보내진 관원은 그의 생명을 이 현자에게 빚진 자였다. 그리하여 아히카르는 계획을 세우고 이들은 다른 사람을 죽이고 그의 몸을 불태우고 그 시체를 아히카르의 시체인 것처럼 속여 넘겼다. 그리고 아히카르는 도망을 가고 에살핫돈으로부터 피하여 피난처를 찾는다.

시간이 어느 정도 지난 후에 이집트인들이 중요한 건설계획에 대한 도움을 요청하러 에살핫돈에게 다가오자 에살핫돈은 아히카르를 잃은 것에 대해서 후회한다. 그때 그 제독은 왕에게 아히카르가 여전히 살아 있다고 고백하고 그 현자는 궁정으로 다시 복직된다.

이러한 배경 위에서 이 저작은 회복된 아히카르가 그의 조카 나딘에게 주는 교훈들로 이동한다. 나이 든 인물이 젊은이에게 주는 이 가르침에서 (이 경우는 삼촌이 조카에게), 그리고 이 자료의 교훈적인 형태 속에서, 우리는 이스라엘과 이집트의 지혜 전통의 유사성들을 본다.

---

32 Lindenberger, *Aramaic Proverbs*; Greenfield, "Wisdom of Ahiqar."
33 Parker("Literatures of Canaan," 2400)에 의하면, 애굽으로 이주한 아람어를 말하는 사람들이 그것을 가져왔다.

게다가 나딘에게 하는 아히카르의 많은 교훈은 잠언에서 발견되는 것들과 유상성을 띠는데 가장 유명한 것이 3번 격언으로 "네 아들로부터 매를 아끼지 말라, 네가 그를 [악으로부터] 구할 수 있느냐?"는 말이다. 우리는 이 말을 잠언 23:13-14과 비교할 수 있다.

> 아이를 훈계하지 아니하려고 하지 말라 채찍으로 그를 때릴지라도 그가 죽지 아니하리라 네가 그를 채찍으로 때리면 그의 영혼을 스올에서 구원하리라(잠 23:13-14).

2. 성경과 고대 근동의 지혜 사이의 관련성은 무엇인가?

고대 근동의 텍스트들에 관한 위의 연구에서 우리는 우리에게 지혜를 가르치는 성경의 책들과 유사한 수메르와 아카드와 이집트와 아람의 저작들을 논했다. 우리가 이들 텍스트를 모음에 따라 우리는 유사성에 대한 힌트를 얻는다.

이 섹션에서 우리는 핵심적인 세 책인 잠언, 욥기, 전도서에 초점을 맞추면서 구체적인 책들에 관하여 형식과 내용의 유사성을 요약할 것이다.

1) 잠언

잠언과 교훈적인 혹은 훈계적인 문학과의 연관성은 형식과 내용 둘 다에 있어서 밀접하다.

형식에 관하여 잠언의 금언(proverb)은 두 번째 부분(잠 10-31장)의 주요 소로서 이른 수메르와 아카드와 아람과 특별히 이집트 문학에서 공통점이다. 책 전체의 차원에서 아마도 가장 가까운 평행은 이집트의 교훈적인 문학이다.

위에서 언급했듯이 고왕조(Old Kingdom)로부터 프톨레마이오스 시대 (Ptolemaic period)에 이르기까지 잠언과 유사성을 가진 약 24개 정도의 텍스트들을 우리는 갖고 있다. 형식과 내용에 있어서 잠언과 가장 유사성을 가진 가장 잘 알려진 예인 교훈적인 텍스트는 아메네모페의 교훈(Instruction of Amenemope)이다. 많은 사람은 이 텍스트가 잠언(일부)의 저자로 주장되는 솔로몬보다 수 세기 전인 주전 13세기에 기원했다고 믿는다.

형식에 있어서 아메네모페의 교훈은 잠언의 서문과 같이(잠 1:1-7) 서문으로 시작하며, 화자(아메네모페, 이집트 궁정에서의 직원)와 그의 의도된 수신자(그의 아들, 호르-엠-마아크헤르[Hor-em-maakher])에 대한 정보를 제공한다. 그리고 가장 중요하게 서문은 또한 이 저작의 목적을 언급한다. 오랫동안 주목된 것처럼, 아메네모페의 교훈과 "지혜 있는 자의 말씀"(잠 22:17-24:32)이라고 불리는 잠언의 한 부분 사이에는 특별히 형식에 있어서 놀라운 연관성이 있다. 아메네모페의 교훈은 삼십 장으로 되어 잠언은 그 서문에서 이렇게 선언한다.

> 내가 모략과 지식의 삼십 개[34]의 말들을
> 너를 위해 기록하여(잠 22:20).

아메네모페의 교훈은 또한 우리가 이집트와 이스라엘에서 공통적으로 듣는 충고에 대한 특별히 좋은 예이다. 우리는 잠언에서 보는 지혜로운 사람과 어리석은 사람 사이의 대조를 아메네모페의 교훈에서는 보지 못하지만 "조용한 사람"과 "흥분한 사람" 사이의 유사한 대조를 볼 수 있다. 우리는 또한 잠언에서 자주 보는 성공에 대한 자극을 덧붙이면서 화자의 충고에 주의하도록 하는 권고들을 자주 본다.

---

34 이 번역은 히브리어 쉴솜(šilšôm)을 쉘로쉼(šəlōšîm)으로 본문을 약간 수정한 것이 개입되었는데 이 수정은 널리 받아들여진다(개역개정은 "내가 모략과 지식의 아름다운 것을 너를 위해 기록하여"로 번역했다-역주).

잠언과 아메네모페의 교훈 사이의 유사성의 몇몇 예들을 강조하기 위하여 우리는 유사한 짝들을 아래에 인용한다.

짝 1

비참한 사람을 강도질하는 것을 주의하라(아메네모페의 교훈 4.4)[35]

약한 자를 그가 약하다고 탈취하지 말며
곤고한 자를 성문에서 압제하지 말라
대저 여호와께서 신원하여 주시고
또 그를 노략하는 자의 생명을 빼앗으시리라(잠 22:22-23).

짝 2

창고에서 부유함보다
신의 손 안에서 가난이 더 좋으며
분노하면서 부한 것 보다
행복한 마음으로 빵을 먹는 것이 더 좋다(아메네모페의 교훈 9.5-9)

지혜를 얻는 것이 금을 얻는 것보다 얼마나 나은고
명철을 얻는 것이 은을 얻는 것보다 더욱 나으니라(잠 16:16).

가난하여도 성실하게 행하는 자는
부유하면서 굽게 행하는 자보다 나으니라(잠 28:6).

---

[35] 아메네모페의 번역은 M. Lichtheim in *COS* 1:116-22로부터 가져왔다.

아메네모페의 말은 잠언의 '… 보다 낫다'는 언급들과 형식적으로 비교될 뿐만 아니라 이집트와 이스라엘의 텍스트가 둘 다 경건과 행복을 부유함보다 더 높이 평가한다는 점에서 표현된 가치와도 비교되고 있다.

다음의 예는 아메네모페의 교훈과 잠언 둘 다 불의하고 공평하지 않은 사업 관행을 경멸한다는 것을 보여준다.

짝 3

눈금을 제거하거나 저울 추를 바꾸지 말며
또한 측정의 분수를 줄이지 말라
들판을 측정하기를 바라지 말며
또한 금고를 방치하지 말라(아메네모페의 교훈 17.19-21).

속이는 저울은 여호와께서 미워하시나
공평한 추는 그가 기뻐하시느니라(잠 11:1).

상기시키기 위하여 우리는 잠언과 아메네모페 사이에 형식과 주제가 유사한 예들을 인용했다. 이들 예들은 이스라엘과 이집트와 그리고 또한 다른 고대 근동의 지혜 문헌 전통 사이에서 발견되는 유사성들을 보여준다.[36] 잠언을 산출한 이스라엘의 현자들이 지혜에 대하여 더 넓은 고대 근동의 지혜에 대한 지식으로부터 유익을 얻었다는 것은 의심의 여지가 없다.

---

36 더 충분한 연구는 Longman, "Proverbs"를 보라.

2) 욥기

욥의 경우에는 우리가 이미 위에서 묘사한 것처럼 메소포타미아와 이집트의 많은 텍스트가 부당한 고난의 문제를 논하고 있다. 물론 이 문제는 이스라엘이나 고대 근동에만 있는 문제는 아니다. 정말로 이 문제는 고대인들에게만 제한된 것이 아니다. 왜냐하면, 이 주제에 관하여 오늘날의 많은 책이 보여주는 것처럼 심지어, 오늘날 사람들도 왜 사람들이 인생에서 고통을 경험해야 하는가에 대한 질문과 싸워나가기를 계속하고 있기 때문이다.

부당한 고난들은 사람들에게 질문을 일으킨다. 이것은 이스라엘이나 고대 근동에만 국한된 것이 아니다. 그러나 잠언과 달리 우리는 욥기의 익명 저자(들)가 우리가 위에서 논의했던 고대 근동의 텍스트들에 대한 어떤 지식을 가지고 있었다는 것을 확신할 수는 없다. 기껏해야 아마도 이 문제를 다루는 하나의 방식으로 토론이나 논쟁의 형식으로 "바벨론의 신정론"을 알고 있었을 것 같지만 이것도 확실하지는 않다.

만일 우리가 바르게 해석했다면(제3장을 보라) 욥기는 고대 근동의 유사한 문학들과 일반적으로 생각되는 것보다 훨씬 많이 다르다. 우리는 욥기가 근본적으로 고난에 관한 책이 아니라고 이미 주장했다. 그러므로 욥기는 지혜의 본질과 기원에 대한 논쟁이다. 우리는 고대 근동 문학에서 욥기와 같은 것을 보지 못한다.

3) 전도서

전도서의 형식은 위에서 묘사한 아카드의 소설적인 전기 장르, 특별히 네 번째 하위 장르와 아주 유사한 듯이 보인다. 이 네 번째 하위 장르는 화자의 인생 경험에 근거한 교훈들로 끝이 난다. 좀 더 구체적으로 전도서는 위에서 묘사된 것처럼(제2장) 단 하나의 목소리가 아니라 두 개의 목소리를 포함하고 있다. 코헬렛은 전도서의 본문(전 1:12-12:7)에서 화자이다. 그리고 그의 말은 두 번째 알려지지 않은 지혜로운 사람의 말로 짜인다(framed). 이 지혜로운 사람은 자기 아들에게 "해 아래서"의 삶을 가르칠 때 코헬렛의 말을 반성한다(전 1:1-11; 12:8-14).

코헬렛의 말은 그것이 세 부분으로 되어 있다는 점에서 소설적인 아카드 자서전들의 패턴을 따른다.

① 일인칭 소개("나 전도자는 예루살렘에서 이스라엘 왕이 되어," 전 1:12).
② 그리고 인생의 의미에 대한 그의 질문에 대한 일인칭 설명이 이어진다 (전 1:13-6:9).
③ 이후에 그의 슬픈 경험에 근거한 지혜로운 충고를 제공한다(전 6:10-12:7).

그러므로 전도서는 어떤 고대 근동의 텍스트들과 형식적인 유사성을 공유한다. 그리고 이것은 코헬렛의 말의 저자가 이 장르를 알고 있었는지 전혀 확실하지 않더라도 전혀 놀라운 것이 아니다.

그러나 내용에 관하여는 아카드어 텍스트는 코헬렛의 말과 전혀 다르다. 코헬렛의 말은 침울한 말이다. 코헬렛이 표현하는 태도는 고대 근동에서 전례가 없다. 코헬렛과 같은 생각을 가진 사상가를 찾기 위하여 주석들이 길가메쉬 서사시로 관심을 돌리는 것은 흔하지 않은 것이 아니다.

위에서 우리는 길가메쉬 서사시를 지혜를 찾기 위한 여정으로 묘사했다. 지혜를 찾는 과정에서 길가메쉬는 한 여인숙에 머물고 여인숙 주인에게 영생을 찾으려는 그의 소망을 말한다. 그러자 여인숙 주인은 코헬렛의 생각과 아주 유사하게 들리는 회의적인 태도로 반응한다.

길가메쉬여, 당신은 어디를 표류하는가?
당신이 추구하는 삶은 찾을 수 없을 것이다.
신들이 사람을 만들었을 때 그들은 그것을 따로 두었다.

>   사람들의 손에 있는 생명은 유지된다.
>   길가메쉬여, 당신은 당신의 배로 배부르게 하라,
>   당신은 당신으로 밤낮 기쁘게 하라.
>   각각의 날을 당신은 기쁨의 축제로 만들라,
>   밤낮 춤추고 놀라!
>   당신의 옷들이 새것으로 빛나게 하라,
>   당신의 머리가 감기고 당신이 물로 씻어지게 하라.
>   당신의 손을 붙잡고 있는 그 작은 자의 마음을 두라,
>   당신의 배우자가 당신의 품에서 즐거워하게 하라!
>   왜냐하면, 이것이 [사람의] 임무이기 때문이다!(토판 X)[37]

그러나 이 유사한 태도가 우리에게 전도서의 저자가 길가메쉬 서사시를 알고 있었는지에 대하여 아무것도 말해주지 않는다. 정말로 그런 회의적인 태도는 우리 시대를 포함하여 어느 시대에서도 발견될 수 있다.[38]

3. 성경의 지혜는 이스라엘에게 독특한 것인가 아니면 보편적인 것인가?

고대 근동의 지혜와 구약성경의 세 개의 핵심 텍스트와의 비교에 대한 연구는 외국의 지혜와의 유사성과 개방성이 정경의 이 부분에만 해당하는

37　E. A. Speiser in *ANET* 90.
38　이것은 유사한 태도를 찾음으로써 전도서의 기록연대를 결정하려고 하는 것에 대하여 의심하게 만든다. 전도서가 포로후기 기간에 기록되었다는 것은 거의 확실하지만 Perdue, "Book of Qohelet," 103-16이 전도서가 좀 더 구체적으로 헬레니즘 시대(Hellenistic period)에 기록되었다고 제안하는 것은 설득력이 약하다. Samet("Religious Redaction in Qohelet")은 인생에 대한 코헬렛의 태도를 공유하며 그녀가 코헬렛의 태도를 후에 보수적으로 편집한 것으로 보는 많은 수의 덜 알려진 문학 텍스트들을 언급한다.

유일한 것인가 그렇지 않은가의 질문으로 우리를 이끈다.

성경의 지혜는 보편적인가 독특한가?

이와 관련하여 구약성경의 다른 부분과의 관계 속에서 지혜 문헌은 유일한가?

형식과 관련하여, 두 번째 질문에 대한 답은 부정적이다. 고대 근동의 문학은 성경 문학의 모든 장르와 흥미로운 형식적인 관련성을 공유한다.[39]

그러나 이스라엘의 현자들 가운데는 주변 이방 민족들의 지혜로부터 배우기 위한 특별한 개방성도 존재하는 듯 보인다. 이들은 특별히 이집트와 또한 다른 나라들의 지혜 사상가들로부터 통찰력을 얻었다. 이들은 이들의 통찰력을 음미했다.

그렇지 않으면 어떻게 우리가 열왕기에서 솔로몬의 지혜에 대한 평가가 의미가 있도록 할 수 있겠는가?

> 하나님이 솔로몬에게 지혜와 총명을 심히 많이 주시고 또 넓은 마음을 주시되 바닷가의 모래같이 하시니 솔로몬의 지혜가 동쪽 모든 사람의 지혜와 애굽의 모든 지혜보다 뛰어난지라(왕상 4:29-30).

일찍이 언급한 것처럼 열왕기 기자의 진술은 오직 열왕기 기자가 이집트의 지혜가 심오하다는 것을 믿을 때만 칭찬으로 기능한다. 우리는 심지어 이스라엘의 선지자에 대하여 비교할 만한 진술을 생각할 수조차 없다("엘리야는 심지어 바알의 선지자들보다 더 놀라운 선지자였다"; 신명기 사가의 엘리야와의 관계 속에서 바알 선지자들의 평가에 대하여는 왕상 18장을 보라).

이스라엘 안의 신실한 사람들은 이방 지혜를 향하여는 이방 문화의 다른 요소들을 향하여 갖는 태도와는 다른 태도를 보였다는 것을 우리는 의심할

---

39 Sparks, *Ancient Texts*를 보라. 물론 유사성과 차이점도 있다. 그러나 요점은 고대 근동의 문학은 역사적인 문헌, 법, 그리고 심지어 마리(Mari)와 신앗시리아(neo-Assyrian) 기간에서 온 예언도 존재함을 증거한다.

수 없다. 이 인식은 몇몇 학자들을 이스라엘의 지혜는 보편적이지 독특하지 않다고 제안하도록 이끈다. 최근의 하나의 예가 성경 지혜의 가장 최고의 해석자들 가운데 한 명으로 간주하는 윌리엄 브라운(William Brown)으로부터 온다.

> 고대 이스라엘의 현자들은 다른 문화의 지혜를 통합하는 데 주저하지 않았다. 성경의 지혜는 보편적인 하나님(common God)을 따른 공동선(common good)을 추구한다. 지혜의 국제적이요 정말로 보편적인 호소는 지혜를 정경에서 유일한 것으로 만든다. 성경의 지혜 문헌 자료는 닫힌 정경(closed canon) 안에 있는 열린 문(the open door)이다.[40]

우리는 브라운이 이 진술로부터 어디로 가고 있는지 이해할 수 있다. 그러나 이것이 전체 이야기인가?

이스라엘의 현자들이 진리("보편적인 하나님을 따른 공동선")를 찾는 데 있어서 협력자로 팔을 빌리고 이집트와 바벨론과 앗시리아와 아람의 현자들을 끌어안았는가?

내 의견으로는 절대 그렇지 않다.

분명한 것으로부터 시작하자. 약간의 변형들과 다양한 방식으로 반복해서 가르쳐진 지혜의 중심 주제는 "여호와를 경외함이 지혜의 근본이다"라는 것을 우리는 보아 왔다. 이것이 잠언, 욥기, 전도서, 지혜시들, 신명기의 근본적인 가르침이다.

여호와를 경외함은 지혜의 '시작'이다. 시작이 시간적으로든 토대로 취해지든 분명한 요점은 우리가 주를 경외하지 않는다면 지혜는 없다는 것이다. 그리고 경외받기에 합당하신 분은 "보편적인 하나님"이 아니라 이스라엘의 신이신 여호와 하나님이시다.

---

40 Brown, *Wisdom's Wonder*, 3.

따라서 잠언, 욥기, 전도서를 산출한 이스라엘의 현자들이 고대 근동의 지혜 교사들을 가장 중요한 의미에서 지혜롭다고 조금도 생각했을 리가 없다. 결국 고대 근동의 지혜 교사들은 우주의 가장 중요하고 기초적인 진리에 대하여 무지하다.

그렇다면 왜 이스라엘의 현자들이 이들의 기록들을 연구하고 자신들의 지혜 모음 안으로 그들의 사상의 얼마를 통합시키려고 했는가?

이 시점에서 어떤 신학자는 "일반 은총"(common grace)에 대하여 이야기하기를 시작할지도 모른다. 진정한 하나님을 예배하지 않는 자들이 다 어리석고 완전히 부도덕하거나 정신 이상자는 아니다. 이들은 세상에서 작동하는 것이 무엇인지, 무엇이 공평인지 보고 그것에 대하여 기록한다.

성경의 현자들은 이것을 알며 그들로부터 배우는 데 열려 있다. 그러나 이들은 하나님과의 합당한 관계인 합당한 토대 위에 하나님을 모르는 자들의 지식을 둔다. 믿음의 사람들은 오늘날 이스라엘의 이교도 사상과의 상호 작용으로부터 중요한 교훈을 배울 수 있다. 우리는 부록 1에서 이 주제로 향할 것이다.

제10장

지혜, 언약 그리고 율법

일반적으로 학자들은 지혜를 나머지 구약성경의 주된 신학적인 주제들과 독립되며 성경의 다른 부분들보다도 그 호소력이 더 보편적인 것으로 특징지운다. 이 주장은 어느 정도는 사실이지만 지혜의 보편성은 종종 과장된다. 우리가 이미 본 것처럼, 여호와를 경외하는 것이 지혜의 중심에 있고 그것은 지혜 안에 그리고 지혜 자체에 구별되는 특성을 부여한다. 분명히 우리는 이스라엘의 유일하고 구별되는 하나님이신 여호와와 합당한 관계를 갖지 않고서는 진정으로 지혜롭게 될 수 없다.

지혜의 보편성에 더 많이 호소하는 것은 긍정적으로는 이스라엘의 지혜와 더 넓은 고대 근동의 지혜 사이의 관계에 종종 근거하며(제9장을 보라) 부정적으로는 창조신학을 선호하는 가운데(제8장을 보라) 구속사와 제사장 신학에 대한 언급이 없다는 주장에 근거한다. 게다가 몇몇 학자들은 중요한 언약 개념과 언약 안의 법적인 구성 요소들로부터 거리를 둔다. 예를 들어 브라운(Brown)은 "지혜서는 이스라엘의 언약적 전통에 구속당할 수 없다"[1]라고 단언한다. 이 주장을 테스트하기 위하여 이번 장은 지혜와 언약과 율법 사이의 관계를 탐구할 것이다.

---

1 Brown, *Wisdom's Wonder*, 3.

1. 구약성경에서 언약

언약은 구약성경에서 가장 널리 퍼져 있는 주제들 가운데 하나이며 학자들 사이에서 가장 광범위하게 연구되고 논쟁 되어온 주제다.[2] 그러나 우리는 이런 논쟁들을 자세하게 탐구하기보다는 구약성경의 언약 성격과 범위에 대한 전반적인 묘사를 제시함으로써 우리의 목적에 충실할 것이다.

언약의 개념은 "언약"(covenant)이라는 단어가 나타나는 데 제한될 수 없지만(언약과 잠언 연구를 위하여 우리가 보게 되겠지만, 이것은 중요한 점이다), 우리는 우리가 언약(히브리어로 베리트[*barit*])이란 단어를 처음 만나는 장소인 노아(Noah)의 이야기로 시작한다. 하나님이 창세기 6:18에서 노아와 언약을 세우실 것이라고 선언하신다. 그리고 하나님께서 홍수 후에 그렇게 하신다(창 9:8-17). 노아는 그의 가족과 미래 후손들의 대표일 뿐만 아니라 "땅 위에 살아 있는 모든 생물"의 대표다(창 9:10).

이 언약에서 하나님은 창조세계에서 안정성을 약속하시고 언약의 표로서 무지개를 가리키신다. 이 표는 언약을 대표하는 상징이고 언약의 당사자들에게 언약 관계의 조건들과 의무들을 생각나게 한다. 무지개는 그것이 비가 온 후에 나타날 뿐만 아니라 그 단어의 히브리어(케쉐트[*qešet*])가 무기로서 활을 가리키는 데 사용되기 때문에 이 언약을 위한 표로 합당하다. 그러므로 하나님은 그가 만든 피조물인 인간과 전쟁을 한 후에 그의 활을 하늘에 걸어두신다.

자세히 읽어보면 창세기 9장은 창조 이야기에 대한 본문 상호 간의 어떤 메아리를 강조한다(축복 [9:1], "생육하고 번성하라"는 명령 [9:1, 7], 하나님의 형상 [9:6]). 더욱이 우리가 언급한 것처럼 노아 언약의 핵심인 홍수로 인하여 심하게 혼란케 된 창조 질서의 안정성을 확언하는 것이다. 그러므로 창세기

---

[2] 가장 최근까지의 문헌들에 대한 참고문헌과 훌륭한 요약을 위하여는 Williamson, "Covenant"를 보라.

9장은 창조 질서가 확립된 장소인 창세기 1-2장으로 되돌아가는 재창조의 이야기를 제공한다.

게다가 몇몇 학자들은 하나님과 아담과 하와 사이의 관계가 언약의 모든 특징을 갖는다고 주장한다(가장 중요하게 제재 규정들에 의해 지지되는 법). 그리하여 심지어 단어 베리트가 창세기 1-2장에서 발견되지 않을지라도 언약 사상이 존재한다는 것이다. 만일 그렇다면 노아 언약은 원창조 언약인 아담 언약 후에 맺어지는 재창조 언약으로 생각되어야만 한다.[3] 이 문제에 대하여 분명한 결정을 하는 것이 우리의 목적을 위해 필요하지는 않다.

노아 언약 후에 하나님은 성경에서 아브라함과 분명한 다음 언약을 맺으신다. 단어 베리트는 창세기 15:18의 아브라함의 이야기에서 처음 나타난다. 그리고 창세기 17장에서 도처에 나타난다(2, 4, 7, 9, 10, 11, 13, 14, 19, 21절을 보라). 이 장들은 하나님이 창세기 12:1-3에서 맺으신 언약을 성취할 능력이나 의도가 있는지에 대하여 의심하는 아브라함의 인생에서의 두 가지 순간들을 묘사한다.

> 여호와께서 아브람에게 이르시되
> 너는 너의 고향과 친척과 아버지의 집을 떠나
> 내가 네게 보여 줄 땅으로 가라
> 내가 너로 큰 민족을 이루고
> 네게 복을 주어
> 네 이름을 창대하게 하리니
> 너는 복이 될지라
> 너를 축복하는 자에게는 내가 복을 내리고
> 너를 저주하는 자에게는 내가 저주하리니
> 땅의 모든 족속이

---

3   Beeke, "Christ, the Second Adam."

너로 말미암아 복을 얻을 것이라(창 12:1-3).

창세기 15, 17장의 위기는 아브라함과 사라가 아이를 가질 수 없었기 때문에 일어난다. 그리고 만일 그들이 아이를 가질 수 없다면 하나님이 축복하고 세계의 복으로 사용할 미래의 큰 나라가 존재할 수 없을 것이다. 하나님은 아브라함을 찾아오시고 아브라함의 의심에 창세기 12:1-3에서 주어진 약속들을 성취하실 의도를 다시 확증하심으로써 아브라함의 의심에 반응하신다.

그러므로 아브라함과 맺은 언약은 종종 약속의 언약으로 특징지워진다. 그리고 할례가 이 합의의 표다(창 17:9-14).[4] 몇몇 학자들은 하나님이 아브라함과 맺은 합의가 오직 창세기 15장에서 언약이 시작될 때 공식화된다고 주장한다. 그러나 창세기 12, 15, 17장에서 세워진 언약은 이미 세워진 언약이 갱신되는 것으로 보는 것이 더 좋다고 생각된다. 이 언약에서 다시 우리는 의무("네 고향을 떠나")와 보상("내가 너로 큰 민족을 이루고") 사이의 연결을 본다.

종종 모세 언약 혹은 시내산 언약으로 불리는 다음 언약에서 우리는 한편으로는 법과 다른 한편으로는 보상과 처벌 사이의 관계를 빼놓을 수 없다. 우리는 출애굽기 19-24장에서 이 언약의 확립에 대한 이야기를 읽는다. 이 언약에서 하나님은 이스라엘에게 율법 곧 십계명과 판례법을 주신다. 이것들은 지켜지지 않으면 형벌에 의해 제재를 받는다. 모세 언약의 표는 안식일이다(출 31:12-18).

아래에서 우리는 신명기의 구조를 분석할 것이다. 신명기는 모세가 죽기 전에 행해진 시내산 언약의 갱신이다. 그리고 우리는 다시 율법과 보상과 형벌 사이의 관계를 본다. 신명기는 후에 이스라엘의 역사에서 많이 발견되는 모세 언약의 갱신에 대한 첫 번째 것이다(수 24:1; 삼상 12; 느 9-10장).

---

4 See Robertson, *Christ of the Covenants*, 127–46.

마지막 구약성경의 언약은 왕조를 세우는 하나님이 다윗과 맺은 언약이다(삼상 7장; 대상 17장). 사무엘하 7장의 시초에 다윗은 하나님에게 "집"(성전, 히브리어로 바이트[*bayit*])을 지어드릴 열망을 표현한다.

그는 좋은 백향목 궁에 거하는데 왜 하나님의 집은 계속 천막이 되어야 하는가?

그러나 하나님은 다윗이 집을 건축하는 것을 원하지 않으셨다. 그보다는 하나님이 다윗을 위하여 "집"(왕조; 히브리어로 바이트[*bayit*])을 지어주실 것이다. 비록 "그가 만일 죄를 범하면 내가 사람의 매와 인생의 채찍으로 징계하려니와"(삼하 7:14)라고 하여 하나님의 말씀에는 조건성에 대한 의사 표명이 있지만 하나님은 다윗의 후손이 그의 왕좌를 "영원히" 계승할 것이라고 다윗에게 말씀한다(삼하 7:16). 앞에 맺어진 언약들과 달리 다윗 언약과 관련하여는 언약의 표가 언급되지 않는다.

구약성경의 언약의 발전은 다음과 같이 요약될 수 있을 것이다.

이름	성경 구절	초점	언약의 표
아담 언약(?)	창 1-2장	창조	없다
노아 언약	창 9장	재창조	무지개
아브라함 언약	창 12:1-3 (갱신: 창 15, 17장)	약속	할례
모세 언약	출 19-24장 (갱신: 신명기; 수 24장; 삼상 12장; 느 9-10장)	율법	안식일 법
다윗 언약	삼하 7장(대상 17장)	왕권	없다

이것들은 구약성경의 다섯 가지 언약들이다. 그러나 구약성경 시대가 끝나기 전에 예레미야는 미래에 있을 새언약에 대하여 언급한다. 예레미야의 신탁의 대부분은 미래에 있을 유다의 심판에 대한 선언이다. 그러나 예레미야 30-33장은 심판을 넘어선 회복을 바라보는 구원에 대한 신탁들의 모음이다. 이 소위 '위로(혹은 위안)의 책'(Book of Comfort[consolation])의 핵심에는 미래에 있을 새언약에 대한 선포가 있다.

보라 날이 이르리니
내가 이스라엘 집과
유다 집에
새 언약을 맺으리라
이 언약은
내가 그들의 조상들의 손을 잡고
애굽 땅에서 인도하여 내던 날에 맺은 것과 같지 아니할 것은
내가 그들의 남편이 되었어도
그들이 내 언약을 깨뜨렸음이라
여호와의 말씀이니라
그러나 그 날 후에
내가 이스라엘 집과 맺을 언약은 이러하니
곧 내가 나의 법을 그들의 속에 두며
그들의 마음에 기록하여
나는 그들의 하나님이 되고
그들은 내 백성이 될 것이라 여호와의 말씀이니라
그들이 다시는 각기 이웃과 형제를 가리켜
이르기를 너는 여호와를 알라 하지 아니하리니
이는 작은 자로부터 큰 자까지 다 나를 알기 때문이라
내가 그들의 악행을 사하고
다시는 그 죄를 기억하지 아니하리라(렘 31:31-34).

　다시 한번 우리의 목적은 단순히 히브리인들의 언약 사상의 일반적인 성격과 발전을 조사하는 것이므로 언약에 대하여 아주 자세히 연구하거나 새언약에 관한 다른 의견들을 논의하는 데로 나가지 않을 것이다. 그러나 예레미야는 이 새언약을 사람들이 깨드려 버린 옛언약(특별히 모세 언약)과 다른 것으로 묘사한다. 이 미래의 새언약은 옛언약보다 더 강렬하고 더 친밀

하고 더 내적이고 더 즉각적이다.

신약성경은 예수님을 새언약을 시작한 사람으로 이해한다. 예수님은 이것을 그의 마지막 식사에서 선언한다("이 잔은 내 피로 세우는 새 언약이니 곧 너희를 위하여 붓는 것이라," 눅 22:20). 히브리서의 저자는 이 점을 분명히 하기 위하여 예레미야의 새언약에 대한 신탁을 두 번 인용한다(히 8:7-13; 10장).

새언약이 옛언약을 대체하는 것이라기보다는 새언약이 옛언약의 목적들을 성취한다. 결국 예수님이 다윗에게 있을 것이라고 말한 왕으로 영원히 다스릴 후손에 대한 약속을 성취하는(기름 부음받은 왕) 메시야다. 예수님은 율법을 온전히 지킨 자이고 우리가 그것을 어긴 것에 대한 형벌을 대신 짊어졌다.

그러나 만일 우리가 아담의 창조 언약과 관련하여 노아 언약을 재창조 언약으로 생각하면, 아마도 우리는 예수님을 "두 번째 아담"으로 보는 신약성경의 언어 속에서 이 연결을 보게 된다(예를 들어 롬 5:12-21).

2. 언약과 조약

우리의 연구는 하나님과 그의 백성 사이의 관계와 관련된 것으로 구약성경과 신약성경에서 언약이 어떻게 발전되었는가를 따랐다. 단어 베리트(barit)는 또한 사람들 사이의 서로 다른 두 그룹 사이를 공식화(formalization)하는 데도 사용된다. 그런 문맥에서 이 히브리어는 종종 "조약"(treaty, 예를 들어 창 21:27, 32, 2:28)으로 번역된다. 이것을 인식하면 우리는 하나님과 그의 백성들 사이의 언약이 조약으로 훨씬 더 특별하게 기술될 수 있다는 것을 깨닫게 된다.

이 통찰력은 성경 언약들의 텍스트들과 고대 근동의 조약들 사이의 평행에 주목해 온 이번 세기의 3/4의 기간 동안의 연구들에 의해 강조되어왔다.⁵ 이런 연구는 신명기에만 국한된 것은 아니지만 고대 근동의 조약과 유사한 구조를 공유하는 신명기에 초점을 맞추었다.

우리는 고대 근동의 조약은 오늘날 알려진 두 조약 그룹으로부터 온다는 것을 안다. 그것들은 주전 두 번째 천 년으로부터 온 히타이트 조약들(Hittite treaties)과 주전 7세기로부터 온 신앗시리아 조약들(neo-assyrian treaties)이다. 학자들은 이 두 조약들 가운데 어떤 것이 신명기와 더 가까운가 논쟁해 왔다. 왜냐하면, 이 결론은 성경의 책들이 언제 형성되었는지에 대한 견해들을 지지해 줄 것이기 때문이다. 우리의 관심은 이런 문제가 아니라는 것을 다시 밝힌다.

이 고대 조약들은 두 가지 타입, 즉 힘에 있어서 거의 동등한 국가들 사이의 동등 조약(parity treaties)과 강력한 나라(군주)가 약한 나라(봉신)와 관계를 맺는 봉신 조약(vassal treaties, 또는 종주권 조약)으로 분류될 수 있다.

하나님(군주)과 그의 백성(봉신) 사이의 성경의 조약들은 당연히 봉신 조약의 형태를 띤다. 우리의 목적을 위하여 우리는 고대 근동의 봉신 조약들이 이른 시기의 것이든 늦은 시기의 것이든 일관성 있게 다섯 가지 요소를 보인다는 것을 주목한다.

① 조약 당사자들의 소개(전형적으로 군주와 봉신 국가의 왕들)
② 역사적인 서언(그때까지 두 국가들 사이의 관계에 대한 역사)
③ 법(군주가 봉신에게 부과된 의무들)
④ 상과 벌(법에 순종이나 불순종에 대한 결과)
⑤ 증인들(법적인 문서들이 증인이 필요하듯이 고대 근동의 조약에서 증인들은 양 나라들의 신들이었다)

이것을 배경으로 우리는 우리의 예로 신명기로 관심을 돌리며 유사한 구조를 주목한다.

---

5   권위 있는 연구를 위하여는 Kitchen and Lawrence, *Treaty, Law and Covenant*를 보라.

① 서문(1:1-5)
② 역사적인 조망(1:9-3:27)
③ 법(4-26장)
④ 상과 벌(27-28장)
⑤ 증인들(30:19-20)

신명기는 모세가 이스라엘 백성들을 애굽에서 인도하여 내고 광야 40년을 통과한 후인 모세 인생의 마지막이 배경이다. 그 자신의 반역으로 (민 20:1-13) 모세는 약속의 땅에 들어가는 것이 허락되지 않았다. 그러므로 이스라엘 백성들—광야에서 태어난 두 번째 세대—이 약속의 땅에 들어가기 전에 모세는 그들에게 마지막 설교를 모압 평지에서 했다. 그리고 그 후에 느보산에 죽으러 올라갈 것이었다.

이 설교의 목적은 시내산에서 이스라엘 백성들에게 세워진 하나님과의 관계를 기억나게 하는 것이었다. 시내산에서 이스라엘 백성들은 하나님과 언약 관계에 들어갔으며 그때 주어진 율법에 순종하기로 헌신하였다 (출 19-24장). 이들의 부모 세대들은 그 헌신을 배신하였다. 이제 모세는 다음 세대를 언약/조약 갱신 의식으로 인도했다.

우리의 목적을 위하여 흥미로운 것은 언약과 율법, 그리고 율법과 상과 벌 사이의 관계이다. 이것들은 지혜와 율법과 언약 사이의 관계에 대한 우리의 이해에 영향을 줄 것이다.

율법은 일관되게 성경에서 언약 안에 삽입된다. 율법은 군주가 봉신을 위하여 성취한 놀라운 모든 행위들을 강조하는 역사적인 서언에 이어진다. 고대 근동 조약들에서 역사적인 서언은 정치적인 선동과 같은 것이었다. 그러나 성경에서 하나님은 분명히 애굽의 속박으로부터 그들을 자유케 하심으로써 그의 백성들을 위하여 은혜롭게 행하셨다. 율법에서 하나님은 과거에 마련하신 그 은혜로우신 구원에 근거하여 봉신인 이스라엘 백성들에게 의무를 부여하셨다. 그리고 그 율법으로부터 봉신의 순종과 불순종에 따라서 보상과 처벌이 나온다.

3. 지혜와 율법

성경에서 하나님과 사람 사이의 언약 체결에 지혜가 차지할 위치가 있을 가능성을 고려하기 전에 우리는 먼저 지혜와 율법과의 관계를 숙고한다. 구약성경의 율법은 하나님을 사랑하는 하나님의 백성이 어떻게 살아야 하는가 하는 하나님의 의지를 표현한다. 물론 십계명은 하나님의 율법의 기초이며 어떻게 그의 백성들이 하나님과 또 다른 사람들과 관계해야 하는가를 규정한다. "너는 나 외에는 다른 신들을 네게 두지 말라"(출 20:3)는 첫 번째 계명과 "살인하지 말라"(출 20:13)는 여섯 번째 계명은 잘 알려진 예들이다.

우리가 잠언으로 관심을 돌리면 우리는 다시 한번 하나님을 사랑하는 하나님의 백성이 어떻게 사랑해야 하는가에 대한 하나님의 의지를 표현하는 자료들을 만나게 된다. 다음의 예들을 보라.

너는 미련한 자의 앞을 떠나라
그 입술에 지식 있음을 보지 못함이니라(잠 14:7).

너의 행사를 여호와께 맡기라
그리하면 네가 경영하는 것이 이루어지리라(잠 16:3).

너는 권고를 들으며 훈계를 받으라
그리하면 네가 필경은 지혜롭게 되리라(잠 19:20).

이 잠언 구절들은 청자가 율법에서 의도하는 것과 유사한 어떤 행위와 태도를 갖도록 지시하고 심지어 명령하는 명령형으로 시작한다. 여기서 우리는 지혜와 율법의 관련성을 보기 시작한다. 이들은 서로가 배타적인 것이 아니라 비슷한 목적을 위하여 봉사한다.

그러나 많은 잠언들이 명령으로 시작하지만 또 다른 많은 잠언들은 단순한 관찰들이다.

이들도 율법과 관련을 가질 수 있는가?

여기 몇몇 예들이 있다.

> 포도주는 거만하게 하는 것이요 독주는 떠들게 하는 것이라
> 이에 미혹되는 자마다 지혜가 없느니라
> 왕의 진노는 사자의 부르짖음 같으니
> 그를 노하게 하는 것은 자기의 생명을 해하는 것이니라
> 다툼을 멀리 하는 것이 사람에게 영광이거늘
> 미련한 자마다 다툼을 일으키느니라
> 게으른 자는 가을에 밭 갈지 아니하나니
> 그러므로 거둘 때에는 구걸할지라도 얻지 못하리라(잠 20:1-4).

이 관찰들은 명백한 명령은 아니지만 틀림없이 그리고 아주 분명히 어떤 행동과 태도를 암시한다. 첫 번째 잠언은 술 취함을 단념시키고, 두 번째 잠언은 왕을 진노하게 하는 것을 경고하며, 세 번째 잠언은 고소를 멀리할 것을 충고하며, 마지막 잠언은 열심히 일할 것을 주장한다.

지혜는, 최소한 잠언적인 지혜는 율법과 관심과 목적이 중첩된다. 이들은 둘 다 어떤 행동과 태도를 격려하고 다른 태도들을 단념시키거나 금지시킨다. 그러나 우리는 또한 차이들도 있다는 것을 보는 데 실패해서는 안 된다.

성경의 율법은 직접적으로 하나님으로부터 온다. 출애굽기의 십계명은

"하나님이 이 모든 말씀으로 말씀하여 이르시되"(출 20:1)라는 말씀으로 소개된다. 십계명(출 20:22-26))에 이어지는 첫 번째 판례법도 하나님으로부터 모세에게 직접적으로 간다. 모세는 이것들을 백성들에게 연관시킨다("여호와께서 모세에게 이르시되," 출 20:22). 그리고 하나님은 계속해서 "네가 백성 앞에 세울 법규는 이러하니라"(출 21:1; 21:2-23:19에 주어진 율법과 함께)라는 말씀으로 모세에게 말씀하심으로서 판례법을 계속 말씀해 나가신다.

잠언에서 지혜는 특별히 잠언 첫 부분(잠 1-9장장)에서 본 것처럼 가장 자주 아버지로부터 반복되는 "내 아들"(잠 1:8의 시작에)이라는 말과 함께 그의 아들에게로 간다. 교훈을 받는 화자인 젊은이에게 말하는 것은 아버지만이 아니다. 하나님 자신은 아니라면 의인화를 통하여 하나님의 지혜를 최소한도 대표하는 여성 지혜(Woman Wisdom)가 또한 젊은이들에게 교훈을 준다. 여전히 교훈은 종종 사람 아버지로부터 아들에게 간다. 그리고 이것은 성경의 율법과의 차이점이다.

그러나 우리는 결국 이것이 많은 차이인지 아닌지 물어야만 한다. 물론 아버지는 하나님은 아니지만 분명히 하나님의 대리인으로 자신을 제시한다. 경험과 관찰과 실수를 통한 배움과 전통을 통하여 자기 아들에게 전해주는 지혜를 아버지가 배우지만 궁극적으로 잠언(그리고 지혜 일반)은 모든 진정한 지혜는 하나님 자신으로부터 온다고 단언한다(제7장을 보라).

이런 이유로 성경의 법률 용어들은 아버지의 가르침을 가리키는 데 사용될 수 있다. 아버지는 그의 아들에게 다음의 말로 그의 가르침에 주의할 것을 권고하면서 그의 긴 연설을 시작한다.

> 내 아들아 네가 만일 나의 말을 받으며
> 나의 계명을 네게 간직하며
> 네 귀를 지혜에 기울이며
> 네 마음을 명철에 두며(잠 2:1-2).

혹은 시작하는 바로 다음의 말을 숙고하라.

> 아들아 나의 법을 잊어버리지 말고
> 네 마음으로 나의 명령을 지키라(잠 3:1).

"명령"(미쯔바[miṣwâ])과 "법"(토라[tôrâ])이라는 말들은 법 전통과 연관되어 있고 잠언 전체에서 발견된다.[6]

여전히 잠언과 율법 사이에는 우리가 고려해야 할 차이가 있다. 일찍이 잠언적인 지혜를 묘사할 때 우리는 잠언은 "항상 사실은 아니며," 혹은 좀 더 긍정적으로 표현하면, 잠언은 바른 상황에 적용될 때만 항상 사실이라는 데 주목했다. 잠언은 어리석은 자와 상황에 달려 있다. 그러나 율법은 그렇지가 않다. "간음하지 말라"(출 20:14)는 율법은 상황이 어떠하든지 상관없이 항상 사실이다.

우리는 율법과 지혜가 두 개의 다른 존재들이라는 것을 보여주는 특징을 다시 발견했다. 그러나 우리의 요점은 이들이 아주 가깝게 연관되어 있다는 것이다(형제는 아닐지라도 아마 아주 가까운 사촌들이다). 결국 잠언을 위한 상황이 "옳다"면 그것은 그 상황을 위한 "율법"이 된다. 네가 어리석은 자에게 대답했어야 할 때 어리석은 자에게 대답을 하지 않는다면 너는 하나님께서 그 상황을 위하여 원하는 것에 미치지 못하는 것이다.[7]

율법과 지혜는 또 다른 방식으로 밀접히 연결되어 있다. 율법을 순종하는 것과 지혜를 따라서 살아가는 것은 보상을 이끌어 온다. 그리고 율법에 불순종하는 것은 심판을 초래한다. 이점은 우리로 지혜와 언약과의 관계를

---

6 미쯔바(miṣwâ)를 위하여는 잠 4:4; 6:20, 23; 7:1, 2; 13:13; 19:16을 보라. 토라(tôrâ)를 위하여는 잠 1:8; 6:20, 23; 7:2; 13:14; 28:4, 7, 9; 29:18; 31:26을 보라.
7 Estes("Wisdom and Biblical Theology," 855)는 다음과 같이 주목한다. "지혜서를 인과관계로 읽어도 어리석고 악한 것으로 정죄되는 행동들과 태도들은 율법 안에서 금지되고 선지자들에 의해 비난받은 것과 같은 종류의 것임을 드러낸다." 또한, Overland, "Did the Sage Draw from the Shema?"를 보라.

숙고하도록 한다.

4. 언약적 지혜

우리는 언약(베리트[bərit])이 성경의 다른 문학들에서는 중요한 말이지만 지혜 문헌에서는 널리 나타나지 않거나 흔한 말이 아니라는 종종 인식되는 사실로부터 시작한다. 언약(베리트)은 잠언에서 오직 한 번 나타나고 욥기에서는 두 번, 전도서에서는 한 번도 나타나지 않는다.

잠언에서 언약(베리트)이란 말은 부정한 관계 속으로 들어가도록 남자들을 유혹하는 이방 여인을 언급할 때 사용된다. 아버지는 그의 아들에게 지혜로 향할 것을 주장한다.

> 너(아들)를 음녀에게서, 말로 호리는 이방 계집에게서 구원하리니 그는 젊은 시절의 짝을 버리며 그의 하나님의 언약(베리트)을 잊어버린 자라 (잠 2:16-17).[8]

잠언은 또한 특별한 "언약적 사랑과 신실함"(헤세드[hesed]와 에메트[′emet])으로 언약과 밀접히 관련되어 있는 특질들을 언급한다. 하나의 예가 잠언 3장에서 발견된다. 거기서 아버지는 아들에게 이렇게 교훈한다.

> 인자와 진리가 네게서 떠나지 말게 하고 그것을 네 목에 매며 네 마음판에 새기라(잠 3:3; 또한, 잠 14:22; 16:6; 20:28을 보라).[9]

---

8   Kidner(*Proverbs*, 62)는 이 언약이란 말은 시내산 언약을 가리킨다고 주장한다. 그러나 Hugenberger(*Marriage as a Covenant*)는 말 2:14과 결혼 언약과 관련이 있는 것으로 본다.

9   Grant("When the Friendship of God Was upon My Tent," 330)도 "구약성경/히브리어 성경에 널리 퍼져 있는 다른 어휘 그룹들과 나란히 언약 언어의 연어(collocation)는 … 성

욥기는 언약이란 말을 분명히 두 번 언급한다.

첫째, 엘리후가 하나님께서 꾸짖거나 훈련하는 사람의 복된 상태를 언급하면서 그의 말을 시작할 때 나타난다. 만일 욥이 하나님의 훈련을 받아들이면 그는 말하기를 "들에 있는 돌이 너와 동맹(베리트; 개역개정, "언약")을 맺겠고 들짐승이 너와 화목하게 살 것이니라"(욥 5:23)라고 말한다. 내가 "동맹"(alliance)으로 번역한 단어는 "언약" 혹은 "조약"으로 번역될 수도 있었지만 이 단어가 가리키는 것은 위에서 언급된 역사적인 언약중의 하나가 아닌 듯이 보인다(비록 노아 언약과 가장 가깝지만). 이 단어는 행복하게 훈련된 사람은 피조물들과 조화를 이루며 살아갈 것이라는 사실을 가리키는 한 방식을 가리키는 듯이 보인다.

둘째, 욥기 31:1이다. 거기서 정직함에 대한 마지막 저항의 문맥 속에서 욥은 "내가 내 눈과 약속하였나니 어찌 처녀에게 주목하랴"라고 주장한다. 다시 한번 이 단어가 가리키는 대상은 역사적인 언약들 중의 하나가 아닌 듯이 보인다. 이 단어는 여인들의 뒤를 따라 가도록 열망하지 않도록 자기 자신과 한 약속을 가리키는 듯이 보인다.

그러나 "언약"이란 단어가 이 단어와 관련된 개념을 표현하기 위해서 꼭 사용될 필요는 없다. 정말로 위에서 한 우리의 연구에서, 창세기 12:1-3에서도 사무엘하 7장에서도 "언약"이란 단어를 사용하지 않는다는 것을 주목했었다. 언약이란 단어는 각각 아브라함과 다윗과의 관계에 대한 이후의 반성에서 발견된다(창 15, 17장; 시 89, 132편). 그러므로 우리는 지혜가 다른 방식으로 언약과 연관되는지를 보기 위하여 그 단어를 넘어서 볼 필요가 있다.

언약과 율법/지혜의 관련성을 주목하면서 우리는 메리데스 클라인(Meredith Kline)의 발자취를 따른다. 메리데스 클라인은 성경 전체와 그 모든 부분

경 저자들의 정신 속에 언약의 개념이 중요하다는 것을 가리키는 또 다른 표시"라고 지적한다.

들이 하나님과 그 백성 사이의 언약과 관련되어 있다고 주장했다. 지혜에 관하여 그는 "지혜서의 중심 가설은 지혜가 여호와를 경외함으로 시작한다는 것이다. 다시 말해 지혜의 길은 언약이 길이라는 것이다"라고 언급한다.[10] 지혜서의 "여호와를 경외함"과 언약과의 연관성을 주목하면서 클라인은 잠언적인 지혜와만이 아니라 욥과 전도서의 지혜와도 연관시킨다. 거기서 우리는 "여호와를 경외함"이 또한 중심 개념이라는 것을 보았다.[11]

클라인은 더 나아가 앞의 섹션에서 한 우리의 주장과 일치되게 언급한다.

> 그것(지혜)이 이것(언약의 해설)을 수행하는 한 가지 방식은 언약의 규정들을 삶의 다른 영역들과 그것의 다양한 조건들 아래서 행위를 위한 규정적인 금언들과 교훈들로 번역함으로서이다. 그러나 지혜서는 인간 경험 속에서 언약의 제재 규정으로 나타나는 결과에 대하여도 동일하게 관심을 가진다.[12]

언약과 관련하여 율법과 지혜 사이의 가까운 관계는 신명기에서 볼 수 있다. 신명기는 언약/조약 갱신 텍스트와 같은 구조를 갖고 있는 것을 우리는 이미 확인했다. 신명기 4:5-8에서 모세는 말한다.

> 내가 나의 하나님 여호와께서 명령하신 대로 규례와 법도를 너희에게 가르쳤나니 이는 너희가 들어가서 기업으로 차지할 땅에서 그대로 행하게 하려 함인즉 너희는 지켜 행하라 이것이 여러 민족 앞에서 너희의 지혜요 너희의 지식이라 그들이 이 모든 규례를 듣고 이르기를 이 큰 나라 사람은 과연 지혜와 지식이 있는 백성이로다 하리라 우리 하나님 여호와께서 우리가 그에게 기도할 때마다 우리에게 가까이 하심과 같이 그 신이 가까이 함을 얻

---

10 Kline, *Structure of Biblical Authority*, 64.
11 Also Grant, "Wisdom and Covenant."
12 Kline, *Structure of Biblical Authority*, 65.

은 큰 나라가 어디 있느냐 오늘 내가 너희에게 선포하는 이 율법과 같이 그 규례와 법도가 공의로운 큰 나라가 어디 있느냐(신 4:5-8).

하나님은 이스라엘 백성들에게 율법에 순종할 것을 요청하신다. 그리고 이들의 순종 안에서 이들은 세상을 향하여 자신들의 지혜를 보여줄 것이다 (제4장에서 이 구절을 다룬 것을 보라).

언약의 조약 형식을 따라서 이스라엘의 율법에의 순종은 신명기 27, 28장에서 묘사된 축복으로 인도할 것이다. 그리하여 주목을 받고 주변 나라들로부터 거룩한 부러움을 받게 된다. 그 부러움은 거룩한 것이 될 것이다. 왜냐하면, 이것이 주변 나라들로 하여금 의로운 하나님이 이스라엘과 함께 있다는 것을 인식하게 될 것이기 때문이다.

구약성경에서 율법은 언약/조약의 문맥 속에서 삽입되어 있다. 또한, 순종 혹은 불순종으로부터 흘러나오는 상과 벌도 그렇다. 잠언적인 지혜는 그것이 또한 제재 규정을 갖는 언약/조약의 규정들로 간주될 수 있다는 점에서 율법과 같다.

5. 욥, 탄식 그리고 언약

율법과 언약과 지혜에 대한 우리의 연구가 잠언에 초점을 두었지만 제이미 그랜트(Jamie Grant)는 욥기의 바로 그 역동성이 일종의 언약에 대한 의식에 의존한다고 설득력 있게 주장했다. 우선 "여호와를 경외함"은 내재적으로 언약적인 책들에 두드러진다(신 10:12-13).[13]

언약/조약은 우리가 위에서 본 것처럼 율법에의 순종과 복 그리고 불순종과 저주 사이의 연관성을 주목한다. 그리고 위에서 설명된 것처럼 지혜

---

13 제3장에서 전개한 것과 같다.

와 어리석음과 보상과 처벌 사이에도 그와 똑같은 관계가 있다. 욥의 탄식들은 그가 의롭고 지혜로운데도 고난당한다는 깨달음에 의해 부추겨진다. 그러므로 욥의 탄식의 근거는 욥과 하나님과의 관계에 대한 언약적인 이해에 뿌리를 두고 있다.[14]

그란트(Grant)는 당신의 백성과 함께 하시겠다고 약속하신 언약적인 하나님이 그 임재를 물리치셨고 그래서 욥이 이제 "그 때에는 하나님이 내 장막에 기름을 발라 주셨도다 그 때에는 전능자가 아직도 나와 함께 계셨"던(욥 29:4-5) 사라져 버린 과거를 슬프게 기억한다는 욥의 믿음 안에서 욥의 탄식의 핵심을 확인한다.

6. 결론

우리는 지혜와 율법과 언약 사이의 관계가 정경적인 책들 안에서 주된 주제가 아니라는 것을 인정해야 한다. 위에서 언급한 신명기 4장의 구절과 같은 아주 드문 예외들도 있다.

이것을 인정하고 이번 장은 아주 많은 미묘한 방식으로 표현하는 지혜와 율법과 언약 사이에 암시적인 연관성이 있다는 것을 주장했다. 결론적으로 우리는 판 레이우엔(Van Leeuwen)에 의해 주장된 한 가지를 더할 것이다. 그는 잠언이 좀 더 일반적인 이름인 엘로힘('ĕlohim, 하나님)이 아니라 일관성 있게 언약적인 이름인 여호와(Yahweh, "주님")로 하나님을 가리키는 방식을 지적한다. 그러므로 그는 우리의 견해로는 바르게 결론을 내린다.

14　Grant는 역사적인 언약들과 언약의 개념 사이를 유용하게 구분한다("When the Friendship of God Was upon My Tent," 337).

잠언의 편집자들은 현자들의 하나님이 이스라엘의 언약의 하나님 여호와가 아닌 다른 신이라고 제시하는 것을 피하는 데 아주 일관성이 있다 … 잠언은 고대 근동의 지혜와 아주 깊이 유사성을 갖는다. 아마도 "여호와"를 일관성 있게 사용하는 것은 잠언의 하나님이 이스라엘의 언약의 하나님이 아니었다는 생각을 갖지 못하도록 미연에 방지하려는 뜻이었을 것이다.[15]

---

15 Van Leeuwen, "Proverbs," 33; Grant, "Wisdom and Covenant: Revisiting Zimmerli," 107 에서 인용했다.

BAKER
COMMENTARY ON THE OLD TESTAMENT
WISDOM AND PSALMS

The Fear of the Lord Is Wisdom

제4부
지혜에 대한 우리의 이해를 개선하기

제11장 지혜로운 행위와 어리석은 행위의 결과
제12장 지혜의 사회적 배경
제13장 지혜와 성(gender)

이 책의 두 부분에서 우리는 지혜가 선도적인 역할을 하는 많은 수의 성경 본문을 조사함으로써 지혜를 탐구했다. 이 연구로부터 우리는 지혜에 대한 이해를 얻으려고 시도했다. 우리는 지혜가 삶의 기술(실용적인 차원에서) 이상이었다는 것을 보았다. 지혜는 의로운 행위(윤리적인 차원에서)를 장려하며 가장 근본적으로 경외를 특징으로 하는 하나님과 바른 관계(신학적인 차원에서)를 장려한다.

그리고 우리는 어떻게 이스라엘의 지혜가 정경의 나머지 부분들과 맞는지 그리고 이스라엘의 지혜가 좀 더 넓은 고대 근동의 지혜와 어떻게 관계가 있는지에 우리의 관심을 돌렸다. 우리는 지혜가 구약성경의 다른 부분과 비교할 때 구별되는 특징을 갖지만 그것이 완전히 다른 것은 아니고, 율법과 언약과 구속사와 관련을 잘 맺고 있으며, 창조신학과 특별한 관련이 있다고 결론을 내렸다.

넓은 고대 근동의 견지에서 이스라엘의 지혜가 이스라엘 주변의 문화 속에 있는 지혜와 아주 편한 관계를 맺고 있지만 우리는 구약성경의 지혜는 국제적이거나 보편적이지 않고 이스라엘에 독특한 것이라는 것을 보았다.

결국 "여호와를 경외하는 것은 지혜의 근본"이다(잠 9:10). 그 무엇도 지혜에 대한 이 개념보다 더 특별할 수는 없다.

성경 이후의 문헌에 나타나는 지혜(제5부)로 관심을 돌리기 전에 우리는 우선 우리가 선택할 수 있는 많은 주제 가운데 세 가지 주제를 조사하기 원한다. 이 세 가지 주제는 최근에 학계와 교회에서 논쟁이 되는 것들이다.

첫째, 보응과 관련된 주제다.

'잠언 곧 지혜는 약속을 너무 많이 하는가?'

표면적으로 읽으면 우리로—정말로 "번영 복음"으로 알려진 것을 옹호하는 사람들의 경우에는 사람들로—만일 당신이 지혜로우면 당신은 행복하게 될 것이고 부하게 될 것이고 건강하게 될 것이라고 믿게 할 것이다. 다른 사람들은 잠언과 같은 책들을 읽고 그것은 비현실적이라고 생각한다. 제11장에서 우리는 지혜에서 보응의 문제를 다룰 것이다.

둘째, 지혜의 사회적 환경과 관련된 주제다.

'이스라엘 사회에서 지혜는 어디에서 발견돼야 하는가?'

'선지자들 제사장들 정부 관리들 혹은 다른 사람들과 구별되는 현자들의 계급이 존재했는가?'

'학생들에게 지혜의 사상을 전파하는 학파가 있었는가?'

셋째, 우리는 지혜에서의 성(gender)의 문제를 본다.

잠언, 전도서에서는 아버지가 아들을 가르친다. 특별히 잠언은 문란한 여인들과 사귀는 것과 그리고 짜증 나게 하는 여인과 집에 사는 것보다 다락방에 사는 것이 더 낫다고 경고할 때의 가르침은 구체적으로 젊은이에게 말하는 듯이 보인다.

여성은 잠언을 어떻게 읽어야 하는가?

다른 한편 잠언은 지혜를 여성으로 제시한다. 정말로 우리는 제1장에서 여성 지혜(Woman Wisdom)는 하나님 자신을 상징한다고 논쟁했다.

이런 충격적인 하나님의 이미지가 잠언의 남성 중심의 가르침을 보충하는가?

제11장

지혜로운 행위와 어리석은 행위의 결과

보응신학의 이슈

구약성경의 지혜는 좋은 이유에서 종종 보응의 주제와 연관된다. 아래에서 우리가 보게 될 것이지만 잠언은 지혜와 보응을 연결한다. 현명한 행동은 부와 건강과 장수와 좋은 관계들과 다른 이익들을 얻게 만든다. 한마디로 지혜는 가장 완전한 의미로 삶을 이끈다. 이와 대조적으로 어리석은 행동은 반대의 결과를 가져와서 가난과 질병과 관계의 문제를 가져온다. 한마디로 어리석음은 죽음을 가져온다.

그러나 욥은 이 보응에 대한 사상에 의심의 구름을 던진다. 지혜롭고 하나님을 경외하는 자로서 욥은 축복을 받기에 합당한 완벽한 후보자로 보인다. 처음에 그의 삶은 선한 행동과 선한 결과 사이에 강력한 연결이 있음을 확증하는 듯이 보인다. 그러나 하나님은 욥의 경건의 동기들을 테스트하기로 한다. 그러자 이 좋은 사람이 갑자기 가장 밑바닥까지 내려가는 고난을 경험한다. 그리고 행동과 삶의 질 사이의 단순한 관계에 대하여 질문들을 일으킨다.

전도서에서(제2장을 보라) 코헬렛은 보상이 바른 행동과 항상 동반하는 것은 아니라는 것을 보게 된다. 코헬렛은 의인들은 복보다는 종종 인생을 의미 없게 만들어 버리는 불의를 경험한다고 단언한다.

이번 장은 핵심 되는 세 책들과 함께 지혜에서의 보응의 커다란 주제를 탐구한다.

이들은 혼합된 메시지를 주는가?

이 책들은 독자들에게 보상과 벌에 관하여 무엇을 가르치려고 의도하는가?

1. 잠언에서 보응

잠언은 종종 지혜로운 행동과 상과 어리석은 행동과 벌 사이의 관계를 그린다. 셀 수 없이 많은 예가 있지만 여기 몇몇 관련된 구절들이 있다.

> 스스로 지혜롭게 여기지 말지어다
> 여호와를 경외하며 악을 떠날지어다
> 이것이 네 몸에 양약이 되어
> 네 골수를 윤택하게 하리라
> 네 재물과 네 소산물의 처음 익은 열매로
> 여호와를 공경하라
> 그리하면 네 창고가 가득히 차고
> 네 포도즙 틀에 새 포도즙이 넘치리라(잠 3:7-10).

> 의인은 환난에서 구원을 얻으나
> 악인은 자기의 길로 가느니라(잠 11:8).

> 자기의 아비나 어미를 저주하는 자는
> 그의 등불이 흑암 중에 꺼짐을 당하리라(잠 20:20).

> 함정을 파는 자는 그것에 빠질 것이요
> 돌을 굴리는 자는 도리어 그것에 치이리라(잠 26:27).

이 구절들은 지혜롭고 의로운 행동과 좋은 결과들 사이와 어리석은 악한 행동과 부정적인 결과들 사이에 관련성이 있다는 것이 잠언의 가르침 도처에 있다는 것을 보여준다. 정말로 마지막에 인용한 잠언은 나쁜 행동은 나쁜 행동을 하는 사람 위에 부정적인 결과들을 가져오리라는 것을 암시한다.[1]

2. 번영 복음

잠언의 가르침은 종종 심지어 오늘날도 사람들로 선한 행동은 자동으로 선한 결과를 가져온다고 믿도록 확신시켜서 몇몇 사람들이 "번영 복음"으로 알려진 것을 확언하게 만든다. 미국에 있는 많은 교회뿐만 아니라 유명한 대형교회들이 오늘날 번영 복음을 가르친다.

교회사가 필립 젠킨스(Philip Jenkins)는 번영 복음이 남반구에 특별히 아프리카와 남아메리카에서 대중적이라고 보고한다.[2] 지혜롭게 살려고 애써왔지만, 인생에서 성공을 경험하지 못한 사람들에게 잠언과 잠언의 보응신학은 보응신학에 대한 회의와 거절을 불러온다. 정말로 선한 행동, 심지어 잠언에 묘사된 선한 행동이 선한 결과를 보장하고 악한 행동은 부정적인 결과를 이끌어 온다는 사상은 대부분 인생에서 정말처럼 들리지 않는다.

너무나 많은 선한 사람이 고난을 겪으며, 많은 악인이 번창한다. 이 모든 것은 우리로 성경의 지혜에서 발견되는 이 가르침을 어떻게 생각해야 하는

---

[1] 어리석은 행동들은 그 행동을 한 자신에게 부정적인 결과를 가져오는 씨앗이라는 사상은 Koch(*Um das Prinzip der Vergeltung*)에 의해 강조되었다. Koch는 지혜에 있는 "행동-결과" 관계를 주장했다. 대부분 학자는 오늘날 이 견해는 너무 단순하여 잠언의 생각의 성격을 설명할 수 없다고 믿으며 "성품-결과 관계"(character-consequence relationship)에 대하여 말하기를 더 좋아한다. 지혜는 사람들로 지혜롭게 행하도록 하려고 시도할 뿐만 아니라 성격을 변화시킬 행위들을 격려하여 좋은 결과를 가져오려고 시도한다(Bostrom, *God of the Sages*, 91-92).

[2] Jenkins, *New Faces of Christianity*.

가 하는 의문을 갖게 만든다.

지혜가 특별히 잠언의 지혜가 일종의 번영 복음에 공헌할 수 있는 엄격한 보응신학을 지지하는 데 사용될 수 있는가?

혹은 좀 덜 엄격하게 말하여 지혜 문헌이 지혜로운 행동을 위하여는 이익이, 그리고 어리석은 행위를 위하여는 벌이 따른다는 기대를 끌어낼 수 있는가?

우리는 먼저 욥기의 메시지를 들여다보고 전도서의 메시지를 들여다봄으로써 이런 질문들에 답할 것이다. 우리는 여기서 개별적인 성경의 책들이 완전할지라도 교회는 성경의 각 개별 책들은 정경으로서의 성경의 구성 부분이라는 것을 인식해 왔다는 인식에서 시작한다.

정경으로서의 성경에 대한 이 헌신은 성경의 어떤 부분이라도 전체의 문맥 속에서 읽을 수 있다는 것을 보증한다. 다시 말해 여기 그리고 이 현재의 책을 통하여 우리는 정경론적인 해석이라고 불리는 것에 착수하게 된다.[3] 정말로 우리는 욥기와 전도서를 특별히 보응신학의 이슈에 대하여 잠언을 정경론적으로 읽는 것이 중요하다고 믿는데, 이것은 이 주제와 관련하여 우리가 잠언을 과도하게 읽는 것을 막기 위함이다.

보응에 대한 이슈에 욥기와 전도서의 공헌을 들여다본 후에 우리는 잠언이 보상과 벌을 보증한다는 것은 근거가 없다는 것을 보여주기 위하여 전도서로 돌아갈 것이다. 그렇긴 하지만 지혜와 긍정적인 결과와 어리석음과 부정적인 결과와의 연결은 어떤 의미가 있다. 그러므로 우리는 신약성경을 포함하여 전체 성경을 통하여 보응의 문제에 대한 반성을 따라가면서 그 질문을 숙고함으로써 이 장을 결론 내릴 것이다.

---

3 차일즈(Childs)는 통상 해석에 있어서 정경론적 조망을 회복하도록 교회와 학계의 해석자들을 격려했던 인물로 인식된다. 그의 많은 책들 가운데 정경론적 비평으로 나아가게 한 것은 *Biblical Theology*이다. 1980년대를 통하여 이름을 댈 수 없을 만큼 많은 해석자가 차일즈의 모범을 따랐다.

3. 욥기에서 보응

　제3장에서 우리는 욥기를 지혜에 관한 책으로 제시했다. 그리고 그 해석학적 접근 때문에 우리는 욥기에 대한 정보를 제공했다. 우리는 욥기의 주된 주제는 지혜이고, 그 지혜의 궁극적인 근원이 하나님이라는 것을 관찰했다. 욥기의 저자는 최종적인 형태 속에서 지혜에 대한 주제를 탐구하기 위하여 사고의 실험을 창조해 냈다. 욥의 고난은 분석하고 해결하기 위한 지혜를 요구한 문제였다.

　욥기는 사람이 왜 고난을 겪는가의 문제를 대답하려는 취지는 아니지만 기계적이고 절대적인 보응신학의 믿음을 토대로부터 완전히 흔든다. 결국 욥기는 주인공을 흠이 없는 사람으로 묘사한다. 그는 하나님을 경외하고 악에서 돌아서며 "온전하고 정직"하다고 불린다(욥 1:1, 8; 2:3). 그는 지혜롭고 의롭고 경건하다. 게다가 그는 부자이고 행복하며 대가족을 거느리고 있다. 그럴지라도 욥이 오직 자신에게 이득을 얻기 위하여 행할 뿐이라는 고소자의 고소에 반응하여 하나님은 고소자에게 욥의 부와 가족과 그의 건강을 포함하여 이득들을 제거하도록 허락한다.

　여기서 일어난 논쟁을 자세히 다시 이야기할 필요가 없다. 왜냐하면, 모든 인간 참여자들이 예외 없이 보응신학을 기계적으로 받아들이고 있다는 것을 기억해야 하는 것 외에, 우리는 그것을 제3장에서 충분히 논의했다.

　"만일 네가 죄를 지으면 그러면 너는 고난받는다. 그러므로 만일 네가 고난받고 있으면 너는 죄인이다."

　욥은 자신이 정직하다는 것을 아는 것만 다르므로 그의 보응신학은 그로 하여금 불의의 하나님을 고소하게 한다. 욥기의 결론은 보응에 대한 이 미숙하고 순진한 사고방식을 거부하게 한다. 한 사람이 죄인이기 때문에 고난당한다는 것을 가정하는 것은(혹은 자신이 지혜롭고 경건하고 의롭기 때문에 잘 산다고 가정하는 것은) 잘못된 생각일 뿐 아니라 잔인한 생각이다.

4. 전도서에서 보응

욥기처럼 전도서의 보응에 대한 우리의 고찰은 앞에 있는 장(제2장)에서 제시한 전도서에 대한 해석을 따른다. 거기서 우리는 전도서는 두 개의 목소리 곧 코헬렛의 목소리와 우리가 틀 해설자(frame narrator)로 우리가 부른 지혜로운 사람의 두 번째 목소리를 포함한다는 것을 관찰했다.

코헬렛의 궁극적인 결론은 인생은 의미가 없다는 것이었는데, 그가 이런 슬픈 결론을 내리는 주된 이유 가운데 하나는 인간 경험에 퍼져 있는 불의였다. 코헬렛에 의하면 세상이 공평해지기 위해서는 보응신학이 작동해야 한다. 결국 죽음이 사람을 위한 이야기의 종말이기 때문에, 코헬렛에 의하면 공평한 삶을 위해서 지혜로운 사람은 여기서 지금 지혜를 갖고 있다는 유익을 누려야 한다.

앞 장에서 우리는 이 생각을 표현하는 두 개의 핵심적인 구절들인 전도서 7:15-18, 8:10-14에서, 그리고 전도서 9장에서 뽑은 구절들을 해석했다. 이 구절들 가운데 코헬렛이 "해 아래서" 의미를 찾을 때 공평한 세상을 발견할 수 없는 데 대하여 코헬렛이 느끼는 좌절감을 분명히 표현하는 구절은 다음과 같다.

> 내가 다시 해 아래에서 보니 빠른 경주자들이라고 선착하는 것이 아니며 용사들이라고 전쟁에 승리하는 것이 아니며 지혜자들이라고 음식물을 얻는 것도 아니며 명철자들이라고 재물을 얻는 것도 아니며 지식인들이라고 은총을 입는 것이 아니니 이는 시기와 기회는 그들 모두에게 임함이니라 분명히 사람은 자기의 시기도 알지 못하나니 물고기들이 재난의 그물에 걸리고 새들이 올무에 걸림 같이 인생들도 재앙의 날이 그들에게 홀연히 임하면 거기에 걸리느니라(전 9:11-12).

우리는 또한 앞에 장에서 인용되지 않은 다음의 구절에서도 코헬렛의 생각을 관찰한다.

> 또 내가 해 아래에서 보건대 재판하는 곳 거기에도 악이 있고 정의를 행하는 곳 거기에도 악이 있도다 내가 내 마음속으로 이르기를 의인과 악인을 하나님이 심판하시리니 이는 모든 소망하는 일과 모든 행사에 때가 있음이라 하였으며 내가 내 마음속으로 이르기를 인생들의 일에 대하여 하나님이 그들을 시험하시리니 그들이 자기가 짐승과 다름이 없는 줄을 깨닫게 하려 하심이라 하였노라 인생이 당하는 일을 짐승도 당하나니 그들이 당하는 일이 일반이라 다 동일한 호흡이 있어서 짐승이 죽음 같이 사람도 죽으니 사람이 짐승보다 뛰어남이 없음은 모든 것이 헛됨이로다 다 흙으로 말미암았으므로 다 흙으로 돌아가나니 다 한 곳으로 가거니와 인생들의 혼은 위로 올라가고 짐승의 혼은 아래 곧 땅으로 내려가는 줄을 누가 알랴(전 3:16-21).

코헬렛은 여기서 단순한 관찰로 시작한다. 그가 정의를 기대하는 곳들(아마도 법정)을 바라보았을 때 어디에서도 정의가 발견되지 않았다. 정의는 죄 없고 의로운 사람을 석방하고 보상을 해주며 악인들에게 유죄를 선고하고 벌줄 것이다. 그러나 코헬렛은 그 반대를 분명히 목격했다. 심지어 그렇더라도 우리는 만일 인간 정의가 없다면 아마도 우리는 신적인 정의를 생각할 수 있다고 추론할지도 모른다.

그러므로 코헬렛은, 내가 보기에 당시에 신학적으로 자명했던 이치("의인과 악인을 하나님이 심판하시리니 이는 모든 소망하는 일과 모든 행사에 때가 있음이라," 전 3:17)를 자신에게 인용했는데, 그것은 곧 의로운 자와 악한 자가 각각 보응받을 것을 하나님이 궁극적으로 아실 것이라는 사실이다.

그러나 코헬렛이 논쟁하는 그의 전형적인 형식에서 그는 처음에는 희망적인 생각으로 보일 수 있는 것을 궁극적으로 약화시킨다. 자신을 향한 코헬렛의 두 번째 언급은 첫 번째 것과 갈등한다.

"하나님이 그들을 시험하시리니 그들이 자기가 짐승과 다름이 없는 줄을 깨닫게 하려 하심이라."

그리고 그는 계속해서 설명하기를 인간은 그들이 죽는다는 점에서 짐승과 같다고 설명한다. 그리고 사후에 대하여 희망을 걸지 않는 사람으로 코헬렛은 죽음이 모든 것의 종말을 가져온다고 생각해야만 한다("흙으로 말미암았으므로 다 흙으로 돌아가나니," 전 3:20). 그러나 이것이 문제다.

만일 이생에서 정의가 없다면 그리고 죽음 후에(어떤) 삶이 없다면 어디에서 정의가 발견되어야 하는가?

아무 곳도 확신할 수 없다. 그러므로 코헬렛에 의하면 우리는 이생이나 혹은 다음 생에서 타당한 보상을 생각할 수 없다.

이것이 코헬렛의 관점이다. 그러나 우리가 제2장에서 보았듯이 코헬렛의 음성은 코헬렛에 관하여 그의 아들과 교감하는 두 번째 지혜로운 사람에 의해 형성된다. 그러므로 두 번째 현인의 의견은 전도서의 관점을 대표한다. 코헬렛은 이 땅과 하늘에 정의가 있다고 생각하지 않는다.

그렇다면 틀 해설자는 보응 원리에 대하여 무엇을 말하는가?

우리는 제2장에서 발견된 틀 해설자의 말(전 12:8-14)을 분석한 것을 반복하지 않을 것이다. 우리의 결론은 틀 해설자는 일정한 상황을 주면 코헬렛의 말이 사실이라고 긍정했다는 것이었다. 다시 말해 의롭고 지혜롭고 경건한 자가 항상 보상을 받는 것은 아니며 악하고 어리석고 경건하지 않은 자가 항상 이생("해 아래서")에서 고난을 당하는 것은 아니라고 코헬렛이 말하는 것이 맞다는 것이다.

그러므로 자신들이 선한 행위를 했기 때문에 보상받을 것으로 생각하는 사람들은 실수하는 것이다. 다시 말해 틀 해설자는 신적인 심판에 대하여 다른 관점을 갖는다. 정말로 자기 아들에게 틀 해설자가 하는 마지막 말, 즉 전도서의 마지막 말은 "하나님은 모든 행위와 모든 은밀한 일을 선악간에 심판하시리라"(전 12:14)는 것이다. 그러므로 전도서의 결론은 보상이 이생에서 작동하지 않을지 모르지만, 미래의 심판이 있다는 것이다.

1) 잠언에 대한 피상적인 이해를 넘어서

욥기와 전도서는 보응신학은 잘못된 생각이며 고난받는 사람에게 적용되면 아주 잔인하다는 메시지에서 분명하다. 그러나 이제는 잠언으로 돌아가 잠언이 정말로 널리 생각되는 것처럼 그리고 욥기와 전도서의 메시지와 잠언의 메시지를 경쟁시키기를 원하는 몇몇 학자들이 믿는 것처럼 보응신학을 가르치고 있는지 묻는 것이 중요하다. 이 생각에 반하여 우리는 두 가지 생각을 제시한다.

첫째, '…보다 낫다'는 구절은 잠언을 만들어 낸 현자들의 마음속에 사람들이 때로는 (혹은 아마도 자주) 지혜와 부 둘 중의 하나를 선택해야만 하며 그런 상황이 일어나면 어떤 것을 선택해야 할지 의심의 여지가 없다는 것을 보여준다.

둘째, 이것은 우리를 장르로서의 잠언에 대한 질문으로 되돌아가게 할 것인데, 거기서 우리는 브루스 월키(Bruce Waltke)가 말한 것처럼 잠언들은 약속을 하지 않는다는 것을 보게 될 것이다.[4]

2) '… 보다 낫다'고 말하는 잠언들

이름이 말해주듯이 '… 보다 낫다'고 말하는 잠언들은 두 가지를 비교하며 그 둘에게 상대적인 가치를 부여한다.

평행을 이루는 첫 번째 행은 "더 좋다"(better, 토브[tôb])로 시작하며 두 번째 행은 "… 보다"(than, 비교하는 전치사 민[min])로 시작한다. 두 번째 행에서 지명되는 것이 반드시 나쁘거나 원치 않는 것은 아니지만 첫 번째 행에서 지명되는 것의 가치가 너무 월등하여, 만일 한 사람이 A와 B 둘 중의 하나를 선택해야 한다면 지혜 교사는 A를 선택해야만 한다고 선언한다. 아

---

[4] Waltke, "Does Proverbs Promise Too Much?"

래는 '… 보다 낫다'고 말하는 잠언들의 몇몇 예이다.

> 가산이 적어도 여호와를 경외하는 것이
> 크게 부하고 번뇌하는 것보다 나으니라(잠 15:16).

> 적은 소득이 공의를 겸하면
> 많은 소득이 불의를 겸한 것보다 나으니라(잠 16:8).

> 겸손한 자와 함께 하여 마음을 낮추는 것이
> 교만한 자와 함께 하여 탈취물을 나누는 것보다 나으니라(잠 16:19).

> 마른 떡 한 조각만 있고도 화목하는 것이
> 제육이 집에 가득하고도 다투는 것보다 나으니라(잠 17:1).

> 가난하여도 성실하게 행하는 자는
> 입술이 패역하고 미련한 자보다 나으니라(잠 19:1).

레이몬드 판 레이우엔(Raymond Van Leeuwen)은 이 잠언들을 현자들이 지혜로우면 자동적으로 부가 오고 어리석으면 가난이 온다는 것을 보장한다는 것을 의도하지 않았다는 것을 가리키는 것으로 간주했다.[5] 결국 이 잠언들은 여호와를 경외하는 것, 정직, 화평, 평온, 겸손 같은 가치들이 부보다 더 선호된다는 것을 분명히 보여준다. 지혜롭고 부자가 되는 것이 가장 최선이라는 것은 의심의 여지가 없다. 그러나 때로 (그리고 아마도 자주) 우리는

---

5   Van Leeuwen, "Wealth and Poverty." 잠언에서 회의적이고 비판적인 각도에서 '행위-결과의 인과관계'(deed-consequence-nexus)에 대한 생각의 토대를 흔드는 것과 같아 보이는 더 많은 예에 대하여는 Loader, "Bipolarity of Sapiential Theology"(quotation on 366)를 보라.

둘 중의 하나를 선택해야 한다. 그리고 이런 상황에서라면 지혜가 돈보다 우선으로 선택되어야 한다.

3) 잠언은 약속들이 아니다

잠언 구절을 잘못 사용하도록 유혹하는 것 중의 하나는 마치 잠언이 '만일 우리가 X를 행하면 Y가 그 결과가 될 것이다'라는 식의 약속을 하는 것처럼 취급하는 것이다. 고전적인 하나의 예는 잠언 22:6이다.

> 마땅히 그들의 길을(개역개정, "행할 길을") 청년에게(개역개정, "아이에게") 가르치라 그리하면 늙어도 그것을 떠나지 아니하리라(잠 22:6).

나의 번역은 히브리어의 애매함을 보존한다. 히브리어는 첫 번째 행에서 "그들의"가 누구를 가리키는지 즉시 분명하지 않는다. 가장 즉각적인 선행사는 "젊은이"다. 그리고 "청년에게 그들의 길을 가르치라"로 번역해야 하고 이것을 그 아이의 자연적인 성벽 곧 그 아이의 개성에 가장 많은 교육적인 접근법을 찾도록 권고하는 것으로 이해해야 한다고 주장될 수 있다.

혹은 "길"은 전형적으로 하나님의 길과 연관되어 있으므로 좀 더 그럴듯한 것으로는 지혜 교사가 부모들에게 자녀들을 하나님의 길로 양육하도록 격려하고 있는 것일 수 있다. 이 후자가 NIV에서 우리가 발견하는 전통적인 해석이다.

"자녀들에게 이들이 걸어가야 할 길을 시작하게 하라."

그러나 우리가 이들 두 개의 해석 방향 가운데 어느 것을 취하든 피상적으로 읽는 것은 이 잠언을 약속을 주는 것으로 취급한다. 즉 만일 우리가 X를 행하면(자녀를 어떤 방식으로 양육하면) Y가 그 결과가 될 것이다(그리하면 늙어도 그것을 떠나지 아니하리라). 그러나 이 잠언을 일종의 보증으로 취급하는 것은 잘못이다. 이것은 잠언들이 하는 일이 아니다. 다시 한번 말하는데 이것은 장르의 이슈이다.

잠언은 약속하는 일을 목적으로 삼지 않는다. 그보다 잠언은 모든 다른 것이 똑같다면 사람들이 바람직한 목표를 향하도록 인도하는 태도나 행위를 하도록 격려한다. 만일 부모가 자신의 자녀를 주의 길로 훈련하면 그 자녀가 자라서 지혜롭게 될 가능성이 더 크다는 것이다. 그러나 아마도 그 아이는 또한 친구들의 부정적인 영향 아래로도 갈 것이다(예를 들어 잠 1:8-19에서 주어진 충고를 보라).

그러므로 다시 한번 우리는 잠언을 번영 복음을 먹이기 위한 꿀을 제공하는 것으로 간주해서는 안 된다. 지혜로운 사람이 항상 번영하는 것은 아니며 악이 항상 고뇌하는 것은 아니라는 예들과 언급들을 보여주는 욥기와 전도서는 잠언과 반대되는 예들을 제공하는 것이 아니라, 대신에 잠언을 잘못 읽는 것에 대한 교정을 제공하고 있다.

지혜서는 삶에 대한 현실적인 그림을 제공하지만, 고대로부터 현대에 이르기까지 그래 왔던 것처럼 이 잠언은 쉽게 잘못 해석될 수 있다. 지혜시(wisdom psalm)인 시편 73편은 지혜를 오해한 사람의 증언이다.

5. 삶의 불공평함을 감수하기 (시 73편)

지혜시인 시편 73편을 지은 시인은 보상의 문제와 씨름했다. 그는 해결책을 찾은 후에 그의 고뇌를 다시 이야기한다. 시인의 사고의 움직임이 욥의 그것과 닮았지만, 욥보다 더 나아간다.

시인은 그의 노력 후에 그의 감정을 반성하는 시를 시작한다.

> 하나님이 참으로 이스라엘 중 마음이 정결한 자에게 선을 행하시나(시 73:1).

그리고 그는 자기 과거의 절망의 어둠으로 뛰어들어 간다.

나는 거의 넘어질 뻔하였고
나의 걸음이 미끄러질 뻔하였으니
이는 내가 악인의 형통함을 보고
오만한 자를 질투하였음이로다(시 73:2-3).

다음 연은 교만하고 하나님을 모욕할지라도 아무런 염려 없는 악인 부자를 묘사한다(시 73:4-12). 시인은 그의 묘사를 다음과 같이 말함으로써 요약한다.

볼지어다 이들은 악인들이라도 항상 평안하고 재물은 더욱 불어나도다 (시 73:12).

여기서 시인은 비록 그의 질투로 왜곡될지 모르지만, 부자에 대한 그의 정직한 인상을 나눈다. 부자들이 겉을 꾸미고 있는 것인지도 모르지만 그에게 부자들은 염려가 없는 듯이 보인다.
그러나 시인에게는 악인의 삶의 명백한 평온함은 정직한 사람인 자신이 경험한 어려움과 대조되었다.

내가 내 마음을 깨끗하게 하며
내 손을 씻어 무죄하다 한 것이 실로 헛되도다
나는 종일 재난을 당하며
아침마다 징벌을 받았도다(시 73:13-14).

그러므로 시인은 그럴 것이라고 그에게 제공한 그의 신학처럼 세상이 작동하지 않는다는 분노와 좌절을 나눈다. 악인들은 고난을 겪어야 하고 의인들은 번성해야 한다. 그러나 시인은 그의 이 기대에 정확히 정반대를 경험하고 있었다.

시인은 이 시점에서 그가 "내가 이같이 우매 무지함으로 주 앞에 짐승이오나"(시 73:22)라고 고백한다. 그러나 "하나님의 성소에 들어갈 때에"(시 73:17) 시인의 생각은 급진적인 변형을 경험했다. 성소는 성전처럼 하나님께서 당신의 백성에게 당신의 임재를 나타내시는 거룩한 곳이었다.

여기에 욥의 경험과 중요한 유사성이 있다. 욥이 하나님의 임재에 대한 좀 더 개인적인 경험을 했을 때 욥의 순간적인 변형이 왔다("내가 주께 대하여 귀로 듣기만 하였사오나 이제는 눈으로 주를 뵈옵나이다," 욥 42:5).

하나님에 대한 시인의 경험은 그의 눈을 열어서 표면 이면에 서 있던 실재를 보게 했다. 전에는 부와 평온함의 삶을 살아가는 악인을 보았었지만, 이제 그는 그들의 좋은 삶이 지속되지 않는다는 것을 깨달았다. 그보다 그들은 "미끄러운 땅" 위에 있었으며 갑자기 파괴될 것이다. 시인은 자신이 하나님과의 활력이 넘치는 관계를 진정한 부로 가진 사람이라는 것을 또한 깨닫게 되었다.

> 내가 항상 주와 함께 하니 주께서 내 오른손을 붙드셨나이다(시 73:23).

그러나 언제 이 운명의 역전이 언제 일어나는가?

> 주의 교훈으로 나를 인도하시고
> 후에는 영광으로 나를 영접하시리니
> 하늘에서는 주 외에 누가 내게 있으리요
> 땅에서는 주 밖에 내가 사모할 이 없나이다
> 내 육체와 마음은 쇠약하나
> 하나님은 내 마음의 반석이시오
> 영원한 분깃이시라(시 73:24-26).

신약성경에서 우리가 가진 사후 세계에 대한 좀 더 충분한 계시의 빛 아래서 이 구절들을 읽으면 많은 그리스도인 독자들은 이 구절이 하늘의 실재를 가리킨다는 것을 의심하지 않을 것이다. 그러나 히브리어는 그런 방식으로 읽을 필요가 없다. 대다수 학자는 시인이 그런 의미를 표현하기 위해서 그의 말을 하지 않았으며 구약의 독자들도 시인이 사후 세계를 언급한 것으로 이해하지 않았을 것이라고 말할 것이다.[6]

결국 우리는 절대적으로 확신할 수 없다. 그러나 많은 성경의 저자들이 사후 세계를 인식하지 않고 있다는 것은 사실이지만 몇몇은 심지어 사후 세계의 가능성에 대한 불신을 암시한다. 내 의견으로 학자들은 구약성경의 몇몇 곳은 신약성경에서 좀 더 완전히 발전한 이 가르침의 섬광을 제공한다는 것을 너무 빨리 부정한다.

시인이 그의 삶에서 결정되지 않는 미래의 언젠가 그의 운명과 부유한 악인들의 운명이 바뀔 것이라고 확신할 수 있다고 단순히 말하는 것으로 읽는 것은 단지 진부하고 실재와 맞지 않는다. 분명히 코헬렛처럼 시인도 삶을 통하여 칭찬받고 심지어 명예로운 장례까지 치러지는 악인을 알았다 (전 8:10-15). 다시 한번 우리는 확신할 수 없지만, 시인이 아마도 이 세상에서 그리고 분명히 사후에 자신은 상을 받을 것이고 악인은 심판받을 것이라는 사상을 암시하는 듯이 보인다.

6. 결론

얼핏 보면 잠언은 지혜로운 사람은 번성하고 어리석은 사람은 쇠한다는 보응신학을 지지하는 듯이 보인다. 정말로 구약성경의 많은 가르침이 이런

---

6   Johnston, *Shades of Sheol*(시 73편을 다루는 부분을 위하여는 204-6을 보라).

생각을 지지하는 듯이 보인다.[7] 예를 들어 토라에서 복과 저주가 언약 구조를 유지하는 속에서 율법에 이어진다.[8]

> 네가 네 하나님 여호와의 말씀을 삼가 듣고 내가 오늘 네게 명령하는 그의 모든 명령을 지켜 행하면 네 하나님 여호와께서 너를 세계 모든 민족 위에 뛰어나게 하실 것이라 네가 네 하나님 여호와의 말씀을 청종하면 이 모든 복이 네게 임하며 네게 이르리니(신 28:1-2).

> 네가 만일 네 하나님 여호와의 말씀을 순종하지 아니하여 내가 오늘 네게 명령하는 그의 모든 명령과 규례를 지켜 행하지 아니하면 이 모든 저주가 네게 임하며 네게 이를 것이니(신 28:15).

율법은 불순종과 심판을 연결한다. 그래서 이스라엘이 언약을 어기고 율법을 반하여 반역하면 선지자들이 와서 이스라엘이 회개하지 않으면 이스라엘을 언약적 저주로 위협했다. 예레미야가 그 경우다. 이스라엘은 우상 숭배 행위와 다른 많은 죄로 율법을 어겼다(렘 10:1-22; 11:1-17). 백성들과 그들의 지도자들이 율법을 깨뜨렸고 그리하여 저주로 고난받아 마땅했다. 백성들은 예레미야와 다른 선지자들의 메시지에 대하여 호의적으로 반응하지 않았고 그리하여 심판이 바벨론을 통한 파괴와 지도자 그룹의 시민들이 포로로 잡혀가는 형태로 그들에게 왔다.

구약성경의 이 많은 부분 가운데 어느 부분도 정경의 나머지로부터 고립되면 보응신학을 지지하는 데 사용될 수 있다. 그러므로 그런 생각이 심지어 오늘날도 지속한다는 것이 놀랍다. 사람들은 잠언을 피상적으로 읽고 잠언이 상과 벌이라고 하는 단순한 개념을 가르친다고 결론을 내린다. 심

---

7 Longman, "Why Do Bad Things Happen to Good People?"
8 제10장을 보라.

지어 예수님의 제자들도 그런 개념을 갖고 있었다. 그들이 태어나면서 맹인인 사람을 만나자 그들이 예수님에게 묻는다.

> 랍비여 이 사람이 맹인으로 난 것이 누구의 죄로 인함이니이까 자기니이까 그의 부모니이까(요 9:1).

예수님의 대답은 이들의 편견을 드러낸다.

> 이 사람이나 그 부모의 죄로 인한 것이 아니라 그에게서 하나님이 하시는 일을 나타내고자 하심이라(요 9:3).

다시 말해 죄가 고난을 초래할 수 있지만 그것이 이 세상의 고난에 대한 유일한 설명은 아니라는 것이다.

그러나 이번 장의 요점은 그런 순진한 보상에 대한 개념은 정경의 메시지가 아니라, 심지어 잠언의 메시지도 아니다. 특별히 욥기와 전도서는 우리로 그런 방식으로 잠언을 읽는 것을 막는다.

결국 잠언은 지혜로운 행동을 하도록 동기를 부여하기 위하여 보상과 벌을 강조할지는 모르지만, 그리고 욥기와 전도서가 그런 견해를 기계적으로 보장으로 취할지도 모르는 사람들에게 의문을 제기하지만, 이 책들은 "반대하는 파벌이 아니라 그것의 한계들과 이해에 대한 교묘한 기본적인 양극단의 서로 다른 조건들 아래서의 서로 다른 수용들이다."[9]

우리는 보상에 대한 기계적인 개념이 왜 성경을 읽는 사람들 사이에서 계속되는지 물을 수 있다. 정경 전체로서 읽을 때 성경은 아주 분명히 그것을 가르치지 않는다. 우리는 여기서 사색할 수 있을 뿐이다. 그러나 우리 삶에서 성공이나 실패는 궁극적으로 우리의 통제 넘어 있다는 생각은 솔직히 비참하다.

---

9 Loader, "Bipolarity of Sapiential Theology," 381. 또한, Schultz, "Unity or Diversity in Wisdom Theology?"의 도움이 되는 연구를 보라.

우리는 지혜의 길을 따르려고 최선을 다할 수 있지만 여전히 고난으로 끝날 수 있다는 것을 아는 것은 놀라운 것이다. 비록 모든 조건이 다 같다면 지혜가 가장 바람직한 결론으로 이끄는 가장 최선의 길이어도 말이다. 그러므로 심지어 우리가 보상에 대하여 성경의 모든 가르침을 다 발견할지라도 고난이 오면 우리는 자신에게 여전히 "이런 일을 당하도록 내가 한 일이 무엇이지?"라고 묻고 있는 우리 자신을 발견하게 될 것이다. 왜냐하면, 달리 생각하는 것은 마음을 동요시키기 때문이다.

　그러나 특별히 욥기는 독자들에게 인생이 우리에게 가져온 것이 우리에게 마땅한 것인가를 묻는 질문을 넘어갈 것을 강권한다. 그렇다. 탄식시들과 애가가 보여주듯이 하나님은 당신의 백성들이 당신에게 하나님을 향한 자신들의 분노를 포함하여 자신들의 고통을 표현하도록 초청하신다. 그러나 이야기는 거기에서 끝나지 않는다. 궁극적으로 욥기에서 발전된 고난에 대한 그림에 의하면 하나님은 인생의 고통에도 불구하고 우리의 침묵의 신뢰를 바라신다.[10]

10　예레미야애가에서도 그렇다. 고뇌하는 인간은 확언한다. "사람은 젊었을 때 멍에를 메는 것이 좋으니 혼자 앉아서 잠잠할 것은 주께서 그것을 그에게 메우셨음이라 그대의 입을 땅의 티끌에 댈지어다 혹시 소망이 있을지로다 자기를 치는 자에게 뺨을 돌려대어 치욕으로 배불릴지어다"(애 3:27-30). 탄식시들의 관하여 Brueggemann(*Psalms and the Life of Faith*, 3-32)은 하나님이 이들 방향 상실의 기도들에 대하여 응답하시면 신실한 자들은 감사의 시들로 응답한다고 유용하게 지적한다. Pemberton(*After Lament*)은 '만일 하나님이 이 탄식에 응답하지 않고 고통이 지속한다면 어떻게 할 것인가' 하고 물음으로써 이 그림을 완성한다. 그리고 그는 고난의 한가운데서 하나님을 신뢰하는 것을 표현하기 위하여 불린 기도들인 신뢰의 시를 가리킨다(시 23, 131편 등).

제12장

지혜의 사회적 배경

이 장에서 우리는 지혜 사고(wisdom thinking)의 발전을 위한 사회적인 배경을 분명히 밝혀낼 수 있는지를 숙고할 것이다. 우리는 최근의 연구들이 고대 이스라엘 사회에서 지혜 문헌이라는 구별된 장르가 존재했었는지에 대하여 올바르게 의문을 제기했다는 것을 이미 인정했다. 그러나 우리는 지혜라는 범주로 알려진 것이 있었다는 것을 주장하고 예시했다. 이 장에서 우리는 이스라엘의 문화와 사회에서 지혜의 위치에 대하여 우리가 알 수 있는지를 조사할 것이다.

첫째, 우리는 고대 이스라엘에서 학교의 존재와 이들이 지혜의 생각들에 대한 배양기(incubator)였는지에 대한 질문을 탐구할 것이다.

만일 학교가 존재했다면 고대 이스라엘의 어떤 분파에서 이 학교가 나왔는가?

성전과 왕궁, 혹은 둘 다에서 나왔을 가능성이 있다.

만일 학교가 아니라면, 가문(families)이 아버지로부터 아들로 부모에서 자녀들로 지혜를 전수했는가?

둘째, 우리는 고대 이스라엘에서 현자의 위치에 대하여 다룰 것이다.

예를 들어 제사장들, 선지자들, 왕들 그리고 다른 궁중의 관리들과 다른 구별된 직업으로 현자가 존재했었는가?

만일 그렇다면 이스라엘 사회의 어디에 현자가 위치하고 어떻게 그들이 다른 사회적인 지도자들과 교감했는가?

셋째, 앞의 두 문제와 연결된 것으로, 우리는 지혜의 사상 기원에 대한 질문과 잠언과 같은 지혜 형식들로의 발전을 들여다볼 것이다.

우리는 지혜를 궁정, 성전, 마을, 장로들, 아버지들, 혹은 그 밖에 다른 것에 위치를 두어야 하는가?

우리가 곧 보게 되겠지만 이 질문에 답하는 것은 쉬운 일이 아니며 이 질문들은 확정적이고 확실한 대답을 이끌지 않는다. 그런데도 우리가 임시적인 결론들로 나가야만 한다는 증거를 평가하는 것은 흥미롭다. 우리는 우리의 질문들에 대한 답들은 우리가 고려하는 이스라엘 역사의 기간에 따라서 달라지리라는 것을 또한 인정해야 한다. 불행히도 어떤 관련되고 인용되는 구절들이 언제 쓰였는지 논쟁 중이기 때문에 우리는 어느 정도 불확실성을 갖고 살아야만 한다.

1. 고대 이스라엘에 학교가 있었는가?

고대 이스라엘의 학교들에 대한 질문으로 시작한다.

만일 학교가 있었다면 그 학교는 지혜가 배양되고 직업적인 현자가 훈련된 곳이 될 수 있었는가?

우리는 구약성경 어디에도 학교가 언급되지 않았다는 것을 안다. 물론 그것이 질문을 해결하지는 않는다. 그것은 우리의 질문에 대답하는 것을 더 어렵게 만든다. 조슈아 벤 시라(Joshua ben Sira)는 시락서(Sirach, 주전 2세기; 제14장을 보라)의 마지막에 학교에 대하여 최초로 언급한 사람이다. 거기서 그는 독자에게 이렇게 호소한다.

"교육이 부족한 당신은 내게로 오라 그리고 나의 학교(벧 미드라쉬[*bet midrash*], 공부의 집)에 머물라"(51:23 CEB)라고 독자에게 호소한다. 그러므로 학교들의 주제에 관한 우리의 결론은 간접적인 증거에 의존해야만 하며 그러므로 필연적으로 임시적이고 상상적이다.

구약성경 기간 동안 이스라엘에 학교가 존재했다는 것을 선호하는 간접적인 증거가 무엇이며 그 증거가 얼마나 설득력이 있는가?

무엇보다 구약성경 기간 동안과 그 이전에 메소포타미아(Mesopotamia)와 이집트(Eygpt)에서는 학교들이 존재했다는 논쟁할 수 없는 증거들이 있다. 주전 세 번째 천 년에 에둡바아(E.DUB.BA.A[수메르어, "토판들의 집," 아카드어로 '비트 툼피'[bit tuppi])는 사회의 다양한 곳 특별히 왕궁과 성전으로 진출하여 봉사하는 읽고 쓸 줄 아는 직업적인 서기관들을 훈련하는 것을 목적으로 하는 기관이었다.

서기관의 훈련은 수메르인들의 기간 이후에 그리고 바벨론과 앗시리아의 기간을 통하여 계속되었다. 우리는 그런 학교들의 교육 이수 과정에 대해 대체로 알고 있다. 우리는 심지어 인물을 제공하며 젊은 서기관들의 교육을 때로는 흥미롭게 바라보는 매력적인 문학 작품들을 갖고 있다.[1] 이런 에둡바아에서 학생들은 수메르어를 어떻게 쓰는지 배우곤 했으며 주전 두 번째 천 년에는 아카드어를 어떻게 쓰는지 그리고 다양한 문서들을 준비하는 것과 수학과 다른 주제들을 배우곤 했다.[2]

잠언과 같은 지혜의 형식들이 모아졌고 에둡바아의 훈련된 서기관들에 의해 정리되었다. 정말로 몇몇 잠언들은 서기관의 훈련에 대하여 언급한다.

"수메르어를 모르는 사람은 어떤 종류의 서기관인가?"[3]

우리는 귀한 고대 아카드인 저자들의 이름을 거의 모르지만 "바벨론인의 신정론"(Babylonian Theodicy)으로 알려진 욥기와 같은 텍스트를 쓴 사길-키남-움빕(Saggil-kinam-ubbib)이라는 서기관은 각행의 첫 글자로 어구를 만드

---

[1] 예를 들어 H. L. J. Vanstiphout's translation of "The Dialogue between Two Scribes," "The Dialogue between a Supervisor and a Scribe," "The Dialogue between an Examinerand a Student" in *COS* 1:588-93를 보라.
[2] Pearce, "Scribes and Scholars." 또한, Sneed, *Social World of the Sages*, 73-75를 보라.
[3] Alster, *Proverbs of Ancient Sumer*.

는 아크로스틱(acrostic, 보통 각 행의 첫 글자를 아래로 연결하면 특정한 어구가 되게 쓴 시나 글; '알파벳 시'-역주)에 의해 자신의 이름을 삽입함으로써 자신의 존재를 알렸다. 그러므로 우리는 학교에서 훈련받은 서기관/현자들이 성경의 지혜들을 포함하는 것들과 유사한 저작들을 만들어 냈다는 것을 안다.

구왕국 이집트(Old Kingdom Eygpt, 주전 2686-2180년)에서는 마침내 전문적인 교육자가 되도록 아버지와 아들 혹은 멘토와 학생 간에 도제관계를 통한 교육이 이루어졌다. 시간이 감에 따라 첫 번째 중간기(Frist Intermediate Period, 주전 2189-2133년)의 시초에 중앙 정부가 약해지고 지방 정부가 훈련된 자신들의 서기관들을 필요로 할 동안 좀 더 공식적인 학교들이 발전했다.

신왕조(New Kingdom, 주전 1550-10170년) 때 즈음에 우리는 서기관들의 기본적인 교육에 대하여 상당히 잘 이해할 수 있게 된다. 서기관들은(하나의 형태보다 더 많은 것으로부터 온) 복잡한 성용문자(hieratic script)를 열 살부터 배웠고 그들의 훈련은 그들이 왕궁과 성전과 군대 어디에서 봉사할 것인가에 따라서 점점 어려워졌고 전문화되었다. 결국에는 성용문자를 익힌 후에 몇몇은 상형문자(hieroglyphs)를 배우곤 했다. 우리의 목적을 위하여 이집트 학교 교육의 더 자세한 것은 성경 기간 동안 이집트에 학교들이 존재했었다는 단순한 사실보다 덜 중요하다.[4]

성경 기간 동안 메소포타미아와 이집트에 분명히 학교들이 존재했었다는 것은 몇몇 학자들이 성경의 이스라엘에도 그런 기관들이 존재했을 것이 상당히 가능할 것이라는 주장을 하게 한다.[5] 그러나 이스라엘과 다른 두 개의 두 문화 사이의 차이점들은 우리로 그런 결론을 내리는 데 주저하게 만든다. 아마도 주된 고려는 히브리어가 고대 수메르, 바벨론, 그리고 앗시리

---

4 이집트에서의 교육에 대한 유용한 조망에 대하여는 Wente, "Scribes of Ancient Egypt"를 보라.
5 성경 기간 동안 이스라엘에 학교가 존재했을 것을 가장 강하게 주장하는 사람은 Lemaire, "Sage in School and Temple"; Lemaire, "Sagesse et ecoles"이다. Sneed(*Social World*, 152-56)는 Rollston, *Writing and Literacy*의 저서에 기초한 Lemaire의 견해에 가까운 견해를 주장한다.

아와 이집트의 복잡한 문자들보다 배우기가 훨씬 쉬운 언어라는 것이다.

이들 가운데 오직 히브리어만 형태소(morpheme)나 음절(syllable)을 대표하는 수백 개의 기호들을 갖는 다른 언어들과 달리 스물 두 개의 알파벳을 갖고 있다. 히브리인들에게도 어떤 교육 형태가 있었어야 했지만 그것은 집에서 자신들의 자녀들에게 아버지가 교육하는 교육이 되었거나 제도적인 교육 시설보다 훨씬 더 비공식적인 무엇이었을 것이다.[6]

고대 이스라엘의 교육에 대한 생각을 지지하는 또 다른 간접적인 증거가 있다. 그러나 다시 한번 이것이 고대 근동의 다른 지역에 있었던 것과 같은 학교를 반드시 가리키지는 않는다. 다른 간접적인 증거는 수업료를 낼 것을 주장하는 듯이 보이는 성경의 텍스트들에 호소한다.

> 미련한 자는 무지하거늘 손에 값을 가지고
> 지혜를 사려 함은 어찜인고(잠 17:16).

> 진리를 사되 팔지는 말며
> 지혜와 훈계와 명철도 그리할지니라(잠 23:23).

그러나 문자적으로 수업료를 가리키기보다는 이 구절들은 단순히 상업적인 은유에 기초할지 모르며, 지적되어 온 것처럼 두 번째 구절은 이집트 지혜(Egyptian wisdom)의 영향을 많이 받은 것으로 생각된 잠언의 한 부분인 지혜자의 말들(Words of the Wise) 안에서 발견된다(잠 22:17-24:22). 후자는 비록 그 잠언이 본래 문자적으로 수업료를 가리킬지는 몰라도, 이스라엘 사회로 그 잠언이 들어왔을 때는 그것이 은유적으로 이해되었으리라는 것을 설명할지도 모른다.

몇몇 학자들도 잠언 5:13을 선생들을 가진 학교의 존재를 가리키는 것으

---

6   Sneed(*Social World*, 179-82)는 기초 이상의 히브리어를 배우는 것은 주장한다.

로 지적해 왔다("내 선생의 목소리를 청종하지 아니하며 나를 가르치는 이에게 귀를 기울이지 아니하였던고"). 그러나 문제는 다른 사람을 가르치는 사람들이 있었는가가 아니라 이 교육이 학교라고 불릴 수 있는 공식적인 기관에서 일어났는가 하는 것이다.

마지막으로, 스튜어트 웍스(Stuart Weeks)가 지적한 것처럼 알파벳이나 다른 종류의 학교 연습과 같은 어떤 타입의 비문 자료들의 존재가 어떤 형태로든 교육이 존재했으리라는 것을 가리키듯이 "기록된 문서가 존재한다는 바로 이 사실이 어떤 종류의 교육이 이스라엘에서 이용되었을 것이 틀림없다는 것을 가리킨다."[7]

그러나 간접적인 증거들을 조사한 후에 웍스(Weeks)는 우리처럼 공식적인 학교의 존재는 증명될 수도 부정될 수도 없다고 바르게 결론 내린다. 왜냐하면, 이 증거는 "부모의 가르침이나 도제관계로부터 확립된 학교 제도를 통하여 그리고 기초적인 글자 교육으로부터 직업적인 훈련과 고전에 익숙하게 하는 것을 포함하는 하나 이상의 다양한 형태로 이루어진" 교육을 가리키기 때문이다.[8]

2. 고대 이스라엘에는 (직업적인) 현자가 존재했는가?

우리의 두 번째 질문은 고대 이스라엘의 사회 속에 지혜의 인물들 혹은 현자로 확인될 수 있는 일단의 무리가 존재했는가 하는 것이다. 우리는 구약이 긴 기간의 시간을 묘사하는 것을 인정함으로 시작한다. "현자"의 존

---

7 Weeks, *Early Israelite Wisdom*, 132-56(quotation on 132).
8 Ibid., 132. 가장 오래된 알파벳은 텔 자이트(Tell Zayit)에서 온 주전 10세기 후기로 연대가 매겨진다(Tappy and McCarter, *Literate Culture*). 또한, Crenshaw("Education in Ancient Israel")의 고전적인 연구를 보라. 크렌쇼는 "히브리어 성경을 위한 증거는 대체로 상황적이고 몇몇 텍스트들은 어떻게 읽고 쓰는 능력을 습득했는지에 대해서보다는 일반적으로 읽고 쓰는 것에 대해서 더 많이 이야기한다"(602)라고 언급한다.

재와 자격은 고대 이스라엘의 다양한 시기에 따라 차이가 있을 것이다. 이 연구의 초기에 언급된 것처럼 구약성경의 다양한 책들 구성의 역사에 대한 질문은 학자들 사이에 심각하게 논쟁되어 왔고 지금도 논쟁 중이다.

만일 모세를 성경의 최초의 저자로 간주하는 전통적인 견해가 옳다면 구약성경은 주전 두 번째 천 년의 중반에 시작되고 첫 번째 천 년 중반까지 계속된다. 많은 학자는 오늘날 성경의 구성을 주로 포로 후기 시대로 위치시킨다. 어떤 경우든 이 연구의 목적을 위하여 우리는 텍스트를 구성하는 연대를 결정하는 데 개입되는 피할 수 없는 사색으로부터 거리를 두기를 계속하며 우리의 질문을 성경을 전체로 보면서 접근할 것이다.

우리는 우리가 믿는 것을 명백한 진술로 시작한다. 구약성경은 지혜(하캄[ḥākām])로운 사람들을 구별한다. 문제는 이 분류가 개인적인 특징을 강조하고 있는 것인지 아니면 직업적인 호칭인지 하는 것이다. 예를 들어 솔로몬은 지혜롭다고 불렸지만, 현자(sage)는 아니었다. 그는 왕, 분명히 지혜로운 왕이었다(최소한도 통치 초기에).

그러나 현자인 몇몇 사람들이 존재했는가?
즉 이들이 직접적인 지혜로운 남자와 여자들이었는가?
이스라엘에 직업적인 현자를 가리키는 구절들이 있는가?[9]
다음의 구절들은 약간의 가능성을 표현한다.

(1) 드고아의 지혜로운 여인

압살롬은 자신의 누이 다말을 강간한 것에 대하여 복수하기 위하여 그의 배다른 형제 암논을 죽인 후에 그의 아버지 다윗으로부터 그술 땅(land of Geshur)으로 도망했다(삼하 13:23-39). 다윗은 그의 아들의 부재를 슬퍼했지만 그의 범죄로 인하여 그를 다시 부르기를 거절했다. 압살롬을 다시 돌아

---

9 이집트와 메소포타미아와 같은 다른 문화들은 정말로 직업적인 현자들이 있었고 성경은 그들은 언급한다(예를 들어 창 41:8; 단 2:12-14).

오게 하기를 열망하며 요압이 "지혜로운 여인"(잇샤 하카마[*iššâ ḥăkāmâ*])으로만 알려진 한 여인의 도움을 구한다. 요압은 이 여인을 다윗 왕에게 허구적인 이야기를 제시하도록 사용하여 다윗의 마음을 바꾸어서 압살롬을 돌아오도록 허락하게 이용했다(삼하 14장).

(2) 아벨 벧 마아가(Abel Beth Makah)의 지혜로운 여인

그의 통치 말년에 다윗은 비그리의 아들 세바의 지도하에 일어난 반역에 직면했다(삼하 20장). 결국 요압이 세바가 도피처로 숨은 아벨 벧 마아가 도시를 포위했다. 한 지혜로운 여인(잇샤 하카마)이 요압에게 나타나서 반역자의 머리를 줌으로써 능숙하게 그 성의 모든 사람을 진멸하려는 계획의 종결을 협상하자 긴박한 상황이 해결되었다.

(3) 궁중 조언자들

구약성경에서 아마도 가장 유명한 궁중 조언자는 아히도벨과 후새일 것이다. 이들은 아버지 다윗을 대항하여 일어난 압살롬의 반역 기간 동안 중요한 역할을 한다(삼하 15-16장). 이들은 결코 지혜로운 사람 혹은 현자(sage)로 불리지 않고 궁중에서 "조언"(에짜[*ēṣâ*])을 주는 조언자들로 분명히 묘사된다. 정말로 아히도벨은 "조언자"(요에츠[*yôʻēṣ*], 어근이 에짜[*ēṣâ*]에서 기원함; 삼하 15:12)로 소개된다.

처음에는 두 사람 모두 다윗의 조언자들이다. 그러나 반역이 일어나자 아히도벨은 압살롬 편에 선다. 다윗은 아히도벨의 조언 곧 아주 잘 되어가는 계획을 뒤엎기 위하여 후새에게 압살롬을 지지하는 척할 것을 지시한다. 이 사람들이 하캄(*hākām*)이라고 불리지는 않지만, 요에츠라는 용어는 또한 직업적인 현자를 가리키는 호칭일 수 있다.[10] 결국 반드시 직업적일

---

10 요에츠(*yôʻēṣ*)로 불리는 다른 사람들을 위하여는 대상 26:14; 27:33; 대하 22:4; 25:6; 스 7:18을 보라.

필요는 없지만 그 지혜로운 사람은 잠언에 의하면 조언(에짜)을 주는 사람이다(잠 1:25; 19:20; 게다가 아래 렘 18:18에 대한 주석을 보라).

요나답은 궁중 조언자의 또 다른 예이다. 이 경우 요나답은 "매우 지혜로운 사람"(이쉬 하캄['iš ḥākām])으로 불린다. 이 말은 보통 "매우 간교한 사람"으로 번역된다. 왜냐하면, 암논 왕자에게 한 그의 조언이 그의 배다른 여동생 다말을 강간하게 만들었기 때문이다(삼하 13:3).

이들 구절들에 대한 조사는 모든 구절을 망라하는 것이 아니라 예를 들려는 것이다. 이 구절들은 사람들이 그 사람으로부터 조언을 구하는 특별히 지혜로운 사람으로 인식된 남녀 사람들이 있었다는 것을 보이는 기능을 한다. 요나답과 아히도벨과 같은 몇몇 사람들은 비록 자신들의 지혜를 나쁜 목적을 위하여 사용하였지만 지혜로운 사람으로 생각되었다.

아마 성경의 해설자가 의심스러운 인물들과 지혜를 연결시킨다는 사실은 이 용어가 직업적인 명칭으로 사용되고 있다는 증거다. 잠언에서 어떤 사람이 지혜롭다고 불리는 것은 다르게 만든다. 잠언의 조언은 항상 의롭고 경건하고 효과적이지만 이것이 잠언 밖에서도 반드시 그런 것은 아니다.

정말로 제2장에서 우리는 틀 해설자가 코헬렛을 지혜롭다(하캄)고 불렀을 때 그것이 코헬렛의 말을 승인하는 것은 아니었다고 주장했다. 정말로 그의 활동("지식을 가르쳤고 또 깊이 생각하고 연구하여 잠언을 많이 지었으며," 전 12:9)을 하캄으로 묘사하는 것은 직업적인 묘사처럼 들린다.

아마도 구약성경에서 전문적인 현자 집단의 존재를 위한 가장 강력한 주장은 예레미야로부터 나올 것이다. 예레미야는 그를 비판하는 자들의 말을 인용한다.

> 오라 우리가 꾀를 내어 예레미야를 치자 제사장에게서 율법이, 지혜로운 자에게서 책략이, 선지자에게서 말씀이 끊어지지 아니할 것이니 오라 우리가 혀로 그를 치고 그의 어떤 말에도 주의하지 말자(렘 18:18).

여기서 조언(에짜)과 결합하여 있는 지혜로운 사람(하캄)은 구약성경에서 구별되는 직업의 범주들인 두 그룹, 즉 제사장들과 선지자들인 듯하다.

그러나 결국 우리는 절대적으로 확신할 수 없다. 텍스트의 증거는 현자들로 알려진 구별된 직업적인 그룹에 대한 생각을 지지하는 듯이 보이며 주변 문화에서 직업적인 현자가 존재하는 것은 이 생각을 지지한다.

3. 지혜서 형식의 사회적인 배경은 무엇인가?

최근까지 학자들은 잠언, 전도서, 욥기를 그 핵심으로 가진 구별되는 장르인 지혜 문헌에 대하여 확신 있게 말했다. 이 문학이 어떤 종류의 학교에서 훈련된 이스라엘 사회 안의 구별된 현자 그룹에 의해 만들어졌다는 것이 전제였다. 우리는 최근의 연구들은 지혜 문헌이라는 구별된 장르의 존재에 대한 생각으로 시작하여 이 그림의 모든 면에 대하여 의심을 던진다는 것을 이미 언급했다.[11]

그렇지만, 우리는 우리가 탐구할 수 있는 구약성경 전체에 걸쳐 되풀이되는 지혜의 개념이 있다고 주장해 왔다. 또한, 지혜서와 연관된 어떤 문학 형태가 있는데, 그 가운데 잠언이 두드러진다. 지혜의 개념과 또한 정당하게 연결하는 다른 형식이 있지만(반향, 논박, 수수께끼 등) 우리는 여기서 잠언이 기원하고 잠언이 적용된 이스라엘의 특별한 분파가 있었는지를 묻기 위하여 특히 잠언에 초점을 맞출 것이다.

이 질문은 이전의 현대 학계에서 논의되고 논쟁되어 왔다. 폰 라트(Von Rad)는 지혜에 대한 그의 선구자적인 연구에서 지혜 형식들의 모음을 확고하게 고대 이집트의 텍스트들에 대한 유추와 솔로몬에 대한 언급에 근거하

---

11 Kynes, *Obituary*.

여 궁정의 상황 속으로 연결한다.[12] 그렇더라도 폰 라트는 궁정과 연관된 지혜의 인물들은 "궁정과 상관없이 가르치는 자료들의 수집가로 기능했으며 지혜는 결코 오직 궁정에만 있는 것이 아니었다"는 것도 인정했다.[13]

그러나 결국 이 격언의 유래, 개발, 수집, 사용은 하나의 배경만을 가지고 있는 것이 아니라 오히려 사회의 모든 분파에서 나온 것으로 보인다. 이 결론은 특별히 속담들의 생산과 사용과 관계한다.

잠언의 표제("다윗의 아들 이스라엘 왕 솔로몬의 잠언이라," 잠 1:1)는 "히스기야의 사람들"(잠 25:1)과 심지어 "마사(Massa)의 왕"(잠 31:1)으로 확인되는 르무엘에 대한 언급에 주어지는 역할이 그런 것처럼 잠언을 궁정과 연결한다. 많지는 않아도 몇몇은 유일하게 적용되는 곳은 아니어도 주로 궁정의 상위계급 안에서 그들의 주된 적용처를 찾는다. 예를 들어 이어지는 잠언은 우리가 권력자 앞에 있는 어떤 상황에 부차적으로 적용될 수 있을지라도 이 잠언은 오직 궁정에 일차적으로 적용될 것이다. 그리고 거의 확실하게 그것은 궁정의 상황으로부터 출현했다.

> 네가 관원과 함께 앉아 음식을 먹게 되거든
> 삼가 네 앞에 있는 자가 누구인지를 생각하며
> 네가 만일 음식을 탐하는 자이거든
> 네 목에 칼을 둘 것이니라
> 그의 맛있는 음식을 탐하지 말라
> 그것은 속이는 음식이니라(잠 23:1-3).

다른 잠언들이 궁정으로부터 기원하며 그들의 주된 사용을 거기서 찾을지라도(잠 16:10-15; 25:1-7) 대부분은 거의 분명히 궁정으로부터 오지 않으

---

12 Von Rad, *Wisdom in Israel*.
13 Ibid., 17.

며 베스터만(Westermann)과 골카(Golka)가 제안하는 것처럼 시골의 농장 경영(farming)의 상황으로부터 온다.

> 여름에 거두는 자는 지혜로운 아들이나
> 추수 때에 자는 자는 부끄러움을 끼치는 아들이니라(잠 10:5).

그리고 여전히 다른 잠언들은 궁정이 아닌 도시의 상황으로부터 올 수도 있다.

> 속이는 저울은 여호와께서 미워하시나
> 공평한 추는 그가 기뻐하시느니라(잠 11:1).

> 나를 가난하게도 마옵시고 부하게도 마옵시고
> 오직 필요한 양식으로 나를 먹이시옵소서
> 도둑질하고 내 하나님의 이름을 욕되게 할까
> 두려워함이니이다(잠 30:8b-9).

4. 결론

이제 우리는 학교와 직업적인 현자의 계급과 지혜의 사회적인 상황에 관하여 이용 가능한 증거를 조사했으므로 우리는 이들 질문의 어떤 것에 대하여도 확신하기에 충분한 것이 증거들에 있지 않다는 것을 볼 수 있다.

분명히 고대 이스라엘에 교육은 존재했다. 그것은 아마도 지역과 시기에 따라서 다른 형태를 취했을 것이다. 그러나 우리는 그런 것으로서 학교가 존재했다고는 확신할 수 없다. 왜냐하면, 훈련이 가족의 상황에서 혹은 멘토-도제 제도를 통하여 이루어졌을 것이 당연하기 때문이다. 역시 똑같이 구약 기간 동안에 현재의 직업적인 계급이 존재했는지 대하여도 확신하기가 어렵다.

어떤 사람을 지혜롭다(하캄)고 부르는 것은 단지 그들의 성격(character)에 대한 묘사일 것이다. 어떤 구절들은 특별히 정부에 조언을 해주는 사람으로 봉사하는 궁정 관리들에게 오면 그 이상을 의미하는 것처럼 보인다. 지혜에 대한 사회적인 배경에 대하여는 증거가 다양한 상황을 제시한다. 잠언의 교훈 내용은 사회의 모든 상황으로부터 나온 듯이 보인다.

제13장

지혜와 성(gender)

특별히 21세기의 서구 세계의 독자들에게 지혜는 성과 관련된 질문을 일으킨다. 여권주의 학자들(Feminist scholars)은 남자든 여인이든 모든 독자가 숙고해야 할, 구약성경 지혜서에서 발견되는 여인들을 향한 태도에 대하여 바르게 질문들을 제기했다. 지혜는 종종 아들에게 아버지가 주는 교훈의 형식을 취한다. 그리고 아주 많은 양의 가르침이 여인들의 관심들을 무시하는 듯이 보인다.

욥기에서는 덜하지만 잠언, 전도서에서 여인들은 다른 어떤 것보다도 더 많은 문제라는 인상을 준다. 그러나 잠언은 지혜라는 이름을 가진 한 여인을 말한다.

여성 지혜(Woman Wisdom)라는 인물이 고대 이스라엘의 현자들이 여인들에 대하여 긍정적인 견해를 가졌다는 것을 보여주는가?

혹은 여성 지혜는 남성 독자들의 흥미를 위해 봉사하는 문학적인 창조물인가?

1. 지혜에 대한 족장들의 관점

우리는 왜 성경의 지혜서를 읽는 여성 독자들이 잠언, 욥기, 전도서와 같은 책들의 수사학을 싫어할 수 있는지를 이해할 수 있다. 잠언을 보라. 잠언은 아버지가 아들에게 하는 담화로 잠언들을 주로 제시한다.

내 아들아 네 아비의 훈계를 들으며(잠 1:8a).

내 아들아 네가 만일 나의 말을 받으며
나의 계명을 네게 간직하며(잠 2:1).

내 아들아 나의 법을 잊어버리지 말고 네 마음으로 나의 명령을 지키라
(잠 3:1).[1]

잠언 어디에도 아버지가 그의 딸에게 말하지 않는다. 또한, 그 문제에 대하여 어머니가 아들이든 딸이든 그의 자녀에게 말하지 않는다. 이런 이유로 잠언의 교훈들은 남성 중심적이다.

우리는 이 남성 초점적인 것을 두 영역에서 탐지할 수 있다.

첫째, 잠언의 담화 부분(잠 1-9장)에서 아버지는 아들에게 이상한(이방) 여인에 대하여 경고한다.

내 아들아 내 지혜에 주의하며
내 명철에 네 귀를 기울여서
근신을 지키며
네 입술로 지식을 지키도록 하라
대저 음녀의 입술은 꿀을 떨어뜨리며
그의 입은 기름보다 미끄러우나
나중은 쑥 같이 쓰고
두 날 가진 칼 같이 날카로우며
그의 발은 사지로 내려가며
그의 걸음은 스올로 나아가나니

---

[1] 또한, 잠 1:10, 15; 3:11, 21; 4:10, 20; 5:1, 20; 6:1, 3, 20 등을 보라.

그는 생명의 평탄한 길을 찾지 못하며

자기 길이 든든하지 못하여도 그것을 깨닫지 못하느니라(잠 5:1-6).[2]

이상한(이방) 여인이 무엇을 정확히 의미하는지 논쟁될 수 있다. 아마도 지시 대상물은 이방 여인이 솔로몬을 거짓 신을 경배하도록 인도한 것처럼 이스라엘로 길을 잃게 할지 모르는 이방 여인들을 문자적으로 가리킬 것이다(제6장을 보라). 혹은 아마도 내 생각에는 이것이 더 그럴듯한데,[3] 이들은 결혼의 영역 밖에서 성을 사용하기 원함으로써 이스라엘의 관습과 율법에 반하는 이교적이고 이상한 방식으로 행하는 이스라엘의 여인들일 것이다.

이들 두 해석 가운데 어느 것이 옳은가 하는 것은 잠언이 약탈을 일삼는 남자의 위험을 무시하고 약탈을 일삼는 여인의 위험에 초점을 맞춘다는 것보다 덜 중요하다. 정말로 현대의 독자는 남성 범죄자들의 문제가 여성 범죄자보다 더 매우 급한 문제라고 말함으로써 잠언의 이 가르침의 방향에 충분한 이유를 갖고 반응할 수 있다.[4]

결국 우리 시대에 여성들이 남성들을 속이고 이용할 수 있을지라도 강간당하고 학대당하는 여성의 수가 강간당하고 학대당하는 남성들의 수를 훨씬 더 초과한다. 그러나 잠언은 어떤 여성이 남성에게 둔 위험에 관해서만 이야기하지 남성들이 여성들에게 둔 어떤 위협에 대하여는 말하지 않는다.

잠언의 남성 중심의 가르침의 두 번째 예는 화를 돋우는 여인과 함께 동거하는 것에 대한 충고에서 관찰될 수 있다.

---

2 이 구절은 대체로 위험한 여인을 멀리하도록 아들에게 경고하는 데 초점을 둔 5-7장을 포함하는 긴 부분의 시작이다.

3 Longman, *Proverbs*, 163-65.

4 Fontaine(*Smooth Words*, 156)은 다음과 같이 바르게 말한다. "만일 우리가 성경 세계의 고대 사회들에서 권력과 남용의 실제적인 축에 대하여 고려한다면, 심하게 편견을 가진 관찰자는 누구나 거기서 배워야 할 '진정한' 잠언적인 진리는 소녀들과 여인들을 향해야 한다(즉 "남자를 조심하라!")고 결론 내리지 않을 것이다."

> 다투는 여인과 함께 큰 집에서 사는 것보다
> 움막에서 사는 것이 나으니라(잠 21:9).[5]

　다시 한번 우리는 화를 돋우는 남성에 관한 비교할 만한 가르침을 볼 수 없다. 잠언 어디서도 다음과 같은 것을 우리는 읽을 수 없다.

> 다투는 남성과 함께 큰 집에서 사는 것보다
> 움막에서 사는 것이 나으니라.

　잠언에서 본 아버지-아들 담화는 또한 전도서에서 좀 더 미묘한 형태로 발견된다. 제2장에서 설명한 것처럼 전도서는 코헬렛의 음성(전도사/교사)과 이름이 알려지지 않은 두 번째 지혜로운 사람의 음성(혹은 틀 해설자)인 두 음성을 포함한다.
　전도서 12:12이 분명히 하듯이 코헬렛의 말은 비록 전도서의 주요한 부분이어도(전 1:12-12:7) 틀 해설자와 그의 아들 사이에 벌어진 토론의 주제이다. 다시 말해 전도서는 잠언처럼 어머니가 아니라 아버지의 교훈을 그리고 딸에게가 아니라 아들에게 제시한다.
　전도서에 대한 장에서 설명했듯이(제2장) 코헬렛의 의견들이 전도서의 메시지를 표현하지 않지만 우리는 왜 그의 말이 여성 독자들에게 동요를 일으키고 있는지 이해할 수 있다. 정말로 코헬렛의 견해는 여성 차별주의자적인 것으로 바르게 분류될 수 있다. 다음을 보라.

> 내가 돌이켜 전심으로 지혜와 명철을 살피고 연구하여 악한 것이 얼마나 어리석은 것이요 어리석은 것이 얼마나 미친 것인 줄을 알고자 하였더니 마음은 올무와 그물 같고 손은 포승 같은 여인은 사망보다 더 쓰다는 사실

5　유사한 언급들이 잠 21:19; 25:24; 27:15-16에서도 발견된다.

을 내가 알아내었도다. 그러므로 하나님을 기쁘게 하는 자는 그 여인을 피하려니와 죄인은 그 여인에게 붙잡히리로다 전도자가 이르되 보라 내가 낱낱이 살펴 그 이치를 연구하여 이것을 깨달았노라 내 마음이 계속 찾아 보았으나 아직도 찾지 못한 것이 이것이라 천 사람 가운데서 한 사람을 내가 찾았으나 이 모든 사람들 중에서 여자는 한 사람도 찾지 못하였느니라 내가 깨달은 것은 오직 이것이라 곧 하나님은 사람을 정직하게 지으셨으나 사람이 많은 꾀들을 낸 것이니라(전 7:25-29).

욥기도 남성 위주의 책이다. 욥기 이야기의 주된 등장인물도 모두 남성이다(욥, 세 친구, 엘리후). 유일한 여성 등장인물은 욥의 아내로 욥기 전체에서 부정적인 것으로 보이는 역할을 하며 욥에게 "하나님을 저주하고 죽으라"(욥 2:9)고 주장했다. 정말로 욥의 이름 없는 아내의 이 짧은 등장은 해석사에서 그녀가 실제로 책에 등장하는 분량에 비해 과도할 정도로 잔소리하는 여인으로서 주된 역할을 한다고 생각할 정도이다.[6]

잠언, 전도서, 욥기와 우리가 지혜에 초점을 맞추고 있는 것으로 우리가 간주한 책들에서 여성의 역할에 대한 정직한 평가는 우리가 이 책들이 분명히 가부장적이라는 결론을 내리게 한다. 우리는 이 책들이 남성 중심적이라는 것을 부인할 수 없다. 이 책들 안에서 일부 요소들이 여인들을 격려하는 때가 있을지라도 이것은 사실이다. 특별히 서구에서 현대 독자들은 이 질문에 대하여 답해야 한다.

---

6 Balentine, *Have You Considered My Servant Job?*, 77-110.

2. 지혜서에서 여성에 대한 긍정적인 묘사들

고대 근동의 상황에서 우리가 고대 문헌을 공정히 대하고 있다는 것을 확실히 하기 위하여 우리는 또한 여성에 대하여 긍정적인 묘사를 하는 성경의 지혜를 강조해야만 한다. 우리는 "고대 이스라엘의 지혜 전통은 여성이 지혜로운 사람들의 세계와 경쟁하고 공헌하도록 사적이고 공개적으로 표현하는 것을 허락했다"는 폰타인(Fontaine)의 일반적인 평가에 동의한다.[7]

무엇보다 우리는 잠언에서 어머니들의 역할을 주목한다. 아버지가 담화의 화자이지만 그는 어머니의 지혜에 호소하며 그의 아들이 어머니의 지혜에 주목하도록 한다.

> 내 아들아 네 아비의 훈계를 들으며
> 네 어미의 법을 떠나지 말라(잠 1:8; 또한, 6:20을 보라).

어머니의 지혜에 대한 언급이 부차적인 것처럼 보일지 모르지만, 이것은 고대 근동에서는 전례가 없는 드문 경우라는 것이 지적되어야만 한다.[8]

또한, 잠언은 어머니에게 기쁨을 가져오도록 장려할 뿐만 아니라 어머니를 최고로 존경하도록 장려하는 구절들에서 아버지에게뿐만 아니라 어머니에게도 관심을 보인다.

> 지혜로운 아들은 아비를 기쁘게 하거니와
> 미련한 아들은 어미의 근심이니라(잠 10:1).

---

7 Fontaine, *Smooth Words*, 88.
8 Fox, *Proverbs 1–9*, 82–83.

> 지혜로운 아들은 아비를 즐겁게 하여도
> 미련한 자는 어미를 업신여기느니라(잠 15:20).

또한, 우리는 최소한 한 경우에는 어머니가 교훈을 준다는 것을 주목해야 한다. 잠언의 마지막 장에서 다른 알려지지 않은 이스라엘이 아닌 왕국의 왕인 마사(Massa)의 왕 르무엘이 그의 어머니로부터 받은 가르침을 전한다.

> 내 아들아 내가 무엇을 말하랴
> 내 태에서 난 아들아 내가 무엇을 말하랴
> 서원대로 얻은 아들아 내가 무엇을 말하랴
> 네 힘을 여자들에게 쓰지 말며
> 왕들을 멸망시키는 일을 행하지 말지어다(잠 31:2-3).[9]

잠언은 "현숙한 여인"의 그림으로 마친다(잠 31:10, 10-31을 보라). 이 그림은 많은 다른 훌륭한 자질 가운데서 또한 그녀의 총명한 가르침을 강조한다(26절, "입을 열어 지혜를 베풀며 그의 혀로 인애의 법을 말하며").[10] 이에 관하여 또한 우리는 우리의 관심을 역사서들에서 지혜로 묘사된 여인들에게 다시 관심을 돌린다. 드고아의 지혜로운 여인과 아벨 벧 마아가의 지혜로운 여인에 대한 짧은 논의를 위하여는 제12장을 보라.

마지막으로 우리는 아가를 언급할 것이다. 우리는 아가가 지혜와 연관이 있다고 주장했다(비록 지혜와 관련된 것으로서의 지혜 문헌은 아니지만; 제4장을 보라). 놀랍게도 최소한 그것의 근동의 상황에서 여인의 목소리가 남자의 목소리보다 좀 더 지배적이다. 브렌너(Brenner)는 아가의 117절 가운데 여

---

9 그녀의 가르침은 9절까지 이어진다.
10 이 시에 대한 자극적인 연구를 위하여는 Wolters, *Song of the Valiant Woman*을 보라.

인이 61절 반을 말한다는 것을 지적한다.[11] 그녀는 말할 뿐만 아니라 그녀의 가장 친근한 욕망에 대하여 자유롭게 말한다. 여인의 그림은 극히 긍정적이며, 엑슘(Exum)이 지적한 것처럼 "(아가에서) 여인이 받는 주목은 성경에서 유일하고 그녀의 성격도 유일하다."[12]

3. 지혜서에서 여인: 구속사적-윤리적 읽기

우리는 분명한 것을 부정해서는 안 된다. 21세기의 관점으로부터 볼 때 구약성경의 지혜는 가부장적인 언어로 표현된다. 특별히 잠언, 전도서는 종종 남성들의 관심사에 맞는 방식으로 아버지가 아들에게 교훈하는 담화이다.

현대 독자들, 특히 여성 독자들은 이것을 무엇이라고 생각할까?

우선 우리는 지혜서가 구약성경의 나머지와 다르지 않다는 것을 인식해야 한다. 내 의견으로는 지혜와 관련된 책들이 특별한 방식으로 가부장제도에 대하여 의문을 일으키지만, 그런 문제들이 분명한 한에서는 구약성경의 나머지 부분도 남성 독자들을 향한 남성 저자의 글들이다. 우리가 아는 것으로부터 그리고 구약성경의 많은 부분이 익명이라는 사실로부터 보아도 여성 저자나 여성 편집자가 없으며, 특별히 여성 독자를 향하여 쓰인 책들이 없다.[13]

이에 대한 반응으로 성경의 거룩한 상태를 단언하는 우리들을 위해 우리

---

11 Brenner, "Women Poets and Authors," 88.
12 Exum, *Song of Songs*, 25.
13 아가가 여성 시인에 의해 기록되었다고 믿는 사람들과 같이 이따금씩 여성 저작권에 대하여 선호하는 주장들이 있다(Brenner, "Women Poets and Authors,"88). LaCocque(*Romance, She Wrote*, xi)은 "아가의 저자는 모든 청교도를 '바보 취급' 하려는 여성 시인"이라고 믿는다. 노래를 부르던 여인들에 대한 광범위한 성경적인 전통이 있다; Bekkenkamp and van Dijk, "Canon of the Old Testament," 79를 보라.

는 성경이 우리를 '위하여' 기록되었지 그것을 우리 '에게' 기록된 것은 아니었다는 것을 깨달아야 한다는 것을 언급함으로 시작한다. 현대 독자들은 암시된 독자가 아니다. 그러므로 우리는 성경의 모든 책을 그것이 본래의 청중에게 기록된 것으로 우선 읽어야 한다.

우리는 원래의 청중이 아니다. 그리고 우리는 어떻게 우리가 연구하는 텍스트의 메시지가 오늘 우리와 관련이 있는지를 물어야 한다. 예를 들어 사무엘서-열왕기에서 제시된 역사는 왜 예루살렘이 정복되고 포로의 고난을 받아야 하는지에 대한 이유를 발견하는 데 관심을 갖고 있던 바벨론 포로로 살아가는 독자들을 위하여 기록되었다.

신약성경의 서신서들은 시간에 구애받지 않는 기록들이 아니라 그들의 첫 번째 독자들의 관심에 초점을 둔 기록들이다. 그러므로 모든 성경의 책들과 함께 우리는 원청중에게 향했던 메시지를 취하고 그것을 오늘 우리에게 적용하는 과정에 종사하는 것이다.

정말로 우리는 잠언의 서문에서 잠언의 청중을 확장하는 데 대한 관심을 이미 볼 수 있다. 잠언이, 특별히 잠언 1:8-9:18이 그의 성숙하지 못한 아들을 지혜롭게 하려는 관심에서 그의 아들에게 주는 아버지의 교훈을 포함하지만, 잠언은 또한 지혜로운 사람을 더 지혜롭게 하기 위하여 기록되었다.

> 어리석은 자를 슬기롭게 하며
> 젊은 자에게 지식과 근신함을 주기 위한 것이니
> 지혜 있는 자는 듣고 학식이 더할 것이요
> 명철한 자는 지략을 얻을 것이라(잠 1:4-5).

물론 잠언의 서문이 잠언의 마지막 형태의 청중을 확장하지만, 서문을 덧붙인 편집자도 그 확장에 여성 청중들을 포함하려 했다고 생각할 이유는 없다.

이 질문에 대하여 내가 생각할 때 나는 윌리엄 웹(William Webb)의 저작의 도움을 크게 받아왔다. 그는 "구속사적 발전 해석학"(redemptive-movement hermeneutic)이라고 부르는 것을 기술한다.[14]

나는 그가 전부는 아니어도 몇몇 주제들에 대하여 성경의 사상을 올바르게 잡아냈다고 생각한다. 즉 성경은 정적인 "이상적"(utopian) 윤리를 제시하지 않고 자신들의 문화적인 순간에 있는 사람들을 취하여, 내가 "에덴적인 이상"이라고 부르는 곳으로 그들을 옮긴다는 것이다.

결국 이혼에 대한 예수님의 설명을 숙고해 보라(마 19:1-12). 예수님이 그의 제자들에게 이혼은 오직 성적인 배신이 있을 경우에만 허용 가능하다고 말할 때 이들은 즉시 모세의 율법(신 24:1-4)이 이혼에 대하여 적어도 남자를 위하여 훨씬 더 열려 있었다고 생각했다. 우리의 목적을 위하여 우리는 모세의 조항뿐만 아니라 모세의 진술을 예수님이 정당화했다는 것을 특별히 주목해야 한다.

> 예수께서 이르시되 모세가 너희 마음의 완악함 때문에 아내 버림을 허락하였거니와 본래는 그렇지 아니하니라 내가 너희에게 말하노니 누구든지 음행한 이유 외에 아내를 버리고 다른 데 장가 드는 자는 간음함이니라(마 19:8-9).

모세의 율법은 에덴동산적인 이상을 증진하지 않았다. 그러나 이제 예수님은 그의 제자들을 "그 시작"의 윤리에 더 가깝게 향하도록 밀어붙인다. 웹(Webb)의 이해[15]는 다음과 같은 기본적인 관찰에 자극받았다.

① 구약 율법은 하나님의 궁극적인 윤리를 법률로 제정하지 않고 하나님의 백성을 그들이 있는 곳에서 취하여 에덴적인 이상을 향하도록 한다.

---

14 Webb, *Slaves, Women and Homosexuals*, 52.
15 Webb이 이 주제에 대하여 나의 생각을 자극했지만, 이어지는 진술은 내 생각을 표현하며 모든 자세한 사항에 있어서 Webb의 접근을 반드시 반영하지는 않는다.

② 이상적은 아니어도 구약 율법은 넓은 고대 근동의 규범들을 배경으로 판단하면 이상에 더 가깝다.
③ 신약성경은 이상에 더 가깝게 이동하지만 그때에도 궁극적인 목표를 향하여 충분히 움직이지는 않는다.
④ 에덴적인 윤리의 덜 완전한 이행에도 불구하고 신약성경은 종종 이상을 향하여 나아가는 좀 더 충분한 발전으로 이끌 신학적인 원리들을 표현한다.

여성에 관한 주제로 관심을 돌리기 전에 우리는 구속사적-윤리적 궤도를 보여주기 위하여 노예제도에 대한 성경의 가르침을 간단히 생각할 것이다. 에덴 이야기를 읽을 때 우리는 노예제도를 상상도 할 수 없을 것이다 (창 1-2장의 남성과 여성의 평등에 대하여 아래를 보라). 구약 율법은 노예제도를 폐지하지 않고 차라리 노예에 관한 다른 고대 근동의 법들과 대조적인 방식으로 학대를 최소화함으로써 노예제도를 규정한다.

신약성경으로 눈을 돌리면 우리는 노예제도가 그리스도가 오실 때까지 지속한다고 이해하는 데 처음에 충격을 받는다. 바울은 노예제도 폐지를 옹호하지 않는다. 정말로 빌레몬서에서 바울은 도망친 노예 오네시모에게 그의 주인 빌레몬에게 돌아갈 것을 교훈한다. 정말로 서신서들은 그리스도인 노예들에게 그들의 주인들에게 순종할 것을 교훈한다.

그러나 바울의 오네시모를 "종과 같이 대하지 아니하고 종 이상으로 곧 사랑받는 형제로"(16절) 대하라는 빌레몬에 대한 권고와 다른 곳에서의 권고에서(아래 갈 3:18에 대한 부분을 보라) 우리는 노예제도 폐지에 대한 신학적인 씨를 갖게 되며 에덴적인 이상으로 훨씬 더 가까이 이동하게 된다.

그러나 여성에 대한 성경의 가르침 특히 지혜서에서 드러난 우리가 본 구약성경의 가부장제도에 대하여는 어떠한가?

이 주제에 대하여 우리는 에덴적인 이상으로 시작할 것이다. 창세기 1-2장은 모든 의미에서 남녀평등의 그림을 제시한다. 하나님은 남성과 여성을 하나님의 형상으로 창조했고 그들 둘에게 그의 이름으로 땅을 다스리는 임무를 부여했다(창 1:27-28).

두 번째 창조 기사에서 주어진 그림 이미지에서(창 2:4b-25) 하나님은 분명히 그들의 평등을 가리키는 남자의 갈빗대로 여자를 창조했다. 여자는 마치 그녀가 아담보다 우위인 것처럼 아담의 머리로부터 창조되지 않으며 그녀가 열등한 것처럼 아담의 발로 만들어지지 않는다. 그녀는 상호성과 동등성을 보여주는 갈빗대로 만들어진다. 그녀가 남자의 "돕는 자"(창 2:18)라는 언급을 포함하여 그 무엇도 하와의 종속성을 가리키지 않는다.

히브리어 단어(에제르['ezer])는 열등한 상태를 암시하지 않는다. 왜냐하면, 이 단어는 하나님과 이스라엘과의 관계를 묘사하는 데 사용되는 단어이기 때문이다(시 33:20; 89:18-19; 또한, 신 33:39을 보라). 정말로 이 단어는 에덴동산을 지키는 그들의 연합된 임무를 가리키는 "동맹"으로 번역되어야 좋을 것이다.

창세기 3장에 이야기된 것처럼 타락은 남성과 여성의 관계를 포함하여 하나님의 선한 창조에 대한 많은 부정적인 파급효과를 가져왔다. 이 붕괴는 여인에 대하여 하나님으로부터 주어진 형벌에 의해 가장 잘 표현된다.

> 또 여자에게 이르시되 … 너는 남편을 원하고 남편은 너를 다스릴 것이니라 (창 3:16).

많은 다른 학자에 동의하는바 내 견해는 여자의 "원함"은 애정 어린 원함이 아니라 다스리기 원하는 원함이라는 것이다.[16] 이 다스리기 원함은 다스리기를 원하는 남성의 의도와 맞닥뜨려진다. 이 원함의 구체적인 의미에 대한 견해가 무엇이든 간에 창세기 3장의 메시지는 인간관계의 영역 안으로 새로운 권력 다툼이 들어왔다는 것이다. 우리가 구약성경에서 보는 가

---

16 Foh, "What Is the Woman's Desire?"

부장제도의 뿌리는 창세기 1-2장이 아니라 창세기 3장에 놓여 있다고 나는 주장하곤 한다.[17]

구약 율법은 남성과 여성 사이의 관계에 대한 하나님의 최종적인 말씀을 규정하지 않는다. 그보다는 일어날지 모르는 가장 엄청난 학대를 억제한다. 그렇게 함으로써 구약 율법은 주변 문화의 윤리로부터 거리를 둔다. 웹(Webb)은 구약성경과 주변의 고대 근동 문화와 비교함에 따라 성경이 여종들과 첩들의 권리와 육체적인 형벌로부터 아내들을 보호하는 것과 어떤 환경에서 여성의 상속할 권리와 이혼할 권리 등을 더 많이 인정한다는 것을 주목한다. 우리는 구체적인 예를 하나 들 것이다. 모세의 율법은 일부다처제를 허락하지만, 그런데도 그것을 규정함으로써 그렇지 않으면 흔하게 있을지도 모를 압제의 종류로부터 다수의 아내를 보호한다(출 21:7-11).

신약성경으로 관심을 돌리면 남성과 여성 사이의 에덴적인 관계의 회복은 훨씬 더 가깝게 이동하지만 아직 거기에 이르지는 않는다. 예를 들어 일부다처제를 보라. 일부다처제는 옹호되지 않는다. 장로와 집사는 한 아내(유일한 하나의 아내; 딤전 3:2, 12을 보라)의 남편이어야 한다는 요구는 최소한도 교회의 장로는 에덴의 이상적인 일부일처를 반영해야 한다는 것을 가리킨다.

그러나 심지어 그렇더라도 우리는 아직 거기에는 도달하지 않았다. 신약성경에서 중추적인 구절들은 신약 기간을 넘어서 더 발전하고 발전할 수 있는 원리들을 표현한다. 갈라디아서 3:28이 중요한 원리가 될 수 있다.

> 너희는 유대인이나 헬라인이나 종이나 자유인이나 남자나 여자나 다 그리스도 예수 안에서 하나이니라(갈 3:28).[18]

17　창 1-3장에 대한 보다 충분한 논의는 Longman, *Genesis*에서 발견될 것이다.
18　Webb(*Slaves, Women and Homosexuals*)은 "그리스도 안에 텍스트"는 비록 구체적으로 남성과 여성을 언급하고 있지 않지만, 갈 3:28의 빛 아래서 읽으면 관련이 있다고 주장한다. 그는 고전 12:13; 엡 2:15; 4:22-24; 골 3:11을 인용한다.

4. 구약성경 지혜서를 읽기 위한 암시들

그렇다면 구속사적-윤리적 궤적은 우리가 지혜를 말하는 책들을 읽는 데 어떻게 영향을 주는가?

이 이슈는 정말로 잠언, 전도서 두 책에 초점을 맞춘다. 두 책은 아버지들이 그들의 아들들에게 교훈하는 고대 근동의 관습을 채용한다. 그러므로 우리는 특별히 이 두 책을 읽는 데 있어서 구속사적-윤리적 궤적의 영향을 예로 들 것이다. 왜냐하면, 여성 독자들이 특별히 이 책들을 읽는 데 곤란을 겪기 때문이다. 결국 이 책들은 이 책들의 권위적인 화자(아버지)의 가르침을 받아들이게 하려고 실제 독자(우리)를 암시된 독자(아들)와 동일시하려고 한다.

여성 독자는[19] 무엇을 해야 할까?

위로부터 두드러진 점들을 요약하면, 하나님의 에덴적인 이상은 성 평등이었지만 인간의 죄가 가부장제도를 가져왔으며 성별(gender) 간의 힘의 불균형을 가져왔다는 것이다. 구약 기간 동안 하나님은 당신의 이상을 법으로 규정하지 않고, 오히려 주변의 문화로부터 이스라엘을 구별하심으로써 그의 백성이 그것을 향하도록 밀어붙였다. 그럼에도 잠언, 전도서는 이 구속-역사적 시기의 가부장제도를 반영한다.

그러나 주후 21세기 독자들은 그들과 다른 구속사적 시간에 산다. 우리는 우리를 에덴적인 이상에 더 가깝게 움직이게 하는 그리스도의 오심의 결과 속에 산다. 다시 말해 우리는 남성도 여성도 존재하지 않는 갈라디아서 3:28에 표현된 이상을 향하여 더 가깝게 이동하고 일한다. 우리는 그래서 전도서와 잠언을 읽는다.

어떤 의미에서 이 문제는 그것의 목적이 지혜를 부여하는 것이라는 잠언에서 가장 절박하다. 왜냐하면, 전도서 안에서는 아버지의 교훈을 받는 수

---

19 혹은 이 문제에 대하여 더 나이가 든 남성 독자.

신자의 성(gender)은 어떤 심각한 방식으로도 가르침의 내용에 영향을 주지 않기 때문이다.

결국 우리는 코헬렛의 생각을 평가하기 위하여(제2장을 보라) 아버지가 아들에게 말하는 책의 모양에 대하여 여기서 말하고 있다. 아들은 실제 독자가 동일시해야 하는 정말로 암시된 독자이다. 그러나 여기 21세기 독법은 코헬렛의 생각을 여성 독자가 자신과 동일시하는 딸에게 평가해 주는 어머니를 쉽게 상상할 수 있다.

그렇더라도 코헬렛 자신은 여성혐오적인 언급과 충고를 한다(전 7:27-29을 보라). 그러나 우리는 전도서에서 코헬렛의 말의 위치는 욥기에서 세 친구들의 말과 동일하다고 보았다(제2장). 코헬렛과 욥의 세 친구들은 둘 다 정경적인 책에 의해 긍정되지 않고 심하게 비판받는 관점을 제시한다.

그러나 아버지가 아들에게 주는 교훈의 수사 어구만이 아니라 그 교훈의 내용도 종종 남성 중심적인 잠언의 경우는 어떠한가?

우리는 서문이 이미 성숙하지 못한 남성을 넘어서 지혜로운 사람들까지로 그 청중을 확장한다는 것을 보았다(잠 1:5). 그러나 구속사적-윤리적 궤적은 여성 독자들로 잠언의 가르침을 받도록 격려하며 그 가르침을 자신들의 상황 안으로 구체화하도록 격려한다.

여성 독자들은 이런 독법을 위한 합당한 변형을 해야 한다(*mutatis mutandis*). 다시 말해 가르침을 자신들에게 적용하기 전에 필요한 변경을 가하는 것이다.[20] 그리하여 여성 독자들은 위에 인용한 것과 같은 권고들을 읽어야 한다.

내 아들아 네 아비의 훈계를 들으며(잠 1:8a).

---

20 나는 *mutatis mutandis*라는 어구 규칙을 사용할 것을 제안한 Covenant Theological Seminary의 대학원생 Amy Felt에게 감사한다.

그리고 이것들을 다음과 같이 읽어라.

내 딸들아 네 어미의 훈계를 들으며.

정말로 이 이슈를 인식하는 것은 오늘날 이런 식으로 필요한 변경을 하여 잠언을 읽는 것을 좀 더 자연스럽게 일어나도록 허락하는 잠언의 성 중립(gender-neutral)적인 번역을 부추긴다. 예를 들어 NLT(NRSV, NJB를 또한 보라)는 잠언 1:8a을 다음과 같은 방식으로 번역한다.

내 아이야, 들으라 … (my child, listen…).

NLT는 기능적 등가 번역[21]이다. 기능적 등가 번역(functional equivalent translation)은 현대의 제 나라 말의 등가로 고대 텍스트의 의도된 의미가 일어나도록 의도하여 영어 번역이 고대 독자에게 의미했던 똑같은 생각을 현대 독자와 의사소통하려고 하는 번역이다.

그러나 잠언의 구속사적-윤리적 독법은 번역이 쉽게 만들어 낼 수 있는 것을 넘어간다.[22] 그럴지라도 여성들이 잠언 21:9("다투는 여인과 함께 큰 집에서 사는 것보다 움막에서 사는 것이 나으니라")과 같은 구절을 읽으면, 그녀는 자연스럽게 단지 "여인"을 "남자"로 대체해야만 한다.

같은 방식으로 아들이 지혜의 길을 계속 가기 위하여 문란한 여인들을 피해야 한다는 아버지의 다소 광범위한 가르침에 대하여(위의 잠 5:1-6을 보라) 여성 독자는 여자를 꼬드겨서 잠자리를 가지려고 하는 남자를 피하라는 충고로 받아들여야 한다.

잠언에서 여성 지혜(Woman Wisdom)의 인물에 이르면 이 문제는 훨씬 더

---

21 See Longman, "Accuracy and Readability."
22 비록 이것이 여성 독자들을 위하여 명확히 무엇을 의미하는지에 대한 잠언의 번역들을 요청하고 허락한다고 할지라도.

복잡해진다. 결국 우리가 일찍이 관찰했듯이 이 강하고 힘세고 단호한 여인으로 하나님을 묘사하는 것은 오늘날 많은 여성에게 올바르게 호소한다. 다른 한편 잠언의 저자는 남성의 욕망에 호소하는 방식으로 이 인물을 사용한다. 아버지는 아들에게 이 여성과 친밀하고 심지어 성애적인 관계 속으로 들어가도록 강력히 주장한다(잠 4:8-9; 9:1-6을 보라). 이런 예들에서 아마도 여성 독자는 남성 지혜(Male Wisdom)로부터 오는 친밀성에 호소하는 것을 상상하게 될 것이다. 이 선택은 그녀의 것이다.[23]

잠언을 마치는 "현숙한 여인"(잠 31:20-31)에 대한 가르침에 대하여는 여성들은 혼합된 반응을 보인다.[24] 한편으로 여성 지혜와 같이 현숙한 여인은 공개적으로 그녀를 칭찬하게 만드는 방식으로 그녀의 가족과 공동체에게 크게 이익을 가져오는 강력한 여인을 그린다. 다른 한편으로는 이것은 최소한 암묵적으로 여성에게 엄청난 기대를 부과하며 그녀의 남편에게 유익을 가져오는 듯한 방식으로 공적인 영역에서 공공기관의 자리를 차지하는 그런 여성을 기대하게 만든다.

그의 재능이 여성에게 유익을 주는 "현숙한 여인"과 비교할 만한 "현숙한 남자"에 대한 묘사는 존재하지 않는다. 이 가부장적인 책에서 이것이 인정되면 21세기 여성 독자는 이 구절을 필요에 따라 변경하여 읽어야 한다. 이 경우에는 시편 112편이 도움을 준다. 왜냐하면, 이 시편은 잠언 31장에 나오는 현숙한 여인과 비교할 만하게 행하는 남성[25]에 대한 복을 선언하기 때문이다.

---

23 이 시점에서 나는 어떤 의미에서 잠언의 구속사적-윤리적 독법이 원리에서 있어서 구약 시대에 동안 그것이 사용되었을 것 같은 방식과 다르다고 생각지 않는다고 말해야 하겠다. 분명히 부모들은 그들의 딸들이 지혜롭게 되기를 원했을 것이고 지혜와 의와 경건을 가지고 살기를 원했을 것이다. 정말로 우리는 역사서가 지혜로운 여인들에 관하여 이야기하는 것을 보아 왔다(제12장을 보라). 부모들은 잠언의 가르침의 내용을 취하여 그것을 그들의 딸들에게 가르쳤을 것이다.
24 이것은 내가 지난 40년간 잠언을 가르친 경험에 근거한다.
25 이 경우 성 중립(gender-neutral) 번역들에 의해 모호해진다.

이 논의의 결론은 잠언의 가르침을 포함하여 지혜는 전체 하나님의 백성을 위하여 의도되었다는 것이다. 미숙한 사람, 지혜로운 사람, 남성, 여성, 젊은이, 나이 든 사람 모두 지혜에 대한 가르침으로부터 배울 수 있고 삶의 기술과 윤리적 선택과 경건에서 자라갈 수 있다.

5. 추가적인 논의: 여신 숭배

이 장에서 우리는 성과 지혜와 관련된 이슈들을 탐구했다. 우리는 구약의 지혜서가 현대 21세기 서구의 생각과 비교할 때 그것의 가르침을 가부장적인 형식으로 표현한다는 것을 알게 되었다. 우리는 웹(Webb)의 구속사적 발전 윤리(redemptive-movement ethic)에 대한 우리의 이해를 발전시켰다. 왜냐하면, 그것이 이 문학을 오늘 우리가 어떻게 읽는지 영향을 주기 때문이다.

우리의 의견으로는 구약성경의 가부장적인 구조를 부인하는 것은 도움이 안 된다. 또한, 이 구조들이 우리의 것이 되어야 한다고 주장하는 것도 도움이 되지 않는다. 성경에 대한 정경론적인 독법은 다음과 같이 읽을 것을 암시한다.

첫째, 에덴을 가리켜서 하나님의 창조 목적이, 특별히 둘 다 하나님의 형상으로 만들어진 남성과 여성의 평등에 대한 하나님의 열망을 보도록 한다. 하나님이 땅을 잡초로 심판하셨다는 것에 굴복하지 않는 것처럼 우리는 여성에게 주어진 저주의 심판에 굴복하지 않는다. 우리는 에덴적인 이상을 회복하려고 노력한다. 우리는 잡초를 뽑고 우리는 성평등(gender equality)을 향하여 노력한다.

둘째, 성경은 구속의 메시지에 관하여 우리를 격려한다. 바울의 말로 하면 다음과 같다.

피조물이 고대하는 바는 하나님의 아들들이 나타나는 것이니 피조물이 허무한 데 굴복하는 것은 자기 뜻이 아니요 오직 굴복하게 하시는 이로 말미암음이라 그 바라는 것은 피조물도 썩어짐의 종노릇 한 데서 해방되어 하나님의 자녀들의 영광 자유에 이르는 것이니라(롬 8:19-21).

불행히도 모든 사람이 구속사적-윤리적 궤적(redemptive-ethical trajectory, 이혼과 그 밖의 많은 것에 대한 예수님의 말에 의해 신호된 것처럼)을 인식하는 것은 아니다. 그래서 사람들은 가부장제도를 오늘날과 관련된 것으로 남아있는 성경적인 규범으로 고정한다. 이 때문에 나는 한 예로서 성경이 학대의 도구라고 느끼는 많은 그리스도인 여성들의 좌절감을 이해할 수 있다. 성경이 남성이 여성을 지배하는 명목으로 사용되기 때문이다.

그러나 공감은 하지만 나는 몇몇 그리스도인 여성해방론자들에 의해 취해지는 방향에는 동의할 수 없다. 특별히 나는 '소피아 운동'(Sophia movement)이라고 불리는 것과 관련된 사람들에 동의할 수 없다. 나는 성경의 지혜에 관한 책에서 소피아 운동에 대하여 말하지 않을 수 없음을 느낀다. 왜냐하면, 이름이 암시하듯이 이 운동은 그것의 이데올로기를 성경의 지혜 전통에 기초하고 있기 때문이다.

나는 또한 이 운동에 대하여 말하는 것이 타당하고 느낀다. 왜냐하면, 나는 이 책을 『지혜의 축제』(*Wisdom's Feast* [1st ed. 1986, 2nd ed. 1996])의 2016년 재판 출간[26] 즈음에 집필하고 있기 때문이다. 이 책은 주류 교회 안에서 운동의 중심에 있으며 신학적인 이론과 소피아의 성례전적인 예식을 마련해 주고 있다.

---

26 Cole (née Cady), Ronan, and Taussig, *Wisdom's Feast*. 이 책의 최근의 재판 출간까지 나는 소피아 운동이 사라졌거나 1993년 미네아폴리스(Minneapolis)에서 개최된 '다시 상상하는 학회'(Reimagining Conference)에 이어서 일어난 비판의 결과로 급격히 관심 밖으로 사라졌다고 생각했다. 비록이 운동이 대중의 눈을 많이 끌지 못했지만 그때 이후로 이 재판된 책은 이 운동의 영향력을 다시 주장하려는 시도일 것이다.

소피아라는 이름은 히브리어 호크마(*hokmâ*) 혹은 "지혜"에 대한 그리스어 등가어이다. 그러나 언급했듯이 소피아 운동의 옹호자들은 그들의 반성을 지혜에 대해서 말하는 텍스트 특별히 여성 지혜(Woman Wisdom)의 인물 속에서 시작한다. 물론 이들은 여성 지혜에 매료되었다. 왜냐하면, 그녀는 "강력한 여성상의 모델을 찾는 사람들"[27]에게 설득력이 있기 때문이다. 그리고 그녀가 그런 모델을 제공한다는 데 의문이 없다. 이들은 여성 지혜는 "당당하고, 단호하며, 분노하고 위협하며 창조적이며 활기 넘치는 것"[28]으로 바르게 기술한다.

구약의 여성 지혜에 대한 이들의 연구에서 그들은 이 인물이 더 발전한 것에 대하여 증언하는 중간기의 외경들(apocryphal books, 제14장을 보라)을 포함한다. 우리 시대를 위하여 사용하는 여성 지혜에 대한 그들의 많은 묘사들이 이 책들로부터 특별히 이들이 여성 지혜의 신적인 상태를 탐구할 때 온다.

개신교도들(Protestants, 대부분의 소피아 신학의 옹호자들이 개신교도들이다)은 외경(Apocrypha)을 정경으로 인정하지 않기 때문에 이것을 포함하는 것은 최소한도 정당성을 제시해야 한다. 그러나 이들은 정당성을 제시하지 않는다.

그러나 외경을 포함하든 안 하든 세심한 주의를 필요로 하는 것은 이 구약 인물의 신적인 상태에 대한 그들의 두 가지 반성이다.

첫째, 이 논의는 분명치가 않다(아마 의도적으로 그런 것 같다).

둘째, 이 논의는 성경의 자료 자체에 의해 정당화되는 듯이 보이지 않는다.

내가 여성 지혜(소피아)의 신적인 상태에 대한 이들의 기술이 분명치 않아 보인다고 말할 때 내가 뜻하는 것은 이들이 소피아를 구별된 신으로 생

27　Ibid., xxiii.
28　Ibid., 41-42.

각하는가 아닌가 하는 것이 조금도 분명하지 않다는 것이다. 다음의 진술은 이들이 소피아가 여호와와 다른 신이라는 것을 믿는다는 것을 시사한다. 예를 들어 이들은 이 책의 1986년 판 서문에서 말한다.
"이 책은 성경에서 재발견된 이 놀라운 여신(goddess)과 함께 삶을 시작하려는 독자들을 향한 초대장이다."[29]
그리고 나서 이렇게 말한다.

> 소피아는 히브리어 전통의 성경에서 분명히 나타나는 여성 여신-인물(goddess-figure)이며 기독교 복음서와 서신서들에서는 덜 직접적으로 나타난다.[30]

다음 페이지에는 여호와와 소피아 사이에 차이가 있다는 훨씬 더 강력한 진술이 있다.

> 그녀(소피아)는 사람들에게 자신을 따를 것을 요구하며 그렇게 하는 자들에게 구원을 약속할 때 심지어 여호와의 권세와 경쟁하기 시작한다.[31]

흥미롭고 분명한 구절들에서 우리는 이스라엘의 현자들 자신들이 여신의 신적인 상태에 대한 주제에 대하여 조심스러웠다(그리고 의도적으로 분명하지 않았다)는 것을 배운다.

> 성경적인 소피아의 교리적인 상태는 분명하다. 그녀는 모든 의도들과 목적들에 있어서 창조하며 판단하며 다스리는 데 하나님처럼 신이다. 그러나 만일 소피아가 하나님인지 아닌지 현자들이 직접 질문을 받는다면 그들은 하나님의 유일성을 주장한 히브리 신학적인 그룹들에 속한 사람들과 갈등

29　Ibid., xxiii.
30　Ibid., 10
31　Ibid., 11.

을 피하기 위하여 그 질문을 지혜롭게 옆으로 비켜간 것이다. 이들은 "하나
            님의 능력의 숨" 혹은 "보좌의 배우자"와 같은 은유를 사용함으로써 명료
            한 대답을 피할 것이다. 이것은 결코 이 새로운 신적인 인물에 대한 그들의
            상상력 넘치는 소개를 손상시키지 않을 것이다. 이것은 오직 그들의 정치
            적인 교활함을 가리킬 뿐이다.[32]

   물론 고대 현자들의 정치적인 동기에 대한 이들의 상상력 넘치는 억측은
텍스트 자체에서 정당성을 갖지 못하는 순전한 허구이다. 정말로 그것은
소피아의 신적인 상태에 대하여, 특별히 그들 자신의 주류요 진보적인 교
단들로부터 받은 비판의 빛 아래서 의도적으로 모호하게 주장하는 "정치
적인 교활함"의 표현과 똑같아 보인다(아래를 더 보라).
   구분되는 신적인 인물로 잠언의 여성 지혜를 생각하는 것은 주석적인 근
거에서 터무니없는 것이다. 그리고 분명히 이 결론은 오직 한 분 여호와라
고 이름하는 하나님만 존재한다고 주장하는 정경적인 문맥 속에서 우리가
그렇게 해야만 하는 것으로 읽을 때 확증된다(제1장을 보라).
   그렇기는 하지만 그것이 남성이든 여성이든 하나님을 위한 메타포로서
그러한 강력한 여성 인물을 사용하는 것은 오늘날 교회 안에 남아 있는 가
부장주의에 대항하기 원하는 여성들에 의해 강조되어야 한다. 하나님은 그
의 남성 피조물에 특권을 주시지 않은 것처럼 그의 귀한 여성 피조물에도
특권을 주시지 않는다.
   그러나 신약성경은 오늘날 소피아 경배를 옹호하는 자들을 지지해
주는가?
   위의 인용에서 이들은 신약성경이 소피아의 존재에 대해서 침묵하고 있
다는 것을 인정한다. 결국 신약성경은 하나님과 인간 사이의 한 명의 남성
중보자, 즉 예수님에게 집중한다.

---

32 Ibid., 29.

어떻게 예수님이 소피아와 관련되는가?

비록 『지혜의 축제』 저자들은 소피아가 신약성경에서 중요한 역할을 하지 않는다는 것을 인정한다고 하면서도[33] 이것에 대한 두 가지 이유를 제시한다.

첫째, 영지주의자들(gnostics)이 "예수-소피아를 위한 특별한 연결을 발전시켰다."[34] 그리하여 신약의 저자들은 영지주의적인 사상을 지지하는 생각이 될까 두려워서 연결을 경시했다는 것이다.

둘째, 그들은 신약성경의 기록에서 음모론적인 움직임을 감지한다. 엥겔스만(Engelsman)[35]의 저작을 찬성하고 인용하면서 그들은 소피아를 남성 예수 안에 포함함으로써 가부장제도를 다시 주장하는 경향을 신약성경에서 본다. 예수님이 소피아의 특징과 인격을 납치했고(내 말이다) 여신 경배를 남신 경배로 바꾸었다는 것이다. 그러나 새날이 밝아왔고 소피아 숭배 옹호자들은 신약성경이 시작한 것을 완성하는 것을 목표로 하지만, 또한 의식적으로 억눌려 있다.

결국 "그리스도는 … 교회와 서구 문화안에서 진보와 초월과 지배를 고전적인 서구 영성의 핵심에 가깝게 둠으로서 제일의 영웅적인 상징으로 기능했지만"[36] 『지혜의 축제』에 따르면 이 여신 경배를 다시 주장해야 할 때라는 것이다. 그리하여 이 책은 여러 장을 할애하여 예수님께 초점을 두는 것이 아니라 소피아에게 초점을 두는 교회를 위한 새로운 예식을 제시함으로써 결론을 내린다.

---

33 정말로, 이들이 믿는 것보다 훨씬 더 적은 역할을 한다. 왜냐하면, 이들은 가장 자연스럽게 읽으면 의인화에 대한 어떤 실마리도 주지 않고 지혜의 개념을 언급하는 것으로 읽는 구절들에서 소피아를 감지하는 경향이 있기 때문이다. 이들이 고전 1장을 다루는 것을 보라(ibid., 33-34).
34 Ibid., 44.
35 Engelsman, *Feminine Dimension*, 119.
36 Cole, Ronan, and Taussig, *Wisdom's Feast*, 7.

심지어 신학적으로 이 운동을 옹호하는 자들이 활동하는 신학적으로 자유로운 전통을 가진 주류 안에서도 소피아 운동에 대하여 많은 비판이 있었다.[37] 성경을 하나님의 말씀으로 존중하는 우리에게는 그들이 자신들의 신학에 무게를 부여하는 그런 무게를 성경 자체는 부여하지 않는다는 것을 성경을 깊이 읽지 않아도 명백하다.[38] 이것은 여신을 묘사하는 임무를 성경이 마치지 않는다고 믿는 것 이상이다.

구약성경에서 여성 지혜는 하나님의 지혜에 대한 은유와 하나님 자신을 대표한다(제1장). 그러나 이 사실로 시작해도 이것이 소피아 인물을 숭배하도록 이끄는 궤적이 구약성경에 존재한다는 암시는 어디에도 없다.

---

[37] 지혜 축제의 가장 최근 판에서 저자들이 비판을 인정하지만, 그것에 대하여 의미 있게 반응하지 않는다고 말하는 것을 알았다. 그보다 이들은 분노와 공격을 표현하며 자신들을 비판하는 사람들을 보수적으로 생각하는 사람들이라고 고소한다.

[38] Jobes, "Sophia Christology"에서 제시된 설득력 있는 비판을 보라.

BAKER
COMMENTARY ON THE OLD TESTAMENT
WISDOM AND PSALMS

The Fear of the Lord Is Wisdom

제5부
구약 이후 이스라엘의 지혜

제14장 신구약 중간기의 지혜서
제15장 신약성경의 지혜

히브리인의 지혜서(구약 지혜 문헌-역주)에 대한 우리의 조사는 이제 끝났다. 우리는 우리의 관심을 우리가 성경 이후의 지혜라고 부르는 것으로 돌린다. 우리는 다양한 구약성경의 책들이 언제 기록되었고 마지막 형태에 이르게 되었는지 모른다(그리고 그것은 많이 논쟁된다). 유대인 공동체가 타나크(Tanak)라고 부르고 그리스도인 공동체가 구약성경이라고 부르는 책들의 모음에 대하여도 형편은 같다.

그럴지라도, 안정된 형태에 이르기 전에도 이들 기록들은 이미 회복된 바벨론 포로 후기 유대인 공동체와 흩어진 유대인 공동체에 의해 읽히고 연구되었다. 그리하여 우리는 소위 외경(Apocrypha, 특히 시락[Sirach]과 솔로몬의 지혜서[Wisdom of Solomon] 그리고 또한 바룩[Baruch])과 에녹 1서(1 Enoch) 그리고 소량의 사해 두루마리들에 나타난 지혜를 연구함으로써 히브리인의 지혜 결과를 보는 것을 시작한다. 그리고 나서 우리는 우리의 관심을 신약성경으로 돌린다.

지혜에 대한 그리스도인의 신학은 신약성경 안으로 계속되어야 한다. 이것은 정말로 유대인 학자 존 레벤손(John Levenson)이 인식한 것과 같다.

> 그리스도인의 석의는 성경은 신약성경을 포함하는 문학적인 문맥 안에서 궁극적으로 읽혀져야 할 것을 요청한다. 성경을 그 자체로만 읽는 것은 햄릿(Hemlet)의 첫 세 막만을 읽되 마지막 두 막이 결코 기록되지 않은 것처럼 읽는 것과 같을 것이다.[1]

그런 연구는 단지 어떻게 구약 지혜 전통이 예수 그리스도의 오심을 가리키는지 탐구함으로써 시작한다. 이 땅에서의 사역 마지막에 예수님은 그의 제자들에게 그가 올 것이 틀림없이 지혜 문헌을 포함한 모든 성경에 의해 예언되었다고 말했다.

---

1 Levenson, *Hebrew Bible*, 9.

이르시되 미련하고 선지자들이 말한 모든 것을 마음에 더디 믿는 자들이여 그리스도가 이런 고난을 받고 자기의 영광에 들어가야 할 것이 아니냐 하시고 이에 모세와 모든 선지자의 글로 시작하여 모든 성경에 쓴 바 자기에 관한 것을 자세히 설명하시니라(눅 24:25-27).

또 이르시되 내가 너희와 함께 있을 때에 너희에게 말한 바 곧 모세의 율법과 선지자의 글과 시편에 나를 가리켜 기록된 모든 것이 이루어져야 하리라 한 말이 이것이라 하시고 이에 그들의 마음을 열어 성경을 깨닫게 하시고(눅 24:44-45).

사역 초기에 예수님은 성경을 탐욕스럽게 읽지만 그의 메시지를 거절한 사람들을 책망했다. 왜냐하면, 결국 "이 성경이 곧 내(예수님)게 대하여 증언하는 것"(요 5:39)이었기 때문이다. 그러므로 예수님은 히브리어 성경이 자신의 오심을 증거했던 방식으로 히브리어 성경의 연구를 보장한다. 말할 필요도 없이 예수님의 말은 성경의 메시지에 대한 거대한 왜곡으로 오해되고 잘못 적용될 수가 있다.

예를 들어 우리는 구약을 너무 성급하게 신약의 관점에서 읽을 수 있다. 그리고 우리는 차일즈(Childs)가 구약의 "구별된 소리" 혹은 "구별된 증인"이라고 부르는 것을 잃을 수 있다.[2]

우리는 우선 구약성경의 어떤 구절이든지 원저자의 관점으로부터 읽어야 한다. 왜냐하면, 원저자는 암시된 독자로도 알려진 최초의 의도된 청중에게 말하는 것이기 때문이다. 여기서 우리는 우리가 역사적-문법적 혹은 역사적-비평적 접근이라고 부르는 것의 유익을 본다.

---

2   Childs, *Biblical Theology*, 76.

그런데도 역사적-문법적 읽기에서 멈추는 것은 그리스도인의 관점으로부터 텍스트를 충분히 이해하는 데 미치지 못하게 만든다. 구약성경을 기독론적으로 읽는 것(Christological readings)은 교회의 가장 초기의 해석자들 사이에서 흔한 일이었다. 이들은 어거스틴(Augustine)의 정신 안에서 텍스트를 읽었다. 어거스틴은 "신약은 구약 안에 숨겨져 있고 구약은 신약 안에서 드러난다"는 유명한 주장을 했다.

만일 그리스도인이 텍스트의 구약적 의미를 모르고 구약을 읽는다면 구약이 어떻게 그리스도를 계시했는지에 대하여 모든 종류의 터무니없는 주장을 할 수 있고, 또 실제로 그런 주장들을 했다. 정말로 어떤 기독론적인 독법은 어떤 텍스트에 상징적인 의미를 부여하는 데 있어서 아주 자의적으로 보인다. 아가는 이에 대한 한 예로 인용될 수 있다. 텍스트의 세부 사항들에 기독론적인 의미들을 부여함으로써, 배타적인 풍유적 읽기를 지지하는 것으로 인하여 아가의 이러한 성애적인 사랑(erotic love) 시의 인간적인 면들이 간과되었다.[3]

이 문제를 인정한다면, 해결책은 신약을 구약에 넣어 읽는 것으로 구약의 기독론적 읽기를 거절하는 것이 아니라, 신약 자체가 구약을 전용하는 방식의 인도를 따라 절제하며 기독론적 읽기를 시행하는 것이다.

그러므로 이 장에서 우리는 신약 저자들 스스로가 예수님을 현자로 묘사하기 위하여 구약의 지혜 전통을 어떻게 사용했는지를 볼 것이다. 여기서 우리는 예수님이 하나님의 지혜의 전형일 뿐만 아니라 여성 지혜(Woman Wisdom) 자체와도 연결되어 있다는 것을 관찰할 것이다.

그러나 지혜 문헌의 이 기독론적인 사용조차 신약에서 지혜의 주제를 다

---

3 해석의 역사에 대하여 Longman, *Song of Songs*, 20-48을 보라. 정당하지 않은 기독론적인 의미로 텍스트의 세부 사항들을 사용하는 것에 대한 잘 알려진 예는 아 1:13에 대한 공통적인 고대 해석에서 볼 수 있다. 이 구절에서 여인은 남자를 그녀의 가슴 사이에 놓인 향기 주머니로 묘사하는데 이것은 구약과 신약 양쪽에 걸쳐 있는 예수님에 대한 언급으로 해석되어 왔다.

다루지는 않는다. 많은 신약 저자들은 아마도 특히 야고보는 그리스도인 독자들에게 이 세상의 어리석음에서 돌아서서 지혜를 붙잡도록 주장한다. 그러므로 예수님을 궁극적인 현자로 본 후에 우리는 구약과 신약에서 지혜의 의미 사이의 연속성과 불연속성을 탐구하기 위하여 우리의 관심을 15장에서 기독교인의 지혜 제시로 돌릴 것이다.

제14장

신구약 중간기의 지혜서

외경으로부터 사해 두루마리까지

신약에서 지혜의 개념의 궤적을 따르기 전에 우리는 이 장에서 소위 신구약 중간기(itertestamental period)에 지혜의 개념 발전을 조사하기 위하여 잠시 멈춘다. 로마 가톨릭교회에서 정경으로 간주하는 두 책, 즉 시락서(Sirach[Ecclesiasticus])와 솔로몬의 지혜서(Wisdom of Solomon)가 가장 눈에 띈다. 이들은 구약 제2 정경(Deuterocanomical, "부차적인 정경"이란 말이 아니라 두 번째 정경에 속하는 것)으로도 언급되는 그룹의 책들인 외경(Apocrypha)의 부분이다.

이 책의 저자와 같은 개신교 그리스도인들은 위의 책들을 정경적인 책으로 간주하지 않지만, 최소한 역사적으로 이 책들이 교훈적인 문학으로서 읽혀야 한다고 믿는다.[1] 우리는 지혜에 대하여 중요한 언급을 또한 담고 있는 소위 바룩서(Baruch)로 불리는 외경의 세 번째 책을 더 간단히 살필 것이다.

이들 외경적인 책들을 탐구한 후에 우리는 사해로부터 온 문헌 자료들 가운데 두루마리(scrolls)에서 지혜의 중요성을 숙고할 것이다. 이 자료에, 심지어 지금은 사라진 기록들 가운데 이 기간에 속하는 지혜서가 다 나타

---

1 "좀 더 좁은" 개신교 정경을 지지하는 증거를 훌륭하게 제시한 것에 대하여는 Beckwith, *Old Testament Canon*을 보라.

나는 것은 아니다. 그러나 이들 문헌은 두 성경 사이의 기간 동안 지혜의 본질을 제시하는 기능을 할 것이다.[2]

이 장에서 우리는 이들 신구약 중간기의 기록들 안의 지혜의 개념에 대하여 우리의 초점을 유지하려고 한다. 다른 종류의 충분한 연구보다는 우리의 이들 책들에 대한 관심은 주로 세 가지이다.

첫째, 이들로부터 우리는 지혜의 개념이 정경적인 책들로부터 어떻게 전용되었는지와 이 기간 동안 더 발전했는지 배울 수 있다.

둘째, 첫 번째와 관련하여 우리는 이 발전은 지혜와 관련된 정경적인 책들 안에 암시적인 주제들과 관심들을 분명히 한다고 믿는다.

셋째, 이 책들은 또한 다음 두 장의 초점이 될 지혜에 대한 신약의 가르침에 다리를 마련한다.

1. 시락서(Sirach)

우리가 분석할 첫 번째 책은 그룹에 따라 다른 이름으로 불린다. '벤 시라서'(Ben Sira) 혹은 더 긴 제목인 '조슈아 벤 시라의 지혜서'(Joshua ben Sira)는 이 책의 저자(조슈아 벤 시라)의 이름을 따라 이름 붙여졌고, '집회서'(Ecclesiasticus)는 벌게이트(Vulgate)역 안에서 사용된 라틴어 이름이다. 우리는 이 책을 그리스어 이름인 '시락서'(Sirach)로 부를 것이다. 이 이름은 70인역(Septuagint)에서 발견되는 이름이다.

---

[2] 나는 "신구약 중간기"(intertestamental)란 말을 느슨한 방식으로 사용하고 있다. 왜냐하면, 구약성경책들의 최종적인 편집이 아마도 이들 책들의 기록과 겹치기 때문이다. 그리고 '솔로몬의 지혜서'와 같은 다른 책들은 아마 초기의 신약성경책들이 기록될 시기에 기록되었을 것이다.

우리는 히브리어로 기록된 원본에 대한 그리스어 역본을 갖고 있다.[3] 이 책의 번역은 이 번역본의 서문을 쓴 이름이 알려지지 않은 저자의 손자에 의해 이루어졌다. 그는 자기 할아버지 조슈아(Joshua, 그리스어로 예수)의 목표를 이 역본에 언급한다.

> 교육과 지혜에 헌신한 배움을 사랑하는 사람들은 율법에 따라 생활함으로써 더 많은 것을 얻어야 한다(서문 13-14).

조슈아의 손자는 흥미롭게도 번역의 어려움에 대하여 반성한다.

> 원래 히브리어로 표현된 것은 다른 언어로 번역될 때 똑같은 힘을 갖지 않는다(서문 21-22).

그는 또한 표준적인 세 부분의 형태로 된 이전의 거룩한 기록들을 참조문으로 인용한다("율법, 선지서들, 이들에 이어지는 다른 기록들," 1-2절; "율법, 선지서들, 다른 조상들의 두루마리들," 8-10절; "율법, 선지서들, 나머지 두루마리들," 24-25절). 이 참조 인용들은 구약성경이 이 시기 혹은 이 시기 이전에 최종적인 형태가 되었든지 되어가고 있다는 것을 가리킨다. 그의 손자에 따르면 조슈아는 이 문헌들에 깊이 몰두해 있었다.

언제 번역이 이루어졌는지에 대한 가장 분명한 증거가 또한 서문에 나타난다. 조슈아의 손자는 그가 그의 번역을 애굽 도착한 후인 "에우에르게테

---

3 시락서의 히브리어판은 주전 400-1900년 사이에 상실되었다. 20세기에 사해 두루마리들(2Q18과 11QPsa) 가운데와, 카이로 게니자(Cairo Geniza)로부터와, 맛사다(Masada)에서 발견된 이 책의 히브리어 필사본들의 파편들이 존재했다. 이들은 이 책의 2/3를 커버한다. 이 책과 관련한 사본비평적인 이슈를 잘 요약한 것에 대하여는 Murphy, *Tree of Life*, 67-69를 보라. 이 장에서 시락서의 인용들은 CEB로부터 가져온다. CEB는 그리스어판에 대한 번역본이다. 학자들을 위한 판에 대하여는 Pietersma and Wright, *New English Translation of the Septuagint*, 715-65에 있는 Wright의 번역을 보라.

왕(King Euergetes) 통치 28년"(27절)에 시작했다고 써놓았다. 프톨레미 왕조(Ptolomaic) 기간에 에우에르게테("은혜를 베푸는 사람")라는 가명(家名, cognomen)을 가진 두 명의 왕이 있지만, 이들 두 사람 가운데 시락서와 타당하게 연관된 유일한 사람은 프톨레미 8세(Ptolomy VIII)이다. 그는 자기 통치를 주전 170년에 시작했다. 이것은 이 책의 번역자가 애굽에 도착한 해를 주전 132년으로 잡게 한다. 조슈아의 작품은 이 연대 이전의 두 세대가 될 것이다(주전 200년).

이 책은 지혜를 높이고 여성 지혜(Woman Wisdom)의 은유가 발전한 것과 실용적이고 윤리적인 충고를 한다는 점에서 잠언과 가장 많은 유사성을 가진다. 또한, 이 책에는 몇몇 시편 같은 기도가 들어 있다(23:1-6; 36:1-22).

2. 시락서에 따른 지혜

잠언처럼 시락서의 목적은 독자들에게 지혜를 부여하는 것이다.[4] 잠언과 같은 책들에서 그의 선임자들에 의해 성취된 이미 광범위한 작품이 완성되었으므로, 벤 시라는 지혜에 대한 과업에 있어서 자신을 신참으로 생각한다.

> 나는 포도를 따는 자들 후에 남은 것들을 모은 사람으로 밤을 새우는 마지막 사람이었다(시락서 33:16).[5]

---

[4] 그것은 또한 서서히 헬라화되어 가고 있는 문화의 상황 속에서 "유대의 지혜의 우월성을 보여주어 독자들로 그 전통을 지키도록 격려하려고" 의도되었다(Phua, "Sirach, Book of," 720).

[5] Snaith, "Ecclesiasticus," 170에서 인용되었다.

이 신구약 중간기 책에서 지혜의 개념에 대하여 우리가 조사하면 우리는 조슈아 벤 시라의 지혜에 대한 이해가 이전의 책에서 암식적인 주제를 명백히 밝히면서 잠언의 그것과 매우 유사하다는 것을 금방 보게 될 것이다.[6]

1) 여호와와 율법에 대한 경외

앞 장들에서 우리는 잠언의 지혜의 신학적인 성격이 먼저 잠언 1:7에서 "여호와를 경외하는 것이 지식의 근본"이라는 진술과 함께 분명하게 된다는 것을 주목했다. 여호와를 경외하는 것이 지혜의 근본이라는 생각은 잠언에서 종종 반복될 뿐만 아니라(잠 1:29; 2:5; 3:7; 8:13; 9:10; 10:27; 14:2, 26, 27; 15:16, 33; 16:6; 19:23; 22:4; 24:17; 24:21; 28:14; 29:25; 31:10), 욥기(28:28)와 전도서(특히 12:13-14을 보라) 그리고 그 밖에 다른 곳에서도 반복된다.

시락서에 따르면 "모든 지혜는 여호와에게서 온다. 그것은 그와 함께 영원히 산다"(시락서 1:1). 그러므로 사람이 지혜롭게 되기 위해서는 여호와를 경외해야 한다. 잠언처럼 시락서도 하나님과 그러한 관계의 필요성을 시락서를 통하여 널리 강조한다. 인용할 구절들이 너무나 많으므로 가장 처음 이 어구를 언급한 것을 제시함으로써 몇 개의 예를 들어보겠다.

> 여호와를 경외함이 사람의 영광이요 자랑이요 기쁨이요
> 기쁨의 왕관이다
> 여호와를 경외함이 마음을 기쁘게 할 것이고
> 그것은 기쁨과 즐거움과
> 장수를 줄 것이다
> 여호와를 경외하는 자에게는

---

[6] 몇몇 학자들은 이 주제들이 잠언에서 암시적이지 않고, 잠언에서 발견된 생각들의 확장이라고 믿는다.

일들이 결국은 잘 될 것이다
그들은 죽을 때
복될 것이다(시락서 1:11-13).

그의 독자들이 지혜에 대하여 합당한 태도를 채용하게 하려고 벤 시라는 잠언에서 사용된 사리사욕과 수사학적인 전략에 호소한다.

누군가가 왜 여호와를 경외해야 하는가?

왜냐하면, 여호와를 경외하는 자들은 장수할 것이고 행복한 삶을 살 것이고 심지어 그들이 죽을 때 복된 결말을 맞을 것이기 때문이다.

여호와 경외에 대한 우리의 앞의 연구에서 우리는 이 경외가 사람으로 도망하게 만드는 것이 아니라 순종으로 이끈다는 것을 주목했다. 똑같은 생각이 암시적인 주제에 분명히 초점을 맞추는 중요한 뜻밖의 전개와 함께 시락서에서도 발견된다. 여호와 경외가 잠언에 이르면 지혜와 율법과의 관계가 논쟁되는 반면에 시락서에서는 그 관계를 당연한 것으로 여긴다.

지혜로운 사람은 시락서 19:20이 아주 간명하게 말하는 것처럼 여호와를 경외하고 토라에 순종한다.

여호와를 경외하는 것이 지혜의 모든 것이요 모든 지혜는 율법을 행하는 것을 포함한다(시락서 19:2).

지혜와 여호와를 경외함과 율법을 연결하는 다른 관련된 구절들은 다음과 같다.

율법을 지키는 자는
그들의 생각의 주인이 된다
여호와를 경외함은
궁극적으로 지혜로 이끈다(시락서 21:11).

> 여호와를 경외하는 자는 누구든지
> 이것들을 행할 것이다
> 그리고 누구든지 율법을 굳게 잡는 사람은
> 지혜를 소유할 것이다(시락서 15:1).

물론 벤 시라가 지혜, 여호와 경외, 토라 순종의 관계를 분명히 한 첫 번째 사람은 아니다. 우리는 이것을 신명기에 관한 앞의 연구에서 주목했었다(제4장). 그러므로 우리가 잠언에서 이 관계를 보기를 주저할지라도—우리의 의견으로는 주저해서는 안 된다고 생각하는데—이 관계가 신구약 중간기 동안 발전한 것으로 보는 것은 잘못이다.

우리는 시락서에서 "율법"이 무엇을 의미하는지에 대하여 논쟁이 있다는 것을 주목해야 한다.

그것은 창조 안에 근거를 둔 보편적인 법(시락서 1:8-9에 의해 제안될지도 모르는)인가, 혹은 모세의 율법(시락서 1:26-27에 의해 제시될지도 모르는)인가?[7]

우리는 라이트(Wright)[8]와 슈나벨(Schnabel)[9]을 따라서 비록 라이트가 오늘날 최종 형태로 우리가 아는 모세오경인지 아닌지에 대하여 의문을 제기할지라도 그것은 모세의 율법을 가리킨다고 우리는 믿는다.

조슈아 벤 시라가 율법을 언급할지라도 구체적인 모세오경의 법을 인용하지 않는다는 것이 보편적으로 언급되어 왔다. 그러나 라이트(Wright)는 다음과 같이 지적한다.

> 우리는 부모를 공경하라는 현자의 교훈(시락서 3:1-6)과 가난한 자와 무시당하는 자(시락서 4:1-10)와 이웃 혹은 친구를 비난하는 것(시락서 9:13-17)에

---

[7] 이 질문에 대한 도움이 되는 논의는 Wright, "Torah and Sapiential Pedagogy," 160–65에서 발견될 수 있다.
[8] Ibid.
[9] Schnabel, *Law and Wisdom*.

대한 교훈에서 구체적인 법적인 텍스트에 대한 가능한 인유(allusion)를 만난다. 벤 시라는 간음을 어떻게 다룰 것인가를 논하는 한 구절에서 율법을 구체적으로 언급한다(23:16-26).[10]

다음 주제로 옮기기 전에 우리는 지혜와 언약 사이에 또한 분명한 연관이 있다는 것을 주목해야 한다. 우리는 비록 언약에 대한 주제가 분명하지 않을지라도 언약이 잠언을 제대로 이해하는 데 관련이 있다고 주장했었다. 예를 들어 우리는 다음의 예를 주목한다.

> 하나님이 그 앞에 지식을 두었다
> 그리고 그가 그들에게 삶을 위한 법전을 주었다
> 하나님은 그들과 영원한 언약을 세웠다
> 그리고 그는 그들에게 그의 법령을 보여주었다(시락서 17:1-2).

> 이 모든 것은 모세가 우리에게 명령한 율법이요
> 야곱의 회중의 유산이요
> 가장 높으신 분의 언약의 두루마리 안에 있다(시락서 24:23).

물론 시락서에서 언약의 더 큰 역할에 놀라서는 안 된다. 우리가 본 것처럼 성경적인 율법은 항상 언약의 문맥 속에서 삽입된다.

2) 여성 지혜

잠언에서 잠언의 신학적인 성격을 강조하는 또 다른 중요한 주제는 여성 지혜(Woman Wisdom)이다. 앞의 연구에서 우리는 여성 지혜(Woman Wisdom)

---

10 Wright, "Torah and Sapiential Pedagogy," 173.

는 하나님의 지혜의 의인화로 보통 인식되었다는 것을 주목했다.

그리고 우리는 계속해서 그 도시의 가장 높은 곳에 있는 그녀의 집의 위치는 여성 어리석음(Woman Folly)에 대항하여 하나님 자신을 나타낸다는 것을 의미했다고 주장했다. 여성 어리석음은 이스라엘로 자신을 따르게 유혹한 모든 거짓 신들과 여신들을 대표한다(제1장을 보라).

또한, 여성 지혜는 시락서에서 다시 한번 지혜의 신학적인 성격을 고양하면서 중요한 역할을 한다. 우리가 보게 될 것이지만 시락서가 그녀를 제시하는 방식은 오직 지혜와 하나님 경외와 율법 사이의 친밀한 관계를 확증할 뿐이다. 우리는 "누구든지 율법을 굳게 잡는 사람은 지혜를 소유할 것이다"라고 마치는, 위에서 인용한 시락서 15장에 있는 구절로 시작할 것이다. 이 구절은 다음과 같이 계속된다.

> 그녀는 어머니처럼 그들을 만나러 올 것이다
> 그리고 그녀는 젊은 신부와 같이 그들을 깨울 것이다
> 그녀는 이해의 빵을 그들에게 먹일 것이다
> 그녀는 그들에게 마실 지혜의 물을 줄 것이다(시락서 15:2-3).

여성 지혜에 대한 묘사가 이 구절에서 계속 이어지지만 우리는 여기서 멈출 것이다. 여기서 여성 지혜는 자녀/남편을 위하여 음식을 마련하는 어머니처럼, 젊은 신부처럼 지혜자들을 대표한다. 이 그림은 여성 지혜가 식사에 참석하기 위하여 선택한 사람들을 위한 호화로운 식사를 준비할 때 잠언 9:1-6을 생각나게 한다.

잠언 8:22-31에서처럼 여성 지혜는 하나님의 피조물들 가운데 첫 번째이다.

> 지혜는 모든 것 앞에 창조되었다. 올바른 이해는 영원만큼 오래되었다
> (시락서 1:4).

시락서에서 여성 지혜에 대한 가장 강력한 묘사일 것으로 보이는 것에서 우리는 어떻게 지혜가 창조와 연결되어 있으며 어떻게 지혜가 보편적이지만 또한 하나님의 선택된 백성 이스라엘에게 특별한가를 본다. 시락서 24장에서 그녀는 "백성들 가운데에서" 그리고 "가장 높은 분이 회중 안에서" 말하는 것으로 묘사된다.

> 나는 가장 높은 분의
> 입으로부터 왔다
> 그리고 나는 안개처럼 땅을 덮었다
> 나는 높은 곳에서 살았다
> 그리고 나의 보좌는 구름 기둥 안에 있었다
> 나는 홀로 하늘의 둥근 천장을 에워쌓다
> 그리고 심판의 깊은 곳에서 걸었다
> 바다의 파도 속에서 그리고 모든 땅에서
> 그리고 모든 민족들과 나라들 가운데서
> 나는 길을 인도했다
> 나는 이 모든 것 가운데서
> 쉴 곳을 찾았다
> 누구에게 할당된 영역에서
> 나는 내 집을 만들어야 하는가?
> 그때 모든 것의 창조자가
> 내게 명령을 내렸다;
> 나를 창조한 이가 나의 장막을 폈다
> 그리고 말했다 "야곱 안에 너의 거주지를 만들라
> 그리고 이스라엘로 너의 기업을 받도록 하라(시락서 24:3-8).

그러므로 다시 한번 잠언처럼 여성 지혜 인물은 이스라엘의 지혜의 신학적인 성격을 증언한다. 만일 우리가 이스라엘의 하나님과 경외로 특징지어지는 관계를 맺지 않는다면 그리고 하나님이 이스라엘과 맺으신 언약에 의해 제시되는 이스라엘의 율법에의 순종으로 이끄는 관계를 맺지 않는다면 우리는 지혜가 없는 것이다.

3) 지혜의 윤리적이고 실용적인 성격

앞의 연구에서 우리가 본 것처럼 지혜는 어떻게 합당한 방식으로 인생을 살아갈 것인가를 사람들에게 가르치는 실용적인 면이 있다. 그러나 잠언처럼 지혜는 성공적인 인생으로 안내하는 것 이상이다. 즉 지혜는 또한 미덕 있는 인생을 살도록 하는 안내자이다. 위에서 우리가 관찰한 지혜와 율법과 언약과의 연관성은 이미 이 점을 분명히 했다. 왜냐하면, 율법이 바로 모든 의미에서 사람들을 좋은 삶으로 인도하는 것으로 간주하였기 때문이다.

다시 한번 잠언처럼, 부모의 가르침, 특히 아버지의 가르침은 시락서의 훈계에서 중요한 위치를 차지한다.

> 아버지의 경고를 들으라 자녀들아
> 그리고 그것에 따라 행하라
> 그리하면 네가 안전할 것이다
> 여호와께서 그의 자녀들 위에
> 아버지의 긍지를 두신다
> 그리고 자손들의 판단력보다
> 어머니의 판단력을 높게 세우신다(시락서 3:1-2).

그러므로 우리는 시락서가 매일의 삶을 위한 많은 양의 안내(guidance)를 담고 있다는 것을 발견해도 놀라지 않는다.

기도할 때 소심하게 되지 말라
그리고 도움이 필요한 사람들을 돌보는 데 게으르지 말라(시락서 7:10).

이 금언은 또한 시락서가 기도와 희생과 거룩한 날들과, 잠언에서 부족하지는 않지만 자주 언급되지 않는 주제들에 관한 영역에서 조언을 준다는 사실을 보여준다. 잠언에서 우리가 발견하는 것과 유사하게 들리는 실용적이거나 윤리적인 조언들의 또 다른 예들은 다음과 같다.

뱀으로부터 네가 도망쳤던 것처럼
죄로부터 도망쳐라(시락서 21:2).

시기 적절하지 않은 말은
애곡하는 동안 잔치집에 풍악을 울리는 것과 같다(시락서 22:6).

많은 사람들이 돈을 빌려주기를 거절하는 것은
그들이 악해서가 아니라
그들이 쓸데없이 속는 것에 대하여
주의하기 때문이다(시락서 29:7).

만일 네가 가정 노예를 가지고 있으면
그를 네 자신처럼 대우하라
왜냐하면, 네가 그들을 피로 샀기 때문이다(시락서 33:31).

또한, 가정에 관하여, 특히 부인들과 자녀들에 관한 많은 가르침이 있다. 현대의 관점에서 시락서는 여자들의 품위를 떨어뜨리고 압제하는 것 같다고 종종 지적되어 왔다. 그러나 벤 시라는 경건하지 않은 여인들의 품위를 떨어뜨린다고 말하는 것이 좀 더 옳다(남성에 대하여도 같은 말을 할 수 있다). 우리는 이것을 다음 구절들에서 볼 수 있다.

> 교육받지 않은 아들은
> 아버지에게 불명예이며
> 딸이 태어나는 것은 채무가 생기는 것이며
> 총명한 딸은
> 자신의 남편을 얻을 것이다(시락서 22:3-4).

그러나 다음과 같은 진술로 시락은 정말로 여성차별주의자였다고 결국 결론 내려야만 한다.

> 죄는 여성과 함께 시작되었고
> 그녀 때문에 우리 모두는 죽는다
> 물 배출구를 허용하지 말라
> 그리고 악한 아내에게
> 말할 자유를 주지 말라
> 만일 그녀가 네가 말하는 대로 하지 않으면
> 그녀와 이혼하라(시락서 25:24-26).

그렇더라도 시락서는 "좋은 아내는 큰 축복이다. 여호와를 경외하는 자는 그녀를 그의 하나님이 주신 기업의 일부로 받아들일 것이다"(시락서 26:3)라는 것을 인정하면서 경건한 여인에게 또한 감사한다.

4) 지혜와 역사

우리는 비록 주되고 명백한 주제는 아니어도 지혜가 잠언, 전도서, 욥기에서 구속사와 어떤 연관을 갖고 있다고 이미 주장했다. 지혜가 본래 역사와 사이가 좋지 않다는 것은 시락서에서 논박된다. 시락서는 지혜를 구속사와 훨씬 더 자주 연결시킨다. 시락서 16:7-9이 하나의 예이다.

> 여호와는 자신들의 힘으로 반역한
> 고대의 거인들과
> 화해를 추구하지 않는다
> 여호와는 롯의 이웃들을 살려두지 않았다
> 여호와는 그들을 혐오했다
> 왜냐하면, 그들은 오만했기 때문이다
> 여호와는 심판받기로 되어 있는
> 민족들에게 자비를 보이지 않으셨다
> 그들의 죄 때문에
> 여호와는 물리쳐진 백성들에게 자비를 보이지 않으셨다(시락서 16:7-9).

이에 관하여 우리는 시락서의 결론에 특별한 주의를 기울여야 한다. 거기서 벤 시라(Ben Sira)는 "유명한 민족과 우리의 선조들"(시락서 44:1)을 찬양하며 "그들의 지혜"(시락서 44:15)를 말한다.

이 목록은 에녹(Enoch), 노아(Noah), 아브라함(Abraham), 이삭(Isaac), 야곱(Jacob), 모세(Moses), 아론(Aaron), 비느하스(Phinehas), 여호수아(Joshua), 갈렙(Caleb), 사사들(the judeges), 사무엘(Samuel), 나단(Nathan), 다윗(David), 솔로몬(Solomon), 엘리야(Elijah), 엘리사(Elisha), 히스기야(Heaekiah), 이사야(Isaiah), 에스겔(Ezekiel), 스룹바벨(Zerubbabel), 여호수아(Joshua), 느헤미야(Nehemiah), 성경 후기 제사장 오니아스의 아들 시몬(Simon the son of Onias)을 포함한다.

5) 결론

시락서는 잠언에서 발견되는 많은 주제를 이어가고 확장한다. 여기서 다시 한번 우리는 실용적(삶의 기술)이고 윤리적이며 신학적인 지혜의 개념을 만난다. 시락서의 실용적인 관심을 우리는 매일을 위한 충고, 특히 가족의 삶에 대한 것에서 볼 수 있다. 지혜의 윤리적인 성격은 잠언에서 암시적인 것 곧 지혜와 토라 사이의 연결에서 분명해진다. 지혜의 신학적인 성격은 하나님을 경외함의 개념과 여성 지혜의 인물을 소개하는 것 안에서 계속된다.

잠언에서처럼 지혜는 어떻게 하나님이 세상을 창조하셨는지와 연결되어 보편적인 특징을 가지며, 또한 하나님께서 특별한 방식으로 지혜를 주셨다는 점에서 특별한 특징을 갖는다. 이에 관하여 슈나벨(Schnabel)은 "우주적인 존재로서와 이스라엘의 구원-역사적(salvation-historical)인 소유로서의 이중적인 성격을 갖는 벤 시라(Ben Sira)의 지혜 개념"을 언급한다. 그리고 슈나벨은 계속해서 "지혜는 창조(creation)와 역사(history)의 두 영역을 연결한다"[11]라고 결론을 내린다.

다시 한번 이스라엘의 특별한 구속 역사(와 언약)에의 관련성은 시락서가 잠언에서 암시적인 특징이었던 것을 훨씬 더 분명하게 한 어떤 것이다.

3. 솔로몬의 지혜서

우리는 여기서 그리스어로 알려진 책을 가리킨다. 라틴 전통에 따른 제목은 '지혜서'(the Book of Wisdom)이다. 그리스어 제목이 암시하듯이 이 책은 솔로몬의 말처럼 자신을 소개한다. 이 책은 일인칭으로 "세상을 심판

---

11 Schnabel, *Law and Wisdom*, 28.

하는" 자들 곧 다른 통치자들에게 말한다(솔로몬의 지혜서[이하 '솔'-역주] 1:1).**12** 솔로몬의 주된 관심은 지혜를 따라서 살도록 통치자들을 설득하는 것이다. 결국 "세상에 지혜로운 사람들이 더 많을수록 세상은 더 많이 구원받을 것이다. 지각 있는 통치자는 그의 백성들에게 안정을 준다. 그러므로 내 말로 교훈을 받는 것이 당신에게 좋을 것이다"(솔 6:24-25). 통치자들은 솔로몬의 조언에 주의를 기울이는 것이 좋다.

만일 당신이 율법을 지키지 않거나 하나님의 계획을 따라서 행하지 않으면 그가 갑자기 그리고 아주 공포스럽게 당신에게 임할 것이다. 심판이 높은 곳에 있는 자들에게 심하게 내릴 것이다(솔 6:4-5).

그의 호소를 더하기 위하여 솔로몬은 지혜를 발견하는 자신의 이야기를 한다. 그는 지혜를 찾았다("젊어서 나는 그녀를 사랑했고 그녀를 찾았다. 나는 그녀를 나의 신부로 맞기 위하여 찾았다," 솔 8:2). 그리고 그는 자세히 하나님께 기도했으며 하나님은 그에게 지혜를 허락했다("내게 당신 곁에 좌정하고 있는 지혜를 주소서," 9장, 특히 4절). 하나님은 솔로몬이 "모든 사람과 같이 단지 사람"(솔 7:1)이었음에도 불구하고 솔로몬에게 지혜를 주었다.

솔로몬의 지혜서의 저자가 솔로몬의 음성으로 그의 생각을 제시하지만, 주전 10세기의 왕이 이 책을 쓰지도 않았고 이 책에 공헌하지도 않았다. 이 책은 70인역(Septuagint)을 알고 있다는 것을 보여준다. 이것은 이 책이 주전 2세기보다 더 오래될 수 없다는 것을 의미한다. 우리가 잡을 수 있는 이 책의 저작 연대는 늦어도 주후 50년이라고 대부분 느낀다. 이 책은 원래 아마 거의 확실하게 알렉산드리아(Alexandria)에 살았던 유대인[13]에 의해

---

12 이 장에서 '솔로몬의 지혜서'(Wisdom of Solomon)에 대한 모든 인용은 CEB로부터 온다. 학자들을 위한 번역본은 Wright's translation in Pietersma and Wright, *New English Translation of the Septuagint*, 697-714를 보라.

13 Schaper("*Nomos and Nomoi*," 293)는 "특별히 그리스도인 신학도의 지혜의 책에는 어떤

그리스어로 쓰였다. 구약의 메시지에 뿌리를 두고 있지만 "헬레니즘의 영향이 두드러진다."[14]

1) 여성 지혜

우리는 이미 잠언과 시락서에서 여성 지혜(Woman Wisdom)라는 중요한 인물을 보았다. 그녀는 솔로몬의 지혜서에서 중심적인 역할을 계속한다. 앞의 책에서처럼 최소한 그녀는 하나님의 지혜의 의인화이며 우리의 의견으로는 환유로 하나님 자신을 제시한다. 여성 지혜와 관계를 갖기 위해서는 하나님 자체와의 관계 속에 있어야 한다.

언급된 것처럼 솔로몬의 지혜서는 스스로 솔로몬 왕의 말들이라고 주장한다. 그리고 여성 지혜와 그의 관계를 증언한다. 잠언에서 아버지가 분명한 낭만적/성적 색조들을 갖는 용어로 그의 아들에게 지혜를 자신의 여동생으로 만들 것을 요청한다(잠 7:4; 아 4:10을 보라).

게다가 잠언 9:1-6은 남자들을 친밀한 관계로의 분명한 초청인 저녁 식사를 위하여 남자들로 하여금 자신의 집으로 오도록 초청하는 여성 지혜를 묘사한다. 솔로몬의 지혜서에서 솔로몬은 그가 "젊어서 나는 그녀를 사랑했고 그녀를 찾았다"(솔 8:2)고 주장할 때 이 낭만적/성적 은유를 분명히 한다.

솔로몬의 지혜서는 심지어 지혜를 구하는 솔로몬의 기도를 인용한다("당신 곁에 좌정해 있는 지혜를 내게 주소서," 솔 9:4). 그리고 그가 그녀를 찾기 때문에 그녀를 발견한다.

흔적도 없다"고 지적한다.
14 Murphy, *Tree of Life*, 85.

지혜는 밝고 사라지지 않는다. 그리고 그녀는 그녀를 사랑하는 자들에게 기꺼이 나타난다. 그녀는 그녀를 계속해서 찾는 자에 의해 찾아진다. 그녀는 심지어 전심으로 그녀를 열망하는 자들에게 미리 자신을 알려준다. 그녀를 찾기 위하여 동트기 전에 일어나는 사람은 그녀가 이미 문에 앉아 있는 것을 발견할 것이다(솔 6:12-14).

그는 이 관계를 열망한다. 왜냐하면, "그녀는 하나님의 비밀스러운 길들을 알고 하나님의 사역에서 동역자이기 때문이다"(솔 8:4). 이 말은 잠언을 다시 생각나게 한다. 잠언에서 그녀는 창조에서 맨 처음 태어난 자이고 하나님의 창조 사역을 지켜보았으며 아마도 창조 사역에 참여했기 때문에 그런 것이 암시된다(잠 8:22-31).

솔로몬은 그의 기도에서 하나님께 말한다.

당신은 당신과 함께 지혜를 가졌습니다. 그녀는 당신의 모든 사역을 압니다. 그녀는 당신이 세상을 창조할 때 당신과 함께 있었습니다(솔 9:9).

그러므로 여성 지혜와의 관계의 결과로 솔로몬이란 등장 인물은 담대히 "나는 모든 볼 수 있는 것이든 숨은 것이든 모든 것을 이제 안다"(솔 7:21)고 주장한다. 결국 그는 그런 깊고 광범위한 지식에 접근한다. 왜냐하면, 그는 모든 것을 아시는 한 분을 알기 때문이다.

솔로몬의 지혜서는 여성 지혜를 "인간에게 최선의 것만을 원하는" 영으로 묘사한다(솔 1:6). 지혜가 영이라는 것은 그녀가 "내가 나의 영을 너희에게 부어 주며 내 말을 너희에게 보이리라"(잠 1:23)고 그녀가 말한 잠언 구절을 생각나게 한다. 여기서 영은 비록 구약성경의 문맥에서 삼위일체의 세 번째 위격을 구체적으로 가리키지는 않지만, 하나님의 영을 가리킨다.[15]

---

15 Longman, "Spirit and Wisdom," 97-98.

지혜의 영은 "통찰력 있고 거룩하며 유일하고 다양하며 정제되고, 활동력 있고, 순수하고, 흠없고, 명료하며, 무해하며, 선한 것 안에서 기뻐하며, 예민하며, 멈출 수 없으며, 친절이 넘치며, 인간을 기쁘게 하며, 신실하며, 안정되며, 염려하지 않으며, 전능하며, 모든 것을 보는" 것으로 좀 더 묘사된다(솔 7:22-23). 여기서 우리는 히브리인의 지혜신학과 그리스 사상의 혼합을 보는 것 같다. 왜냐하면, 그녀가 "대체로 그리스 철학으로부터 빌려온 일련의 스물 한 개(7x3)의 이름으로"[16] 묘사되기 때문이다.

거룩한 영으로서 지혜는 악과는 어떤 관련도 없을 것이다(솔 1:4-6). 그러므로 오직 의로운 사람들만 지혜를 소유한다. 여성 지혜와의 관계는 잠언에서처럼 얻는 것이면서 선물이다. 그것은 연구와 순종으로 얻는다.

> 지혜의 진정한 시작은 전심으로 교훈을 열망하는 것이다. 교훈을 사랑하는 것은 그 자체가 조심스러운 반성을 표현한다. 만일 네가 지혜를 사랑하면 너는 지혜의 법을 지킬 것이다. 만일 네가 지혜의 법에 주의를 기울이면 너는 영원히 살 것이라는 것이 보증될 수 있다(솔 6:17-18).

그럴지라도 지혜는 또한 하나님의 선물이다. 이 이유로 솔로몬은 하나님께 말한다.

> 만일 당신이 그들에게 지혜를 주고 높은 곳으로부터 당신의 거룩한 영을 내려주지 않는다면 누가 당신의 계획을 알겠습니까?(솔 9:17).

솔로몬의 지혜서 6:17-18은 다른 구절들(솔 2:11-12; 6:3-5; 9:5; 167; 18:4, 9)과 함께 다시 한번 신구약 중간기 시대에 지혜와 율법 사이의 명백한 상호 연결을 보여준다. 그럴지라도 이 연결은 시락서에서 보았던 것처럼 널

---

16 Winston, *Wisdom of Solomon*, 178.

리 나타나지는 않는다. 이것은 아마도 지혜와 영 사이의 관계에 대한 새로운 강조 때문일 것이다(위를 보라).[17]

2) 지혜와 역사

정경적인 지혜 문헌은 종종 이스라엘의 역사에 무관심한 것으로 특징지어져 왔다. 잠언, 전도서, 욥기의 주된 주제가 구속사가 아니라는 것은 사실이지만 우리는 잠언, 전도서를 솔로몬에 연결함으로써 지혜 문헌이 이스라엘의 역사에 연결된다는 것을 주장했다.

지혜의 개념이 본질에서 역사와 상충하지 않는다는 것은 요셉과 다니엘의 이야기에서도 보일 수 있다. 우리는 이미 시락서에서 역사와 지혜 사이에 훨씬 더 분명한 관계를 보았다. 그리고 이제 우리는 다른 주된 신구약 중간기의 지혜서를 이에 대하여 더할 수 있다. 왜냐하면, 솔로몬의 지혜서도 지혜와 역사가 함께 뒤섞여 있기 때문이다.

제10장을 시작하면서 솔로몬의 지혜서의 저자는 성경 역사에서 온 일곱 가지의 지혜로운 사람들의 예를 말한다. 그리고 그들을 악한 불경건한 자들의 예들과 대조한다. 이 일곱 예는 이름이 붙여지지 않지만, 이들의 묘사를 통하여 쉽게 확인될 수 있다.

첫 번째 예는 아담이다.

> 지혜는 그에게 모든 것을 다스릴 힘을 주었다(솔 10:2).[18]

---

17 솔로몬의 지혜서에서 율법을 "노모스/토라"가 아니라 "지혜의 규범 자체"와 동일시되어야 한다고 주장하는 학자들이 있다(Schaper, "*Nomos* and *Nomoi*," 297).
18 아담과 지혜를 연결하는 초기의 전통에 대하여는 겔 28장을 보라. 이 구절을 우리는 제6장에서 다루었다.

그는 이것을 가인의 이야기와 대조한다. 그리고 그는 홍수가 왔을 때 지혜가 구원한 노아의 이야기로 옮겨간다. 아브라함에 대하여는 "지혜가 [그를] 발견했다. 그리고 그를 하나님 앞에서 순수하게 유지시켰다"(솔 10:5)라고 말한다. 그리고 지혜는 "다섯 도시 위로 내려오는 불"로부터 롯을 구했다(솔 10:6). 지혜는 또한 요셉을 구했다(솔 10:13-14).

지혜가 그의 백성을 구한 일곱 번째 마지막 예는 출애굽의 이야기이다. 출애굽은 솔로몬의 지혜서에서 가장 광범위하게 논의되는 역사적인 순간이다(솔 10:15-21; 19:1-9). 출애굽기는 솔로몬의 지혜서에서 특별히 중요한 역할을 한다. 왜냐하면, 알렉산드리아의 유대인 공동체가 압제를 경험하고 있었기 때문이다. 애굽에 사는 유대인에게 출애굽의 이야기는 중요한 방식으로 울려퍼질 것이다.[19]

3) 지혜와 우상 숭배

잠언 연구에서 우리는 여성 지혜가 의인화와 환유를 통하여 여호와의 지혜를 통하여 여호와 자신을 묘사한다고 주장했다. 그리하여 잠언 9장의 여성 어리석음(Woman Folly)은 거짓 신과 그 도시의 높은 곳에 있는 그녀의 집의 위치를 통하여 이방 나라들의 신들을 묘사한다. 이 장면에서 잠언은 거짓 종교와 그것과 연합되어 있는 우상 숭배를 비판한다.

그러므로 지혜의 우상 숭배에 대한 통렬한 비난은 지혜에 대한 주제에 관심을 두는 문학에 낯설지 않다. 만일 많은 책에서 가르치듯이 여호와를 경외함이 지혜의 근본이라면 거짓 신들을 경배하는 것은 어리석음의 최고봉이다.

솔로몬의 지혜서가 이집트에서 주후 1세기 중간에 기록되었을 가능성은 저자의 독자들이 우상 숭배의 관습이 만연한 사회 속에서 살았을 가능성을

---

19 Enns, "Wisdom of Solomon." 또한, 그의 좀 더 긴 연구인 *Exodus Retold*를 보라.

만들어낸다. 우리는 우상에 반하는 독설을 특별히 13, 14장에서 듣게 된다. 우상 숭배는 피조물과 창조주를 어리석게 혼합하는 결과를 가져온다. "모든 것의 창조주"(솔 13:1)를 경배하기보다는 "그들은 이 모든 것들 곧 불 혹은 바람 혹은 빨리 움직이는 공기 혹은 하늘의 성운 혹은 파문이 일어나는 물 혹은 하늘의 밝은 빛이 세상을 다스린다고 생각했고 이것들이 신들이라고 생각했다"(솔 13:2).

이사야처럼(사 40:12-25; 44:9-22을 보라), 솔로몬의 지혜서의 저자는 사람들이 자기 손으로 우상을 만들고 그것을 경배하는 것이 얼마나 어리석은지 그의 머리를 흔든다(솔 13:11-16). 그는 "죽은 것들에 자신들의 신뢰를 두는 사람들이 얼마나 비참한지" 놀란다(솔 13:10). 그는 "이름 없는 우상들을 경배하는 것이 죄의 근원 곧 죄의 이유요 결과"(솔 14:27)이기 때문에 이렇게 강하게 느끼는 것이다.

4) 지혜, 경건치 못한 자들, 죽음 그리고 사후세계

위에서 주장했듯이 솔로몬의 지혜서는 하나님의 백성들이 불경건한 사람들의 손에 박해를 경험하는 시기에 기록되었을 것이다. 불경건한 자들이 승리하고 있는 듯이 보였지만 솔로몬의 지혜서는 불경건의 결과는 죽음이고 지혜와 의로움의 결과는 생명이라고 주장한다. 물론 이것은 일찍이 잠언의 메아리 속에서 발견되지만, 솔로몬의 지혜서의 저자는 더 장기적인 견해를 취한다.

심지어 경건한 자가 이생에서 고난받고 죽고 경건치 못한 자가 번창하는 듯이 보여도 그것은 이야기의 마지막이 아니다. "의로운 것을 행하는 것이 영원히 사는 것"(솔 1:15)이지만 불경건한 자들은 "죽음과 조약을 맺는 것"(솔 1:16)이다.

그러므로 하나님의 백성이 패배하는 듯이 보이고, 사실 "하나님의 백성이 우리를 떠나는 것(죽음)이 그들의 파멸로 보였지만, 실제로 그들은 평화로웠다. 다른 사람들에게 이들은 벌을 받은 것처럼 보일지 모르지만, 이들은 영원히 살 수 있는 희망을 품고 있다"(솔 3:3-4).

경건한 사람들은 결국에는 "빠삭 마른 볏짚의 불꽃들처럼 번성하고 뛰어날 것이다"(솔 3:7). 다른 한편 "불경건한 자들은 그들의 악한 생각에 합당한 것을 받을 것이다"(솔 3:10). 흥미롭게 저자가 헬레니즘(Hellenism)의 영향을 받았음에도 불구하고 솔로몬의 지혜서의 관점은 사후세계는 헬레니즘적인 사고처럼 인간의 영혼의 내재적인 질에 의해서가 아니라 하나님과의 관계에 기인한다는 성경의 생각과 일치한다.

5) 결론

시락서처럼 솔로몬의 지혜서는 잠언과 유사성과 차이점을 보인다. 솔로몬이라는 등장인물이 잠언에서 멈춰있었는데 솔로몬의 지혜서에서는 그가 중심적인 역할을 한다. 솔로몬의 지혜서에서 지혜는 실용적이고 윤리적이고 본질적으로 신학적이다. 실용적인 면이 외경에서 훨씬 억제된 듯이 보이지만, 윤리적인 면은 율법과 지혜와의 관계 속에서 분명히 발견되며 여성 지혜라는 인물이 주요한 역할을 하며 이것이 솔로몬의 지혜서의 신학적인 중요성을 가리킨다. 신구약 중간기 지혜에 대한 이 매력적인 책에서 지혜는 역사와 상호 작용하며 우상 숭배를 경고한다.

4. 바룩서와 에녹1서

구약 외경(apocrypha)을 떠나기 전에 우리는 바룩서에서 발견되는 지혜에 관한 강력한 시를 간단히 들여다볼 것이다. 바룩서의 시작은 그 기록을 예레미야의 동료(렘 32:10-16; 36:1-31) 바룩이 쓴 것으로 돌린다. 바룩은 바벨론 포로가 시작된 지 5년 후인 주전 582년에 바벨론 포로들에게 말하고 있다. 바벨론 포로를 초래한 죄에 대하여 고백(바룩서[이하 '발'-역주] 1:10-2:10)하고 구원을 위하여 기도한 후에(발 2:11-3:8) 바룩은 지혜에 대하여 말한다(발 3:9-4:1).

바룩은 우리가 잠언에서 발견하는 것처럼 이스라엘 백성들에게 지혜에 주의를 기울이도록 호소로 시작한다.

> 생명의 계명을 들으라, 이스라엘아 귀를 기울이라 그리고 지혜를 배우라!(발 3:9).[20]

우리는 여기서 지혜가 어떻게 율법을 가리킬 수 있는 "생명의 계명"과 평행을 이루는지 주목해야 한다. 신구약 중간기에 일반적인 지혜와 율법과의 연결이 이 시의 마지막에 분명하게 표현된다. 거기서 여성 지혜(Woman Wisdom)는 "하나님 계명의 책 곧 영원히 계속될 율법"이다(발 4:1). 이스라엘로 지혜에 주의를 기울이라는 권고는 절박하다. 왜냐하면, 이들이 "지혜의 샘을 버렸고"(발 3:12) 그리하여 압제 아래서 참혹히 살기 때문이다. 만일 이들이 지혜를 향하여 방향을 돌리기만 하면 이들의 삶은 훨씬 더 나아질 것이다.

그러나 여성 지혜를 찾기는 전혀 쉽지 않다. 욥기 28장에서 발견되는 것과 유사한 언어로 바룩은 묻는다.

> 누가 그녀의 장소를 찾았었는가?
> 누가 그녀의 창고에 들어갔었는가?(발 3:5; 욥 28:12, 20 참고).

불행히도 "아무도 그녀에게 가는 길을 모르며 그녀에게 가는 길에 관하여 관심도 없다"(발 3:31). 아무도 관심이 없다. 그것은 그렇다. 다른 한편으로

---

20 이 장에 나오는 모든 바룩서의 인용들은 NRSV로부터 온다.

하나님은 "그녀를 안다. 하나님은 당신의 이해로 그녀를 발견한다"(발 3:32). 그리고 하나님은 "당신이 사랑하는 이스라엘에게" 그녀를 준다(발 3:36). 그리고 온 세상이 지혜를 이용할 수 있게 되는 것은 이스라엘을 통해서이다.

그 후에 그녀가 땅 위에 나타났고 인류와 함께 살았다(발 3:37).

시는 시작할 때처럼 하나님의 백성에게 지혜의 선물을 붙잡을 것을 호소하면서 마친다("돌아서라, 야곱아! 그리고 그녀를 잡으라; 그녀의 빛나는 빛을 향하여 걸으라," 발 4:2).

바룩은 우리가 또한 시락서와 솔로몬의 지혜서에서 본 지혜에 대한 이해를 예로 든다. 바룩은 여성 지혜라는 인물을 통하여 지혜에 대하여 말하며 그녀와 율법과의 연관을 본다. 게다가 바룩은 지혜를 이스라엘의 특별한 소유물로 본다. 그리고 이스라엘을 통하여 지혜가 온 세상에 사용할 수 있게 된다.

에녹1서는 구약 외경에서 발견되지 않고 위경(pseudepigraphal book, 곧 유명한 성경의 인물들에 의해 기록되었다고 거짓으로 주장되는 책)으로 간주된다. 여성 지혜는 비유(Similitudes, 37-71장)로 언급된 에녹1서의 제1부로부터 온 짧은 42장의 주제이다. 비유의 연대는 논쟁 중이다. 이것은 특별히 쿰란(Qumran)에서 발견되지 않은 에녹1서의 유일한 부분이 바로 이 비유이기 때문이다. 이 비유를 후에 기독교인들이 덧붙인 것으로 보려는 시도를 제외하면[21] 대부분 학자는 이 비유가 주전 1세기 그리고 아무리 늦어도 주후 1세기 이후는 아닐 때 유대인이 기록한 작품이라고 믿는다. 바룩서에서 여성 지혜는 세상에서 사용하게 되기 전에 이스라엘에 정착한다. 에녹1서 42장은 상당히 다른 관점을 갖는다.

---

21 Milik, "Problemes."

지혜는 거할 수 있는 장소를 찾을 수가 없었다;
그러나 하늘에(그녀를 위하여) 한 장소가 발견되었다.
그리고 나서 지혜가 하나님의 자녀들과 함께 거하기 위하여 나갔다.
그러나 그녀는 거할 곳으로 찾지 못했다.
(그래서) 지혜는 그녀의 곳으로 돌아갔다.
그리고 그녀는 천사들과 영원히 정착했다.
그리고 나서 불법이 그녀[불법]의 방으로부터 나갔다.
그리고 불법이 그녀[불법]가 기대하지 않았던 자들을 발견했다.
그리고 그녀[불법]는 그들과 함께 거했다.
사막의 비처럼
목마른 땅 위에 이슬처럼.[22]

에녹1서에 의하면 여성 지혜는 사람들과 함께 거하기를 원했지만 정착할 곳을 발견하지 못했다. 그래서 그녀는 하늘로 돌아갔다. 그러나 불법(여성 어리석음)은 세상에 그녀의 집을 발견했다.

5. 욥의 유언

욥의 유언의 정확한 기록연대는 결정될 수 없지만, 대부분 학자는 주전 100년과 주후 200년 사이를 그 연대로 잡곤 한다. 욥의 유언은 욥기 70인역(septuagint)을 잘 알고 있는 유대인 저자에 의해 기록되었을 것이다. 70인역은 마소라 텍스트(Masoretic Text)와 현저하게 차이가 있다. 욥의 유언은 정말로 70인역과 많은 생각을 공유한다.

---

22 Isaac, "1(Ethiopic Apocalypse of) Enoch," 1:33.

욥의 유언은 70인역처럼 욥(Job)을 요밥(Jobab)과 동일시한다(욥의 유언[이하 '욥유'-역주] 1.1; 2.1). 70인역에서 관찰된 인내의 사람으로 변형된 욥은 욥의 유언에서 완성된다. 그의 하나님을 저주하고 죽기를 바랐던 첫 번째 부인 시티스(Sitis)에 대한 반응으로 욥은 그녀에게 "주께서 긍휼히 여기셔서 우리에게 자비를 보이실 때까지 인내할 것"(욥유 26.5)을 권고한다.[23] 그는 그의 자녀들에게 그의 경험에 근거하여 말한다.

> 너희들은 너희들에게 일어나는 모든 일들에 대하여 인내해야 한다. 왜냐하면, 인내는 그 무엇보다도 더 좋기 때문이다(욥유 27.6-7).

욥의 고난은 욥이 우상을 파괴함으로 욥에게 화가 난 악마 때문에 직접적으로 일어났다(욥유 6-8, 비록 악마가 하나님께 허락을 받으러 가지만). 욥은 고난이 그 결과로 올 것을 알면서 이렇게 했다. 성경의 욥기와 반대로 욥의 세 친구들("왕"으로 불린다)은 욥의 운명을 탄식하며 혼란을 표현한다. 그러나 욥은 하나님을 향하여 강력한 신뢰를 유지한다. 엘리후는 "사탄에 의해 영감받은"(욥유 41.5) 욥의 원수로 묘사된다. 욥은 결국에는 회복된다.[24]

욥의 유언은 70인역보다 성경의 욥기로부터 더 벗어나 있다. 중세 시대에 욥에 대하여 보편적이 된 많은 생각들의 기원이 70인역과 욥의 증언에서 발견된다.

---

23 욥의 유언에 대한 번역은 Spittler, "Testament of Job"로부터 온다.
24 Besserman, *Legend of Job*, 41.

6. 쿰란의 지혜서

시락서, 솔로몬의 지혜서, 에녹1서, 바룩서와 같은 신구약 중간기 외경들 외에도 사해 공동체(Dead Sea community)로부터 온 문서들도 지혜에 관심을 표현한다. 이 텍스트들 중 몇 개는 의의 교사(the Teacher of Righteousness)를 둘러싼 공동체 사람들에 의해 기록되었지만, 그런데도 이 공동체(야하드 [yahad])는 정경적이고 외경적인 책들 이외의 몇몇 지혜 텍스트들을 연구했고 그것들로부터 배웠다(시락서의 사본이 쿰란에서 또한 발견되었다).

우리는 가장 큰 두 가지 텍스트, 즉 교훈서(4QInstruction, 쿰란 4번째 동굴에서 발견된 교훈이 담긴 책-역주)와 신비의 책(1/4QMysteries, 쿰란 4번째 동굴에서 발견된 신비들에 관한 첫 번째 책-역주)에 집중하면서 쿰란에서 발견된 지혜 작품들의 여덟 가지 예를 짧게 살펴볼 것이다. 이들을 조사한 후에 우리는 이들 텍스트가 어떻게 성경적이고 외경적인 지혜와 관련이 있는지에 대하여 약간의 요약하는 견해를 제공할 것이다.

1) 교훈서(4QInstruction)

쿰란에서 발견된 일반적으로 지혜로 확인된 가장 잘 알려진 작품은 교훈서(4QInsruction,[25] 1Q26; 4Q415-18, 423)이다. 이 작품은 1999년에 처음 출판되었고[26] 그때 이래로 교훈서는 제 2 성전 유대 문헌에서 지혜에 관한 논의에서 최고의 자리를 차지해 왔다.

대부분의 학자는 교훈서가 주전 2세기에 쓰였다고 믿지만 캄펜(Kampen)은 이른 주전 3세기나 늦은 주전 3세기에 기록되었을 수도 있다고 주장한다.[27] 이 텍스트가 사해 공동체에서 널리 사용된 것은 분명하지만 이 텍

---

25 무사르 레 메빈(mûsār lə-mēbîn)으로도 불린다.
26 Strugnell and Harrington, *Qumran Cave 4.XXIV*.
27 Kampen, *Wisdom Literature*, 43-44.

트가 사해 공동체에 의해 기록되었을 것 같지는 않다.

교훈서의 수신자는 메빈(*mēbin*)으로 불리는데, 그는 "명철한 자/이해력이 있는 자"로 번역될 수 있다. 수신자 혹은 학생은 아주 자주 단수로 언급되지만, 이따금 복수로도 언급된다. 이것은 아마도 배우는 사람들의 공동체를 가리킬 것이다. 그러나 단수 수신자는 이 가르침을 좀 더 개인적이고 친밀한 것으로 만든다.[28]

화자가 수신자인 메빈에게 말하는 방식으로부터 볼 때 메빈은 가난한 사람(들)인 것이 분명하다. 메빈과 그(들)의 부모와의 관계에 대한 교훈에서 선생은 이렇게 말한다.

> 네 가난으로 네 아버지를 공경하고 너를 낮추어 네 어머니를 공경하라, 왜냐하면, 하나님과 사람과의 관계처럼 아버지와 아들의 관계도 그러하고 주와 사람의 관계처럼 어머니와 아들의 관계도 그러하기 때문이다 (4Q4162 iii 15-16).[29]

잠언처럼 교훈서도 그 독자들에게 실용적인 조언을 주려고 한다. 결혼과 관계들과 음식 소비에 대한 자제와 부채 관리에 관한 실용적인 교훈들이 있다. 그러나 그럴지라도 아마 교훈서의 가장 흥미로운 면은 최고의 전문가가 "곧 일어날 신비"(mystery that is to be)[30]와 같은 것으로 번역한 라즈 니흐예(*raz nihyeh*)라는 흔히 나타나는 어구와 교훈서가 연관되어 있다는 것이다. 이 개념과 같은 어떤 것도 잠언, 전도서 욥기에는 나타나지 않는다. 그러나 아람어 라즈(*rāz*, "신비")는 다니엘 2장(단 2:18, 19, 27, 30, 14)에서 발견된다. 거기서 이 단어는 미래에 대하여 경고하는 느부갓네살의 꿈의 메시

---

28 Goff, *4QInstruction*, 12.
29 4QInstruction의 번역은 ibid로부터 온다.
30 Kampen(*Wisdom Literature*)은 "존재의 신비"라는 자신의 번역과 함께 소수의 견해를 제공한다. 그는 이 텍스트에 대한 자신의 사역들에서 이 번역을 사용한다.

지를 가리킨다.[31]

교사에 의하면 메빈은 지혜, 특별히 역사를 드러내고 미래를 판단하는 것에 관한 지혜를 이해하고 얻기 위하여 라즈 니흐예를 연구해야 한다. 많은 해석자가 지적한 것처럼 교훈서는 "하나님의 통치는 실제가 전개됨에 따라 결정론적인 신적인 위치에서 하나님의 통치가 드러난다"[32]는 외경적인 세계관을 갖는다.

2) 신비의 책(1/4QMysteries)

쿰란으로부터 온 두 번째로 잘 알려진 지혜 텍스트는 신비의 책(1QMysteries 27, 4QMysteries 299-301)이란 이름으로 알려진다. 이 책의 제목은 교훈서(4QInstruction)에도 나타나는 라즈 니흐예(*raz nihyeh*)라는 어구의 출현에서 가져왔으며 이 어구는 "곧 일어날 신비"라고 대개 번역된다. 라즈(*râz*)는 악인의 완전한 멸망에 대한 종말론적인 이상을 가리킨다. 이어지는 구절은 신비의 책의 핵심적인 교훈을 묘사한다.

> 연기가 사라지고 더 이상 존재하지 않는 것처럼 그렇게 악도 영원히 사라질 것이다. 그리고 의는 태양처럼 세상의 계획처럼 드러날 것이다. 범법(transgression)의 신비를 유지하는 사람은 더 이상 존재하지 않을 것이다. 지식이 세계를 채우고 더 이상 어리석음은 없을 것이다. 오기로 되어 있는 것은 결정되어 있고 그 예상은 사실이다.[33]

이 인용은 역시 저자(들)가 가진 결정론적인 견해를 보여준다. 하나님은 창조부터 심판까지 통제하시며 그 무엇도 하나님의 의지를 방해할 수 없

---

31 제5장의 단 2장에 대한 논의를 보라.
32 Goff, *Discerning Wisdom*, 16.
33 이 번역은 Kampen, *Wisdom Literature*, 197로부터 왔다.

다. 하나님은 악인들을 이기는 지식을 추구하는 사람들의 궁극적인 승리를 확증할 것이다.

흥미를 끌지만, 파편인 구절에서 신비의 책은 "비유를 말하고 그것이 논의되기 전에 수수께끼를 연관시키며," "범법을 가르치는 점쟁이들(하르툼민[*ḥartummim*])"을 언급한다.[34] 키스터(Kister)는 전반적으로 이 책은 이들 점쟁이에게 말한다고 믿는다. 그러나 캄펜(Kampen)은 이에 대한 증거가 없다고 올바르게 주장한다.[35] 그럴지라도 이들은 신비의 책을 기록하는 데 책임이 있는 사람들과 경쟁하는 사람 같다.

여기서 우리는 다니엘서 2장의 그것과 역동적인 유사성을 갖고 있음을 본다. 다니엘서 2장에서 다니엘과 그의 세 친구는 바벨론의 점쟁이들이 실패한 후에 느브갓네살의 꿈을 해석할 수 있었다.[36]

교훈서처럼 신비의 책도 우리가 잠언과 미래에 대한 외경적인 이상 속에서 우리가 본것처럼 지혜가 합병된 예를 제공한다. 점쟁이들의 점괘와 뽑힌 개인 그룹의 주장은 이 책을 당연히 유대교에서 다른 분파들이 일어나는 시기인 주전 세 번째나 이른 두 번째 세기 말로 둔다. 그러나 사해 공동체에 의해 존경받았을지라도 이 구절이 의의 교사와 관련된 무리들에 의해 만들어지지 않았다는 것이 전문가들 사이에서 합의가 된 것처럼 보인다.

3) 악한 음녀의 책(4QThe Evil Seductress, 4Q184)[37]

쿰란에서 발견된 이 흥미로운 작품은 남자를 꾀어 죽음으로 가게 만드는 여인을 묘사한다("그녀의 문은 죽음의 문이다. 그녀의 집으로 들어가면 그녀는 스올

---

34 Kampen, *Wisdom Literature*, 202.
35 Kister, "Wisdom Literature," 23, 46. Kampen, *Wisdom Literature*, 195를 보라.
36 Kampen, *Wisdom Literature*, 196도 같은 의견이다.
37 이 텍스트는 또한 '악한 여인의 계략'(Wiles of the Wicked Woman)이라고 불린다.

로 발을 내딛는다").³⁸ 그녀는 의인들을 자신의 성적인 매력으로 유혹하여 파멸로 이끈다.

일부 언어와 이 여인에 대한 묘사는 분명히 잠언 7장 음녀의 그림으로부터 이끌어 온다. 잠언 7장의 여인은 남편이 없는 사이에 다른 남자를 유혹하는 결혼한 여인이다. 두 여인 모두 남자들을 죽음으로 이끈다. 비록 사해 문서 저자가 잠언 7장을 알고 있었다는 것을 드러내는 유사성이 있을지라도 고프(Goff)는 차이점들을 올바르게 지적한다:

> 4Q184는 잠언 7장의 음녀를 유혹하고 위험한 결혼을 한 여인을 악의 신화적인 인물로 변형시킨다.³⁹

내 의견으로는, 신화적인 인물로의 변형은 아마도 잠언이 9장에서 발전시킨 이상한(이방) 여성의 그림과 여성 어리석음(Woman Folly)으로서 악의 그림 사이의 관계를 악한 음녀의 책이 더 발전시킨 것에서 나온 결과이다.

4) 지혜로운 일의 책(4QSapiential Work, 4Q185)

이 텍스트는 "지혜"라는 명사를 담고 있지 않지만, 독자들로 "지혜를 얻도록" 격려하기 위하여 지혜라는 명사의 어근(하캄[ḥkm])에서 온 동사 형태를 사용한다. 여기에다가 대부분 해석자가 삼인칭 여성 어미를 지혜를 언급하는 것으로 이해한다.⁴⁰

교훈서(4QInstruction)와 신비의 책(1/4QMysteries)처럼 이 텍스트도 그 단편적인 서론이 천사들과 심판을 언급하기 때문에 묵시론적인 내용을 포함하고 있다. 그러나 '지혜로운 일의 책'은 텍스트가 그것을 행하는 자들에

---

38 번역은 Kampen, *Wisdom Literature*, 238의 번역이다.
39 Goff, *Discerning Wisdom*, 121.
40 예를 들어 Kampen, *Wisdom Literature*, 252-53도 같은 의견이다.

게 주어지는 복의 약속과 가르침에 귀 기울일 것을 교훈하는 것으로 가득 차 있다는 점에서 잠언, 시락서와 훨씬 더 닮았다. 이 책은 또한 지혜의 근원으로 토라를 언급한다.

5) 여명의 아들들에게 주는 지혜자의 말(4QWords of the Maskil to All Sons of Dawn, 4Q298)

이 흥미로운 작품은 암호문 A(CryptA)로 알려진 활자체로 기록되었는데 각각의 기호는 히브리어의 알파벳을 대표하는 일종의 암호이다. 이렇게 암호문을 사용한 목적은 이 텍스트의 내용을 오직 마스킬(*Maskil*) 혹은 "지혜자"만이 이용할 수 있도록 하기 위해서이다. 이 활자체로 기록된 쿰란에서 발견된 소수의 텍스트가 있다. 이들은 모두 분명히 쿰란의 분파 자체 안에서 기원한다.

만일 '여명의 아들들에게 주는 지혜자의 말'(4QWords of the Mskil to All Sons of Dawn)이 쿰란의 분파에 의해 쓰인 것이 사실이라면 이 텍스트는 한정된 분파적인 기원을 갖는 유일한 지혜 문헌이다.

이 단편 작품의 이름은 서론으로부터 오는데, 서론은 메시지를 여명의 아들들에게 주는 지혜자로부터 온 것으로 간주한다. 여명의 아들들의 신원에 대하여는 논쟁적이다. 어떤 학자들은 이 분파의 신참자("빛의 아들들"에 대조되는)를 가리킨다고 믿지만 다른 학자들은 이들의 정체에 대해서 논쟁하며 단지 이 분파의 구성원을 부르는 다른 이름일 뿐이라고 주장한다.[41]

살아남은 텍스트의 작은 부분은 마스킬이 그의 독자들이 정의와 의와 겸손과 온유와 힘과 같은 덕목에서 자람에 따라서 "세대의 마지막에 대한 이해를 얻기"를 정말로 소망한다고 정말로 말한다.[42]

---

41 Ibid., 272–73.
42 Ibid., 275–76.

6) 의의 길에 대한 책(4QWays of Righteousness, 4Q420-21)

이 단편적인 작품은 몇 가지 문제들과 이름을 분류하는 데 애매함을 갖고 있다. 이 텍스트는 시락서 51:25-26(또한, 마 11:25-20)에도 나타나는 "지혜의 멍에"라는 언급을 포함하여 지혜의 요소들이 있다는 것을 부인할 수는 없다. 또한, 이 텍스트 안에는 몇몇 학자로 하여금 이 텍스트가 지혜에 대한 것이 아니라 분파의 규칙에 관한 책이라고 믿게 만드는 할라카적인 언급들(halakhic statements, "성전과 관련된 법")[43]도 있다.[44] 그러나 대부분의 사해 문서 학자들은 이 기록을 지혜 문헌들 사이에 둘 것이다.[45]

7) 작품 B와 같은 교훈의 책(Instruction-Like Composition B, 4Q424)

이 텍스트는 학자들의 관심을 가장 적게 받고 가상의 제목이 붙었지만 분명히 잠언과 신명기를 반향하는 지혜 텍스트이다(이 텍스트들 안에서 율법과 지혜의 상호 작용을 보인다). 우리가 가진 단편들은 우리로 나쁜 성격의 특색들을 가진 어떤 유형의 사람들로부터 거리를 둘 것을 충고한다. 예를 들어 다음과 같다.

> 마음이 둔한 사람을 사려 깊은 계획들을 생각해 내도록 보내지 말라. 왜냐하면, 그의 마음의 지혜가 숨겨졌고 그는 [그것을…] 통달하지 않았고 그는 아직 손재주를 찾지 못했기 때문이다.[46]

---

43 Ibid., 284.
44 예를 들어 Tigchelaar, "Sabbath Halakha."
45 Goff, *Discerning Wisdom*, 160-61도 같은 생각이다.
46 Kampen, *Wisdom Literature*, 305.

8) 지복서(4QBeatitudes, 4Q525)

마카리즘(macarism, 축복을 고하는 말)이 우리가 단편으로 갖고 있는 텍스트에서 중요한 역할을 하기 때문에 비록 이 이름이 이 책의 가장 중요한 특징을 나타내는지 분명하지 않지만, 이 작품은 지복서(Beatitudes)로 불려진다. 마카리즘 외에 이 텍스트는 또한 지혜를 여인으로 의인화함으로써 이전의 지혜 문헌들과 연관되어 있다(잠 1: 8-9; 시락서 24장; 발 3:9-4:4; 솔 7:7-9:18). 우리는 또한 지복서에서 지혜와 토라 사이의 현저한 상호 작용을 찾는다. 단편적인 결론은 이 텍스트의 가르침에 경청하는 사람들이 피할 운명인 악인들의 파멸을 고대한다.

7. 사해 문서들에 대한 결론

이 여덟 개의 작품들은 쿰란 문서들 가운데 가장 독특한 지혜 문헌들이다. 쿰란에 시락서의 파편이 존재하는 것은 쿰란이 신구약 중간기 지혜서에 대한 관심을 보여주는 것이라고 우리는 덧붙여 말해야 한다.[47] 게다가 쿰란에서 발견된 시편 두루마리에는 지혜시들이 들어 있다(11QPs[a]).

쿰란의 다양한 지혜 문서들은 성경의 지혜, 특별히 잠언까지 그 뿌리가 거슬러 올라감을 보여준다.[48] 대부분 텍스트는 인생의 핵심에 관심을 두는 다양한 주제에 관한 실용적인 조언과 의로운 행동을 이끄는 윤리적인 안내를 제공한다. 몇몇 텍스트에서는 선생들이 학생들에게 교훈한다.[49]

진정한 지혜는 하나님에게서 온다는 점에서, (사해 문서들의) 지혜는 또한

---

47 Ibid., 341-64.
48 쿰란에서 성경 이외의 텍스트들 가운데 욥기 혹은 전도서와 같은 것은 없다.
49 잠언에는 매우 친숙하고 전도서에서도 발견되는 아버지가 아들에게 교훈하는 그런 언어가 나오지 않는다.

성경의 지혜와 유사한 신학적인 면을 갖는다. 비록 "여호와를 경외함"이라는 특정 어구는 발견되지 않지만 우리는 여성 지혜(Woman Wisdom)를 흘끗 본다(또한, 여성 어리석음도).⁵⁰

우리의 연구는 또한 성경 기간 이래로 계속 발전되었다. 예를 들어 우리가 시락서와 솔로몬의 지혜서에서 본 것처럼 지혜와 율법의 연결이 잠언에서보다 훨씬 더 분명하다. 많은 학자들과 대조하여 우리는 지혜와 율법은 잠언에서 암시적이라고 주장했다. 비록 신명기의 기록연대와 율법과 지혜를 연결하기 시작한 것이 언제 이루어졌는지 그 연대에 대하여 논쟁적이지만, 모든 학자들이 지혜와 율법이 신명기에서 연결되어 있다는 것을 인식한다.

게다가 위의 언급과 연관하여 좀 더 분명한 생각은 지혜가 하나님에 의해 계시된다는 것이다. 다시 한번 우리는 계시된 지혜가 성경적인 지혜에서 발견된다고 주장했지만(단 2장에서 논쟁의 여지 없이 나타난다; 제5장을 보라) 쿰란 텍스트들에서도 지혜의 계시에 대하여 언급한다는 것은 논쟁의 여지가 없다.⁵¹

쿰란 지혜에서 가장 흥미로운 발전은 묵시론과의 연결, 특별히 라즈 니흐예(*raz nihyeh*, 곧 일어날 신비)의 개념에서의 연결이다. 다시 한번 우리는 이 연결의 뿌리를 성경(다니엘서)과 신구약 중간기 문학(에녹1서)에서 찾아볼 수 있다. 그러나 그것의 완전한 발전은 쿰란 문헌 속에서 발견하게 된다.

사해 지혜에 대한 최근의 면밀한 연구 이전에 폰 라트(Von Rad)⁵²는 묵시론은 지혜의 발전이라고 주장했다. 묵시론적인 생각이 지혜에 영향을 주었고 그 반대도 그럴 수 있다는 것이 사실일 것이다. 혹은 콜린스(Collins

---

50 특별히 악한 음녀의 책(4Q184), 지혜로운 일의 책(4Q185) 그리고 지복서(4Q525)에서 그렇다; Crawford, "Lady Wisdom and Dame Folly"를 보라.
51 예를 들어 Rofé("Revealed Wisdom," 1)는 "쿰란 신학의 특징은 계시된 지혜의 개념이다. 즉 인간이 계시에 의해 지혜를 받는다는 사상이다"라고 말한다.
52 Von Rad, *Old Testament Theology*, 2:306.

의 말을 빌리면 "지혜의 교훈은 내재적으로 우리가 잠언에서 발견하는 종류의 세계관과 연결되어 있지 않았지만, 묵시론적인 세계관을 위해 사용될 수 있다."[53]

8. 제2 성전 시대의 지혜: 결론들

이 장은 제2 성전 시대에 기록된 몇 가지 지혜 저작들을 다룬다. 이들 대부분은 헬레니즘 기간(Hellenistic period)에 기록되었다. 이런 이유로 이 책들은 제2 성전 시대를 대표하는 책들로 불리는 것이 타당하다. 성경에서 지혜를 말하는 책들과 구별하기 위하여 이 이름을 사용하는 것은 오해를 일으킬 수 있다. 왜냐하면, 욥기와 전도서도 제2 성전 시대의 문헌일 수 있고 잠언의 최종 형태도 아마 제2 성전 시대 어간에 해당될 것이기 때문이다.

책들과 이들 구성 부분의 상대적인 연대에 대하여 고려하지 않으면서 우리는 성경과 성경 외의 지혜 저작들 사이의 관계에 관한 연구에 대하여 몇 가지 결론을 내릴 것이다.

첫째, 가장 두드러진 유사점은 욥기나 전도서보다는 잠언과 제2성전 문헌 사이에서 발견된다. 성경적인 책에서 발견된 지혜의 실용적이고 윤리적이며 신학적인 표현들의 모습은 시락서, 솔로몬의 지혜서, 그리고 대부분의 쿰란 문서에서 계속된다. 욥의 유언(Testament of Job)은 이름뿐이며 이에 대하여 예외이다. 욥을 이야기의 시작부터 인내의 모범으로 돌림으로서 욥의 증언은 정경적인 욥기나 전도서보다 잠언과 더 많이 교감함으로써 욥을 미덕 있는 사람의 모범으로 만든다.[54]

---

53 Collins, *Jewish Wisdom*, 229.
54 후에 우리는 야고보서가 욥기의 이 인내의 그림을 70인역/욥의 유언 전통으로부터 사용한다는 것을 볼 것이다(제15장을 보라).

둘째, 우리는 잠언에서 지혜와 율법 사이에 암시적인 연결이 있다고 일찍이 주장했었다. 그리하여 우리는 이후의 성경 외의 문헌들이, 다는 아니지만, 지혜와 토라 사이의 연결을 분명히 표현하는 것에 대하여 놀라지 않는다. 키스터(Kister)의 의견들은 이들 텍스트에서 지혜와 토라 사이의 관계에 관하여 도움을 준다.

> 제2 성전 시대는 무엇보다도 해석의 기간이고 그것의 주된 과제는 헬레니즘적인 환경 속에서 해석을 통하여 다양한 성경적인 층으로부터 온 개념들을 통합하는 것이었다. 예를 들어 '지혜는 포로 후기 저자들을 위하여 토라를 해석하기 위한 해석학적인 개념으로서 기능한다'는 것이 사실이다. 그러나 토라가 지혜를 해석하기 위한 해석적인 개념으로 기능했다는 것도 또한 똑같이 사실이며 아마도 상당한 정도까지 그럴 것이다.[55]

셋째, 같은 방식으로 지혜와 계시 사이의 연결을 완전히 새로운 현상으로 보기보다는 우리는 성경적인 책들에서 발견된 연결들을 더 발전시킨 것으로 본다. 많은 가르침에서 잠언은 경험과 관찰과 전통과 실수로부터 배우는 것에 호소하는 것이 사실이다. 그러나 지혜의 이런 수단들도 궁극적으로는 계시적이다(잠 20:12).

결국 우리는 하나님을 경외하지 않고 궁극적으로는 하나님을 대표하며 제자들에게 교훈하는 여성 지혜와 친밀한 관계를 갖지 않고는 지혜롭게 될 수 없다. 잠언에서 아버지는 하나님의 대리인이다. 어떤 경우든 다니엘서 2장은 진정한 지혜는 관찰과 전통(바벨론 지혜 교사들처럼)으로부터 오지 않고 하나님에 의한 계시로부터 온다는 생각을 선취하는 듯이 보인다.

넷째, 많은 방식에서 제2 성전 시대 동안 성경 이외의 지혜에서 가장 놀라운 발전은 특별히 라즈 니흐예(*raz nihyeh*, 곧 일어날 신비)의 개념 속에 있는

---

55 Kister, "Wisdom Literature," 19.

묵시(apocalyptic)와 악인들을 대항하여 오고 있는 심판에 대한 가르침과의 연결이다.

다니엘서 2장은 아마도 성경적인 책 안에서 도움이 되는 유사점을 제공할 것이다. 왜냐하면, 하나님이 다니엘에게 느부갓네살의 꿈의 의미를 계시하기 때문이다. 그 꿈은 하나님을 압박하려는 악한 나라들을 대항하는 하나님의 심판이 다가오고 있다는 것을 예견한다. 지혜와 묵시와의 연결에 관하여는 "지혜는 포로후기 저자들을 위하여 묵시를 해석하기 위한 해석학적인 개념으로 기능한다"[56]고 말할 수 있다는 의미에서 아마 키스터(Kister)의 지혜와 토라와의 관계에 대한 진술 또한 여기서 타당할 것이다.

---

56 Ibid. 이후의 유대교에서 묵시와 지혜 사상과의 통합이 계속되는 것에 대하여는 로마에 의해 제2 성전이 파괴된 후에 기록된 바룩2서를 보라. Kim, "Wisdom and Apocalyptic in 2 Baruch."

제15장

신약성경의 지혜

이 장에서 우리는 히브리인의 지혜에 대한 유대인의 전유에서 기독교인의 수용으로 옮겨간다. 신약성경 기자들은 예수님이 아주 현명해서 그는 궁극의 지혜 교사로 간주된다고 이해했으며, 훨씬 더 흥미롭게 이들은 예수님을 여성 지혜(Woman Wisdom)와 연결했다.[1] 우리는 예수님을 따르는 자들이 예수님의 지혜를 반영할 것이라는 기대로 나아갈 것이다.

1. 현자 예수

복음서와 서신서는 메시아의 깊은 지혜에 대하여 증언한다. 주후 1세기 유다에는 서기관들과 교사들과 현자들이 있었지만, 이들 누구도 예수님과 같지 않았다. 우리는 우선 예수님의 삶에 대한 복음서의 묘사를 탐구한 후에 그의 삶과 사역에 대한 서신서의 반성으로 향할 것이다.

---

1 Witherington, *Jesus the Sage*.

1) 복음서

(1) 성전에서 교사들을 당황케 하다(눅 2:40-52)

복음서는 예수님이 공생애를 시작하기 전과 그의 출생 후에 대한 정보를 거의 제공하지 않는다. 누가는 예수님이 심지어 어릴 때 큰 지혜를 보여주었다는 것을 나타내는 한 이야기를 말한다. 이 이야기는 인클루지오(inclusion)를 만들어 내는 유사한 언급으로 묶여 있으며 성전 안에 있는 예수님의 이야기를 말한다.

> 아기가 자라며 강하여지고 지혜가 충만하며 하나님의 은혜가 그의 위에 있더라(눅 2:40).

> 예수는 지혜와 키가 자라가며 하나님과 사람에게 더욱 사랑스러워 가시더라(눅 2:52).

예수님의 지혜에 대한 증명이 누가복음 2:41-51에 있다. 예수님과 그의 부모가 예루살렘에서 유월절을 기념하기 위하여 올라갔다. 그들이 돌아오면서 그의 부모는 예수님이 그들과 함께 있지 않다는 것을 알게 된다. 아마도 그들이 무리를 지어서 여행했기 때문이고 그들의 열두 살 된 아들은 그 무리들 안에서 안전하다고 생각했을 것이다.

물론 이들이 일단 예수님이 자기들과 함께하지 않는다는 것을 알자 예루살렘으로 되돌아갔다. 그리고 3일간 염려한 끝에 그를 성전에서 발견한다. 이 이야기에 대하여 말할 것이 많이 있지만, 그의 행동과 구경꾼들의 반응은 아주 흥미롭다.

> 사흘 후에 성전에서 만난즉 그가 선생 중에 앉으사 그들에게 듣기도 하시며 묻기도 하시니 듣는 자가 다 그 지혜와 대답을 놀랍게 여기더라(눅 2:46-47).

무리의 놀라운 반응은 그런 이야기들 가운데 으뜸이다.

(2) 그의 가르침에 대한 반응들

여러 해 후에 예수님이 사역을 시작했을 때 그는 자신을 다른 모든 사람과 구별하는 능력과 지혜로 가르쳤다. 그의 고향 사람들은 그의 지혜와 능력에 대하여 논쟁했지만 결국 예수님을 배척했다. 왜냐하면, 이들은 예수님이 어디 출신인지 안다고 생각했기 때문이다.

> 고향으로 돌아가사 그들의 회당에서 가르치시니 그들이 놀라 이르되 이 사람의 이 지혜와 이런 능력이 어디서 났느냐 이는 그 목수의 아들이 아니냐 그 어머니는 마리아, 그 형제들은 야고보, 요셉, 시몬, 유다라 하지 않느냐 그 누이들은 다 우리와 함께 있지 아니하냐 그런즉 이 사람의 이 모든 것이 어디서 났느냐 하고 예수를 배척한지라 예수께서 그들에게 말씀하시되 선지자가 자기 고향과 자기 집 외에서는 존경을 받지 않음이 없느니라 하시고(마 13:54-57; 또한, 막 6:2-4을 보라).

그의 고향에서뿐만 아니라 유대 땅 전체에서 예수님은 능력을 나타내는 그의 가르침으로 유명해지게 된다. 안식일에 그가 가버나움에 있을 때 그는 회당에서 그의 가르침을 듣던 사람들에게 커다란 영향력을 미치는 가르침을 주었다.

> 뭇 사람이 그의 교훈에 놀라니 이는 그가 가르치시는 것이 권위 있는 자와 같고 서기관들과 같지 아니함일러라(막 1:22).

물론 모두가 예수님의 지혜를 확신한 것은 아니었다. 한 번은 몇몇 "바리새인들과 서기관들이" 예수님께 표적을 행하라고 도전했다(마 12:38). 예수님은 그들이 이미 충분히 보았다고 그들의 요구를 거절한다. 이 상황에서 예수님은 자신의 지혜는 이들이 예수님이 누구인지를 아는 그런 것이라고 주장한다. 예수님은 이들이 무지하다고 다음과 같은 말로 이들을 조롱한다.

> 심판 때에 남방 여왕이 일어나 이 세대 사람을 정죄하리니 이는 그가 솔로몬의 지혜로운 말을 들으려고 땅끝에서 왔음이거니와 솔로몬보다 더 큰 이가 여기 있느니라(마 12:42).

물론 예수님은 여기서 스바(Sheba) 여왕의 이야기를 언급한다(왕상 10:1-3). 스바 여왕은 솔로몬의 커다란 지혜에 놀랐었다. 그러나 예수님의 지혜는 솔로몬의 지혜를 훨씬 더 능가한다.[2]

예수님은 비유를 사용하여 가르쳤다. 예수님이 가르침의 수단으로 비유를 선택한 것은 또한 그의 궁극적인 현자로서의 역할을 강조한다. 물론 예수님이 비유를 만들어 낸 것은 아니다. 그것은 그의 시대의 다른 지혜 교사들에 의해 사용되는 가르침의 흔한 형식이었다.

비유와 구약 지혜와의 연결은 그 단어에서 찾을 수 있다. 그리스어로 "비유"는 파라볼레(*parabolē*)로, 히브리어 마샬(*māšāl*) 혹은 "잠언"을 번역하기 위하여 70인역에서 그것을 사용하였다.

2) 서신서

놀라울 것도 없이 바울은 복음서에서 묘사된 예수님의 지혜가 참임을 증언한다. 정말로 바울에게 예수님은 하나님의 지혜의 구현(embodiment)이다. 바울은 골로새 교인들에게 다음과 같이 말한다.

---

2 Ford, *Christian Wisdom*, 27.

이는 그들로 마음에 위안을 받고 사랑 안에서 연합하여 확실한 이해의 모든 풍성함과 하나님의 비밀인 그리스도를 깨닫게 하려 함이니 그 안에는 지혜와 지식의 모든 보화가 감추어져 있느니라(골 2:2-3).

그리스도는 하나님의 신비를 드러내며, 특히 그리스도는 하나님을 아는 지식과 지혜로 충만하다. 아마도 지혜에 대한 가장 긴 반성인 고린도 교인들에게 보내는 서신의 시초에 바울은 지혜와 어리석음에 대하여 이야기한다(고전 1:18-2:16). 후에 우리는 그리스도인의 지혜에 관하여 이 구절의 일부를 인용할 것이다(고전 2:10-12). 여기서 우리는 그리스도에 대하여 이 구절에서 바울이 말한 것에 초점을 맞출 것이다.

이 세상의 지혜와 하나님의 지혜를 대조하는 상황에서 바울은 왜 그의 선포의 초점이 십자가에 못박히신 그리스도 곧 "하나님의 능력이요 하나님의 지혜"인 그리스도인지(고전 1:24)를 설명한다. 조금 후에 바울은 고린도에 있는 그리스도인들에게 "너희는 하나님으로부터 나서 그리스도 예수 안에 있고 예수는 하나님에게서 나와서 우리에게 지혜와 의로움과 거룩함과 구원함이 되셨으니"(고전 1:30)라고 확신시킨다. 바울은 하나님의 지혜와 신비가 다른 분이 아니라 그리스도라고 선포함으로써 높인다(고전 1:27).

그리하여 복음서와 바울은 예수님이 지혜롭고 심지어 초자연적으로 그렇다고 아주 분명히 한다. 예수님은 하나님의 지혜 자체이다. 따라서 우리는 신약성경의 저자들이 때로 예수님을 여성 지혜(Woman Wisdom) 자체와 연결하는 것에 놀라지 않는다.

2. 여성 지혜인 예수

1) 신약성경

복음서와 바울의 증언은 예수님을 전례가 없는 지혜로운 사람으로 함께 선언한다. 예수님은 구약성경에서 묘사된 지혜의 구현이다. 예수님은 정말로 궁극적인 현자이다. 그러나 예수님은 궁극적인 현자 그 이상이다. 예수님을 여성 지혜와 연결함으로써 신약성경의 저자들은 예수님이 보통 인간의 지혜를 초월한다고 선언한다.

앞의 연구에서 우리는 여성 지혜는 최소한도 여호와 지혜의 의인화라는 것을 관찰했었다. 그러나 우리는 그 도시의 가장 높은 곳에 그녀의 집이 위치한다는 것을 통하여 여성 지혜는 다름 아닌 여호와 자신이라고 계속해서 주장했다.[3]

첫째, 우리는 마태복음으로 향한다. 마태복음은 예수님이 여성 지혜와 바로 이런 관계가 있다고 주장하는 것으로 묘사한다. 예수님의 이 다소 축제를 하는 듯한 삶의 방식에 불평하는 유대 지도자들에 반응하여 예수님은 그들이 금욕적인 삶을 산 세례요한에게 비판적이었다는 것을 그들에게 상기시킨다.

> 요한이 와서 먹지도 않고 마시지도 아니하매 그들이 말하기를 귀신이 들렸다 하더니 인자는 와서 먹고 마시매 말하기를 보라 먹기를 탐하고 포도주를 즐기는 사람이요 세리와 죄인의 친구로다 하니 지혜는 그[그녀의] 행한 일로 인하여 옳다 함을 얻느니라(마 11:18-19).

"그러나 지혜는 **그녀의** 행한 일로 인하여 옳다 함을 얻느니라."

---

3 제1장을 보라.

그리스어는 분명하다. 예수님은 추상적이거나 개념으로서의 지혜에 대하여 말하고 있지 않다. 예수님은 자신과 자신의 행동을 여성 지혜와 연결하고 있다.

둘째, 우리는 요한복의 서문으로 향한다. 요한복음의 서문은 잠언 8장을 반향하는 말들로 시작한다.

> 태초에 말씀이 계시니라 이 말씀이 하나님과 함께 계셨으니 이 말씀은 곧 하나님이시니라 그가 태초에 하나님과 함께 계셨고 만물이 그로 말미암아 지은 바 되었으니 지은 것이 하나도 그가 없이는 된 것이 없느니라 그 안에 생명이 있었으니 이 생명은 사람들의 빛이라 빛이 어둠에 비치되 어둠이 깨닫지 못하더라(요 1:1-5).

물론 요한복음의 서문은 창세기의 시작("태초에 하나님이 천지를 창조하시니라," 창 1:1)을 반영한다. 그러나 요한복음을 연구하는 학자들은 금방 잠언 8장을 반영하는 것을 알아차린다. 잠언 8장은 여성 지혜가 창조에서 한 역할을 묘사한다(잠 8:22-31).

셋째, 골로새서에서 우리는 바울이 외치는 승리의 선포를 듣는데, 이것은 훨씬 더 요점에 맞는 예이다.

> 그는 보이지 아니하는 하나님의 형상이시요 모든 피조물보다 먼저 나신 이시니 만물이 그에게서 창조되되 하늘과 땅에서 보이는 것들과 보이지 않는 것들과 혹은 왕권들이나 주권들이나 통치자들이나 권세들이나 만물이 다 그로 말미암고 그를 위하여 창조되었고 또한 그가 만물보다 먼저 계시고 만물이 그 안에 함께 섰느니라(골 1:15-17).

"모든 피조물보다 먼저 나신 이"라는 언어는 분명히 우리에게 여성 지혜를 생각나게 한다.

여호와께서 그 조화의 시작 곧 태초에 일하시기 전에 나를 가지셨으며 만
세 전부터, 태초부터, 땅이 생기기 전부터 내가 세움을 받았나니 아직 바다
가 생기지 아니하였고 큰 샘들이 있기 전에 내가 이미 났으며 산이 세워지
기 전에, 언덕이 생기기 전에 내가 이미 났으니(잠 8:22-25).

게다가 바울의 "주권들이나 통치자들이나 권세들"이란 언급은 잠언 8:15-16을 생각나게 한다. 거기서 여성 지혜는 이렇게 주장한다.

나로 말미암아 왕들이 치리하며
방백들이 공의를 세우며
나로 말미암아
재상과 존귀한 자
곧 모든 의로운 재판관들이 다스리느니라(잠 8:15-16).

넷째, 우리는 요한계시록 3:14로 향한다. 여기서 요한은 라오디게아 교회에 보내는 편지에서 "아멘이시요 충성되고 참된 증인이시요 하나님의 창조의 근본이신 이가 이르시되"라고 기록한다. 개역개정으로 읽으면 잠언 8장의 여성 지혜와의 연결을 보기 어렵다.

그러나 "근본"이라고 번역된 그리스어는 아르케(*archē*)로 잠언 8:30에만 나타나는 희귀한 히브리어(아몬['*āmôn*])에 대한 고대 그리스어 번역에서 사용된 단어이다. 그리스어를 읽는 계시록을 기록한 저자나 독자는 이 단어와 여성 지혜와의 연결을 보았을 것이다.

신약성경의 증언은 예수님이 여성 지혜와 연결되어 있다는 것이다. 예수님은 여성 지혜의 구현이다. 우리가 예수님이 여성 지혜(Woman Wisdom)와 연결되어 있다는 것을 아주 조심스럽게 말하고 있다는 것을 주목하라. 우리는 동일시라는 말들을 사용하기를 피해 왔다. 우리는 이제 왜 그런지 숙고할 것이다.

2) 동일시가 아니라 연결

신약성경은 최소한 네 경우에(마 11:18-19; 요 1:1-5; 골 1:15-17; 계 3:14) 예수님을 여성 지혜를 생각나게 하는 언어로 묘사한다. 이것은 분명하다. 수 세기 동안 논쟁되어 온 것은 이 관계의 정확한 본질에 관한 것이다. 알다시피 예수님과 지혜 관계의 본질에 대한 문제는 기독론적 논쟁(christological controversies)의 중심이다.

이 논쟁의 뿌리는 아리우스(Arius)의 논쟁적인 가르침으로 거슬러 올라간다. 아리우스는 알렉산드리아와 이집트에서 영향력 있는 기독교 감독(presyter)이었다. 아리우스는 예수님은 피조물 가운데 첫 번째로 나셨기 때문에(잠 8:22-25; 요 1:1-5; 골 1:15-17) 하나님께 종속된다고 가르쳤다. 그는 하나님(아버지)이 아들보다 더 우월하다는 것을 의미하는 다른 구절들을 취했다("아버지는 나보다 크심이라." 요 14:28).

아리우스를 따르는 사람들을 아리우스파(Arians)라 부르고 아리우스의 사상 체계를 아리우스주의(Arianism)라고 부른다. 아리우스는 주후 325년에 제1 니케아 공의회(the First Council of Nicea)에서 이단으로 선언되었고 그 선언이 주후 381년에 콘스탄티노플의 제1 공회(the First Council of Constantinople)에서 다시 확증되었다.

아리우스의 주된 신학적인 반대자인 아타나시우스(Athanasius)의 영향 아래 니케아 신경은 예수님을 "하나님에게서 온 하나님이요 빛으로부터 온 빛이요 참 하나님에게서 온 참 하나님"이라고 선언했다. 콘스탄티토플 신경에 따르면 예수님은 "피조된 것이 아니라 나셨다"(begotten, not made). 정말로 예수님은 아버지가 항상 아버지이기 때문에 영원히 나셨다(eternally begotten).

여성 지혜에 관하여 아리우스의 문제는 그가 잠언 8장과 신약성경에서의 사용을 ① 시(poem)가 아니라 문자적(literally)으로, ② 예수님에 대한 예언적인 언급(prophetic statement)으로 취한 것이다. 그리하여 그와 그의 추종자들은 예수님을 신약성경의 저자들이 둘 사이를 연결하고 있었다는 것을 인식하지 못하고 여성 지혜와 예수님을 동일시하였다.

잠언 8장이 시라는 것은 자세한 변호가 필요 없는 분명한 점이다. 시의 요점은 여성 지혜의 의인화이다. 우리가 의인화의 정확한 본질에 대하여는 논쟁할 수 있지만(그녀가 하나님의 지혜 속성을 묘사하는가 아니면 하나님 자신을 묘사하는가?, 제1장을 보라), 여성 지혜가 의인화되었다는 것은 의심의 여지가 없다. 잠언 8장은 히브리어 시의 다른 모든 특징을 담고 있다(특별히, 평행법[parallelism]과 비유적인 언어들[figurative language]). 여기에 두 가지 범주 오류(category mistake)가 있다.

첫 번째 범주 오류는 문자적으로 언어를 다루는 것(그녀를 하나님의 창조의 첫 번째 행위에 대한 묘사와 같이 다루는 것)이다.

두 번째 범주 오류는 이 심오하고 강력한 시를 예수님이 성취하는 예언으로 다루는 것이다. 다시 한번 여성 지혜는 그 뒤에 성육신한 예수(incarnate Jesus)에 대한 묘사가 아니다. 신약성경이 그리는 연관성은 예수님이 하나님 지혜의 바로 그 구현이라는 중요한 점을 강조하지만, 신약성경의 본문은 예수님이 잠언 8장의 지혜 교사에 의해 주어진 모든 세부 사항에서 여성 지혜와 같다고 주장하는 것은 아니다.

비록 아리우스가 1500년 전에 살았지만, 아리우스의 영향은 예수님이 아버지와 동등하지 않다는 것을 주장하기 위하여 잠언 8장과 그것을 반영하는 신약성경 구절들을 사용하는 사람들 사이에서 오늘날도 계속된다. 말일성도예수그리스도교회(the Church of Jesus Christ of Latter-day Saints, 몰몬교[Mormonism])가 대표적인 예이다. 그러므로 잠언 8장을 잘못 이해하는 것을 살피는 것은 여전히 적절한 일이다.

정말로 최근에 신학적인 논쟁을 불러일으키도록 잠언 8장을 잘못 다루는 사람들이 있다. 이들 가운데 가장 악명 높은 것은 어떤 극단적인 여권운동 신학자들(feminist theologians)과 교회 지도자들 사이에 일어나고 있는 소위 소피아 운동(Sophia movement)이다. 하나님과 인간 사이에서 폭력의 행위를 통한 구속을 성취하는 남성 중보자를 멸시하는 소피아 신학을 옹호하는 자들은 예수님에 대한 존경을 여성 중보자('소피아,' 지혜에 대한 그리스어)에 대한 존경으로 대체한다.

이들은 또한 성찬식을 거절한다. 이들은 이 예식(구세주의 몸과 피를 상징하는 떡과 포도주)이 전통적인 기독교의 폭력을 강조한다고 믿기 때문이다. 그들은 성찬식을 꿀과 우유를 사용하는 예식으로 대체한다. 이 운동자들은 자신들의 믿음을 1993년 미네아폴리스(Minneapolis) 공예배 때 아주 공개적으로 표현했다. 심지어 상대적으로 허용적인 교단들조차 이 운동으로부터 자기 교단을 멀리했으며 그 때 거기에 참여한 성직자들을 징계했다.[4]

잠언 8장의 여성 지혜의 이미지를 잘못 사용하는 이 역사적·동시대적 예들로부터 우리는 이 중요한 구절들에 대한 세심한 해석이 중요하다는 것을 이해하게 된다.

3) 잠언 9장에 대한 기독교인들의 독법

잠언 9장은 독자들로 하여금 잠언의 결정적인 곳에서 한 선택에 직면하도록 만든다(제1장에서 자세하게 다룬 것을 보라). 잠언들 자체로 구성된 두 번째 부분을 시작하기 전에, 잠언 9장은 담화(discourses)혹은 말(speeches)로 구성된 잠언의 첫 번째 부분을 마치려고 한다. 담화들에서 그 대상인 젊은이들은 인생 여정을 상징하는 길을 걸어가는 것으로 묘사된다.

잠언 9장에서 이 길은 여성 지혜의 웅장한 일곱 기둥을 가진 집이 있는 산으로 뻗어 있다. 거기로부터 그녀는 화려한 식사를 위하여 그녀와 연합하도록 젊은이들을 초청한다. 식사는 친밀하고 깊은 교제로의 초대를 상징한다.

---

4   제13장의 마지막에 논한 소피아 운동에 대한 나의 추가적인 논의를 보라.

잠언 9장 마지막에 젊은이들은 어리석음으로 이름 붙여진 여인(여성 어리석음-역주)으로부터 두 번째 초청을 받는다. 그녀도 젊은이들과 관계를 원하지만, 그녀의 의도는 악하고 죽음으로 인도하며, 여성 지혜의 생명을 주는 의도와는 정반대된다. 그러므로 해설자는 젊은이들에게 어리석음의 초대를 거절하라고 경고한다.

젊은이들은 잠언의 교훈을 받는 암시된 청자들이며, 따라서 모든 이어지는 실제적인 독자들로서 그들은 모두 여성 지혜와 식사를 할 것인지 혹은 여성 어리석음과 식사를 할 것인지에 대한 선택에 직면해 있다. 앞에서 우리가 구약성경의 문맥 속에서 잠언 8장을 더 자세히 조사한 것에서 우리는 여성 지혜가 여호와의 지혜 곧 여호와 자신을 상징한다고 주장했다.

결국 그녀의 집은 그 도시의 가장 높은 곳 곧 성전이 있는 곳에 있다(잠 9:3). 여성 어리석음의 집도 그 도시의 높은 곳에 있으므로(잠 9:14) 그녀도 신을 대표하는데, 그녀의 경우는 참신이신 여호와 예배를 대항하여 서 있는 거짓 남신들과 여신들로 바알, 아세라, 아낫, 마르둑, 이스타르와 같은 우상들을 가리킨다.

그러므로 기독교인 독자는 참 하나님과의 관계와 이방인들의 거짓 신들과의 관계 사이에서 해야 할 선택을 이해한다. 그러나 여성 지혜와 그리스도 사이의 결합에 대한 신약성경의 빛에서, 그리고 성경 하나님의 삼위일체의 본질에 대한 계시의 빛에서 그리스도인은 잠언 9장을 깊고 생명을 주는 예수님과의 관계와 예수님을 통한 하나님과의 관계와 경쟁하는 그 무엇과의 관계 사이에서의 선택으로 읽는다.

4) 결론

잘 알려진 것처럼 신약성경은 예수님을 최고의 왕(메시아/그리스도)과 궁극적인 선지자(행 3:22)로, 그리고 최고의 제사장("멜기세덱의 반차를 따르는," 히 6:13-7:17)으로 묘사한다. 복음서의 묘사와 서신서의 단언, 그리고 여성 지혜와의 연결을 통하여 예수님은 궁극적인 현자로 제시된다.

잠언 9장에 대한 그리스도인의 독법은 여성 지혜이신 예수님과 식사를 할 것인지, 아니면 우리의 삶의 중심 자리에서 그리스도를 대체하는 다른 것 혹은 다른 인격과 식사를 할 것인지의 결정으로 이해하는 것이다. 그리스도인에게는 지혜롭게 사는 것은 성경을 통하여 그리스도가 말할 때 그리스도의 음성에 청종하는 것을 포함한다.

3. 신약성경에서의 그리스도인의 지혜

이 장의 첫 번째 부분에서 우리는 어떻게 신약성경이 예수님을 궁극적인 현자로 묘사하고 어떻게 예수님을 여성 지혜와 연결하는지에 초점을 맞추었다. 메시지는 신약의 그리스도인 청중들에게 분명하다. 즉 지혜롭게 되는 것은 하나님과의 관계 안에 있는 것을 의미한다는 것이다. 왜냐하면, 하나님이 자신을 성육신 속에 나타내셨기 때문이다. 우리는 신약성경이 지혜와 신약성경에서 삼위일체의 세 번째 위인 성령이신 하나님의 영과의 밀접한 연결을 계속한다는 것을 또한 볼 것이다.

이 장의 나머지 부분에서 우리는 신약성경에서 제시된 지혜의 본질을 탐구한다.

'무엇이 그리스도인의 지혜인가?'

'신약성경의 저자들은 어떻게 그리스도인의 지혜를 묘사하는가?'

우리가 아마도 놀라지 않고 보게 될 것처럼 신약성경의 지혜는 경외함을 특징으로 하는 성부와 성자와 성령 하나님과의 관계와 함께 시작하는 구약성경의 지혜의 주제를 계속 이어간다.

1) 두려움과 떨림으로 우리의 구원을 이루기

성경의 하나님을 만나고 매력적으로 믿도록 만들기 위하여 오늘날 많은 그리스도인 지도자는 하나님의 사랑과 신약성경의 예수님을 우리의 친구로 묘사하는 것을 장려한다. 그는 우리를 사랑하며 우리는 그의 희생적인 사랑에 그를 향한 우리의 애정으로 반응해야 한다는 것이다. 그리고 계속해서 주장하기를 만일 우리가 하나님을 사랑하면 우리는 그를 두려워할 필요가 없다는 것이다. 정말로 요한일서 4:18이 하나님에 대한 이 견해를 증명하는 구절로 인용될 수 있다.

> 사랑 안에 두려움이 없고 온전한 사랑이 두려움을 내쫓나니 두려움에는 형벌이 있음이라 두려워하는 자는 사랑 안에서 온전히 이루지 못하였느니라 (요일 4:18).

그러므로 만일 한 사람에게 두려움이 있다면, 그들의 사랑은 아직 완전하지 않은 것처럼 보인다.

물론 복음에 대한 이러한 이해는 옳다. 그러나 이 이해는 부분적이고 진리를 중대하게 오해하는 것이다. 우리의 견해는 그리스도인은 하나님을 경외해야 한다는 건전한 신약성경의 교훈에 주목함으로써 교정된다. 지상 사역 기간 동안 예수님은 그를 경청하는 사람들에게 이렇게 교훈하셨다.

> 내가 내 친구 너희에게 말하노니 몸을 죽이고 그 후에는 능히 더 못하는 자들을 두려워하지 말라 마땅히 두려워할 자를 내가 너희에게 보이리니 곧 죽인 후에 또한 지옥에 던져 넣는 권세 있는 그를 두려워하라 내가 참으로 너희에게 이르노니 그를 두려워하라 (눅 12:4-5).

우리는 또한 복음서로부터 하나님은 당신을 경외하는 자를 복 주신다는 것을 배운다. 그리스도가 태어나기 전에 마리아의 노래는 "긍휼하심이 두려워하는 자에게 대대로 이르는도다"라고 선포한다(눅 1:50).

우리는 베드로가 고넬료에게 하나님은 유대인만이 아니라 이방인도 사랑하신다는 것을 깨달은 것에 관하여 말하는 것을 생각할 수 있다.

> 베드로가 입을 열어 말하되 내가 참으로 하나님은 사람의 외모를 보지 아니하시고 각 나라 중 하나님을 경외하며 의를 행하는 사람은 다 받으시는 줄 깨달았도다(행 10:34-35).

초대 교회는 하나님을 경외하는 사람들로 묘사되었다.

> 그리하여 온 유대와 갈릴리와 사마리아 교회가 평안하여 든든히 서 가고 주를 경외함과 성령의 위로로 진행하여 수가 더 많아지니라(행 9:31).

바울은 자신이 복음을 전하는 동기를 하나님을 경외하는 것으로 돌린다.

> 우리는 주의 두려우심을 알므로 사람들을 권면하거니와 우리가 하나님 앞에 알리어졌으니 또 너희의 양심에도 알리어지기를 바라노라(고후 5:11).

신약성경이 하나님을 경외한다는 것은 단순히 존경한다는 것 이상이라는 것은 바울이 디도가 하나님을 경외하는 것에 대하여 진술하는 것으로부터 분명해진다.

> 그[디도]가 너희 모든 사람이 두려움과 떪으로 자기를 영접하여 순종한 것을 생각하고 너희를 향하여 그의 심정이 더욱 깊었으니(고후 7:15).

그리고 또한 이것은 빌립보 교회를 향한 바울의 권고에서 분명해진다.

> 항상 복종하여 두렵고 떨림으로 너희 구원을 이루라(빌 2:12).

이들 구절과 다른 많은 구절은 그리스도인의 믿음은 순종으로 이끄는 경외함, 즉 놀랍고 영광스러운 하나님의 거룩하심 앞에서 우리를 떨게 만드는 주를 경외함으로 특징지어진다는 것을 분명히 한다. 완전한 사랑을 몰아내는 두려움은 다른 사람이나 환경에 대한 두려움이다. 만일 우리가 하나님을 온전히 사랑한다면 하나님을 경외함과 연결되어 있어 다른 어떤 것과 다른 누구를 경외할 여지를 남기지 않는다.

2) 신약성경의 지혜서: 야고보서

아마도 예수님의 형제인 야고보는 그의 이름을 딴 책을 그의 글의 수신자들에게 서신서의 인사로 보이는 것과 함께 시작한다.

> 흩어져 있는 열두 지파에게 문안하노라(약 1:1).

이 말은 편지를 여는 말같이 보이지만 마지막에 친숙한 인사가 빠져 있다. "흩어져 있는 열두 지파"는 유대인 디아스포라에 대한 언급이지만 이 경우에 이것은 유대인 배경을 갖고 있던 이방인 배경을 갖고 있던 단순히 모든 그리스도인을 언급하는 하나의 방식일 것이다. 왜냐하면, 그리스도인은 정말로 나라들에 흩어져 있기 때문이다.

지혜는 표제에 이어지는 첫 번째 단락에서 나타난다. 박해에 직면해 있는 그의 독자들을 격려하는 가운데 그는 다음과 같이 충고한다.

> 너희 중에 누구든지 지혜가 부족하거든 모든 사람에게 후히 주시고 꾸짖지 아니하시는 하나님께 구하라 그리하면 주시리라(약 1:5).

여기서 야고보는 하나님이 지혜의 유일한 근원이라는 구약성경의 강력한 가르침을 확언한다. 여성 지혜가 그녀를 찾는 자들에게 지혜를 주는 것과 같은 방식으로, 그는 지혜를 구하는 자에게 지혜를 주시는 하나님께 구하도록 격려한다.[5] 지혜는 피신하는 교회가 박해의 요동치는 바다를 항해하는 것에 도움을 주는 자질이다.

야고보는 또한 인생이 덧없음에 민감하며 그것을 가난한 사람들의 고군분투와 부자들의 자랑에 적용한다.

> 부한 자는 자기의 낮아짐을 자랑할지니 이는 그가 풀의 꽃과 같이 지나감이라 해가 돋고 뜨거운 바람이 불어 풀을 말리면 꽃이 떨어져 그 모양의 아름다움이 없어지나니 부한 자도 그 행하는 일에 이처럼 쇠잔하리라(약 1:10-11).

여기서 우리는 즉시 시편 73편을 생각한다. 시편 73편은 지혜시로 시인은 악한 부자가 오래 지속하지 않을 것이라는 사실에서 위로를 찾는다. 혹은 우리는 시편 49편을 생각한다. 이 시는 부자를 포함하여 모두가 죽는다고 말한다. 전도서에서 코헬렛은 인생의 덧없음을 또한 반성한다.

야고보는 합당한 말과 감정을 표현하는 것을 통제하는 것과 같은 지혜의 핵심에 대하여 말한다. 예를 들어 야고보서 1:19-20에서 발견되는 충고를 숙고하라.

---

5   하나님은 지혜를 구하는 사람에게 지혜를 주실 것이다. 그러나 그런 하나님의 반응은 수신자들이 완전히 성숙한 지혜로 움직여 간다는 것을 의미하지 않는다. 하나님께 지혜를 구하는 것은 삶으로 인도하는, 계속해서 자라는 지혜의 바른길로 우리를 올려놓는다.

> 내 사랑하는 형제들아 너희가 알지니 사람마다 듣기는 속히 하고 말하기는 더디 하며 성내기도 더디 하라 사람이 성내는 것이 하나님의 의를 이루지 못함이라(잠 8:32-34; 11:16; 15:31; 17:18; 27:2; 30:33을 참고하라).

합당한 말에 대한 야고보의 지혜는 또한 "하나님 아버지 앞에서 정결하고 더러움이 없는 경건은 곧 고아와 과부를 그 환난 중에 돌보고 또 자기를 지켜 세속에 물들지 아니하는 그것이니라"(약 1:26)는 진술과 "우리가 주 아버지를 찬송하고," "하나님의 형상대로 지음을 받은 사람을 저주"할 수도 있는 강력한 혀에 대한 가르침에서도 발견된다(약 3:9; 또한, 3:1-12을 보라). 더 나아가 야고보는 4:1-3에서 싸움과 다툼 안에 있는 뿌리를 분석한다.

야고보서 3장은 "너희 중에 지혜와 총명이 있는 자가 누구냐"(약 3:13)라고 묻는 중에 두 가지 형식의 지혜에 대한 고찰로 마친다. 야고보는 "성결하고 화평하고 관용하고 양순하며 긍휼과 선한 열매가 가득하고 편견과 거짓이 없는," "위로부터 내려온 지혜"를 묘사함으로써 그의 대답을 시작한다(약 3:17-18). 야고보는 이 지혜를 "위로부터 내려온 것이 아니요. 땅 위의 것이요 정욕의 것이요 귀신의 것이니 시기와 다툼이 있는 곳에는 혼란과 모든 악한 일이 있는" 지혜와 대조한다(약 3:15-16).

잠언을 낸 현자의 교훈과 야고보서의 또 다른 연결이 하나님의 뜻을 고려하지 않는 자들을 조롱하는 것, 곧 다시 한번 인생의 덧 없음 속에서 나타난다.

> 들으라 너희 중에 말하기를 오늘이나 내일이나 우리가 어떤 도시에 가서 거기서 일 년을 머물며 장사하여 이익을 보리라 하는 자들아 내일 일을 너희가 알지 못하는도다 너희 생명이 무엇이냐 너희는 잠깐 보이다가 없어지는 안개니라 너희가 도리어 말하기를 주의 뜻이면 우리가 살기도 하고 이것이나 저것을 하리라 할 것이거늘 이제도 너희가 허탄한 자랑을 하니 그러한 자랑은 다 악한 것이라 그러므로 사람이 선을 행할 줄 알고도 행하지 아니하면 죄니라(약 4:13-17).

이것과 우리는 다음을 비교할 수 있을 것이다.

마음의 경영은 사람에게 있어도
말의 응답은 여호와께로부터 나오느니라(잠 16:1).

너의 행사를 여호와께 맡기라
그리하면 네가 경영하는 것이 이루어지리라(잠 16:3).

사람이 마음으로 자기의 길을 계획할지라도
그의 걸음을 인도하시는 이는 여호와시니라(잠 16:9).

야고보서 5장은 구약성경의 지혜 문헌으로부터 친숙한 추가적인 주제들로 마친다. 첫 번째 단락(약 5:1-6)은 가난한 사람들을 착취하는 부자들을 정죄하며(잠 28:27; 29:7) 부자들의 재산이 곧 사라질 것을 경고한다(시 49, 73편; 잠 11:18).

다음 단락에서 야고보는 그의 독자들에게 고난 속에서 인내할 것을 권고한다. 주께서 정말로 오실 것이고 그들을 그들의 박해 속에서 구원하실 것이지만 그 동안 이들은 "길이 참고 마음을 굳건하게"(약 5:8) 해야 할 필요가 있다. 이 문맥은 고난받는 그리스도인들이 채용해야 할 태도의 예로 욥에게 분명히 호소하는 것을 포함한다. 대부분 야고보서의 현대 역본들은 NIV를 따라서 번역하는 것을 택한다.

여러분이 알듯이 우리는 인내하는(persevered) 사람을 복되다고 여깁니다. 여러분이 욥의 인내(perseverance)를 들었고 주께서 결국에 가져오신 것이 무엇인지 보았습니다(약 5:11; NRSV는 'perseverance'[인내]보다는 'endurance'[견딤]을 사용한다는 것을 참고하라).

그리스어 히포모네(*hypomonē*)의 번역인 "인내"는 전통적인 번역인 "욥의 참음"(the patience of Job, KJV를 보라)과 다르다. 현대 역본들은 차이가 있을 때 거의 항상 전통적인 번역을 개선하지만 나는 여기의 경우는 그렇지 않다고 생각한다.

참음은 바라는 목표를 위하여 수동적으로 기다리는 것이다. 그에 반하여 인내 혹은 견딤은 목표가 성취될 때까지 견디는 동안 불평이나 싸우는 것을 허락한다. 야고보서 5:11에 대한 현대 번역은 성경의 욥이 참는다(patient)는 사실로부터 도출된다.

그러나 문제는 야고보가 성경의 욥에 직접 호소하고 있는 것인지, 아니면 욥기가 기록될 때 널리 알려진 욥의 유언(Testament of Job, 위의 제14장을 보라)의 프리즘을 통해 욥을 바라보고 있는 것인지 의문이 일어난다. 욥의 유언(Testament of Job)에서 주인공은 참음의 전형이다.[6] 그러나 역본들이 히포모네를 어떻게 번역하든, 욥에 대한 야고보의 의도는 구약성경의 지혜문헌이 그의 생각과 글에 영향을 주었음을 강조하는 것이다.

4. 구약성경과 신약성경의 성령과 지혜

궁극적인 현자로서의 예수님에 관한 우리의 연구는 성경에서 지혜와 하나님의 영(성령) 사이의 밀접한 연결을 등한시해서는 안 된다. 구약성경에서 성령의 역할은 결정하기가 쉽지 않다. 왜냐하면, 삼위일체에 대한 성경의 가르침은 신약성경에서 형성되기 시작할 뿐이기 때문이다. 확실히 구약성경은 하나님의 영에 대하여, 말하지만 신격(아버지, 아들, 성령) 안에서 한 위격으로

---

6 Balentine(*Have You Considered My Servant Job?*, 15-49)은 참음의 모범으로 욥의 성격이 어떻게 발전해 나가는지 성경책으로부터 70인역, 욥의 유언(Testament of Job), 신약성경의 야고보서, 그리고 중세 시대까지(Gregory the Great's *Moralia in Job* [sixth century]) 추적한다.

서 성령에 대한 충분히 발전된 이해 속에서 말하지는 않는 듯이 보인다.

결국 하나님은 영적인 존재이시고 (하나님의) 영은 대략 하나님과 동의어이며 우리는 마치 구약성경이 하나님의 삼위일체적인 본질에 대하여 통찰력을 가진 것처럼 구약성경을 읽어서는 안 된다.[7]

그럼에도 구약성경이 하나님의 영에 대하여 어떻게 말하는가와 신약성경이 성령에 대하여 어떻게 말하는가 사이에는 연속성이 존재한다.[8] 구약성경은 여러 흥미로운 구절들에서 영과 지혜 사이의 밀접한 연관을 증언한다.

출애굽기 31장에서 하나님은 모세에게 회막을 건축하기 위하여 "하나님의 영을 그에게 충만하게 하여 지혜와 총명과 지식과 여러 가지 재주로"(출 31:3) 장인 브살렐(Bezalel)에게 충만케 하셨다고 말한다. 여기서 하나님의 영에 의해 부여된 지혜는 기술적인 솜씨와 연결된다.[9] 창세기에서 바로는 자신의 꿈을 해석하고 기근을 대비하는 계획을 세우는 것에서 하나님의 영으로부터 오는 요셉의 지혜를 인정한다.

> 바로가 그의 신하들에게 이르되 이와 같이 하나님의 영에 감동된 사람을 우리가 어찌 찾을 수 있으리요 하고 요셉에게 이르되 하나님이 이 모든 것을 네게 보이셨으니 너와 같이 명철하고 지혜 있는 자가 없도다(창 41:38-39).

신명기의 해설자가 "지혜의 영"이 충만한 여호수아에 대하여 이야기할 때 영과 지혜 사이의 연관을 말한다(신 34:9).

---

7   Walton, "Ancient Near Eastern Background," 66-67.
8   행 2:16-18은 성령이 오순절날 제자들에게 강림했을 때 욜 2:28을 인용한다.
9   Van Leeuwen("Cosmos, Temple, House")은 하나님에 의해 그의 지혜로 창조된 성전 같은 우주(잠 3:19-20; 8:22-23)와 하나님의 지혜에 의해 건설된 우주 같은 성전(출 31장)과 지혜로운 여인의 지혜에 의해 건축된 집(잠 14:1) 사이의 흥미로운 유사점을 지적한다.

잠언에서 여성 지혜(Woman Wisdom)는 그녀의 잠재적인 제자들에게 "내가 나의 영을 너희에게 부어 주며 내 말을 너희에게 보이리라"(잠 1:23)고 약속함으로써 호소한다.[10] 이사야의 예언은 영과 메시아와 지혜를 의미 있게 함께 연결한다.

> 이새의 줄기에서 한 싹이 나며
> 그 뿌리에서 한 가지가 나서 결실할 것이요
> 그의 위에 여호와의 영
> 곧 지혜와 총명의 영이요
> 모략과 재능의 영이요
> 지식과 여호와를 경외하는 영이 강림하시리니
> 그가 여호와를 경외함으로 즐거움을 삼을 것이며(사 11:1-3a).

예수님은 다시 한번 하나님의 지혜의 전형이다. 예수님은 성령이 비둘기 같이 그 위에 강림하고 성령이 광야로 몰아낸 분이다(막 1:9-13). 바울은 예수님의 지혜의 영적인 본질을 고찰한다.

> 오직 하나님이 성령으로 이것을 우리에게 보이셨으니 성령은 모든 것 곧 하나님의 깊은 것까지도 통달하시느니라 사람의 일을 사람의 속에 있는 영 외에 누가 알리요 이와 같이 하나님의 일도 하나님의 영 외에는 아무도 알지 못하느니라 우리가 세상의 영을 받지 아니하고 오직 하나님으로부터 온 영을 받았으니 이는 우리로 하여금 하나님께서 우리에게 은혜로 주신 것들을 알게 하려 하심이라(고전 2:10-12).

---

10 Longman, "Spirit and Wisdom."

5. 결론

신약성경의 지혜에 관한 우리의 연구는 구약성경과의 중요한 연속성을 본다. 예수님은 하나님의 지혜의 전형이거나 아마도 더 낫게 하나님의 지혜의 성육신(incarnation)이다. 예수님은 여호와의 영이 그 위에 머무는 분이다. 예수님의 기쁨은 여호와를 경외함에 있다. 그러므로 교회는 예수님과 관계를 갖도록 요청되고 지혜의 근본인 똑같은 경외를 보이고 가르치도록 요청된다.

그리스도인은 그리스도의 교훈에 순종하는 하나님을 경외하는 사람들이다. 야고보서는 그리스도인들에게 위(하나님)로부터 오는 지혜를 구하도록 주장하며 그 지혜를 말 속에서, 다른 사람들과의 관계 속에서, 그들의 계획 속에서, 그들의 돈을 주는 데서—정말로 모든 삶의 영역에서 드러낼 것을 권한다.

부록 1

21세기에서 지혜

우리의 연구는 구약성경의 지혜에 초점을 맞추었다. 이 책의 부제는 "이스라엘의 지혜"를 말한다. 왜냐하면, 비록 구약성경의 지혜가 이교도들의 지혜를 향하여, 예를 들어 선지자들이 주변의 문화와 종교를 향하여 갖는 자세와 다른 자세를 갖는다고 할지라도 우리는 이스라엘의 지혜가 세계 보편적인 현상의 하나일 뿐인 동시대의 다른 이교도들의 지혜들로부터 구별된다고 주장하기 때문이다. 결국 이스라엘의 지혜는 "여호와를 경외함"이 지혜의 근본이라는 주장으로 시작한다. 이스라엘의 하나님과 합당한 관계를 갖지 않으면 참된 지혜는 존재하지 않는다.

우리의 관심을 신약성경으로 돌리면, 우리는 예수님이 여성 지혜(Woman Wisdom) 자체인 하나님의 지혜의 전형으로 제시되는 것과 예수님을 따르는 사람은 성령으로 충만한, 지혜로운 하나님 경외자(God-fearers)가 되는 것으로 부르심받은 것 때문에 감명을 받는다. 이것이 암시하는 것은 지혜롭게 된다는 것은 예수님과 관계를 갖는다는 것을 의미한다.

그러나 20세기에서 지혜롭게 된다는 것은 무엇을 의미하는가?

최근 2007년에 신학자 데이비드 포드(David Ford)는 그리스도인의 지혜에 관한 그의 흥미로운 책을 이렇게 시작한다.

지혜는 대체로 서구에서 최근의 세기들에 쉽지 않은 때를 보냈다. 지혜는 젊고 현대화되고 혁신적이며 위험을 감수하는 탐험의 문화 속에서 종종 나이 든 사람들, 근대 이전의 전통적이고, 보수적인 경고와 연합되어 있었다.

그는 계속해서 "그것이 다시 돌아오고 있는지도 모른다"[1]라고 말한다. 지난 10년은 그의 예상을 확증하고도 남는다.

지혜는 교회에서만 아니라 더 넓은 문화에서 다시 유행하는 말이다. 최근의 한 예가 국영 라디오 NPR의 프로그램 '존재에 관하여'(On Being)의 사회자요 피보디상(Peabody award) 수상자이며 국가인류훈장(National Humanities Medal) 수여자인 크리스타 티펫(Krista Tippett)의 책『지혜롭게 되기: 인생의 신비와 기술에 관한 탐구』(*Becoming Wise: An Inquiry into the Mystery and Art of Living*, 2016)이다.

이 통찰력 넘치는 책은 우리가 특징 없는 영성으로 받아들여야 할 관점으로부터 잠언의 주제들을 생각나게 하는 방식으로 말과 몸과 사랑과 믿음과 소망과 같은 주제들을 탐구한다. 그녀는 그녀의 다소 엄격한 남침례교의 가정교육에 적대적이지 않고 쉐인 클레본(Shane Claiborne), 미로슬라프 볼프(Miroslav Volf), 월터 브루거만(Walter Brueggemann)과 같은 기독교 지도자들에게 고마워하면서도, 좁은 종교적인 범주로 분류되기를 원하지 않는 듯하다.

그러나 여전히 그녀의 도움이 되는 글은 우리로 실용적이고 윤리적인 차원에서 지혜는 정통 기독교 신학을 포용하는 사람들에게 제한되지 않는다는 것을 우리에게 상기키신다.

그러므로 다시 한번 우리는 물어야 한다.

20세기에 지혜는 어떠해야 하는가?

우리는 이 질문에 대하여 세 가지 차원 혹은 구성 부분(실용적·윤리적·신학적 차원)을 갖는 성경의 지혜에 대한 앞의 분석에 맞추어 두 부분으로 답할 것이다. 우리는 실용적이고 윤리적인 차원에서 21세기 지혜를 탐구함으로 시작할 것이다. 그리고 나서 우리는 신학적인 차원을 포함하는 21세기 지혜를 계속해서 논할 것이다.

---

1 Ford, *Christian Wisdom*, 1.

1. 21세기 이후의 지혜와 함께 인생을 항해하기

우리는 구약성경의 지혜에서 시작하여 중간기 시대를 통과하여 신약성경으로 이동하면서 이 시점까지 많은 영역을 다루었다. 우리는 주후 1세기로부터 지금까지 이 생각들의 수용에 대한 흥미로운 질문들을 대충 훑어보았으므로 이제 오늘날의 시대를 향하여 거대한 도약을 한다.[2]

우리의 관심은 지혜에 대한 고대 성경의 개념이 오늘날 우리 시대의 사회와 계속해서 관련이 있는지, 어떻게 관련이 있는지 하는 것이다. 놀랍게도 지혜가 교회의 영역에서만이 아니라 전반적인 사회에서도 어느 정도 부흥을 경험한다. 물론 지혜가 계속해서 연관이 있다는 이해는 그것이 공통점이 있을지라도 믿음의 사람들과 다른 사람들과는 다를 것이다.

위에서 언급한 것처럼 이 책에서 일찍이 행했던 성경적 지혜의 실용적이고 윤리적이고 신학적인 면들 사이의 구별이 이 시점에서 유용할 것이다. 대체로 서구 사회는 지혜를 처음 두 가지 면에 따라서 이야기하며 세 번째 면은 이야기하지 않는다. 그러나 믿음의 사람들은 만일 세 번째 면이 존재하지 않는다면 우리는 성경의 지혜("여호와를 경외하는 것이 지혜의 근본," 잠 1:7)를 정말로 취하지 않고 있는 것이라고 주장할 것이다.

게다가 우리가 아리스토텔레스(Aristotle)의 실용적인 지혜 혹은 이성(프로네시스[*phronēsis*])의 개념에 대하여 이야기하든, 공자(Confucius)의 어록을 이야기하든, 어떤 수의 고대 잠언 모음과 그 이상을 이야기하든 우리는 또한 하나 이상의 고대 지혜 전통이 존재한다는 것을 알아야 한다. 그리스도인들은 때로 배타적으로 정경적인 지혜에 초점을 맞추지만 다른 사람들은 성경적 지혜를 오늘날 삶에 도움이 되는 많은 통찰력의 자료들 가운데 하나로 다룬다.

---

2 지혜와 관련된 특별한 책들의 해석 역사는 Longman and Enns, *Dictionary of the Old Testament*에서 발견될 것이다.

믿음의 사람들은 잠언을 기록하고 모으고 편집한 사람들로부터 단서를 얻어야 한다. 일찍이 우리는 잠언은 이스라엘 안에서 기원한 것일 뿐만 아니라 이스라엘 나라 밖 특별히 애굽에서도 기원한 지혜로운 말들의 모음이라는 것을 관찰했다. 잠언을 통하여 그러나 특별히 지혜로운 사람들의 말들 안에서(잠 22:17-24:34) 우리는 아메네모페의 교훈과 같은 이집트의 교훈 텍스트들(Egyptian instruction texts)에 의해 영감 받은 듯이 보이는, 그러나 적용되고 상황화된 잠언들을 발견한다.[3] 가장 심오하고 근본적인 의미에서 지혜로운 것으로 간주하지 않을지라도 이집트의 현자들은 여전히 이스라엘의 현자들의 눈에 가치 있는 것으로 여겨졌다.

이 부록은 우리가 지혜의 계속되는 적실성(relevance)에 대한 고려를 제안할 뿐 모든 것을 망라하지는 않는다. 우리는 삶의 다양한 영역에서의 지혜의 효용에 대한 예들을 제공하고 구체적으로 그 이름 아래건 아니건 간에 21세기의 삶을 잘 살아가는 수단으로써 지혜를 제시하고자 하는 지난 몇십 년의 문헌을 조사한다.

1) 지혜롭게 삶을 살기

성경적인 의미에서 특별히 조망되지 않을지라도 지혜에 대한 생각은 단 골먼(Dan Goleman)의 영향력 있는 책 『감성 지능』(*Emotional Intelligence*)의 출판과 함께 공공의 영역으로 들어왔다. 심리학 박사 학위를 가지고 골먼은 IQ가 유일한 산정기준은 아니어도 인생 성공의 가장 중요한 산정기준이라는 공통된 생각의 가면을 벗기기 위하여 더 넓은 대중들에게 심리학자와 신경과학자의 연구를 소개한 과학 저널리스트이다.

이 책 이전의 세대에는 감성에 관한 과학적인 연구가 거의 없었다. 그러나 그의 책 이전과 분명히 그의 책 출판 이후 10년 안에 인간의 감성은 집

---

[3] 제9장과 Longman, "Proverbs"를 보라.

중적으로 자세히 연구되는 주제가 되어 왔다.

　IQ는 사실들에 숙달하고 문제들을 해결(일종의 "그것을 아는")하는 능력이다. 그에 반하여 감성 지능은 삶의 기술과 언제 말할지를 아는 것, 올바른 때에 올바른 일을 하는 것, 그 상황에 합당한 수준으로 합당한 감정을 표현하는 것(일종의 "어떻게 아는")을 측정한다.

　예를 들어 화(anger)를 보자. 골먼은 감성적으로 지적인 사람은 다음과 같다고 말한다.

> (감성적으로 지적인 사람은) 예를 들어 감성적인 자극을 제어하고 다른 사람의 내부의 느낌을 읽고 관계를 부드럽게 다룰 수 있다. 아리스토텔레스(Aristotle)의 표현대로 하면, 이것은 '화낼 사람에게 합당한 정도로 합당한 시간에 합당한 목적으로 그리고 바른 방법으로 화내는' 비범한 솜씨이다.[4]

　아리스토텔레스로부터 온 인용은 골먼이 그의 의견을 성경적인 지혜에만 근거하고 있지 않다는 것을 보여준다. 정말로 골먼은 이 책을 저술할 때 아무 곳에서도 성경적인 지혜에 대한 어떤 인식을 보이지 않는다. 그럼에도 불구하고 잠언을 아는 사람들은 누구나 감성 지능에 대한 골먼의 묘사는 대체로 성경 지혜 전통의 실용적인 차원과 어울린다는 것을 안다.

　어쨌든 인생의 성공은 무엇인가?

　다시 한번 골먼의 감성 지능의 묘사는 잠언의 현자가 성취하기를 소망했던 종류의 목표들을 반향한다. 이 목표들은 건강과 친구들과 가족과의 행복한 관계, 직업을 갖고 유지함으로써 생활비를 벌 수 있게 되는 것, 그리고 건강한 삶을 살아가는 것을 포함한다. 감성 지능이 그런 성공을 보증하지 못하지만, 우리가 성경적인 지혜에 대하여 일찍이 말했듯이(제11장을 보라) 그것은 열망하는 결론에 이르는 가장 좋은 길이다.

---

[4] Goleman, *Emotional Intelligence*, xiii.

그러므로 인생의 성공과 감성 지능 사이의 상관관계를 보여주는 그가 제시한 연구는 고대 성경적인 현자들이 제시한 지혜가 오늘날에도 유익을 준다는 것을 또한 지지한다. 인생의 성공 열쇠는 아마도 학교에서 좋은 점수로 측정된 높은 IQ라고 과거에 사람들은 믿었고 오늘날도 많은 사람이 여전히 믿는다. 많은 부모가 자신의 자녀들이 성공적인 커리어를 갖기를 소망하면서 인류 명문대학에 진학할 수 있도록 자신의 자녀들에게 학교에서 좋은 점수를 받도록 압력을 가한다.

이런 소망들은 때로는 실현되지만 아마 우리가 생각하는 것처럼 일관적이지는 않다. 결국 "성적이 A인 학생들은 성적이 C인 학생들을 위하여 일하는 성적이 B인 학생들을 가르친다"라는 격언에는 어떤 진리가 있다. 이 생각은 성적이 C였던 학생들이 그들의 모든 시간을 도서관에서 보내지 않았고 사람들과 상호 작용하고 우리가 감성 지능 혹은 지혜라고 부르는 것과 관련된 기술들을 습득하면서 밖에서 보냈다는 것이다.

감성 지능(지혜)과 연관된 자질은 성공과의 연관성을 분명히 한다. 골먼의 책으로부터 온 이 목록이 모든 것을 망라하지는 않지만, 이 목록으로부터 우리는 다시 한번 성경이 지혜에 대하여 가르치는 것을 그 목록이 얼마나 가깝게 반영하는지를 볼 수 있다. 감성 지능은 "자기 통제, 열정, 인내, 자기 스스로 동기부여하는 능력"[5]을 포함한다.

감성 지능은 또한 "자기 스스로 동기부여할 수 있는 능력과 좌절을 거스를 것을 고집하며 자극을 통제하고 만족을 연기하며 자신의 감정을 조절하고 고민이 생각하는 능력을 침몰시키도록 하지 않으며, 공감하고 소망하는 것 같은 능력들"[6]을 포함한다. 다시 말해 감성적으로 지적인 사람은 "인생의 변화들이 가져오는 역경 혹은 기회"[7]를 뚫고 나갈 수 있는 종류의 성격을 갖는다.

---

5 Goleman, *Emotional Intelligence*, xiii.
6 Ibid., 34.
7 Ibid., 36.

다시 한번, 감성 지능은 인생에서 성공의 보증은 아니지만 이것은 성공으로 가는 전형적인 통로이다. 아마 골먼의 감성 지능의 분석에 대한 논의를 마치기 전에, 우리는 IQ가 높은 사람들이 반드시 감성 지능도 높다고 말할 수 없지만 사람들은 지적 지능과 감성 지능을 둘 다 가질 수 있다는 것을 지적해야만 한다.

골먼의 저작은 감성 지능에 관하여 책을 쓰려는 다른 사람들을 아마도 다른 수준으로 자극했을 것이다.[8] 지혜로운 삶에 대한 이런 유명한 조사들은 지혜에 대한 성경적인 가르침, 즉 성경에서 직접 나온 것은 아니지만 우리가 지혜의 실용적이고 윤리적인 면이라고 부른 것과 커다란 유사성을 갖는다. 비록 신학적인 면이 부족하지만, 이 조사들은 성경적인 지혜에 대하여 기록한 이스라엘의 현자들이 이집트와 다른 고대 근동의 현자들에 분명히 매료되었고 그들로부터 배운 방식과 유사한 방식으로 우리에게 가치를 갖는다.

그리스도인은 자신들의 지혜는 참 하나님과 바른 관계에 확고히 근거해야만 한다는 것을 항상 기억해야 하지만 우리는 어떻게 인간이 세상에서 번성하는가에 대한 도움이 되는 이런 관찰로부터 여전히 배울 수 있다.

2) 지혜로 인도하기

잠언은 지혜가 지도자에게 필수적인 요구사항이라는 것을 분명히 한다. 지혜로운 지도자는 번성하는 공동체를 창조하지만 어리석은 공동체는 공동체를 파괴한다. 여성 지혜(Woman Wisdom)는 다음과 같이 선포한다.

---

8 이 장의 서론에서 언급된 Tippett 외에도 아래 David Brooks의 책에 나오는 참고문헌을 보라.

> 나로 말미암아 왕들이 치리하며
> 방백들이 공의를 세우며
> 나로 말미암아 재상과 존귀한 자
> 곧 모든 의로운 재판관들이 다스리느니라(잠 8:15-16).

왕에 관한 잠언의 많은 내용은 젊은 때 솔로몬처럼 경건하고 지혜로운 왕을 전제로 한다. 지혜로운 왕은 대체로 윤리적인 행위들을 고취하고 강조하며 공동체의 이익에 악한 것을 제거한다.

> 심판 자리에 앉은 왕은
> 그의 눈으로 모든 악을 흩어지게 하느니라(잠 20:8).

> 지혜로운 왕은 악인들을 키질하며
> 타작하는 바퀴를 그들 위에 굴리느니라(잠 20:26).

> 왕은 정의로 나라를 견고하게 하나(잠 29:4a).

잠언은 어리석은 악한 왕에게 경고하며 그가 미치는 손해를 포악한 동물이 미치는 손해와 비교한다.

> 가난한 백성을 압제하는 악한 관원은
> 부르짖는 사자와 주린 곰 같으니라(잠 28:15).

앞의 장들에서(제5, 6장) 우리는 솔로몬(그의 통치 초기), 요셉, 다니엘의 지혜로운 지도력을 조사했다. 그들 모두 그들의 지혜로운 행위와 결정과 행동을 통하여 자신들이 속한 공동체에 긍정적인 유익을 가져왔다.

마크 스트롬(Mark Strom)은 최근의 책에서 21세기의 사회를 통하여 사업과 정치와 군사에서 지도자들에게 지혜가 중요함을 조사한다.[9] 이 책의 전제는 "잘 인도하는 것은 인생에게 지혜를 가져다주는 것"[10]이다.

스트롬은 성경 연구로 훈련받았지만 정경적인 지혜만이 아니라 다양한 문화와 세대로부터 온 지혜를 언급한다.

"그것(지혜)는 고대 근동으로부터 미국의 처음 사람들까지의 전통에서 발견된 오래된 생각이다."[11]

스트롬은 우리가 실용적인 수준이라고 부르는 삶의 기술에 관한 지혜에 주로 접근한다. 그는 삶의 패턴들을 발견하는 것이 중요하다고 가르친다 ("나는 분별력으로 삶의 패턴을 읽고 성실하고 조심스럽게 당신의 통찰력을 적용하는 것을 지혜라고 생각한다. 그리고 나는 지도력을 인간 경험의 패턴으로 본다").[12]

잠언의 현자들처럼 스트롬은 지도자들에게 패턴들을 읽고 그 안으로 살기 위하여 자신들의 경험에 참여하고 주의를 기울일 것을 충고한다. 지혜로운 지도력의 맥락에서 스트롬은 신중하게 사람을 임명할 것과 대화할 것을 장려한다. 그가 바르게 말하듯이 말은 실재를 형성한다. 그리고 성경적인 지혜가 현명한 시점을 강조하는 것처럼 올바른 사람에게 올바른 때에 올바른 말을 하는 것은 중요하다. 스트롬은 지혜로운 영향력의 중요성을 설명한다("관계들은 변화를 가져오거나 파괴한다").[13]

지혜의 실용적인 차원이 많이 강조되지만, 윤리적인 차원도 간과되지 않는다. 스트롬은 "지혜는 지식의 축적이 아니라 마음의 깊은 경향성(orientation)으로부터 솟아난다"[14]라고 이해한다. 정말로 윤리적인 지혜가 없이 실용적인 지혜만 있는 지도자는 전혀 지혜롭지 못하다.

---

9   Strom, *Lead with Wisdom*.
10 Ibid., 27.
11 Ibid.
12 Ibid., xi.
13 Ibid., 49.
14 Ibid.

누군가는 삶을 잘 읽고 좋은 판단력을 가지고 있을지 모른다. 그러나 만일 그의 개인적인 신실성이 문제가 되면 우리는 그를 영리하거나 교활하다고 부르지 결코 지혜롭다고 부르지 않는다. 지혜로운 지도력은 신실함을 요구한다.[15]

스트롬이 지혜로운 지도력을 장려하는 것은 이전의 장들에서 우리가 이미 본 것처럼 성경적인 가르침과 일치한다. 우리가 언급했듯이 스트롬은 많은 다른 지혜 전통에 의존하지만, 모든 면에서 그것들은 실용적이고 윤리적인 지혜에 관한 성경의 가르침의 핵심과 일치한다.

물론 그의 출발점은 지혜의 본질적이고 신학적인 면을 배제했다. 스트롬은 일반 독자를 위하여 책을 쓰고 있었고 그렇게 함으로써 잘 봉사했다. 스트롬이 신학적인 토대가 없는 실용적이고 윤리적인 차원에 관한 지혜는 어떤 의미에서 다소 생기가 없다는 것을 개인적으로 아는지 의심스럽다. 그런데도 그의 중요하고 통찰력 넘치는 연구는 성경적인 지혜가 오늘날 지도력에 계속해서 적실성을 갖는다는 것을 보여준다.

3) 지혜와 교육

서구에서의 교육은 유치원 교육부터 대학원 교육까지, 너무 많아서 열거하기도 어려운 많은 이유들로 모든 면에서 위기이다. 모든 것이 지혜에 관한 책과 관련이 있지는 않지만, 나는 이 문제의 일부는 과거 수 세기 동안 교육에서 지혜가 아니라 IQ를 기르는 것을 강조하였기 때문이라고 주장하고 싶다. 이런 이유로 이 경향에 반대로 가는 학교들은 주목할 가치가 있다. 나는 단순히 두 개의 예를 제시하겠다.

---

15 Ibid., 23.

첫째, 시카고 노스웨스턴대학교(Northwestern University)에서의 기술자의 훈련에 관한 것이다.

외부인의 관점에서 보면 기술자로 일하는 것(engineering)은 지혜가 요구되거나 심지어 절대로 필요할 것으로 보이지 않는다. 우리는 우리의 기술자들이 수학, 물리학, 금속학과 및 높은 수준의 IQ를 요구하는 다른 분야들에 대하여 많은 지식을 갖기를 원한다.「월스트리트저널」(*Wall Street Journal*)에 기고된 최근의 논문은 지혜가 정말로 좋은 기술자가 되는 데 필수적인 요소라는 것을 분명히 한다.

노스웨스턴대학교의 기술자 교육학교는 학생들로 효과적인 기술자들을 만들어 내는 자질을 갖도록 격려하기 위한 코스를 고안했다. 위의 논문이 (그리고 위의 학교가) 지혜라는 말을 사용하지는 않지만 우리는 학교가 그 학생들 안에 배양하고 있는 자질을 열거할 때 그 자질들이 정말로 성경의 지혜가 일반적으로 사람들 안에 가르치려고 하는 자질과 똑같다는 것을 볼 수 있다.

이 학교는 학생들에게 쉬운 답이 없는 아마도 풀 수 없을지 모르는 과제를 준다. 논문은 의도하는 목표와 함께 다음과 같은 전략을 열거한다.[16]

당신이 도우려는 사람을 경청하고 이해하라	공감력(Empathy)
대안적인 사고방식에 열려 있으라	창조성(Creativity)
다른 사람들로부터 도움을 얻으라	팀워크(Teamwork)
많은 생각, 심지어 이상한 생각도 해보라	브레인스톰(Brainstorming)
기업가적인 태도를 수용하라	위험 감수(Risk-taking)
어쩔 수 없는 실패를 받아들여라	겸손(Humility)
시도하고 다시 시도하라	회복력(Resiliency)

물론 이런 유형의 지혜 자질을 발전시키는 것은 모든 직업에서 좋게 사용될 수 있다. 의사들에 대한 공통된 불평은 그들이 자신들의 영역에 익숙

---

16 이 학교에 대한 목록과 논문은 S. Shellenbarger, "Why Solve the Unsolvable?," *Wall Street Journal*, February 24, 2016, D1-2에 수록되어 있다.

하지만 "환자를 다루는 법"(bedside manner)은 잘 모른다는 것이다. 환자를 다루는 법은 환자들과 간호사들과 동료 의사들과 의사소통을 잘 하는 능력을 가리킨다. 이것은 특히 많이 아픈 환자들과 이야기할 때 갖는 타당한 방식의 공감력을 포함한다.

물론 이제 우리는 환자를 잘 다루는 법을 갖는 데 필요한 이것들과 다른 자질들을 지혜로운 사람의 특징들로 인식한다. 의사들을 위한 커리큘럼의 요구사항으로 이런 유형의 기술들을 포함하는 의과대학을 상상해 보라.[17] 우리가 모든 직업에 대하여 의견을 말할 수 있겠지만[18] 나는 하나만 더 말하겠다.

둘째, (그것은) 전문적인 기독교인 사역이다.

나는 경력의 처음 20년을 신학교에서 가르쳤고 사역을 위하여 준비하는 남녀들을 준비하는 많은 다른 학교들에서 계속해서 가르치고 있다. 나의 가르치는 경력을 시작한 학교는 전형적인 신학교 교육을 대표하는 곳이고 거의 모든 것이 마음을 개발하는 데만 강조되어 있다. 학생들은 만일 높은 IQ를 가지면 성공하지만, 사역에 합당한 좋은 자질을 갖는 것은 거의 중요하게 여기지 않는다.

그러나 이와는 대조되는 유명한 예외들이 있다. 나는 1990년 후반에 시애틀스쿨(Seattle School of Theology and Psychology)이 설립된 이래로 거기에서 가르치는 특권을 누리고 있다. 어떤 학교도 완전하지 않지만 시애틀스쿨은 신학과 관련된 분야들에서 학생들에게 지적인 발전만을 강조하지 않고 그들의 인성을 배양하고 사회적인 상황을 이해하는 능력을 배양하도록 강조하는 데 있어서 예외적이다. 이 정신이 웹사이트에 강조된 진술로 캡쳐되어 있다(http://www.theseattleschool.edu).

---

17 Fiddes(*Seeing the World and Knowing God*, 5)는 "의학 분야에서 '지혜'의 필요성에 대한 의료계의 목소리가 높아지고 있다"는 것에 주목한다.
18 법률 및 법률 전문가에 대한 의견은 아래를 참조하라.

우리의 사명은 성경과 영혼, 문화를 연구하는 데 유능한 사람들을 훈련하여 그들이 관계의 변화를 통해 하나님과 이웃을 섬기도록 하는 것이다.

다시 나는 이것을 사역을 위한 지혜를 훈련하는 것이라고 부르고 싶다. 신학과 성경을 아는 능력만이 아니라 자신과 우리의 사회 상황 속에서 다른 사람을 아는 능력은 효과적인 사역을 위하여 절대적이다.[19]

4) 영적 형성(Spiritual formation)과 지혜

시애틀스쿨의 커리큘럼으로 개발된 종류의 기술들은 영적인 지도자들(spiritual directors)이 되는 사람들을 위하여도 중요하다. 그들은 영적인 형성에 관하여 다른 사람들을 안내한다. 영적인 지도자가 된다는 것은 공식적 커리큘럼을 배워 모든 사람에게 균일하게 적용하거나 모든 사람에게 같은 방식으로 접근하는 것 이상이 개입된다.

영적인 형성에는 지혜가 필요하기 때문에 나는 『영적 동반』(Spiritual Companioning)이라고 제목이 붙여진 최근의 책에서 취한 유용한 접근법에 놀랐다. 아래의 두 개의 인용문은 이를 보여준다.

> 영적인 지도자가 되는 것은 주로 문제를 해결하거나 상황들에 대한 해결책들을 찾는 데 직접적으로 개입하는 것이 아니다. 그러나 때때로 지도자는 지도받는 사람이 무슨 일이 일어나는지 어떤 개입이 필요한지에 대하여 좀 더 집중적인 대화나 토론에 참여하게 함으로써 감정적인 고통과 좌절과 두려움과 혹은 특별한 상황 속에서 명확성의 필요성을 말하는 것을 선택해야 할지 모른다. 영적인 지도자는 해답을 제시하지 않고 상황을 명확히 하고

---

19 신학과 신학 공부의 의미를 지혜로 회복하기 위한 자극을 주는 시도를 위하여는 Treier, *Virtue and the Voice of God*를 보라.

최선의 수단들을 찾기 위하여 그 사람과 함께 일한다.

우리는 교묘함의 중요성을 좀 더 충분히 말하지 않은 것을 실망할 것이다. 창조성은 어떤 영적인 지도자와의 관계에서도 절대적으로 중요하다.[20]

창조성, 기교, 규칙 체계를 주는 것보다 삶의 방향을 찾도록 돕기 위하여 각 사람과 개별적으로 일하는 것—이런 것들은 지혜로운 영적인 지도자의 모든 자질이다.

5) 법정에서의 지혜?

지혜가 법정에서 법의 실행과 집행에 대하여 말할 수 있는가?

열왕기는 이 질문에 긍정적으로 답하는 예를 제시한다. 하나님으로부터 주어진 솔로몬의 지혜가 열왕기상 3:16-28에서 사법적인 통치 속에서 표현된다.[21] 소송에는 창녀 둘이 개입되었다. 두 창녀는 한 아이의 어머니라고 주장했다. 솔로몬은 아이를 나누어 각각의 여인들이 절반씩 갖도록 선언함으로써 그 문제의 진실을 찾아낸다.

진짜 어머니가("산 아들의 어머니," 왕상 3:26) 즉시 아이의 생명을 살리기 위하여 자신의 요구를 포기하자 솔로몬은 그 아이를 그녀에게 찾아준다. 내러티브는 이 판결이 "하나님의 지혜가 그의 속에 있어 판결"(왕상 3:28) 했다고 말함으로써 솔로몬이 하나님으로부터 온 지혜가 있다는 것을 보여 주었다고 마친다.

물론 이것은 성경 시대 동안 지혜가 법정에서 역할을 한다는 것을 보여주는 한 가지 예이지만, 21세기에도 율법의 실행과 집행에 대하여 지혜가

---

20 두 인용 모두 Reed, Osmer, and Smucker, *Spiritual Companioning*, 68-69에서 인용되었다.
21 앞서 제6장에서 살펴본 일이 있다.

말할 수 있는가?

흥미롭게도 이 질문은 법정에서 지혜의 자리를 논하는 확고한 문헌이 있는 법 이론가들 사이에서 중요한 논의를 차지한다. 여기서 지혜에 대한 논의는 지혜에 대한 충분한 성경적인 개념으로부터 반드시 직접 흘러나올 필요도 없고 심지어 대개 그렇지도 않다(우리는 감성 지능에 대한 부록에서 일찍이 보았다).

그러나 브렛 샬프스(Brett Scharffs)의 "실용적인 지혜를 훈련하는 데 있어서 겸손의 역할"이라고 제목이 붙은 연구에서 우리가 볼 수 있는 것처럼 성경적인 지혜의 개념과 완전히 관련이 없지 않다. 이 연구는 판사들에게 있어서 지혜의 중요성에 초점을 맞춘다.

샬프스는 성경적인 지혜로 시작하지 않고 우리가 성경적 지혜의 실용적이고 윤리적인 차원이라고 부른 것과 밀접히 닮은 실용적인 지혜 혹은 실용적인 동기인 아리스토텔레스의 개념인 프로네시스(*phronēsis*)[22]로 시작한다. 리차드 포스너(Richard Posner)가 규정한 것이다.

> 실용적인 이유는 … 하나의 분석적인 방법도, 심지어 한 벌의 관련된 방법들도 아니라, 조사와 설득의 방법이 섞인 것이다. 이것은 일화와 자기반성과 상상과 상식과 직관과 … 공감과 동기 부여, 화자의 권위, 메타포, 유추, 전임자, 관습, 기억, '귀납법'(직관과 비유 둘 다와 관련된 규칙들의 기대), '경험'을 포함한다.[23]

샬프스의 사법적인 환경 속에서 지혜의 역할에 관한 탐구는 그가 동정심과 분리의 상호 작용을 자비와 정의의 성경적인 개념과 논할 때 결정적으

---

22 특별히 Aristotle, *Nicomachean Ethics*, book 6, chap. 5와 관련되어 있다; Ackrill, *New Aristotle Reader*를 보라.

23 Posner, "Jurisprudence of Skepticism," 838. 또한, Scharffs, "Role of Humility," 133에 인용되어 있다.

로 성경적으로 방향을 돌린다. 그리고 그는 묻기를 이 두 종종 갈등하는 미덕들이 어떻게 서로 중재될 수 있는지를 묻는다. 미가 6:1-8에 근거한 그의 대답은 겸손이다. 겸손은 자비와 정의와 함께 성경적인 지혜 문헌에서 장려되는 미덕이다.

21세기 법정에서의 지혜에 대하여 샬프스와 다른 사람들이 옹호하는 것은 찬사받아야 하고 격려되어야 한다. 우리의 민주적인 사회에서 교회와 국가의 분리에 대한 강조로 지혜의 신학적인 면이 논의되지 않는 것은 놀라운 일(혹은 심지어 유감스러운)이 아니다. 그러나 분명히 그리스도인 변호사와 판사들은 하나님을 경외하는 가운데 그들의 일에서 지혜를 행사하는 추진력을 발견할 것이다.

2. 21세기 이후에 하나님을 경외하며 지혜롭게 살기

이 부록의 첫 번째 부분에서 우리는 21세기의 실용적이고 윤리적인 차원에서 지혜와 함께하는 삶을 숙고했다. 성경은 분명히 그런 지혜의 가치를 인지한다. 그러나 그것이 지혜에 대한 성경의 마지막 말은 아니다. 진정으로 그리고 충분히 지혜롭게 되기 위하여 우리는 하나님을 붙잡아야 한다. 그러므로 이 부록의 두 번째 부분에서 우리는 21세기의 그리스도인 현자에 대한 묘사로 향할 것이다.

1) 지혜로운 사람은 하나님을 경외한다

다시 한번 성경 곧 구약과 신약에서 지혜의 근본 혹은 시작은 하나님을 경외하는 것이다. 그리스도인이 아버지와 아들과 성령으로 알고 있는 한 분 참 하나님께 순종하는 하나님과의 관계에서 떠난 지혜는 존재하지 않는다. 삼위 하나님은 창조주요 우주를 보존하시는 분이시다.

우리가 누구와 개인적인 관계가 있는가를 생각할 때 만일 우리의 무릎이 꿇어지지 않는다면 우리의 하나님에 대한 개념은 너무 작은 것이고 우리는 성경적인 의미에서 지혜롭다고 주장할 수 없다. 그렇다. 하나님은 우리를 사랑하신다. 그러나 그것이 그의 주권과 권위를 우리 삶에서 축소하지 않는다.

우리의 경외가 공포가 되어서는 안되지만, 그것이 우리로 그의 존전에 경배하도록 만들어야 한다. 이 경배에 대한 태도로부터 우리는 그의 음성을 듣고 인도를 받기 위하여 우리 자신을 낮춘다. 정말로 우리는 전도서에서 보았듯이(코헬렛에 의해 표현된), 순종으로 인도하지 않는, 지혜롭지 않은 하나님에 대한 두려움이 있다. 다시 한번 하나님을 진정으로 경외하는 것은 우리로 하나님의 음성에 주의를 기울이게 만든다.

그러나 우리가 어디서 그의 음성을 듣는가?

2) 지혜로운 사람은 성경을 안다

잠언에서 지혜로운 사람은 아버지가 말할 때 하나님의 음성을 듣는다. 그는 여성 지혜(Woman Wisdom)가 부를 때 듣고 반응한다. 아버지는 다름 아닌 하나님의 대리자이고 여성 지혜는 하나님의 형상 자체이다. 지혜로운 사람은 아버지와 여성 지혜에 의해 마련된 교훈들의 충고를 따른다.

성경적인 지혜 교사들은 잠언과 율법 사이에 관계가 있다는 것을 이해하고 있으며 지혜로운 사람은 토라에 순종했다(틀 해설자가 교훈했던 것처럼 "하나님을 경외하고 그의 명령들을 지킬지어다," 전 12:13)고 우리가 위에서 논의했다. 신구약 중간기 책들은 지혜와 율법 사이의 관계를 분명히 했다. 여성 지혜는 토라를 말한다(신 4:4-9을 또한 보라).

교회는 그 역사의 시초부터 전체로서의 성경은 정경 곧 믿음과 행위의 규범이라고 인식했다. 종종 인용되는 구절은 다음과 같다.

모든 성경은 하나님의 감동으로 된 것으로 교훈과 책망과 바르게 함과 의로 교육하기에 유익하니 이는 하나님의 사람으로 온전하게 하며 모든 선한 일을 행할 능력을 갖추게 하려 함이라(딤후 3:16-17).

그러므로 하나님의 음성을 듣는 것은 우리가 우선 성경으로 향하는 것이다.

3) 지혜로운 사람은 해석학적으로 정통하다

그러나 성경을 배우는 것으로 충분한가?
우선 성경에서 하나님의 음성을 듣는 것은 단순히 성경을 외우는 것 이상이다. 성경을 잘 알지만, 그것을 어리석게 사용하는 것이 가능하다. 우리는 하나님의 음성을 잘 듣기 위하여 성경을 조심스럽게 배워야 한다. 어떤 사람들은 성경에 대하여 잘못 생각하고 있다. 단도직입적으로 말하면 성경을 이해하기가 쉽다는 것이다. 이 견해는 개신교 기독교의 특별히 잘못된 생각이다.
어떤 중세의 가톨릭의 견해에 대항하여 개신교 신학은 모든 사람이 자기 힘으로 성경을 읽을 수 있고 그것을 읽는 데 성직자가 필요하지 않았고 그것을 그들을 위하여 해석해줄 필요가 없다고 주장했다. 성경의 명료성과 모든 신자의 제사장 됨에 대한 강조가 많은 좋은 것을 가져왔다.
결국 성경은 그것의 주된 그리고 핵심적인 가르침에 관하여 분명하다. 그러나 성경의 주된 핵심적인 가르침이 명료하지만, 전문적인 신학적인 용어를 사용하면 성경 전체의 가르침은 어떤 식으로든 분명하지 않다. 하나님의 음성을 듣기 위하여 성경을 잘 읽는 것은 공부가 필요하다. 그것은 단순한 개인적인 공부가 아니다. 성경을 잘 읽고 성경을 특이하게 읽는 것으로부터 우리를 지키는 것은 공동체를 따르는 것이다.
그러므로 21세기 그리스도인 현자는 성경에 대한 숙련된 해석자이다. 성경은 고대 장르와 문학적인 합의 사항들과 역사에 관한 많은 연구를 요구한다. 현자는 성경이 우리를 '위하여' 쓰였지만, 우리 '에게' 쓰인 것이 아니라는 것을 안다. 성경의 다양한 책들은 그들의 원 독자들에게 쓰였다. 그러므로 우리는 무엇보다도 먼저 하나님이 오늘 우리에게 무엇을 말씀하시는지 묻기 전에 하나님이 성경의 인간 저자들을 통하여 원 독자들에게 말씀하고 있는 것이 무엇인지를 물어야 한다.

21세기 현자는 우리가 경제적 지위, 성(gender), 인종, 교육 수준 등에 의해 압축된 제한된 관점으로 성경을 읽는다는 것을 이해한다. 그러므로 우리는 우리와 믿음을 공유하며 우리와 다른 사람들에게서 온 해석들을 읽고 귀를 기울일 필요가 있다. 물론 여기서 말할 것이 훨씬 더 많지만, 요점은 분명하다. 지혜로운 사람은 해석학적으로 정통하다는 것이다.[24]

4) 지혜로운 사람은 모든 자료로부터 하나님의 세계를 배운다

구약성경의 지혜 전통은 또한 성경으로부터만이 아니라 폭넓은 다양한 자료들로부터 배우는 것을 격려한다(제7장을 보라). 이 견해는, 내 의견으로는, 세속적인 지식의 자료들은 너무 부패하여서 쓸모가 없고 우리와 우리 세계에 대하여 오직 성경으로부터만 배운다는 의미로 오직 성경(Sola scriptura)을 잘못 이해하는 어떤 기독교 전통에 반한다. 이 후자의 견해에 대한 우리의 반응은 다음과 같다.

첫째, 우리는 먼저 그들의 경험으로부터 배운 잠언의 현자들을 주목한다. 이들은 자신들의 인생길을 걸어가면서 그리고 다른 사람들에게 그들이 번창하는 데 가장 최선의 길을 조언해 줄 때 무엇이 통하고 무엇이 통하지 않는지를 관찰했다. 이들은 또한 자신들의 실수로부터도 배웠다. 그렇다고 할지라도 모든 지혜는, 심지어 경험과 관찰에서 가장 직접 파생된

---

24 Ford(*Christian Wisdom*, 52-89)는 "성경의 지혜 해석"을 고무시키는 주장을 제시한다.

것조차, 궁극적으로 하나님에게서 온다. 그리고 이에 관하여 우리는 다시 잠언 20:12, "듣는 귀와 보는 눈은 다 여호와께서 지으신 것이니라"를 인용한다.

둘째, 유일하게 가치 있는 진실은 성경에서 발견된 것이라는 생각에 대한 반응으로 우리는 다시 한번 이스라엘 현자가 더 넓은 고대 근동의 지혜를 인식하고 그것을 사용한 것을 지적한다. 이 증거는 현자들이 이집트와 메소포타미아의 교훈적인 문학들에 대하여 기민한 학생들이었다는 것을 가리킨다.

"여호와를 경외함이 지혜의 근본"이므로 이스라엘의 현자는 이방인의 지혜가 궁극적으로 실패라는 것을 인식했지만, 그들은 그들의 좋은 통찰력 곧 관찰과 경험에 근거한 통찰력을 사용하는 것을 멈추지 않았다. 이것은 그리스도인의 사고를 위한 엄청난 암시이다.

나는 오늘날 그리스도인들 사이에서(특별히 복음주의적인 개신교) 벌어지는 논쟁에 근거한 두 가지 예를 들 것이다.

첫째, 이것은 과학과 기독교의 영역에서의 오늘날의 논쟁과 관련이 있는데, 특별히 창조-진화 논쟁과 관련이 있다.[25] 많은 사람은 성경은 하나님이 세상을 어떻게 창조했는지 문자적인 설명을 주며 이 설명은 과학의 설명과 현저히 다르다고 믿는다. 한 가지 반응은 우리가 일반화시키면 과학을 불경한 것 혹은 세속적이고 왜곡된 것으로 간주하는 것이다. 따라서 어떤 그리스도인들은 과학을 세속적인 것으로 거부하므로 이에 근거하여 과학의 결론의 가치를 떨어뜨린다.

그러나 과학자들이 좋은 과학을 하고 있고 형이상학의 논의에 참여하지 않으면 이들은 자신들의 이론적인 결론을 하나님의 창조 관찰에 둔다. 정말로 이에 관하여 과학이 성경의 본래 의도를 따라서 성경을 더 잘 읽도록 우리를 도울 수 있다. 교황 요한 바오로 2세(Pope John Paul II)가 "과학은 종

---

25 Charles, *Reading Genesis 1-2*.

교를 정화할 수 있다"고 말한 것처럼, 종교는 "과학을 우상과 거짓된 절대화로부터 정화할 수 있다. 각각은 서로를 더 넓은 세상 곧 둘 다가 번영할 수 있는 세상으로 끌어갈 수 있다."[26]

둘째, 심리학 분과와 심리학의 실제 임상으로부터 나오는 예이다. 1970년에 제이 아담스(Jay Adams)가 선구자적인 책인 『목회상담학』(*Competent to Counsel*)[27]을 출판했다. 이 책은 성경적인 상담의 부흥을 가져왔다. 이때까지 목사들과 다른 그리스도인 상담사들은 지그문트 프로이트(Sigmund Freud), 칼 로저스(Carl Rogers)와 다른 학자들로부터 온 비기독교인 자료로부터 온 통찰을 추구했다. 아담스(Adams)와 그의 학파는 세속적인 이론에 의존하는 것을 피했으며 우리의 인간 행동에 대한 이해를 오직 성경에 근거해야 할 것을 제안했다.

아담스는 우리가 우리 자신을 심리적/감정적/인식론적 사람으로 생각하는 기초로 성경을 회복시킨 것에 대하여 칭찬을 받아야 한다. 그러나 만일 우리가 이스라엘 현자들을 경청하고 그들이 이방의 현자들로부터 배운 것처럼 그들의 겸손을 경청하면 우리는 비교종교적인 사상가들의 통찰을 깊이 생각하지 않고서 거절하지 않을 것이다.

이스라엘의 현자들처럼 우리는 그리스도인의 세계관과 이들의 통찰이 어떻게 맞을지 혹은 맞을 수 있을지를 질문하면서 비종교적인 사상가들의 통찰을 비평에 부칠 필요가 있을 테지만, 우리는 이들의 많은 다른 자료들로부터 계속해서 배울 것이다.

이 예와 함께, 그리고 우리의 다음 진술로 이동하기 전에 나는 그리스도인 상담가가 우리가 오늘날 고대의 현자들에게 도달하는 것만큼 가깝다고 제안하고 싶다. 기독교인 상담가의 과제는 고객이 자신들의 상황 속에서

---

26 Cunningham, *Darwin's Pious Idea*, 284로부터 인용되었다.

27 초판이 Presbyterian and Reformed Publishing Company, Phillipsburg, NJ에서 출판되었고 후에 다른 많은 출판사에서 다시 출판되었다. 국내에서는 정정숙 박사의 번역으로 2004년 총신대학교출판부에서 출판하였다-역주.

자기 자신들을 이해하도록 돕는 것과 이들을 안내하는 것이다. 기독교인 상담사가 되기 위하여 우리는 하나님의 말씀을 들으며, 성경에 의해 형성된 기독교인의 세계관의 골격 안에서 살고 사고하면서 그 관점으로부터 사람을 안내하면서 하나님과 생동감 있는 관계 안에 분명히 있어야 한다.

어떻게 사람을 이해하는가를 배우는 것은 그들이 하는 말을 듣는 것만이 아니라 그들의 몸짓 언어를 보고 민감한 실마리들을 취하는 통찰력과 훈련이 필요하다. 상담사는 사람들에게 어떻게 바른 질문을 하고 어떻게 내담자와 합당하고 도움이 되는 관계를 유지할 것인지 알 필요가 있다. 이것들은 모두 지혜로운 사람의 자질들과 기술들이다.

결국 21세기의 현자들은 성경에 열심인 학생들이 될 뿐만 아니라 많은 다른 자료들로부터 배울 것이다. 이들은 자신들의 삶의 경험을 관찰하고 반성하면서 배울 것이다.

'무엇이 통하고 무엇이 통하지 않았는가?'

'왜 안 통했나?'

이들은 자신들의 잘못으로부터 배울 것이다. 이들은 또한 다른 사람들 다른 그리스도인들과 다른 종교를 갖는 사람들로부터 그리고 종교를 갖지 않는 사람들로부터도 배울 것이다. 이들은 자신들의 인생 경험과 통찰을 공유하는 다른 사람들과의 대화를 통해서 배울 것이다. 이들은 다른 사람들의 생각을 읽음으로써 배울 것이다.

이것은 단순히 삶에 대한 실용적인 통찰력을 포함하거나 본질상 좀 더 학문적인 것을 포함할 것이다. 본질상 좀 더 학문적인 것에 관하여 나는 데이비드 브룩스(David Brooks)의 통찰력 넘치는 글 특히 그의 책『사회적 동물』(The Social Animal)[28]이란 책을 찾아냈다. 여기서 브룩스는 사회학, 심리학, 신경과학과 기타 학문에서 이루어진 가장 최선의 업적으로부터 온 위대한 통찰력들을 획득하는 개인의 일화적이고 개인적인 스타일 안에서 인

---

28 또한, 브룩스의 책 Road to Character를 추천한다.

간의 발전을 묘사한다.

5) 지혜로운 사람은 텍스트와 상황과 사람들을 읽을 줄 안다

바로 앞의 논의에서 우리는 지혜롭게 되기 위해서는 단순히 성경만 알아서는 충분하지 않다고 주장했다. 우리가 일찍이 주목한 것처럼(제8장을 보라) 잠언들을 단순히 아는 것만으로는 충분하지 않다. 우리는 그것들을 어떻게 사용하는지 알아야 한다. 정말로 잠언 26:7, 9에 따르면 잠언의 지식만으로는 쓸모가 없고 심지어 위험하기까지 하다.

> 저는 자의 다리는 힘 없이 달렸나니
> 미련한 자의 입의 잠언도 그러하니라
> 미련한 자의 입의 잠언은
> 술 취한 자가 손에 든 가시나무 같으니라(잠 26:7, 9).

우리는 잠언들을 적용할 합당한 때를 알아야 한다. 왜냐하면, 잠언들은 보편적인 진리가 아니고 올바른 시점에 적용될 때만 진리일 뿐이다.
그러나 한 잠언을 적용할 합당한 때인지 아닌지 어떻게 우리가 아는가?
짧은 대답은 고대의 현자든 21세기의 현자든 상황을 읽을 수 있게 될 필요가 있다는 것이다. 물론 이것은 또한 그 상황 속에 개입된 사람들을 읽는 것이 개입된다.
그러나 우리가 어떻게 이것을 하는가?
지혜로운 사람은 사람들이 말하는 것과 그 상황을 주의 깊게 경청함으로써 사람들을 어떻게 읽을지를 배운다. 지혜로운 사람은 또한 말을 넘어 액면 가치를 보여주는 말보다 더 많은 것을 가리킬지도 모르는 몸짓 언어를 본다. 지혜로운 사람이 누군가와 관계를 맺은 이력이 있다면, 그는 그 이력을 의지할 것인데, 아마도 그는 그 사람과 교류하는 가운데 저지른 실수에서 무언가를 배웠을 것이다. 결론적으로 21세기의 현자는 성경과 문화와 사람들에 대한 정통한 해석자이다.

6) 지혜로운 사람은 성경을 형성하는 습관을 형성하도록 하는 하나님의 교훈에 순종한다

우리는 제1장 마지막에 인용된 윌리몬(W. Willimon)의 평가를 기억할 것이다.

> 일반적으로 나는 신학적인 내용이 없이 "이것을 하라" 그리고 "이것을 하지 말라"는 진부한 충고의 긴 목록만 있는 잠언을 싫어한다. '네 양말을 들라.' '점원에게 친절하라.' '친절하게 되면 상처를 주지 않는다.' 잠언은 어머니와 혹은 적어도 윌리엄 베넷과 하는 장거리 여행에 붙잡히는 것과 같다.[29]

지혜에 대한 아마도 놀림조의 윌리몬의 묘사는 지혜를 단순히 한 무더기의 '하라'들과 '하지 말라'들로서 제시한다. 그러나 이것은 잠언만이 아니라 인간의 본성에 대한 오해를 드러내는 것이다.

이스라엘의 현자들은 성격은 타고나거나 주어진 어떤 것이 아니라 형성되어야 하는 것임을 안다. 우리는 옳은 일을 함으로써(지혜의 길) 그리고 나쁜 행동을 피함으로써(어리석음의 길) 시작한다. 현자는 우리로 당근(생명으로 이끄는 보상)을 붙잡음으로써 그리고 매에 대하여 경고함으로써(죽음으로 인도하는 심판) 합당한 행동을 하도록 격려한다. 그러나 행동들은 습관을 형성한다.

---

29 Willimon, *Pastor*, 255-56. Bland, *Proverbs and the Formation of Character*, 8에서 인용되었다.

만일 우리가 우리 자신을 어떤 긍정적인 방식으로 행하도록 강제로 밀어 넣으면(종종 우리의 욕망에 대항하여; 이것은 잠언[4:13; 25:28]에서 높이 평가되는 미덕인 절제라고 불린다) 그러면 우리는 자연스럽게 그렇게 하기 시작할 것이다. 그리고 그 과정에서 우리는 성격을 형성하여 더 이상 우리를 강제로 밀어 넣을 필요가 없다. 우리는 자연스럽게 그 방식으로 행하게 된다.

7) 지혜로운 사람은 어떻게 고난받을지 안다

현자는 삶의 핵심 속에서 산다. 우리는 일찍이 지혜를 신실함(윤리적인 차원)과 하나님을 경외함(신학적인 차원) 가운데, 인생을 잘 항해하는 능력(실천적인 차원)을 포함하는 것으로 묘사했다.

특별히 욥기는 고난과의 관계 속에서 지혜에 대하여 말한다. 왜 욥이(혹은 우리가) 고난받는지에 대하여 결코 답을 주지 않기 때문에 욥기가 (죄 없는 사람의) 고난에 대한 것이라는 생각을 우리는 거부하지만, 우리는 욥기가 어떻게 지혜롭게 고난을 받을 것인가를 말한다는 것은 우리가 인정했다(제3장을 보라).

이에 대하여 욥기는 시편 및 예레미야애가와 잘 맞는다. 우리는 또한 요셉과 다니엘의 삶이 어떻게 개인적인 고난에 지혜롭게 반응하는가를 볼 수 있다.

야고보서 5:11의 KJV 번역("너는 욥의 인내를 들었다")에서 나온 대중적인 오해에 반하여,[30] 욥은 인내하며 고난받는 자가 아니다. 욥기 3장에서 시작하여 욥은 하나님에 대하여 그리고 하나님께 지속으로 불평한다. 정말

---

30 우리는 야고보서의 언급에 대한 출처와 이에 대한 합당한 이해에 대하여 자세히 살펴보지 않을 것이다(이에 대하여는 Balentine, *Have You Considered My Servant Job?*, 15-49를 보라). 많은 현대 역본은 관련된 그리스어 단어를 "인내"(perseverance, NIV) 혹은 그와 같은 것(고난에 대한 수동적인 반응보다는 긍정적인 반응으로)으로 번역한다. 그리고 욥은 분명히 인내하고 있었다. 욥이 주후 1세기에 대중적으로 알려진 욥의 증언(Testament of Job)에 나오는 욥의 묘사를 반영하는 것도 가능하다(Longman, *Job*, 280-82를 보라).

로 하나님은 욥이 자신을 의롭다고 보이게 하려고 하나님을 비난하는 것에 대하여 욥을 고소하신다(욥 40:8b). 그리고 욥은 자신이 참지 못한다는 것을 알며 자신이 친구들에게 "내가 왜 참지 못하면 안 되는가?"(욥 21:4)라고 물을 때 그렇게 하는 것이 정당하다고 믿는다.

나는 어떻게 고난받는가에 대한 욥의 예로부터 우리가 배우는 첫 번째 것은 최소한 불평이 궁극적으로 하나님을 향하는 한 불평하는 것이 합당하다는 것이다. 정말로 우리는 욥의 말 중에서 여러 번 욥의 불평이 하나님 자신을 향하는 것을 본다. 이것으로 욥의 메시지는 우리가 시편에서 특별히 탄식시들(예를 들어 시 3, 33, 69, 77편 등)에서 보는 것과 유사하다.

이들 시에서 시인은 인생의 고통 중에서 하나님께 부르짖는다. 정말로 이들 많은 시가 단지 하나님께 불평하는 것이 아니라 하나님에 대하여 불평한다(예를 들어 시 88편을 보라). 시편들에 나타나는 이와 같은 탄식들은 하나님이 허락하시며 심지어 당신의 백성들이 자신들의 분노를 당신에게, 심지어 당신을 향하여 표현하도록 격려한다는 것을 가리킨다.

현명한 사람이 어떤 상황에서는 하나님께 불평해야만 한다는 생각은 많은 그리스도인이 오늘날 들을 필요가 있는 메시지이다.[31] 너무 자주 하나님의 백성들은 어떻게든 자신들의 불평들을 질식시킬 필요가 있다고 믿는다. 그러나 이것은 사실도 아니고 건강한 것도 아니다. 욥과 시편들의 예는 우리의 마음을 표현하는 것이며 하나님께 철저히 정직하게 되는 것이다. 하나님께서 당신의 백성의 불평에 진정으로 분노하실 때는 광야에서처럼 그들이 '하나님에게'가 아니라 '하나님에 대하여' 불평할 때이다.

그러나 욥의 예는 우리를 좀 더 멀리 데려가 하나님은 우리가 영원히 탄식하기를 원치 않으신다고 우리에게 말한다. 결국은 고난받는 욥은 그의 하나님 앞에 단순히 경배해야만 하며 그의 고통에도 불구하고 그를 신뢰해야만 한다(욥 42:1-6). 시편으로 돌아가서 보면, 우리는 브루거만(Bruegge-

---

31 Allender and Longman, *Cry of the Soul*을 보라.

mann) 외 사람들과 마찬가지로[32] 일단 하나님이 탄식에 대답하시면 고난받는 사람이 감사의 노래를 부른다는 사실에 주목한다(예를 들어 시 18, 30편).

그러나 만일 하나님이 구원을 가져옴으로서 탄식에 응답하지 않으면 어떻게 하는가?

우리는 영원히 불평하기를 계속해야 하는가?

시편에서 신뢰의 시들의 존재가 그 대답이 그렇지 않음을 시사한다.[33] 신뢰의 시들은 계속되는 고난에도 불구하고 하나님을 신뢰하는 것을 표현하는 기도들이다.

> 내가 사망의 음침한 골짜기로 다닐지라도 해를 두려워하지 않을 것은 주께서 나와 함께 하심이 라 주의 지팡이와 막대기가 나를 안위하시나이다 (시 23:4; 또한, 시 131:2a; "실로 내가 내 영혼으로 고요하고 평온하게 하기를"을 보라).

그러므로 지혜롭게 고난당하는 것은 고통과 아픔을 인정하고 그것이 처음에는 분노와 함께일지라도 그것을 하나님께 가져가는 것을 의미한다. 욥의 세 친구는 끔찍한 상담가들이라는 것이 밝혀진다. 이들은 지혜롭지 않고 심지어 어리석다. 왜냐하면, 이들은 기본적으로 욥이 그의 분노를 억제하고 회개해야 한다고 말했기 때문이다.

그러나 지혜로운 고난은 하나님을 신뢰함으로써 참고 인내하는 것으로 성숙해져야 한다. 지혜 문헌 자체는 아닐지라도 예레미야애가의 저자는 예루살렘이 파괴된 후의 유다를 의인화한 고난받는 사람 속에서 지혜로운 고난의 좋은 그림을 창조해 낸다.

---

[32] Brueggemann, *Psalms and the Life of Faith*, 3-32.
[33] 이 통찰력에 대하여 나는 Pemberton, *After Lament*에 감사해야 한다.

기다리는 자들에게나 구하는 영혼들에게 여호와는 선하시도다
사람이 여호와의 구원을 바라고 잠잠히 기다림이 좋도다
사람은 젊었을 때에 멍에를 메는 것이 좋으니
혼자 앉아서 잠잠할 것은 주께서 그것을 그에게 메우셨음이라
그대의 입을 땅의 티끌에 댈지어다 혹시 소망이 있을지로다
자기를 치는 자에게 뺨을 돌려대어 치욕으로 배불릴지어다(애 3:25-30).

8) 지혜로운 사람은 신비와 애매함과 함께 살아간다

우리는 많은 사람이 어떤 것에 대한 확실한 지식의 가능성에 대하여 의문을 제기하는 포스트모던(postmodern, 혹은 더 좋게는 현대 후기[late-modern]) 속에서 산다. 우리는 사물들과 사람들에 대한 우리의 이해가 우리의 제한되고(죄 된) 관점들에 의해 색칠된 우리의 생각에 따라 걸러진다는 것을 안다. 분명히 모두는 아니어도 많은 사람이 확실성을 고대한다.

나는 이것이 왜 많은 사람이 논쟁 중인 문제들에 대하여 확신을 가지고 가르치는 그리스도인 교사들과 설교자들에게 매료되는지를 설명하는 데 도움이 된다고 믿는다. 우리는 우리의 질문들에 절대적이고 흔들리지 않는 답을 원한다. 그리고 때로 우리는 우리의 믿음이 그 대답들을 제공해야 한다고 생각한다. 우리가 인생 결정을 할 때 우리는 다른 것들을 넘어서 하나의 대안을 따라야 할 분명한 이유가 있기를 원한다.

그러나 제8장에서 관찰했듯이 세상은 그렇게 깔끔하게 돌아가지 않는다. 이 관찰이 어떤 진리도 존재하지 않는다거나 모든 믿음 혹은 모든 결정이 보류되어 있다는 것을 의미하지는 않는다. 그러나 이것은 우리가 우리의 삶을 이 (타락한) 세상에서 신비와 애매함에 대하여 인지하면서 살아야만 한다는 것을 정말로 의미한다.

우리는 모든 것을 흔들리지 않는 확실함으로 알게 되지 않을 것이다. 또한, 우리는 항상 분명함으로 인생의 길을 항해하지도 않을 것이다. 지혜에

관하여 우리는 이번이 분명한 말과 행동을 해야 할 올바를 때라고 항상 확신하지도 않을 것이다. 현자는 신비와 애매함을 직면하는 데 두렵거나 염려함으로 마비되지 않고 주를 경외함에 근거하여 조용한 확신 가운데 살아갈 것이다. 욥처럼 우리는 고난 가운데에서도 주를 신뢰할 것이다.

9) 지혜로운 사람의 지혜는 자란다

성경에 나오는 지혜서를 표면적으로 읽는 것은 잘못된 인상을 심어줄 수 있는데 그것은 두 가지 가능성, 즉 우리가 지혜롭게 되거나 어리석게 될 수 있다는 것이다. 다시 말해 그것은 학위를 받는 것처럼 들린다. 우리가 대학원에 진학하여 요구사항을 다 마치면 우리는 박사 학위를 받는다. 그것은 우리가 박사 학위를 받든지 혹은 받지 않든지이다.

우리가 일단 표면 아래로 파 내려가면 지혜는 학위를 받는 것과 완전히 같지 않다. 결국 잠언의 서문에 따르면 "지혜 있는 자는 듣고 학식이 더할 것"(잠 1:5)이다. 다시 말해 지혜로운 사람은 훨씬 더 지혜롭게 성장할 수 있다. 그래서 잠언 서문의 저자는 성숙하지 않고 어리석은 사람만 격려하지 않고 지혜로운 사람들에게 잠언을 읽고 성장하도록 격려한다.

욥기는 욥을 처음부터 지혜로운 사람으로 제시한다. 욥은 하나님을 경외하며 "온전하고 정직하다"(욥 1:1). 그러나 우리가 욥기를 읽어가면 욥이 훨씬 더 지혜롭게 될 수 있다는 것을 보게 되며, 욥기의 마지막에서 우리는 그가 처음보다 훨씬 더 성숙해 있다는 것을 보게 된다.

배움은 절대 멈추지 않는다. 만일 우리가 지혜에 관하여 우리가 지혜롭게 되었다고 생각하면 틀린 것이다. 지혜는 일생에 걸쳐서 추구해야 할 것이다. 자신들이 지혜롭다고 생각하는 사람은 겸손이 부족한 것이므로 지혜롭지 않은 것이다. 결국 우리는 이미 지혜는 구별된 별개의 사실들을 배우는 것이 아니라는 것을 언급했다.

지혜로운 사람들은 성경을 안다. 그러나 이들은 또한 사람과 상황을 어떻게 읽는지를 안다. 지혜로운 사람은 지혜가 도달할 수 있고 성취될 수 있는 목표가 아니라 결코 완전하게 도달되지 않고 평생에 걸쳐서 추구해야 할 것이라고 이해한다. 현자는 성경과 삶을 평생 배우는 학생이다.

그런 추구는 우리의 삶에서 지혜를 증진시켜 줄 뿐만 아니라 어리석음으로 미끄러지는 데서 우리를 지켜줄 것이다. 지혜에서 어리석음으로 떨어진 자에 대한 성경적인 사례는 물론 열왕기에 제시된 솔로몬이다. 통치 초기에 솔로몬은 부와 명예를 포함하여 무엇보다 지혜를 원한 군주였다. "네게 무엇을 줄꼬"(왕상 3:5)라고 솔로몬이 원하는 것을 주시려는 하나님께 반응하여 솔로몬 왕은 "분별하는 마음"(discerning heart, 왕상 3:9; 개역개정에는 '듣는 마음'-역주)을 구했다. 하나님은 하나님의 백성을 잘 다스리기 원하는 그의 열망을 아주 기뻐하셔서 그가 구한 것뿐만 아니라 부와 명예까지 주셨다.

그리하여 열왕기에 따르면 솔로몬의 통치 초기는 번영하고 공정했다. 솔로몬은 정말로 총명한 마음을 가졌다는 것을 보여주었고(그가 두 창녀의 요구를 재판한 왕상 3:16-28을 보라), 심지어 국제적인 관심을 끌었다(왕상 10:1-13, 스바 여왕). 그러나 그의 생애 마지막에 솔로몬의 왕국은 휘청거렸고 분열에 직면했다.

왜인가?

그것은 솔로몬이 지혜에서 돌이켜 어리석음을 붙잡았기 때문이다. 솔로몬은 다른 신들을 섬기고 그런 신들을 솔로몬이 경배하도록 설득한 이방 여인들을 사랑했기 때문이다. 지혜의 정점에서 어리석음의 심연으로 떨어진 이 이야기는 전도서에서 코헬렛의 전형이 되었으며(제2장을 보라), 그때 이래로 이것은 다른 사람들을 위한 교훈의 대상이 되었다.

부록 2

지혜 문헌은 장르인가?

최근에 구약성경에서 구별된 장르로서 지혜 문헌의 지위에 대하여 의문들이 일어났다. 윌 키네스(Will Kynes)는 지혜를 구별된 문학의 범주로 고려하는 것에 반대하는 주장을 했다. 그는 이것은 19세기 중반에 창조된 근대 학자들의 구조물이라고 주장했다.[1]

키네스는 분리된 지혜 범주를 만들어 낸 것이 이롭지 못한 결과들을 가져왔다고 믿는다.

첫째, 이것은 지혜가 다른 유형의 문학과 근본적으로 다른 생각들을 제시하는 사람들(현자들)에 의해 기록된 근본적으로 다른 유형의 문학이라는 견해로 이어진다는 것이다. 현자들은 살아가는 가장 효과적인 길을 발견하기 위하여 계시에 의존하기보다는 자신들의 경험을 분석하기 위하여 그들의 이성을 사용한다.

만일 지혜에 신학적인 면이 있다면 그것은 이스라엘의 특별한 구속-역사적인 경험에 근거하지 않고 창조신학에 근거한다. 그러므로 현자들과 지혜 문헌은 선지자들, 제사장, 그리고 다른 사람들과 이들의 생각들과 다른 것으로 생각된다.

둘째, 키네스는 구별된 지혜 범주가 존재한다는 믿음은 여러 텍스트를 지혜와 연관되어 있거나 지혜로 인식되는 책들로 계속해서 분류하도록 만들었다고 주장한다.

---

1 Kynes, *Obituary*.

이 책의 본론이 분명히 하듯이 나는 키네스의 염려에 특별히 첫 번째 염려에 심각하게 동의한다. 앞의 여러 장들(특히 제4-6장)에서 나는 선지자들과 제사장들과 현자들과 수 세기 동안 구약성경을 만들어낸 다른 사람들의 생각들이 많이 겹친다는 것을 주장했다.

키네스의 관점의 강점에 대한 나의 존중 때문에 나는 이 책에서 구약성경과 그 이후를 통해서 발견되는 지혜의 개념에 초점을 맞추는 대신에 "지혜 문헌"(wisdom literature)이라고 언급하는 것을 가능한 한 피해 왔다. 나는 이 접근이 내 연구에 도움이 되고 심지어 키네스와 키네스가 분명히 확신시킬 사람들에게 도움이 되기를 소망한다.

그러나 나는 키네스의 비판이 정말로 다소 생기 없는 (그리고 시대에 뒤진) 장르에 대한 견해에 반대하여 말하고 있을 뿐이라고 믿는다. 그러므로 이 부록에서 나는 성경 연구에서 일반적인 범주로서의 지혜 문헌을 고려하는 사례를 만들고 싶다. 이 사례는 내가 나의 학자로서의 경력을 시작한 이래 내가 연구해 온 장르의 본질에 대한 반성으로 시작해야 한다.[2]

1. 장르(Genre)의 본질

지혜 문헌 자체의 이슈를 다루기 전에 우리는 장르의 본질과 성경 연구에서 장르의 사용에 대한 간단한 논의로 시작해야 한다. 헤르만 궁켈(Hermann Gunkel)은 20세기 초에 양식비평(form criticism)을 소개함으로써 구약 연구의 발전에 큰 영향을 미쳤다. 양식비평은 이후 80년 동안 구약 연구를

---

2 Longman, *Fictional Akkadian Autobiography*를 보라. 특히 제1장 "A Generic Approach to Akkadian Literature"을 보라. 이들 아카드어 문헌에 관한 나의 연구 시초에 나의 지도교수인 W. W. Halo는 내게 그의 문학 연구 동료 Geoffrey Hartman과 의견을 나누라고 지혜롭게 말했다. 그는 나로 현재의 문학 이론에서 장르에 대한 최근의 생각들과 만나도록 해주었다.

지배했고 여전히 오늘날도 큰 영향을 미치고 있다.³

궁켈 자신은 이전 시대의 인류언어학 연구 특별히 민간 설화를 모으고 분류한 것으로 잘 알려진 그림(Grimm) 형제(19세기 초)의 저작에 영향을 받았다. 궁켈은 장르는 구별된 특징들을 갖는 구별된 범주들이라고 느꼈다.

궁켈은 각각의 장르는 구체적인 삶의 정황(Sitz im Leben)⁴을 갖는다고 믿었다. 궁켈은 텍스트의 장르를 확인하는 어떤 기준들을 세웠다. 궁켈은 텍스트의 장르를 확인하기 위하여 세 가지 요소를 조사했다.

① 텍스트의 분위기와 사상(들)
② 언어적인 형태(문법과 어휘)
③ 사회적인 상황(Sitz im Leben)⁵

비록 성경 연구 학자들이 문학 이론가들의 안내를 항상 따르지는 않았지만, 궁켈이 장르를 연구했던 20세기 초 이래로 장르에 대한 우리의 이해에 중요한 변화가 있었다. 예를 들어 우리는 일반적인 범주들이 하늘에서 만들어지지 않고 문학 전통 속에서 글을 쓰는 저자들의 기능이라는 더 나은 의미를 알게 되었다. 누구도 진공상태에서 글을 쓰지 않는다. 혹은 다른 방식으로 말하면 누구도 완전히 독특한 어떤 것을 쓰지 않는다.

만일 저자가 완전히 독특한 것을 쓴다면 그것은 이해가 되지 않을 것이다. 왜냐하면, 우리는 우리가 과거에 읽은 경험 때문에 습득된 문학적인 능력에 근거하여 읽기 때문이다. 정말로 교훈을 주는 격언이 있다.

"개인은 말할 수 없다"(the individual is ineffable).⁶

이 말은 선례가 아예 없는 것은 의사소통이 이루어질 수 없다는 것이다.

---

3 현대 양식비평이 일어난 역사를 위하여는 Buss, "Study of Forms"를 보라.
4 Longman, "Form Criticism."
5 Gunkel, *Psalms*, 10.
6 Buss, "Study of Forms," 32; 그리고 Pascal, *Design and Truth*, 2.

문학적인 용어로 구조와 내용과 기타 이전에 기록된 그 어떤 것과도 유사성이 없는 텍스트는 이해될 수 없다.

장르들은 유사성을 공유하기 때문에 함께 그룹 지어진 텍스트들이다. 이 유사성은 형식적이고 구조적이며 목적이나 내용에 근거하고 있다. 장르는 하늘에서 떨어진 범주가 아니라 만들어진 범주이다. 왜냐하면, 저자들이 유사성을 가지고 다른 글을 쓰기 때문이다. 그리고 독자들은 저자들의 글을 타당하게 이해할 수 있다. 왜냐하면, 독자들은 이전에 자기들이 읽은 경험과 텍스트의 장르에 대한 인식에 근거하여 저자들의 말을 "어떻게 취할지" 알기 때문이다.

한마디로 말해서 장르는 독서 전략의 방아쇠이다. 저자는 독자들이 자신이 말하는 것을 어떻게 취할지 알도록 일반적인 신호를 보내면서 글을 쓴다. 헤더 더브로우(Heather Dubrow)는 사람들에게 다음의 이야기에 대한 설명을 제공하도록 요청함으로써, 장르에 대한 우리의 이해가 우리가 텍스트를 해석하는 데 어떻게 영향을 주는지에 대하여 훌륭한 하나의 예를 다음과 같이 제공한다.[7]

데이비드 매플톨페(David Marplethorpe)의 개인적인 역사

벽난로 위의 시계가 10시 30분을 알렸다. 그러나 최근에 누군가가 그 시계가 맞지 않다고 말했었다. 죽은 여인이 앞 방의 침대 위에 놓여 있으므로 사람이 조용히 그 집으로부터 나갔다. 유일하게 들리는 소리는 시곗바늘 소리와 갓난아기의 커다란 울음소리였다.

제목은 우리가 전기를 다루고 있다는 것을 나타낸다. 전기들은 종종 출생으로 시작하기 때문에 이 단락의 가장 자연스러운 해석은 갓난아기는 아기 데이비드 매플톨페이고 여인은 그를 낳으면서 죽은 그의 어머니이다.

---

[7] Dubrow, *Genre*, 1–2.

집으로부터 조용히 나간 사람은 의사이거나 산파이다.

이것이 해결되면 우리는 이제 두 번째 이야기로 나간다:

매플톨페가의 살인(MURDER AT MARPLETHORPE)

벽난로 위의 시계가 10시 30분을 알렸다. 그러나 누군가가 그 시계가 맞지 않는다고 말했다. 죽은 여인이 앞방의 침대 위에 놓여 있으므로 사람이 조용히 그 집으로부터 나갔다. 유일하게 들리는 소리는 시곗바늘 소리와 갓난아기의 커다란 울음소리였다.

물론 동일한 텍스트지만 이제는 전기가 아니라 살해 미스터리를 읽고 있다는 것을 알려주는 다른 제목을 갖고 있다. 이 장르에 대한 이해 아래서 가장 자연스러운 해석은 여인이 출산하다 죽은 것이 아니라, 결국 잘못이 증명될 혐의와 함께 살해당한 것이다(결국 이것은 살해 미스터리다). 그리고 조용히 그 집에서 나간 인물은 살인자이다. 우는 아기는 막 태어난 아이가 아니라 막 저질러진 범죄에 잠을 방해받은 아이이다.

이것을 성경에 적용하면, 성경 텍스트의 해석에 대한 중요한 논쟁은 그 장르를 올바로 정하는 것과 관련된다.

창세기 1장은 역사인가, 시인가, 전설인가, 민간전승인가, 아니면 신화인가?

아가는 사랑의 시인가, 드라마인가, 혹은 풍유인가?

마태복음은 역사적인 텍스트인가, 아니면 미드라쉬인가?

물론 해석에 대한 논쟁은 합의된 장르가 어떻게 기능하는가에 대한 합당한 이해와도 관련이 있다. 예를 들어 열왕기가 역사라는 것을 동의하는 학자들도 구약의 역사 서술의 본질에 대하여는 의견이 일치하지 않을 것이다.[8]

---

[8] 성경적인 역사 서술의 본질에 대한 논의에 대하여는 Provan, Long, and Longman, *Biblical History of Israel*, 3–152를 보라.

저자들이 구체적인 장르 전통 속에서 글을 쓸지 말지를 결정하지 않으면 독자들도 어떤 장르의 범주 안에서 읽을지 말지를 결정하지 않는다. 모든 글은 장르를 갖는다. 그리고 모든 독서는 독자가 장르를 어떻게 이해하는가에 영향을 받는다. 문제는 특별히 읽을 때 그 텍스트의 장르에 대하여 독자가 얼마나 의식하는가이다.

내가 아침에 사무실에 나가기 전에 「월스트리트 저널」(Wall Street Journal)을 읽는다면 나는 의식적으로 내가 읽고 있는 부분의 장르(뉴스 아티클, 책 리뷰, 사설)를 인식하지 않고 내 기대들을 처리한다. 이 모든 것은 내가 이전에 읽었던 경험에 의해 무의식적으로 이루어진다.

내가 즐기고 있는 소설을 열었을 때, 나는 의식적으로 소설이라는 것을 나 자신에게 상기시키지도, 소설의 역사와 그 모든 관습을 연구하지도 않지만, 이전의 독서 경험을 바탕으로 나는 "소설의 작동 방식"을 알고 있다. 예를 들어 내가 용과 좀비, 불의 신의 여사제에 대해 읽었을 때 나는 의심하지도 주저하지도 않는다(이것은 『왕좌의 게임』[Game of Thrones] 이야기이다).

그러나 내가 내 사무실에 도착하면 구약학자로서 나는 고대 문헌을 다루고 로버트 알터(Robert Alter)가 말한 것처럼 '서로 다른 문화들과 시대들은 서로 다른 문학적인 합의사항들이 있다'는 것을 인식하면서 장르에 대하여 좀 더 의식할 필요가 있다.[9] 그러므로 만일 내가 본래 저자의 의미에 도달하기 위하여 구약성경의 책들을 읽는다면 나는 장르와 그 장르들이 어떻게 기능하는지를 의식할 필요가 있다.

우리는 이것이 우리가 텍스트를 성공적으로 읽기 위해서는 우리에게 고대 장르, 즉 고대인들이 인식했던 장르들에 대하여 이해하고 인식할 것을 요구한다고 생각할 것이다. 우리가 최선을 다할 수 있지만 고대 히브리인들이 서로 다른 유형의 기록들을 인식할 수 있는 증거를 거의 남기지 않았기 때문에, 우리는 귀납적으로 연구해야 하고 텍스트들 사이의 유사성을

---

9 Alter, "Response."

관찰한 것에 근거하여 범주들을 만들어야만 한다.[10]

위에서 언급한 것처럼, 이 유사성들은 내용과 스타일과 구조와 주제와 어조의 수준에서 나타날 수 있다. 지혜 문헌이 장르라는 생각에 비판적인 사람들에 반대하여, 우리는 전형적으로 지혜 문헌의 핵심으로 간주되는 책들(잠언, 욥기, 전도서) 사이에는 중요한 유사성이 존재하지만 이런 책들과 지혜서라고 불리는 다른 텍스트들(시편의 일부, 아가 등)과는 여전히 유사성이 존재하지만 그 유사성이 덜하다는 것으로 반응한다.

그러나 우리가 지혜 장르에 관한 주장을 펴면서 우리는 장르의 본질을 분명히 하기를 계속해야 한다. 여기서 우리는 비록 이들이 관련되어 있고 장르는 유동적인 범주라고 말함으로써 요약될 수 있을지라도 두 가지 부가적인 점을 지적하기 원한다.

첫째, 장르는 구체적인 텍스트들로부터 온 다양한 추상적 개념(abstraction)의 수준에서 발생한다는 것이다.

둘째, 텍스트들은 하나의 장르 이상을 갖고 있을 수 있다는 것이다. 우리는 시편 23편을 예로 사용할 것이다. 이 시는 "여호와는 나의 목자시니 내게 부족함이 없으리로다"로 시작한다.

시편 23편의 장르는 무엇인가?

① 이것은 평행법, 도처에 나타나는 이미지, 간결한 시행들, 다양한 부차적인 시적인 장치들을 특징으로 하는 **시**(poem)다.
② 이것은 내러티브적인 시나 극적인 시나 설득적인 시가 아니라 **서정시**(lyric poetry)다. 이 시는 시인의 내면적인 삶을 표현하는 시다.
③ 이것은 찬양시나 탄식시나 다른 유형의 서정시가 아니라 **신뢰시**(psalms of confidence)다. 이것은 위험에도 불구하고 하나님에 대한 신뢰를 표현한다.

---

[10] 고대 이스라엘 사람들이 우리가 하는 것과 다르게 장르를 인식했다는 증거로서 우리는 시편의 제목에 사용된 장르를 나타내는 다양한 용어들을 볼 수 있다(미즈모르[*mizmôr*], 쉬르[*šîr*], 테필라[*tepillâ*], 레하즈키르[*ləhazkîr*], 마스킬 [*maskîl*] 등).

더 이야기할 수 있지만 우리의 요점은 다음과 같다.

첫째, 한 텍스트는 구체적인 텍스트로부터 온 다양한 분리(abstraction)의 수준에 따라 다양한 수준의 장르 라벨(label)을 사용하여 묘사될 수 있다는 것이다. 범주(시가 위의 분석에서 가장 넓은 범주이다)가 더 넓을수록 그 범주 안에 있는 텍스트들은 서로 유사성이 적으며, 범주가 좁을수록 유사성을 더 많이 갖는다. 그러므로 같은 텍스트도 그 구체적인 텍스트로부터 온 추상적 개념의 수준에 근거한 다양한 장르 라벨을 가질 수 있다.

둘째, 한 텍스트는 독자/해석자가 텍스트들 사이의 차이들 혹은 유사성들을 주목함으로써 한 장르 이상을 가질 수 있다. 우리는 시편 23편을 다시 한번 예로 제시할 수 있다. 그 구체적인 텍스트로부터 분리(abstraction)된 한 차원에서 우리는 일곱 가지 기본적인 유형의 시에 대해서 말할 수 있다. 이 수준에서 우리는 시편 23편을 신뢰시(psalm of confidence)로 확인한다. 이 수준에서는 찬양시(hymns), 탄식시(laments), 감사시(thanksgiving), 지혜시(wisdom), 회상시(remembrance), 제왕시(kingship)를 포함하는 6개의 다른 유형이 있다.[11]

우리가 이미 말한 것처럼 시편 23편은 신뢰시다. 시편 23편을 이렇게 신뢰시로 분류하는 것은 일반적으로 수용된다. 정말로 시편 23편은 종종 신뢰시의 전형으로 이해된다. 시편 23편은 무엇보다도 고난의 한가운데서 하나님을 신뢰하는 어조로 특징지어진다.

> 내가 사망의 음침한 골짜기로 다닐지라도
> 해를 두려워하지 않을 것은(4절).

> 주께서 내 원수의 목전에서 내게 상을 차려 주시고(5절).

---

11 Longman, *Psalms*, 38–42.

신뢰시들은 자신들의 탄식이 응답되지 않은 사람들이 부르는 기도이다.[12]

시편 23편이 비록 신뢰시여도 또한 제왕시라고 우리는 주장할 수 있다. 결국 일반적으로 이해되듯이 목자는 통치자에 대한 공통되는 은유이며 가장 대표적으로 왕을 가리키는 은유이다. 시편 23편이 하나님을 그의 양의 목자로 높이면 우리는 하나님을 당신의 백성의 왕으로 언급하는 것으로 이해한다. 하나님은 당신의 백성을 위하여 필요한 것을 공급하며 그들을 돌본다.

요약하면 하나의 장르는 서로 다른 유형들의 유사성을 공유하는 텍스트들을 함께 모은다. 장르들은 엄격하고 단순하지 않다. 텍스트들은 하나의 유일한 장르로 이루어져 있지 않고 각각의 텍스트에 빛을 비추어 주는 다른 문학적인 그룹들의 부분이 될 수 있다. 장르들은 다양한 영역이 동시에 맞닿아 있는 영역이다. 이것이 우리가 성경에서 장르를 묘사하는 데 합당하다고 믿어지는 장르에 대한 이해이다.

지혜 장르를 확인하는 주된 장치는 단순히 이들 텍스트가 지혜의 개념에 관심을 둔다는 것이다. 이 책의 처음 세 장이 보여주듯이 잠언은 시초에 잠언의 목적이 독자에게 지혜를 교훈하는 것이라고 선언하며, 욥기는 누가 지혜를 가졌는지 논쟁하며, 전도서는 인생의 의미를 찾고 있는 두 지혜로운 사람의 말이다. 우리가 이 책들을 연구하면서 우리는 "여호와를 경외함"이라는 아마도 두드러진 지혜의 개념에 밀접히 연결된 주제들과 화제들과 관심들을 보았다.

결국 잠언은 "여호와를 경외하는 것이 지식의 근본"(잠 1:7 등)이라고 선언한다. 그러므로 우리가 여호와를 경외함이라는 주제로 달려가면 우리는 지혜를 다루는 것과 같다. 우리는 여전히 우리 시대의 지혜와 밀접히 연결된 다른 주제들과 화제들과 관심들을 발견할 것이다.

---

12 Pemberton, *After Lament*.

어떤 학자들은 지혜 장르에 대한 질문들에 이렇게 접근하는 것이 지혜 장르를 너무 넓혀서 너무 많은 텍스트를 지혜 장르에 포함시킬 것이라고 염려한다. 키네스(Kynes)는 "지혜"라는 말을 점점 더 많은 성경의 책들과 그들의 부분들에 적용하는 것이 "장르의 확장과 해석학적인 중요성의 희생과 그러므로 내용의 해석에 대한 잠재적인 왜곡을 가져왔다"고 주장한다.[13]

우선 나는 그가 어떻게 "지혜"라는 개념이 모든 성경 연구를 포괄하는 개념이 되었는지를 과장한다고 믿는다. 아직도 여전히 지혜와 관련이 없는 많은 텍스트가 있다. 그러나 더 중요하게 나는 지혜를 다루는 핵심 텍스트들(잠언, 욥기, 전도서)과 지혜와 관련된 주제들이 발견되는 책들(제2장에서처럼) 사이의 관계를 넓히는 것은 유용성이 있다고 제시한다.

그러나 우리는 이 점에서 텍스트들은 하나 이상의 장르와 관련된다는 것을 기억하며 매우 조심해야 한다. 예를 들어 아가를 지혜 유형으로 다루는 것이 우리로 그것을 사랑의 시로 보는 것을 막아서는 안 되며, 욥기를 지혜서로 초점 맞추는 것이 우리로 욥기가 또한 탄식시 장르에 속한다는 이해를 못하도록 막아서는 안 된다.[14]

2. 결론

지혜서로 불리는 장르의 존재와 그 장르에 대하여 말하는 것의 유용성에 대하여 도전하는 키네스와 다른 학자들은 구식이 되었지만, 여전히 사용된 장르에 대한 이해에 대항하는 설득력 있는 주장을 제시했다. 그러나 내 의견으로는 해결책은 "지혜 문헌"이라는 용어를 박멸하는 것이 아니라 해석의 도구로 장르에 대한 우리의 이해를 더 정교화하는 것이다.[15]

---

13 Kynes, *Obituary*.
14 Dell, "Deciding the Boundaries of Wisdom"도 장르에 대한 세심한 이해를 제시한다.
15 나의 논문 "Israelite Genres"가 포함된 Sweeney and Ben Zvi, *Changing Face of Form Criti-*

지혜에 대한 "사망 기사"(obituary)라는 키네스의 선언에 대한 반응으로 우리는 마크 트웨인(Mark Twain)의 말을 빌려올 것이다.

"(지혜 문헌의) 죽음에 대한 보고는 크게 과장되어 왔다."[16]

결국 지혜서들을 연구하는 열쇠로 상호 본문성(inertextuality)을 사용하는 접근을 옹호하는 키네스는 여기서 제공된 장르에 근거한 접근과 거의 같은 결과를 성취한다.

---

*cism*을 보라.

16 여기서 내가 취하고 있는 접근방법은 Sneed and Dell의 접근방법에 아주 가깝다. 특히 Sneed, "Grasping After the Wind"를 보라. 나의 초기 저서인 *Fictional Akkadian Autobiography*; "Form Criticism"; 그리고 *Literary Approaches*와 비교하라.

참고문헌

Ackrill, J. L., ed. *The New Aristotle Reader.* Oxford: Oxford University Press, 1987. Adams, J. *Competent to Counsel.* Phillipsburg, NJ: Presbyterian and Reformed, 1970. Reprint, Grand Rapids: Zondervan, 1986.

Allender, D. B., and T. Longman III. *The Cry of the Soul: How Our Emotions Reveal Our Deepest Questions about God.* 2nd ed. Colorado Springs: NavPress, 2015.

Alster, B. *Proverbs of Ancient Sumer: The World's Earliest Proverb Collections.* 2 vols. Bethesda, MD: CDL, 1997.

Alter, R. "A Response to Critics." *JSOT* 27 (1983): 113–17.

Averbeck, R. "Myth, Ritual, and Order in Enki and the World Order." *JAOS* 123 (2003): 761–62.

Balentine, S. E. *Have You Considered My Servant Job? Understanding the Biblical Archetype of Patience.* Columbia: University of South Carolina Press, 2015.

Barrett, M., and A. B. Caneday, eds. *Four Views on the Historical Adam.* Grand Rapids: Zondervan, 2013.

Bartholomew, C. G. *Ecclesiastes.* Grand Rapids: Baker Academic, 2009. Bartholomew, C. G., and R. P. O'Dowd. *Old Testament Wisdom Literature.* Downers Grove, IL: InterVarsity, 2011.

Beaulieu, P.-A. "The Social and Intellectual Setting of Babylonian Wisdom Literature." In *Wisdom Literature in Mesopotamia and Israel*, edited by R. J. Clifford, 3–19. Atlanta: Society of Biblical Literature Press, 2007.

Beckwith, R. *The Old Testament Canon of the New Testament Church.* London: SPCK, 1985.

Beeke, J. R. "Christ, the Second Adam." In *God, Adam, and You: Biblical Creation Defended and Applied*, edited by R. D. Phillips, 141–68. Phillipsburg, NJ: P&R, 2015.

Bekkenkamp, J., and F. van Dijk. "The Canon of the Old Testament and Women's Cultural Traditions." In *A Feminine Companion to the Song of Songs*, edited by A. Brenner, 67–85. Sheffield: JSOT Press, 1993.

Besserman, L. L. *The Legend of Job in the Middle Ages*. Cambridge, MA: Harvard University Press, 1979.

Bland, D. *Proverbs and the Formation of Character*. Eugene, OR: Cascade Books, 2015.

⎯⎯⎯. Blenkinsopp, J. *Sage, Priest, Prophet: Religious and Intellectual Leadership in Ancient Israel*. Library of Ancient Israel. Louisville: Westminster John Knox, 1995.

Borghouts, J. F. "Witchcraft, Magic, and Divination in Ancient Egypt." In *Civiliza- tions of the Ancient Near East*, edited by J. M. Sasson, 1775–85. Peabody, MA: Hendrickson, 1995.

Bostrom, L. *The God of the Sages: The Portrayal of God in the Book of Proverbs*. Stockholm: Almqvist & Wiksell, 1990.

Brenner, A. "Women Poets and Authors." In *A Feminine Companion to the Song of Songs*, edited by A. Brenner, 86–99. Sheffield: JSOT Press, 1993.

Brooks, D. *The Road to Character*. New York: Random House, 2015.

⎯⎯⎯. *The Social Animal: The Hidden Sources of Love, Character, and Achieve- ment*. New York: Random House, 2012.

Brown, W. P. *Character in Crisis: A Fresh Approach to the Wisdom Literature of the Old Testament*. Grand Rapids: Eerdmans, 1996.

⎯⎯⎯. *Wisdom's Wonder: Character, Creation, and Crisis in the Bible's Wisdom Literature*. Grand Rapids: Eerdmans, 2014.

Bruch, J. F. *Weisheits-Lehre der Hebräer: Ein Beitrag zur Geschichte der Philosophie*. Strassburg: Treuttel & Würtz, 1851.

Brueggemann, W. *In Man We Trust: The Neglected Side of Biblical Faith*. Atlanta: John Knox, 1972.

⎯⎯⎯. *The Psalms and the Life of Faith*. Minneapolis: Augsburg Fortress, 1995.

⎯⎯⎯. *Solomon: Israel's Iconic Icon of Human Achievement*. Columbia: University of South Carolina Press, 2005.

Buccelati, G. "Wisdom and Not: The Case of Mesopotamia." *JAOS* 101 (1901): 35–47.

Budge, E. A. W. *Facsimiles of Egyptian Hieratic Papyri in the British Museum*. 2nd series. London: British Museum, 1923.

_____. *The Teaching of Amen-Em-Apt, Son of Kanekht: The Egyptian Hieroglyphic Text and an English Translation, with Translations of the Moral and Religious Teachings of Egyptian Kings and Officials Illustrating the Development of Reli- gious Philosophy in Egypt during a Period of about Two Thousand Years*. London: Hopkinson, 1924.

Buss, M. J. "The Study of Forms." In *Old Testament Form Criticism*, edited by J. H. Mayes, 15–56. San Antonio: Trinity University Press, 1974.

Cady, S., M. Ronan, and H. Taussig. *Sophia: The Future of Feminist Spirituality*. San Francisco: Harper & Row, 1986.

Carr, D. M. *Writing on the Tablet of the Heart: Origins of Scripture and Literature*. Oxford: Oxford University Press, 2005.

Charles, J. D., ed. *Reading Genesis 1–2: An Evangelical Conversation*. Peabody, MA: Hendrickson, 2013.

Cheney, M. *Dust, Wind and Agony: Character, Speech and Genre in Job*. Stockholm: Almqvist & Wiksell, 1994.

Childs, B. S. *Biblical Theology of the Old and New Testaments: Theological Reflec- tion on the Christian Bible*. Minneapolis: Fortress, 1992.

_____. *Introduction to the Old Testament as Scripture*. Philadelphia: Fortress, 1979. Clifford, R. J. *The Cosmic Mountain in Canaan and the Old Testament*. Harvard Semitic Monographs 4. Cambridge, MA: Harvard University Press, 1973.

_____. *Proverbs*. OTL. Louisville: Westminster John Knox, 1999.

_____, ed. *Wisdom Literature in Mesopotamia and Israel*. Atlanta: SBL Press, 2007. Clines, D. J. A. *Job 1–20*. WBC 17. Nashville: Nelson, 1989.

_____. *The Theme of the Pentateuch*. 2nd ed. Sheffield: Sheffield Academic, 1997. Cohen, Y. *Wisdom from the Late Bronze Age*. Writings from the Ancient World 34. Atlanta: Society of Biblical Literature Press, 2013.

Cole (née Cady), S., M. Ronan, and H. Taussig. *Wisdom's Feast: Sophia in Study and Celebration*. San Francisco: Harper & Row, 1989. 2nd ed., Kansas City, MO: Sheed & Ward, 1996. Reprint, Berkeley, CA: Apocryphile, 2016.

Collins, J. J. *Jewish Wisdom in the Hellenistic Age*. OTL. Louisville: Westminster John Knox, 1997.

_____. "Proverbial Wisdom and the Yahwist's Vision." *Semeia* 17 (1980): 1–18.

_____. "Wisdom Reconsidered, in Light of the Scrolls." *Dead Sea Discoveries* 4 (1997): 265-81.

Copan, P., et al., eds. *The Dictionary of Christianity and Science: The Definitive Reference for the Intersection of Faith and Contemporary Science*. Grand Rapids: Zondervan, forthcoming.

Crawford, S. W. "Lady Wisdom and Dame Folly at Qumran." *Dead Sea Discoveries* 5 (1998): 355-66.

Crenshaw, J. L. *Ecclesiastes*. OTL. Louisville: Westminster John Knox, 1987.

_____. "Education in Ancient Israel." *JBL* 104 (1985): 601-15.

_____. "Gold Dust or Nuggets? A Brief Response to J. Kenneth Kuntz." *Currents in Biblical Research* 1 (2003): 155-58.

_____. "Method in Determining Wisdom Influence upon 'Historical' Literature." *JBL* 88 (1969): 129-42.

_____. *Old Testament Wisdom: An Introduction*. 3rd ed. Louisville: Westminster John Knox, 2010.

_____, ed. *Studies in Ancient Israelite Wisdom*. Library of Biblical Studies. New York: Ktav, 1976.

_____. "Wisdom Psalms?" *Currents in Research: Biblical Studies* 8 (2000): 9-17. Cunningham, C. *Darwin's Pious Idea: Why Ultra-Darwinists and Creationists Both Get It Wrong*. Grand Rapids: Eerdmans, 2010.

Dahood, M. J. "Proverbs 8,22-31: Translation and Commentary." *CBQ* 30 (1968): 512-21.

Day, J. "The Daniel of Ugarit and the Hero of the Book of Daniel." *VT* 30 (1980): 174-84.

Day, J., R. P. Gordon, and H. G. M. Williamson, eds. *Wisdom in Ancient Israel: Essays in Honour of J. A. Emerton*. Cambridge: Cambridge University Press, 1995. Dell, K. J. "Deciding the Boundaries of Wisdom: Applying the Concept of Family Resemblance." In *Was There a Wisdom Tradition? New Prospects in Israelite Wisdom Studies*, ed. M. R. Sneed, 145-60. Ancient Israel and Its Literature 23. Atlanta: SBL Press, 2015.

_____. "'I Will Solve My Riddle to the Music of the Lyre' (Psalm XLIX 4[5]): A Cultic Setting for Wisdom Psalms?" *VT* 54 (2004): 445-58.

Dillard, R., and T. Longman III. *Introduction to the Old Testament*. 1st ed. Grand Rapids: Zondervan, 1994.

Dressler, H. H. P. "The Identification of the Ugaritic Dnil with the Daniel of Ezekiel." *VT* 29 (1979): 152-61.

Dubrow, H. *Genre*. Critical Idiom 42. New York: Methuen, 1982.

Engelsman, J. E. *The Feminine Dimension of the Divine*. Philadelphia: Westminster, 1979.

Enns, P. *Ecclesiastes*. THOTC. Grand Rapids: Eerdmans, 2011.

———. *Exodus Retold: Ancient Exegesis of the Departure from Egypt in Wis 10:15-21 and 19:1-9*. Harvard Semitic Monographs 57. Atlanta: Scholars, 1997.

———. *Inspiration and Incarnation: Evangelicals and the Problem of the Old Testament*. 2nd ed. Grand Rapids: Baker Academic, 2015.

———. "Wisdom of Solomon." In *Dictionary of the Old Testament: Wisdom, Poetry and Writings*, edited by T. Longman III and P. Enns, 885-91. Downers Grove, IL: IVP Academic, 2008.

Estes, D. J. "Wisdom and Biblical Theology." In *Dictionary of the Old Testament: Wisdom, Poetry and Writings*, edited by T. Longman III and P. Enns, 853-58. Downers Grove, IL: IVP Academic, 2008.

Exum, J. C. *Song of Songs: A Commentary*. OTL. Louisville: Westminster John Knox, 2005.

Falk, M. *Love Lyrics in the Bible: A Translation and Literary Study of the Song of Songs*. Bible and Literature 4. Sheffield: Almond, 1982.

Farber, W. "Witchcraft, Magic, and Divination in Ancient Mesopotamia." In *Civilizations of the Ancient Near East*, edited by J. M. Sasson, 1895-1909. Peabody, MA: Hendrickson, 1995.

Farmer, K. A. "The Wisdom Books." In *The Hebrew Bible Today: An Introduction to Critical Issues*, edited by S. L. McKenzie and M. P. Graham, 129-51. Louisville: Westminster John Knox, 1998.

Fiddes, P. S. *Seeing the World and Knowing God: Hebrew Wisdom and Christian Doctrine in a Late-Modern Context*. Oxford: Oxford University Press, 2013.

Finsterbusch, K. "Yahweh's Torah and the Praying 'I' in Psalm 119." In *Wisdom and Torah: The Reception of "Torah" in the Wisdom Literature of the Second Temple Period*, edited by B. U. Schipper and D. A. Teeter, 119–36. Supplements to the Journal for the Study of Judaism 163. Leiden: Brill, 2013.

Firth, D. G. "Worrying about the Wise: Wisdom in Old Testament Narrative." In *Exploring Old Testament Wisdom*, edited by D. G. Firth and L. Wilson. Notting- ham: Apollos, forthcoming.

Foh, S. "What Is the Woman's Desire?" *WTJ* 37 (1974–75): 276–83.

Fontaine, C. R. *Smooth Words: Women, Proverbs and Performance in Biblical Wisdom*. JSOTSup 356. Sheffield: Sheffield Academic, 2002.

Ford, D. F. *Christian Wisdom: Desiring God and Learning to Love*. Cambridge Studies in Christian Doctrine. Cambridge: Cambridge University Press, 2007.

Foster, B. R. *Before the Muses: An Anthology of Akkadian Literature*. 2nd ed. 2 vols. Potomac, MD: CDL, 1996.

Fox, M. V. "*Amon* Again." *JBL* 115 (1996): 699–702.

_____. *Ecclesiastes*. JPS Bible Commentary. Philadelphia: Jewish Publication Society, 2000.

_____. "Frame-Narrative and Composition in the Book of Qohelet." *HUCA* 58 (1977): 83–106.

_____. *Proverbs 1–9*. AB 18. New York: Doubleday, 2000.

_____. *Qohelet and His Contradictions*. Bible and Literature 18. Sheffield: JSOT Press, 1989.

Fredericks, D. C. *Coping with Transience: Ecclesiastes on the Brevity of Life*. The Biblical Seminar 18. Sheffield: JSOT Press, 1993.

Gammie, J. G., and L. G. Perdue, eds. *The Sage in Israel and the Ancient Near East*. Winona Lake, IN: Eisenbrauns, 1990.

Gemser, B. "The Spiritual Structure of Biblical Aphoristic Literature." In *Adhuc Loquitur: Collected Essays of Dr. B. Gemser*, edited by A. van Selms and A. S. van der Woude, 208–19. Pretoria Oriental Studies 7. Leiden: Brill, 1968.

Goedicke, H. *The Protocol of Neferyt*. Baltimore: Johns Hopkins University Press, 1977.

_____. *The Report about the Dispute of a Man with His BA: Papyrus Berlin 3024*. Baltimore: Johns Hopkins Press, 1970.

Goff, M. J. *Discerning Wisdom: The Sapiential Literature of the Dead Sea Scrolls*.

Leiden: Brill, 2007.

―――. *4QInstruction*. Atlanta: Scholars Press, 2013.

Goldingay, J. "The 'Salvation History' Perspective and the 'Wisdom' Perspective within the Context of Biblical Theology." *EvQ* 51 (1979): 194–207.

Goleman, D. *Emotional Intelligence*. New York: Bantam Books, 1995.

Golka, F. *The Leopard's Spots: Biblical and African Wisdom in Proverbs*. Edinburgh: T&T Clark, 1993.

Grant, J. A. "'When the Friendship of God Was upon My Tent': Covenant as Essen- tial Background to Lament in the Wisdom Literature." In *Covenant in the Persian Peri- od: From Genesis to Chronicles*, edited by R. J. Bautch and G. N. Knoppers, 323–39. Winona Lake, IN: Eisenbrauns, 2015.

―――. "Wisdom and Covenant." In *Dictionary of the Old Testament: Wisdom, Po- etry and Writings*, edited by T. Longman III and P. Enns, 860–61. Downers Grove, IL: IVP Academic, 2008.

―――. "Wisdom and Covenant: Revisiting Zimmerli." *EuroJTh* 12 (2003): 103–11.

Greenfield, J. C. "The Wisdom of Ahiqar." In *Wisdom in Ancient Israel: Essays in Honor of J. A. Emerton*, edited by J. Day, R. P. Gordon, and H. G. M. Williamson, 43–52. Cambridge: Cambridge University Press, 1995.

Gunkel, H. *The Psalms*. Translated by T. M. Horner. Philadelphia: Fortress, 1967. Gun- kel, H., and J. Begrich. *An Introduction to Cultic Poetry: The Genres of the Re- ligious Lyric of Israel*. 1933. Reprint, Macon, GA: Mercer University Press, 1998.

Hugenberger, G. *Marriage as Covenant: Biblical Law and Ethics as Developed from Malachi*. Grand Rapids: Baker, 1998.

Humphreys, W. L. "A Life-Style for the Diaspora: A Study of the Tales of Esther and Daniel." *JBL* 92 (1973): 211–23.

Hurowitz, V. "Two Terms for Wealth in Proverbs CIII in Light of Akkadian." *VT* 50 (2000): 252–54.

Isaac, E. "1 (Ethiopic Apocalypse of) Enoch." In *The Old Testament Pseudepigrapha*. Vol. 1, *Apocalyptic Literature and Testaments*, edited by J. H. Charlesworth, 5–89. Garden City, NY: Doubleday, 1983.

Jacobson, D. "Wisdom Language in the Psalms." In *The Oxford Handbook of the Psalms*, edited by W. P. Brown, 147-57. Oxford: Oxford University Press, 2014.

Jenkins, P. *The New Faces of Christianity: Believing the Bible in the Global South*. Oxford: Oxford University Press, 2006.

Jobes, K. H. "Sophia Christology: The Way of Wisdom?" In *The Way of Wisdom: Essays in Honor of Bruce K. Waltke*, edited by J. I. Packer and S. K. Soderlund, 79-103. Grand Rapids: Zondervan, 2000.

Johnston, P. S. *Shades of Sheol: Death and the Afterlife in the Old Testament*. Downers Grove, IL: InterVarsity, 2002.

Kaminsky, J. S. "Would You Impugn My Justice? A Nuanced Approach to the Hebrew Bible's Theology of Divine Recompense." *Interpretation* 69 (2015): 299-310.

Kampen, J. *Wisdom Literature*. Eerdmans Commentaries on the Dead Sea Scrolls. Grand Rapids: Eerdmans, 2011.

Kelsey, D. H. *Eccentric Existence: A Theological Anthropology*. 2 vols. Louisville: Westminster John Knox, 2009.

Kidner, D. *Proverbs*. TOTC. Downers Grove, IL: InterVarsity, 1964.

Kim, D. "Wisdom and Apocalyptic in 2 Baruch." *Henoch* 33 (2011): 250-74.

Kister, M. "Wisdom Literature and Its Relation to Other Genres: From Ben Sira to Mysteries." In *Sapiential Perspectives: Wisdom Literature in Light of the Dead Sea Scrolls; Proceedings of the Sixth International Symposium of the Orion Center for the Study of the Dead Sea Scrolls and Associated Literature, 20-22 May, 2001*, edited by J. J. Collins, G. E. Sterling, and R. Clements, 14-47. STDJ 51. Leiden: Brill, 2004.

Kitchen, K. A., and P. J. N. Lawrence. *Treaty, Law and Covenant in the Ancient Near East*. 3 vols. Wiesbaden: Harrassowitz, 2012.

Kline, M. G. *The Structure of Biblical Authority*. 2nd ed. Grand Rapids: Eerdmans, 1972.

Koch, K. *Um das Prinzip der Vergeltung in Religion und Recht des alten Testaments*. Darmstadt: Wissenschaftliche Buchgesellschaft, 1972.

Kovacs, M. C. *The Epic of Gilgamesh*. Stanford, CA: Stanford University Press, 1985.

Kramer, S. N. "'Man and His God': A Sumerian Variation on the 'Job' Motif." In *Wisdom in Israel and in the Ancient Near East*, edited by M. Noth and D. W. Thomas, 170-82. Leiden: Brill, 1955.

Krüger, T. "Law and Wisdom according to Deut 4:5-8." In *Wisdom and Torah: The Re-*

ception of "Torah" in the Wisdom Literature of the Second Temple Period, edited by B. U. Schipper and D. A. Teeter, 35–54. Supplements to the Journal for the Study of Judaism 163. Leiden: Brill, 2013.

Kynes, W. *An Obituary for "Wisdom Literature."* Oxford: Oxford University Press, forthcoming.

LaCocque, A. *Romance, She Wrote: A Hermeneutical Essay on Song of Songs*. Harrisburg, PA: Trinity, 1998.

Lambert, W. G. *Babylonian Creation Myths*. Winona Lake, IN: Eisenbrauns, 2013.

_____. *Babylonian Wisdom Literature*. Oxford: Oxford University Press, 1960. Reprint, Winona Lake, IN: Eisenbrauns, 1996.

Landy, F. *Paradoxes of Paradise: Identity and Difference in the Song of Songs*. Sheffield: Almond, 1983.

Lemaire, A. "The Sage in School and Temple." In *The Sage in Israel and the Ancient Near East*, edited by J. G. Gammie and L. G. Perdue, 165–83. Winona Lake, IN: Eisenbrauns, 1990.

_____. "Sagesse et ecoles." *VT* 34 (1984): 270–81.

Levenson, J. *Creation and the Persistence of Evil*. Princeton: Princeton University Press, 1994.

_____. *The Hebrew Bible, the Old Testament and Historical Criticism: Jews and Christians in Biblical Studies*. Louisville: Westminster John Knox, 1993.

Levine, E. *The Aramaic Version of Qohelet*. New York: Sepher-Hermon, 1978. Lichtheim, M. *Ancient Egyptian Literature*, vol. 1. Berkeley: University of California Press, 1975.

_____. "Didactic Literature." In *Ancient Egyptian Literature: History and Forms*, edited by A. Loprieno, 243–62. Probleme der Agyptologie 10. Leiden: Brill, 1996.

_____. *Late Egyptian Literature in the International Context: A Study of Demotic Instruction*. OBO 52. Freiburg, Switzerland: Universitätsverlag, 1983.

_____. *Maat in Egyptian Autobiographies and Related Studies*. OBO 120. Freiburg, Switzerland: Universitätsverlag; Göttingen: Vandenhoeck & Ruprecht, 1992.

_____. *Moral Values in Ancient Egypt*. OBO 155. Fribourg, Switzerland: University Press, 1997.

Lindenberger, J. M. *The Aramaic Proverbs of Ahiqar*. JHNES. Baltimore: Johns Hop- kins University Press, 1983.

Lo, A. *Job 28 as Rhetoric: An Analysis of Job 28 in the Context of Job 22–31*. VTSup 97. Leiden: Brill, 2003.

Loader, J. A. "The Bipolarity of Sapiential Theology." *OTE* 26 (2013): 365–83. Longman, T., III. "Accuracy and Readability: Warring Impulses in Evangelical Trans-lation Tradition." In *Biblical Translation in Context*, edited by F. W. Knobloch, 165–75. Bethesda: University Press of Maryland, 2002.

_____. "Adam and Eve." In *The Dictionary of Christianity and Science: The Defini- tive Resource for the Intersection of Christian Faith and Contemporary Science*. Edited by T. Longman III and P. Copan. Grand Rapids: Zondervan, forthcoming.

_____. *Daniel*. NIVAC. Grand Rapids: Zondervan, 1999.

_____. "Determining the Historical Context of Ecclesiastes." In *The Words of the Wise Are Like Goads: Engaging Qohelet in the 21st Century*, edited by M. J. Boda, T. Longman III, and C. G. Rata, 89–102. Winona Lake, IN: Eisenbrauns, 2013.

_____. *Ecclesiastes*. NICOT. Grand Rapids: Eerdmans, 1998.

_____. "The 'Fear of God' in the Book of Ecclesiastes." *BBR* 25 (2015): 13–22.

_____. *Fictional Akkadian Autobiography*. Winona Lake, IN: Eisenbrauns, 1993.

_____. "Form Criticism, Recent Developments in Genre Theory, and the Evangeli- cal." *WTJ* 47 (1985): 46–67.

_____. *Genesis*. Story of God Bible Commentary: Old Testament Series. Grand Rapids: Zondervan, 2016.

_____. *How to Read Proverbs*. Downers Grove, IL: InterVarsity, 2002.

_____. "Israelite Genres in Their Ancient Near Eastern Context." In *The Changing Face of Form Criticism for the Twenty-First Century*, edited by M. A. Sweeney and E. Ben Zvi, 177–95. Grand Rapids: Eerdmans, 2003.

_____. *Job*. BCOTWP. Grand Rapids: Baker Academic, 2012.

_____. *Literary Approaches to Biblical Interpretation*. Foundations of Contempo- rary In-terpretation 3. Grand Rapids: Zondervan, 1987. Reprinted as "Literary Approaches to Biblical Interpretation." In *Foundations of Contemporary Inter- pretation*, edited by M. Silva, 91–192. Grand Rapids: Zondervan, 1996.

_____. *Proverbs*. BCOTWP. Grand Rapids: Baker Academic, 2006.

_____. "Proverbs." In *The Zondervan Illustrated Bible Backgrounds Commentary*, edited by J. Walton, 5:464–505. Grand Rapids: Zondervan, 2009.

_____. *Psalms: An Introduction and Commentary*. TOTC. Downers Grove, IL: IVP Academic, 2014.

_____. "Qohelet as Solomon: 'For What Can Anyone Who Comes after the King Do?'" In *Reading Ecclesiastes Intertextually*, edited by K. Dell and W. Kynes, 42–56. Library of Hebrew Bible/Old Testament Studies 587. London: Bloomsbury, 2014.

_____. "The Serpent." In *The Dictionary of Christianity and Science: The Definitive Resource for the Intersection of Christian Faith and Contemporary Science*. Edited by T. Longman III and P. Copan. Grand Rapids: Zondervan, forthcoming.

_____. *Song of Songs*. NICOT. Grand Rapids: Eerdmans, 2001.

_____. "Spirit and Wisdom." In *Presence, Power and Promise: The Role of the Spirit of God in the Old Testament*, edited by D. G. Firth and P. D. Wegner, 95–110. Downers Grove, IL: InterVarsity, 2011.

_____. "Why Do Bad Things Happen to Good People? A Biblical-Theological Approach." In *Eyes to See, Ears to Hear: Essays in Memory of J. Alan Groves*, edited by P. Enns, et al., 1–16. Phillipsburg, NJ: P&R, 2010.

Longman, T., III, and R. B. Dillard. *An Introduction to the Old Testament*. 2nd ed. Grand Rapids: Zondervan, 2006.

Longman, T., III, and P. Enns, eds. *Dictionary of the Old Testament: Wisdom, Poetry and Writings*. Downers Grove, IL: IVP Academic, 2008.

Lyu, S. M. *Righteousness in the Book of Proverbs*. Forschungen zum Alten Testament 2/55. Tübingen: Mohr Siebeck, 2012.

Madueme, H., and M. Reeves, eds. *Adam, the Fall, and Original Sin: Theological, Biblical, and Scientific Perspectives*. Grand Rapids: Baker Academic, 2014.

McDowell, C. *The "Image of God" in the Garden of Eden: The Creation of Humankind in Genesis 2:5–3:24 in Light of the mīs pî pīt pî and wpr-t Rituals of Mesopotamia and Ancient Egypt*. Winona Lake, IN: Eisenbrauns, 2015.

McKane, W. *Prophets and Wise Men*. London: SCM, 1965.

_____. *Proverbs: A New Approach*. OTL. London: SCM, 1992.

McKinlay, J. E. *Gendering Wisdom the Host: Biblical Invitations to Eat and Drink.* JSOTSup 216. Sheffield: Sheffield Academic, 1996.

Milik, J. "Problemes de la Literature Henochique a la Lumiere des Fragments." *HTR* 64 (1971): 333-78.

Munro, J. M. *Spikenard and Saffron: A Study in the Poetic Language of the Song of Songs.* JSOTSup 203. Sheffield: Sheffield Academic, 1995.

Murphy, R. E. *The Tree of Life: An Exploration of Biblical Wisdom Literature.* 2nd ed. Grand Rapids: Eerdmans, 1996.

_____. *Wisdom Literature: Job, Proverbs, Ruth, Canticles, Ecclesiastes, and Esther.* FOTL 13. Grand Rapids: Eerdmans, 1981.

Newsom, C. A. *The Book of Job: A Contest of Moral Imaginations.* New York: Oxford University Press, 2003.

O'Donovan, O. *Resurrection and Moral Order: An Outline for Evangelical Ethics.* 2nd ed. Grand Rapids: Eerdmans, 1994.

Ogden, G. S. *Qoheleth.* Sheffield: JSOT Press, 1987.

Oppenheim, A. L. "The Intellectual in Mesopotamian Society." *Daedalus* 104, no. 2 (1975): 37-46.

Oswalt, J. N. *Isaiah.* NIVAC. Grand Rapids: Zondervan, 2003.

Overland, P. "Did the Sage Draw from the Shema? A Study of Proverbs 3:1-12." *CBQ* 62 (2000): 424-40.

Parker, S. B. "The Literatures of Canaan, Ancient Israel, and Phoenicia: An Overview." In *Civilizations of the Ancient Near East*, edited by J. M. Sasson, 2399-2400. Peabody, MA: Hendrickson, 1995.

Pascal, R. *Design and Truth in Autobiography.* Cambridge, MA: Harvard University Press, 1960.

Pearce, L. E. "The Scribes and Scholars of Ancient Mesopotamia." In *Civilizations of the Ancient Near East*, edited by J. M. Sasson, 2265-78. Peabody, MA: Hendrickson, 1995. Pemberton, G. *After Lament: Psalms for Learning to Trust Again.* Abilene, TX:
Abilene Christian University Press, 2014.

Perdu, O. "Ancient Egyptian Autobiographies." In *Civilizations of the Ancient Near East*, edited by J. M. Sasson, 2243–54. Peabody, MA: Hendrickson, 1995.

Perdue, L. G. "The Book of Qohelet 'Has the Smell of the Tomb about It': Mortality in Qohelet and Hellenistic Skepticism." In *The Words of the Wise Are Like Goads: Engaging Qohelet in the 21st Century*, ed. M. J. Boda, T. Longman III, and C. G. Rata, 103–16. Winona Lake, IN: Eisenbrauns, 2013.

_____. *Wisdom and Cult: A Critical Analysis of the Views of Cult in the Wisdom Literatures of Israel and the Ancient Near East*. SBLDS 30. Missoula, MT: Schol- ars Press, 1977.

_____. *Wisdom Literature: A Theological History*. Louisville: Westminster John Knox, 2007.

Perdue, L. G., B. B. Scott, and W. J. Wiseman, eds. *In Search of Wisdom: Essays in Memory of John G. Gammie*. Louisville: Westminster John Knox, 1993.

Phua, M. "Sirach, Book of." In *Dictionary of the Old Testament: Wisdom, Poetry and Writings*, edited by T. Longman III and P. Enns, 720–28. Downers Grove, IL: IVP Academic, 2008.

Pietersma, A., and B. G. Wright, eds. *A New English Translation of the Septuagint*. Oxford: Oxford University Press, 2007.

Pope, M. H. *Job*. AB 15. Garden City, NY: Doubleday, 1973.

_____. *Song of Songs*. AB 7C. Garden City, NY: Doubleday, 1977.

Posner, R. A. "The Jurisprudence of Skepticism." *Michigan Law Review* 86 (1988): 827–91.

Poythress, V. *The Shadow of Christ in the Law of Moses*. Phillipsburg, NJ: P&R, 1995. Provan, I., V. P. Long, and T. Longman III, *A Biblical History of Israel*. 2nd ed. Louisville: Westminster John Knox, 2015.

Rad, G. von. "The Joseph Narrative and Ancient Wisdom." In *The Problem of the Hexateuch and Other Essays*, 292–300. London: SCM, 1984.

_____. *Old Testament Theology*, vol. 2. Louisville: Westminster John Knox, 1965.

_____. *Wisdom in Israel*. London: SCM, 1972. Reprint, Nashville: Abingdon, 1988. Ray, J. D. "Egyptian Wisdom Literature." In *Wisdom in Ancient Israel: Essays in Hon- our of J. A. Emerton*, edited by J. Day, R. P. Gordon, and H. G. M. Williamson, 17–29. Cambridge: Cambridge University Press, 1995.

Redford, D. B. *A Study of the Biblical Story of Joseph (Genesis 37–50)*. VTSup 20.

Leiden: Brill, 1970.

Reed, A. H., R. R. Osmer, and M. G. Smucker. *Spiritual Companioning: A Guide to Protestant Theology and Practice*. Grand Rapids: Baker Academic, 2015.

Robertson, O. P. *The Christ of the Covenants*. Phillipsburg, NJ: Presbyterian and Reformed, 1981.

Rofé, A. "Revealed Wisdom: From the Bible to Qumran." In *Sapiential Perspectives: Wisdom Literature in Light of the Dead Sea Scrolls*, edited by J. J. Collins, G. E. Sterling, and R. Clements, 1–12. STDJ 51. Leiden: Brill, 2004.

Rogers, C. L. "The Meaning and Significance of the Hebrew Word *'Amon* in Proverbs 8:30." *ZAW* 109 (1997): 208–21.

Rollston, C. A. *Writing and Literacy in the World of Ancient Israel: Epigraphic Evidence from the Iron Age*. Archaeology and Biblical Studies 11. Atlanta: SBL Press, 2010.

Sadgrove, M. "The Song of Songs as Wisdom Literature." In *Papers on Old Testament and Related Themes*. Vol. 1 of *Studia Biblica 1978: Sixth International Congress on Biblical Studies, Oxford, 3–7 April 1978*, edited by E. A. Livingstone, 245–48. JSOTSup 11. Sheffield: JSOT Press, 1979.

Samet, N. "Religious Redaction in Qohelet in Light of Mesopotamian Vanity Literature." *VT* 65 (2015): 1–16.

Schaper, J. "*Nomos* and *Nomoi* in the Wisdom of Solomon." In *Wisdom and Torah: The Reception of "Torah" in the Wisdom Literature of the Second Temple Period*, edited by B. U. Schipper and D. A. Teeter, 293–306. Supplements to the Journal for the Study of Judaism 163. Leiden: Brill, 2013.

Scharffs, B. "The Role of Humility in Exercising Practical Wisdom." *University of California, Davis, Law Review* 32 (1998): 127–99.

Schipper, B. U., and D. A. Teeter, eds. *Wisdom and Torah: The Reception of "Torah" in the Wisdom Literature of the Second Temple Period*. Supplements to the Journal for the Study of Judaism 163. Leiden: Brill, 2013.

Schnabel, E. J. *Law and Wisdom from Ben Sira to Paul: A Tradition Historical Enquiry into the Relation of Law, Wisdom, and Ethics*. Wissenschaftliche Untersuchungen zum Neuen Testament 2/16. Tübingen: Mohr Siebeck, 1985.

Schultz, R. "Unity or Diversity in Wisdom Theology? A Canonical and Covenantal Perspective." *Tyndale Bulletin* 46 (1997): 271–306.

Schwab, G. M. *The Song of Songs' Cautionary Message concerning Human Love.* Studies in Biblical Literature 41. New York: Peter Lang, 2002.

Schwáb, Z. S. *Toward an Interpretation of the Book of Proverbs: Selfishness and Secularity Reconsidered.* JTISup 7. Winona Lake, IN: Eisenbrauns, 2013.

Scott, R. B. Y. "Wisdom in Creation: The 'AMON of viii 30." *VT* 10 (1960): 213–23.

Seow, C. L. *Ecclesiastes: A New Translation with Introduction and Commentary.* AB 18. New York: Doubleday, 1997.

Shields, M. A. *The End of Wisdom: A Reappraisal of the Historical and Canonical Function of Ecclesiastes.* Winona Lake, IN: Eisenbrauns, 2006.

_____. "Wisdom and Prophecy." In *Dictionary of the Old Testament: Wisdom, Poetry and Writings*, edited by T. Longman III and P. Enns, 876–84. Downers Grove, IL: InterVarsity, 2008.

Shupak, N. "Egyptian 'Prophetic' Writings and Biblical Wisdom." *BN* 54 (1990): 81–102.

Skehan, P. W. "The Seven Columns of Wisdom's House in Proverbs 1–9." *CBQ* 41 (1979): 365–79.

Snaith, J. G. "Ecclesiasticus: A Tract for the Times." In *Wisdom in Ancient Israel: Essays in Honor of J. A. Emerton*, edited by J. Day, R. P. Gordon, and H. G. M. Williamson, 170–81. Cambridge: Cambridge University Press, 1995.

Sneed, M. "'Grasping After the Wind': The Elusive Attempt to Define and Delimit Wisdom." In *Was There a Wisdom Tradition? New Prospects in Israelite Wisdom Studies*, edited by M. R. Sneed, 39–67. Ancient Israel and Its Literature 23. Atlanta: SBL Press, 2015.

_____. "Is the 'Wisdom Tradition' a Tradition?" *CBQ* 73 (2011): 50–71.

_____. *The Social World of the Sages: An Introduction to Israelite and Jewish Wisdom Literature.* Minneapolis: Fortress, 2015.

_____, ed. *Was There a Wisdom Tradition? New Prospects in Israelite Wisdom Studies.* Ancient Israel and Its Literature 23. Atlanta: SBL Press, 2015.

Sparks, K. L. *Ancient Texts for the Study of the Hebrew Bible: A Guide to the Background Literature.* Peabody, MA: Hendrickson, 2005.

Spittler, R. P. "Testament of Job." In *The Old Testament Pseudepigrapha*. Vol. 1, *Apocalyptic Literature and Testaments*, edited by J. H. Charlesworth, 829–68. Garden City, NY: Doubleday, 1983.

Strom, M. *Lead with Wisdom: How Wisdom Transforms Good Leaders into Great Leaders*. Melbourne: Wiley, 2014.

Strugnell, J., and D. J. Harrington. *Qumran Cave 4.XXIV: Sapiential Texts, Part 2 4QInstruction (Musar Le Mebin) 4Q415ff. with a Re-edition of 1Q26*. DJD 34. Oxford, Clarendon, 1999.

Sweeney, M. A., and E. Ben Zvi, eds. *The Changing Face of Form Criticism for the Twenty-First Century*. Grand Rapids: Eerdmans, 2003.

Tappy, R. E., and P. K. McCarter. *Literate Culture and Tenth-Century Canaan: The Tel Zayit Abecedary in Context*. Winona Lake, IN: Eisenbrauns, 2008.

Tigchelaar, E. "Sabbath Halakha and Worship in 4QWays of Righteousness: 4Q421 11 and 13+2+8 par 4Q254a 1–2." *RevQ* 18 (1998): 359–72.

Tippett, K. *Becoming Wise: An Inquiry into the Mystery and Art of Living*. New York: Penguin Press, 2016.

Toorn, K. van der. *Scribal Culture and the Making of the Hebrew Bible*. Cambridge, MA: Harvard University Press, 2007.

_____. "Why Wisdom Became a Secret: On Wisdom as a Written Genre." In *Wisdom Literature in Mesopotamia and Israel*, edited by R. J. Clifford, 21–29. Atlanta: Society of Biblical Literature Press, 2007.

Treier, D. J. *Virtue and the Voice of God: Toward Theology as Wisdom*. Grand Rapids: Eerdmans, 2006.

Trible, P. *God and the Rhetoric of Sexuality*. Philadelphia: Fortress, 1978.

Tromp, N. "Wisdom and the Canticle: Ct 8,6c–7b: Text, Character, Message and Import." In *La Sagesse de l'Ancien Testament*, edited by M. Gilbert, 88–95. Louvain: Leuven University Press, 1980.

Van der Toorn, K. *See* Toorn, K. van der.

Van Leeuwen, R. "Building God's House: An Exploration in Wisdom." In *The Way of Wisdom: Essays in Honor of Bruce K. Waltke*, edited by J. I. Packer and S. K. Sunderland, 204–11. Grand Rapids: Zondervan, 2000.

_____. "Cosmos, Temple, House: Building in Mesopotamia and Israel." In *Wisdom Literature in Mesopotamia and Israel*, edited by R. J. Clifford, 67–92. Atlanta: Society of Biblical Literature, 2007.

_____. "Proverbs." In vol. 5 of *The New Interpreter's Bible*, ed. L. E. Keck, 15–264. Nashville: Abingdon, 1997.

_____. "Wealth and Poverty: System and Contradiction in Proverbs." *Hebrew Stud- ies* 33 (1992): 25–36.

Veldhuis, N. "Sumerian Proverbs in Their Curricular Context." *JAOS* 120 (2000): 383–99.

Von Rad, G. *See* Rad, G. von.

Waltke, B. K. "The Book of Proverbs and Old Testament Theology." *Bibliotheca Sacra* 136 (1979): 302–17.

_____. "Does Proverbs Promise Too Much?" *Andrews University Seminary Studies* 34 (1996): 319–36.

Walton, J. H. "The Ancient Near Eastern Background of the Spirit of the Lord in the Old Testament." In *Presence, Power and Promise: The Role of the Spirit of God in the Old Testament*, edited by D. G. Firth and P. D. Wegner, 38–70. Downers Grove, IL: InterVarsity, 2011.

_____. "The Decree of Darius the Mede in Daniel 6." *JETS* 31 (1988): 279–86.

_____. *Genesis 1 as Ancient Cosmology*. Winona Lake, IN: Eisenbrauns, 2011.

_____, ed. *Zondervan Illustrated Bible Backgrounds Commentary*. Vol. 5, *The Minor Prophets, Job, Psalms, Proverbs, Ecclesiastes, Song of Songs*. Grand Rap- ids: Zondervan, 2009.

Washington, H. C. *Wealth and Poverty in the Instruction of Amenemope and the Book of Proverbs*. SBLDS 142. Atlanta: Scholars Press, 1993.

Webb, W. *Slaves, Women and Homosexuals: Exploring the Hermeneutics of Cultural Analy- sis*. Downers Grove, IL: InterVarsity, 2009.

Weeks, S. *Early Israelite Wisdom*. Oxford Theological Monographs. Oxford: Clar- endon, 1994.

Wenham, G. J. "Sanctuary Symbolism in the Garden of Eden Story." In *"I Studied Inscrip- tions from Before the Flood": Ancient Near Eastern, Literary, and Linguistic Approaches to Genesis 1–11*, edited by R. S. Hess and D. T. Tsumura, 309–404. Sources for

Biblical and Theological Study 4. Winona Lake, IN: Eisenbrauns, 1994.

Wente, E. F. "The Scribes of Ancient Egypt." *Civilizations of the Ancient Near East*, edited by J. M. Sasson, 2211–21. Peabody, MA: Hendrickson, 1995.

Westermann, C. *Roots of Wisdom*. Edinburgh: T&T Clark, 1995.

_____. *The Structure of the Book of Job: A Form-Critical Analysis*. Philadelphia: Fortress, 1981.

_____. *Wurzeln der Weisheit: Die altesten Spruche Israels und anderer Volker*. Göt- tingen: Vandenhoeck & Ruprecht, 1990.

Whybray, R. N. *Ecclesiastes*. NCB. Grand Rapids: Eerdmans, 1989.

_____. *The Intellectual Tradition in the Old Testament*. BZAW 135. Berlin: de Gruyter, 1974.

_____. "Qohelet, Preacher of Joy." *JSOT* 23 (1982): 87–98.

_____. *Wealth and Poverty in the Book of Proverbs*. Sheffield: JSOT Press, 1990. Wigger- mann, F. A. M. "Theologies, Priests, and Worship in Ancient Mesopotamia." In *Civilizations of the Ancient Near East*, edited by J. M. Sasson, 1857–70. Peabody, MA: Hendrickson, 1995.

Williamson, P. R. "Covenant." In *Dictionary of the Old Testament: Pentateuch*, edited by T. D. Alexander and D. W. Baker, 139–55. Downers Grove, IL: InterVarsity, 2003.

Willimon, W. *Pastor: The Theology and Practice of Ordained Ministry*. Nashville: Abingdon, 2002.

Wilson, L. *Joseph Wise and Otherwise: The Intersection of Wisdom and Covenant in Genesis 37–50*. Carlisle: Paternoster, 2004.

Winston, D. *The Wisdom of Solomon: A New Translation with Introduction and Commen- tary*. AB 43. Garden City, NY: Doubleday, 1979.

Witherington, B., III. *Jesus the Sage: The Pilgrimage of Wisdom*. Minneapolis: For- tress, 1994.

Wolters, A. *The Song of the Valiant Woman: Studies in the Interpretation of Proverbs 31:10–31*. Carlisle: Paternoster, 2001.

Wright, B. G., III. "Torah and Sapiential Pedagogy in the Book of Ben Sira." In *Wisdom and Torah: The Reception of "Torah" in the Wisdom Literature of the Second Temple Period*, edited by B. U. Schipper and D. A. Teeter, 157–86. Supplements to the

Journal for the Study of Judaism 163. Leiden: Brill, 2013.

Wright, B. G., III, and L. M. Wills, eds. *Conflicted Boundaries in Wisdom and Apoca- lypticism*. SBLSymS 35. Atlanta: Scholars Press, 2005.

Zerafa, P. P. *The Wisdom of God in the Book of Job*. Rome: Herder, 1978. Zimmerli, W. "Concerning the Structure of Old Testament Wisdom." In *Studies in Ancient Israelite Wisdom*, edited by J. Crenshaw, 175–209. New York: Ktav, 1976.

─────. "The Place and Limit of Wisdom in the Framework of the Old Testament Theology." *SJT* 17 (1964): 146–58. Reprinted in *Studies in Ancient Israelite Wisdom*, edited by J. L. Crenshaw. New York: Ktav, 1986.

Zuckerman, B. *Job the Silent: A Study in Historical Counterpoint*. New York: Oxford University Press, 1991.

BAKER
COMMENTARY ON THE OLD TESTAMENT
WISDOM AND PSALMS

The Fear of the Lord Is Wisdom

베이커 지혜 문헌·시편 주석 시리즈 소개

"'베이커 지혜 문헌·시편 주석 시리즈'(Baker Commentary on the Old Testament Wisdom and Psalms, BCOTWP)는 매우 탁월하다. 본문을 깊이 있게 차례차례 분석하면서도 학술적 자료들을 과도하지 않게 적절하게 소개하고 있어서, 목회자들과 신학도들이 본문의 뜻을 찬찬히 살필 수 있도록 적절하게 구성되어 있다."

김희석 박사_총신대학교 신학대학원 구약학 교수

1. 욥기 주석 (*Job*)
   트렘퍼 롱맨 3세 지음 | 임요한 옮김 | 792면

2. 시편 주석 I (*Psalms I*)
   존 골딩게이 지음 | 임요한 옮김 | 근간

3. 시편 주석 II (*Psalms II*)
   존 골딩게이 지음 | 임요한 옮김 | 근간

4. 시편 주석 III (*Psalms III*)
   존 골딩게이 지음 | 임요한 옮김 | 근간

5. 잠언 주석 (*Proverbs*)
   트렘퍼 롱맨 3세 지음 | 임요한 옮김 | 944면

6. 전도서 주석 (*Ecclesiastes*)
   크레이그 G. 바솔로뮤 지음 | 김정훈 옮김 | 704면

7. 아가 주석 (*Song of Songs*)
   리처드 S. 헤스 지음 | 김선종 옮김 | 440면

8. 지혜신학 개론 (*The Fear of the Lord Is Wisdom*)
   트렘퍼 롱맨 3세 지음 | 유창걸 옮김 | 488면

베이커 지혜 문헌·시편 주석 시리즈 8 : 지혜신학 개론
The Fear of the Lord Is Wisdom

2020년 11월 10일 초판 발행

지 은 이 | 트렘퍼 롱맨 3세
옮 긴 이 | 유창걸

편　　집 | 정재원
디 자 인 | 박성준, 김현진
펴 낸 곳 | (사)기독교문서선교회
등　　록 | 제16-25호(1980.1.18.)
주　　소 | 서울특별시 서초구 방배로 68
전　　화 | 02-586-8761~3(본사) 031-942-8761(영업부)
팩　　스 | 02-523-0131(본사) 031-942-8763(영업부)
이 메 일 | clckor@gmail.com
홈페이지 | www.clcbook.com
송금계좌 | 기업은행 073-000308-04-020 (사)기독교문서선교회

ISBN 978-89-341-2197-8 (94230)
ISBN 978-89-341-1669-1 (세트)

* 낙장·파본은 교환해 드립니다.

이 도서의 국립중앙도서관 출판예정도서목록(CIP)은 서지정보유통지원시스템 홈페이지 (http://seoji.nl.go.kr)와 국가자료공동목록시스템(http://www.nl.go.kr/kolisnet)에서 이용하실 수 있습니다.(CIP제어번호: CIP2020035059)

이 한국어판 저작권은 Baker Publishing Group와(과) 독점 계약한 (사)기독교문서선교회가 소유합니다. 신저작권법에 의해 한국 내에서 보호를 받는 저작물이므로 무단 전재와 무단 복제를 금합니다.